여행텍스트와
이동하는 문화

KB173241

이 저서는 2018년 대한민국 교육부와 한국연구재단의 지원을 받아 수행된 연구임
(NRF—2018S1A6A3A03043497)

여행 텍스트와 이동하는 문화

애니타 퍼킨스 지음 최일만 옮김

〈오디세이아〉에서 〈율리시즈의 시선〉까지

Travel Texts and Moving Cultures

앨피

모빌리티인문학 Mobility Humanities

모빌리티인문학은 기차, 자동차, 비행기, 인터넷, 모바일 기기 등 모빌리티 테크놀로지의 발전에 따른 인간, 사물, 관계의 실재적·가상적 이동을 인간과 테크놀로지의 공-진화co-evolution라는 관점에서 사유하고, 모빌리티가 고도화됨에 따라 발생하는 현재와 미래의 문제들에 대한 해법을 인문학적 관점에서 제안함으로써 생명, 사유, 문화가 생동하는 인문-모빌리티 사회 형성에 기여하는 학문이다.

모빌리티는 기차, 자동차, 비행기, 인터넷, 모바일 기기 같은 모빌리티 테크놀로지에 기초한 사람, 사물, 정보의 이동과 이를 가능하게 하는 테크놀로지를 의미한다. 그리고 이에 수반하는 것으로서 공간(도시) 구성과 인구 배치의 변화, 노동과 자본의 변형, 권력 또는 통치성의 변용 등을 통칭하는 사회적 관계의 이동까지도 포함한다.

오늘날 모빌리티 테크놀로지는 인간, 사물, 관계의 이동에 시간적·공간적 제약을 거의 남겨두지 않을 정도로 발전해 왔다. 개별 국가와 지역을 연결하는 항공로와 무선 통신망의 구축은 사람, 물류, 데이터의 무제약적 이동 가능성을 증명하는 물질적 지표들이다. 특히 전 세계에 무료 인터넷을 보급하겠다는 구글Google의 프로젝트 룬Project Loon이 현실화되고 우주 유영과 화성 식민지 건설이 본격화될 경우 모빌리티는 지구라는 행성의 경계까지도 초월하게 될 것이다. 이 점에서 오늘날은 모빌리티 테크놀로지가 인간의 삶을 위한 단순한 조건이나 수단이 아닌 인간의 또 다른 본성이 된 시대, 즉 고-모빌리티high-mobilities 시대라고 말할 수 있다. 말하자면, 인간과 테크놀로지의 상호보완적·상호구성적 공-진화가 고도화된 시대인 것이다.

고-모빌리티 시대를 사유하기 위해서는 우선 과거 '영토'와 '정주' 중심 사유의 극복이 필요하다. 지난 시기 글로컬화, 탈중심화, 혼종화, 탈영토화, 액체화에 대한 주장은 글로벌과 로컬, 중심과 주변, 동질성과 이질성, 질서와 혼돈 같은 이분법에 기초한 영토주의 또는 정주주의 패러다임을 극복하려는 중요한 시도였다. 하지만 그 역시 모빌리티 테크놀로지의 의의를 적극적으로 사유하지 못했다는 점에서, 그와 동시에 모빌리티 테크놀로지를 단순한 수단으로 간주했다는 점에서 고-모빌리티 시대를 사유하는 데 한계를 지니고 있었다. 말하자면, 글로컬화, 탈중심화, 혼종화, 탈영토화, 액체화를 추동하는 실재적·물질적 행위자agency로서의 모빌리티 테크놀로지를 인문학적 사유의 대상으로서 충분히 고려하지 못했던 것이다. 게다가 첨단 웨어러블 기기에 의한 인간의 능력 향상과 인간과 기계의 경계 소멸을 추구하는 포스트-휴먼 프로젝트, 또한 사물 인터넷과 사이버 물리 시스템 같은 첨단 모빌리티 테크놀로지에 기초한 스마트 도시 건설은 오늘날 모빌리티 테크놀로지를 인간과 사회, 심지어는 자연의 본질적 요소로 만들고 있다. 이를 사유하기 위해서는 인문학 패러다임의 근본적 전환이 필요하다.

이에 건국대학교 모빌리티인문학 연구원은 '모빌리티' 개념으로 '영토'와 '정주'를 대체하는 동시에, 인간과 모빌리티 테크놀로지의 공-진화라는 관점에서 미래 세계를 설계할 사유 패러다임을 정립하려고 한다.

감사의 말 … 9
옮긴이 글 … 11

1장 서론

1.1 괴테의 《행운의 돌》 · 17
1.2 여행 텍스트 분석에 대한 모빌리티 접근법 · 31
1.3 책의 구조 · 60

1부 출발점

2장 호메로스의 《오디세이아》 (기원전 약 750~700)

2.1 서론 · 71
2.2 《오디세이아》의 시작 · 72
2.3 집에 대한 문화적 기억 · 75
2.4 아테네, 페넬로페, 고정-문화의 회복 · 79
2.5 모빌리티와 신들 · 82
2.6 이타케로의 이상적 귀환? · 87
2.7 《오디세이아》 너머: 하이데거의 호메로스적 이상주의의 문제점 · · · · · · · · · · · · · 91
2.8 고대적 토대의 붕괴 · 93

❦❧ 2부 모빌리티 문화의 등장 ❦❧

3장 안장시대(1770~1830)

    3.1 서론 · 101

    3.2 이론적 접근법 · 106

    3.3 문화적 맥락과 안장시대의 작가들 · · · · · · · · · · · · · · · · · · · 116

    3.4 여행문학 분석: 안장시대의 여정 · 123

        3.4.1 요한 고트프리트 헤르더, 《나의 1769년 여행의 기록》(1846) · · · · 123

        3.4.2 게오르크 포르스터, 《세계 일주》(1777) · · · · · · · · · · · · · · · · · · 132

        3.4.3 프리드리히 니콜라이, 《1781년 독일과 스위스 여행의 기록》(1788) · · · 146

        3.4.4 카를 필리프 모리츠, 《안톤 라이저》(1785–1786) · · · · · · · · · · 156

        3.4.5 요한 볼프강 괴테, 《빌헬름 마이스터의 수업시대》(1795~1796) · · 165

        3.4.6 하인리히 폰 클라이스트, 《편지: 1793. 3. 1~1801. 4》(1848) · · · 177

        3.4.7 아델베르트 폰 샤미소, 《페터 슐레밀의 놀라운 이야기》(1814) · · 190

        3.4.8 요제프 폰 아이헨도르프, 《무용지물의 삶》(1826) · · · · · · · · 204

    3.5 결론 · 216

❦❧ 3부 새로운 모빌리티의 현대 ❦❧

4장 전환점(1985~1995)

    4.1 서론 · 231

    4.2 안장시대에서 현대로의 이동 · 233

    4.3. 개념틀 · 234

    4.4 역사적 맥락 · 259

    4.5 여행문학 분석: 전환점 서사 · 271

        4.5.1 에리히 뢰스트, 《양파꽃 문양》 · 271

        4.5.2 프리드리히 크리스티안 델리우스, 《로스토크에서 시라쿠사로의

            산책》(1995) · 297

        4.5.3 안드레이 우지카, 《현재를 벗어나》(1995) · · · · · · · · · · · · · 319

5장 귀환불능점과의 담판(1995~2010)

5.1 서론 · 349

5.2 분석의 개요 · 350

5.3 '전환'-이후: 전 지구적 위기 및 작가와 영화감독의 역할 변화 · · · · · · · · · · · · 356

5.4 여행문학 분석: 현대의 오디세이 · 368

　5.4.1 《오디세이아》와의 결별: 이타케에서 사라예보로 · · · · · · · · · · · · · · 371

　5.4.2 영화, 시선 도착 · 375

　5.4.3 자기형성의 종말? · 378

　5.4.4 현대 청중에게 대면시키기 · 382

　5.4.5 공간적 단절, 시간적 통일 · 385

　5.4.6 사회주의여 안녕 – 완전한 종말? · 392

　5.4.7 (역사의) 종말 너머? · 391

5.5 여행 텍스트 분석: 귀향 너머 · 396

　5.5.1 여정은 계속된다 · 396

　5.5.2 내가 돌아올 때… · 406

5.6 최종성의 공포 · 416

6장 결론: 우리는 너무 멀리 갔는가?

6.1 서론 · 425

6.2 《귀향》과 관계된 주요 주제들 · 426

　6.2.1 베른하르트 슐링크, 《귀향》(2006) · 426

　6.2.2 긴 시간에 걸친 《오디세이아》의 중요성 · · · · · · · · · · · · · · · · · · 427

　6.2.3 강렬한 모빌리티에 대한 반응 · 431

　6.2.4 귀향의 가능성 · 436

6.3 향후 연구를 위한 제안 · 441

■ 참고문헌 … 447

여행 텍스트의 인용

■ 본문에서 여행 텍스트는 다음 약어를 사용하여 인용한다.
[OD]: 호메로스, 《오디세이아Odyssey》
[JmR]: 요한 고트프리트 헤르더, 《나의 1769년 여행의 기록Journal meiner Reise im Jahre 1769》
[BeR]: 프리드리히 니콜라이, 《1781년 독일과 스위스 여행의 기록Beschreibung einer Reise durch Deutschland und die Schweiz im Jahr 1781》
[VRW]: 게오르크 포르스터, 《세계 일주A Voyage Round the World》
[AR]: 카를 필리프 모리츠, 《안톤 라이저Anton Reiser》
[WML]: 요한 볼프강 괴테, 《빌헬름 마이스터의 수업시대Wilhelm Meisters Lehrjahre》
[B]: 하인리히 폰 클라이스트, 《편지: 1793. 3. 1-1801. 4Briefe 1 März 1793-April 1801》
[PS]: 아델베르트 폰 샤미소, 《페터 슐레밀의 놀라운 이야기Peter Schlemihls wundersame Geschichte》
[LeT]: 요제프 폰 아이헨도르프, 《무용지물의 삶Aus dem Leben eines Taugenichts》
[ZM]: 에리히 뢰스트, 《양파꽃 문양Zwiebelmuster》
[SvR]: 프리드리히 크리스티안 델리우스, 《로스토크에서 시라쿠사로의 산책Der Spaziergang von Rostock nach Syrakus》
[OoP]: 안드레이 우지카, 《현재를 벗어나Out of the Present》
[UG]: 테오도로스 앙겔로풀로스, 《율리시즈의 시선Ulysses' Gaze》
[OV]: 크리스토프 란스마이어, 《오디세우스, 범죄자Odysseus, Verbrecher》
[HK]: 베른하르트 슐링크, 《귀향Heimkehr》

인용

■ 인용의 일부를 임의로 강조하는 경우, "강조는 필자"라고 표기함
■ 본래 텍스트에 강조가 있을 경우, "강조는 원저자"라고 표기함
■ 앞서 한 인용을 반복할 경우, "위에서 인용"이라고 표기함
■ 일차 문헌 《오디세이아》의 경우, 권호를 쓰고 이어서 행 번호를 써서 인용함
■ 영화를 인용할 경우, 대략적인 시간 부호를 제시함
■ 기자가 언급되지 않은 신문 기사의 경우, 이어지는 각주에서는 제목을 축약하여 표기

감사의 말

이 책을 쓰는 데에 도움을 준 분들이 아주 많다. 누구보다도 나의 놀라운 지도교수인 사이먼 라이언 선생님과 짐 메히건 선생님께 감사 드린다. 두 분은 박사 과정 내내, 또 오타고에서 지내던 시절 내내 친절하게 나를 지지해 주었고 영감을 주었다. 두 분이 없었더라면 분명 나는 해내지 못했을 것이고, 두 분을 알고 함께 작업하게 된 것은 큰 특권이었다. 앞으로도 오랫동안 교유하기를 바란다.

나는 훌륭한 가족을 가진 행운을 누렸다. 이본느, 그래임, 크리스, 애니타, 탈리아, 제임스, 케리 퍼킨스와 델 프레이저, 감사합니다. 엄마 스튜어트와 할머니 퍼킨스도 영감을 주었고, 아빠 스튜어트와 할아버지 퍼킨스도 그랬다. 미소를 지으며 이분들을 기억할 것이다.

많은 친구들을 다 언급하기 어렵지만, 여러 가지로 나를 즐겁게 해 주고 격려해 준 친구들아 고마워. 내 연구실 친구들 마기 맥머도 리딩, 로버트 스타일스, 딘 알렉산더, 니키 윌리엄스, 앤 베그, 켄턴 스토리, 그리고 대학원 시절의 모두에게 감사해. 다니엘 새먼, 피아 데이비, 플라비아 루비니 린, 로렌 무디, 니켈라 로먼스, 아네케 바트, 애이드리엔 마틴, 멜 루이스, 에이미 루이스, 몰리 조지, 클레어 심스, 어맨다 물락, 캐런 터스틴, 해들리 오설리번, 그리고 다른 많은 친구들과의 우정 감사해!

오타고대학의 직원 분들, 특히 찰스 터스틴, 델마 피셔, 그리고 언어 문화학과의 관리직원 분들과 연구직원 분들에게도 감사한다. 또 나를 뉴질랜드의 모빌리티 연구와 연결해 준 오타고의 마사 벨, 타라 던컨, 비비엔 앤더슨에게 감사한다. 대학원 장학금으로 관대하게 지원해 준 오타고대학에도 감사한다.

놀라운 친구와 기회를 내게 제공해 준 아시아 뉴질랜드 재단의 모든 직원 분들과 젊은 대표 분들에게도 감사한다.

또, 2011년 베를린을 여행할 기회를 준 한스 류드거 디넬, 하이케 볼터, 그리고 '수송, 교통, 모빌리티의 역사를 위한 T2M 국제협회'에도 감사한다.

독일 도르펜의 홈스테이 가족인 에밀, 위게트, 사라, 토마스, 니콜라, 율리안 루돌프에게도 심심한 감사의 말을 전하고 싶다. 1999년 말 당신들을 만나지 않았더라면 여기까지 오지 못했을 거예요. 감사합니다!

1990년대 한국에서 해외여행이 진기한 특권으로 여겨졌던 것이 기억난다. 20여 년이 지난 지금은 전혀 다르다. 이제 해외여행은 일반적인 일이 되었다. 가깝게는 아시아, 멀리는 유럽과 아메리카까지, 바다와 국경을 넘는 이동은 더 이상 신기한 일이 아니게 되었다. 이러한 변화는 경제성장의 단면이기도 하지만, 다른 측면으로는 전 지구적으로 일어난 변화, 즉 모빌리티 증대의 사례이기도 하다. 지난 세기에서 금세기에 걸쳐, 이동수단과 통신수단의 발달 덕분에 이동의 범위는 커지고, 빈도는 늘어나고, 형태는 다양해졌다. 이러한 모빌리티의 증대는 사람들의 거주 형태, 여가 형태, 직업 형태를 비롯해 사회와 문화 전반에 큰 변화를 가져왔다.

세계의 변화는 새로운 학문을 요구한다. 이동이 일상화된 새로운 세계를 파악하기 위해 수립된 학문 분야가 '모빌리티 이론'이다. 마르크 오제의 《비-장소》(1995), 캐런 캐플런의 《여행의 물음》(1996), 존 어리의 《관광객의 시선》(1997) 등에서 볼 수 있듯이, 모빌리티에 대한 학문적 관심은 90년대에 본격적으로 전개되기 시작했다. 존 어리는 이 문제에 천착하여 《사회를 넘어선 사회학: 21세기를 위한 모빌리티》(2000)를 통해 "모빌리티"를 개념화하였고, 2006년에 미미 셸러와 함께 "모빌리티 전환"을 제창했다. 이를 통해 어리와 셸러는, 움직임을 예외적인 것으로 보는 정적 패러다임에서 움직임을 토대적인 것으로 보는 모빌리티 패러다임으로의 이행이 사회 연구에 필요하다고 선포하였다.

이 책의 저자 애니타 진 퍼킨스 또한 이러한 "모빌리티 전환"에 동참하려 한다. 그러면서 모빌리티 이론의 장에 새로운 것을 도입한다. 그것은 모빌리티의 역사성에 대한 고려다. 즉, 모빌리티는 늘 동일한 형태가 아니었고, 시대의 변화에 따라 새로운 형태를 가지며, 그러므로 그 시대에 고유한 새로운 문제를 제기한다는 것이다. 물론 모빌리티 이론이 역사성을 완전히 도외시했던 것은 아니다. 어떤 의미에서, 우리는 모빌리티 이론이 그 자체로 역사성을 함축한다고 말할 수 있다. 현대사회와 이전 사회의 차이가 바로 모빌리티 이론 자체를 동기부여한 것이었기 때문이다. 그러나 시대에 따른 모빌리티의 구체적 형태를 파악하면서 이들을 비교하는 연구는 찾아보기 힘들었다. 퍼킨스가 파고드는 지점이 바로 여기다.

퍼킨스는 유럽의 세 시대―고대 그리스, "안장시대", 현대의 모빌리티 형태를 비교한다. 첫째로, 고대의 모빌리티의 형태는《오디세이아》에 찾을 수 있다. 여기에서 오디세우스는 20년간 여행을 하지만, 여행 자체가 목적도 아니었고 즐겁지도 않았다. 오디세우스의 여행은 귀향하여 고향에 정주한다는 목적을 위한 수단이었으며, 여행에서 마주치는 사건들은 이 목적의 달성을 늦추는 장애물에 불과했다. 이러한 정주 중심적 모빌리티 관점을 퍼킨스는 '단수적 모빌리티'라고 부른다.

퍼킨스는 "안장시대", 즉 유럽 내에서 마차를 이용한 교통이 늘어나고 유럽 바깥으로는 해상 원정이 증가한 18~19세기 유럽에서 단수적 모빌리티 이념의 동요를 본다. 이 시기의 기행문, 소설, 편지 등 다양한 형태의 여행 텍스트로 재현된 독일 작가들의 여행 체험에서 퍼킨스가 목격하는 것은, 여행을 향한 욕망의 성장이다. 여행은 그 자체로 긍정적인 것으로 표상되고 추구되기 시작했다. 그 동기도 다양했다. 혹자에게 여행은 더 넓은 세계와의 만나게 해 주는 것이었고, 혹자에게는 지식 획득의 도구였으며, 혹자에게는 자기형성을 가능케 하는 것이었다. 그러나 여행을 향한 욕망이 반드시 좋은 것만은 아니었다. 여행의 증가와 함께, 모빌리티의 부정적인 면모도 등장하기 시작한다. 그것은 고향의 상실, 우리의 삶이 의거할 뿌리의 상실이라는 감각이다.

역사가 결국 현재를 이해하기 위한 것인 만큼, 퍼킨스는 마지막에는 우리가 사는 현재로 돌아온다. 현대에 대한 퍼킨스의 탐구는 다시 베를린장벽의 붕괴라는 대사건을 중심으로 하여 두 부분으로 나뉜다. 첫 번째 부분은 베를린장벽 붕괴를 전후한 시기의 모빌리티를 살펴본다. 퍼킨스는 장벽 붕괴 이전 동독의 문학에서 모빌리티의 정치적 불평등을 보며, 붕괴 직후 우주비행사의 여행에서는 특권과 준거 상실을 동시에 안겨 주는 극단적 모빌리티를 본다.

두 번째 부분은 베를린장벽 붕괴의 타격이 정리되고, 모빌리티가 보편화된 시대다. 이제 고향에 이르는 수단이 아니라 그 자체로 목적이 된 모빌리티 이념을 퍼킨스는 '복수적 모빌리티'라고 부른다. 복수적 모빌리티가 우리에게 가져다준 것이 무엇인지 알아내기 위해, 퍼킨스는 《오디세이아》로, 정확히는 《오디세이아》의 현대적 변용들로 돌아온다. 이 변용들은 과거의 《오디세이아》를 반복하지만, 중요한 차이가 있다. 고대의 오디세우스는 여행을 끝내고 고향으로 돌아오지만, 현대의 오디세우스에게는 머무를 고향이 없다는 것이다. 보편적 모빌리티 앞에서 현대인은 현재 상태에 대처하는 능력을 잃고 만다. 이에 퍼킨스는 이 능력을 되찾고 새로운 방식으로 준거를 사고하기 위한 노력을 촉구한다. 모빌리티의 역사성에 대한 탐구는, 모빌리티로 인해 현재 우리 앞에 놓인 과제로 이어진다.

흥미로운 것은, 문화적 재현을 이용하여 모빌리티의 역사적 변천을 탐구하는 퍼킨스의 방식이다. 문화적 재현을 이용함으로써 우리는 있는 그대로의 사실로서의 모빌리티보다는, 작가의 시선을 통해 바라본 모빌리티에 주목하게 된다. 또는, 모빌리티 자체가 아니라 모빌리티에 대한 체험에 주목하게 된다. 이러한 방식을 통해서, 퍼킨스는 모빌리티가 "우리에게" 무엇이냐는 물음을 던질 수 있게 된다.

이는 독자인 우리가 스스로에게 물어야 할 질문이기도 하다. 21세기의 한국에서 우리는 엄청난 양의 이동을 목도하고 있다. 그것은 사람의 이동만이 아니라 물자의 이동, 정보의 이동이기도 하다. 이러한 총체적 모빌리티의 사회는 우리의 삶에 많은 유연성과 편리성을 제공했으나, 그것이 드리우는 그림자 역시 눈이 띄고 있다. 모빌리티가 우리를 어디로 데려갈지, 이에 우리가 어떻게 대처해야 할지를 반성해야 할 때가 온 것이다. 이를 상상하는 데에 퍼킨스의 이 연구가 많은 도움이 되리라 믿는다.

2019년 10월

옮긴이

1장
서론

1.1 괴테의 〈행운의 돌〉

독일 바이마르에 있는 요한 폰 괴테의 정원 딸린 주택의 조용한 한 구석에는 '행운의 돌Stein des guten Glücks'이라는 이름의 사암 조각이 있다.[1] 이 책의 여정은 여기에서 시작한다. 사실, 이 조각은 정육면체 돌 위에 구가 놓인 것에 불과하다. 그러나 이 석상 배후에 있는 문화적 의미를 모빌리티 관점에서 조사하려 한다면, 우리는 인간 실존의 가장 근본적인 물음들에 이르는 길로 불가피하게 향하게 된다. 모빌리티 접근법은 물리적·정서적 움직임, 정체성 형성과 관계, 삶에서의 이상적 균형에 대한 계속적 탐색의 물음을 던진다.

"아가타 튀케Agatha Tyche가 건립되었다!" 1777년 4월 5일 괴테는 일기에 이렇게 썼다.[2] 이날이 바로 〈행운의 돌〉이 괴테의 정원에 건립된 날이었다. 이 석상은 라이프치히의 미술가 아담 프리드리히 외저와 협력

---

1 사진 출처: Karen Michels, *Geschichte: Goethes Stein des guten Glüks*, 2000, 〈http://www. artstone.de/geschichte_stein_deutsch.htm〉. 각주의 분량을 줄이기 위해 웹사이트의 접속 날짜는 생략했다. 참고문헌 목록에는 밝혀 두었다.

2 Johann Wolfgang Goethe, *Tagebüher: Band I,1 1775-1787*, ed. Wolfgang Albrecht und Andreas Döhler (Stuttgart: J.B. Metzler, 1998), p. 40.

하여 설계되고 조각되었다. 뮐러 볼프는 이 조각의 형태 배후에 있는 사고틀을, 그리고 그것이 그리스의 운명의 여신 튀케와 어떤 관련이 있는지를 해설한다.

괴테는 정육면체와 구라는 기하학적 물체로 압축된 기념비를 구상하고 이를 실현했다. 이를 통해 그는 삶을 규정하는 대립적인 힘들의 추상적 유비물을 만들어 낸 것이다. 굳건한 석재 정육면체는 확고함, 강함, 정지를 표상한다. 이 위에 놓여 있는 구는 가변성과 역동성의 상징이며, 그러므로 동시에 시간의 표상이다. 로마의 행운 및 운명의 여신 포르투나는 이 구가 끊임없이 계산 불가능한 움직임을 하게끔 한다. 그리하여 우연, 운명, 행운과 불행을 가져다준다. 포르투나는 더 나아가 그리스의 여신 튀케에 대응한다. 괴테는 "행운의 돌"을 "아가타 튀케"라고 불렀다. 이는 그리스어로 특히 좋은 운명을, 그러므로 만물의 유리한 출발점을 뜻한다.[3]

이 인용구에 근거하여, 〈행운의 돌〉이 이 책의 서론에 적합한 상징적 입구를 제공한다고 말해 볼 수 있을 것이다. 주로 두 가지 방식으로 그렇다. 첫째, 존 어리와 미미 셸러의 "새로운 모빌리티 패러다임"에서[4]

---

[3] Susanne Müller-Wolff, *Ein Landschaftsgarten im Ilmtal: Die Geschichte des herzoglichen Parks in Weimar* (Köln: Bölau Verlag, 2007), pp. 61-62.

[4] Mimi Sheller and John Urry, "The New Mobilities Paradigm," *Environment and Planning A* 38.2 (2006): 207-26.

유래하여 여기에서 채택된 일반적 이론적 접근법을 "삶을 규정하는 대립적인 힘들"이라는 발상과 관계시킬 수 있을 것이다. 더 구체적으로, 이 석상은 서로 반대되어 보이는 두 가지 존재 방식 사이의 항상적 교섭에 관한 것이다. 한편에는 거주하기 또는 한 장소에 머무르기가 있고, 다른 한편에는 모빌리티 또는 다른 목적지로 여행하기가 있다. 조각상의 기반을 이루는 육면체, "확고함, 강함, 정지를 표상"하는 육면체는 거주라는 함의를 환기시킨다고 말할 수 있을 것이다. 이는 토대 있음, 영구성, 힘이라는 개념과 관계한다. 그것은 우리를 지지하는 대지이지만, 또한 우리는—특히 우리 중 여행자는—거기에 구속되고자 하지 않는다. 육면체 위에 올라 있는 구는 모빌리티 개념 자체의 표상이라고, 즉 "끊임없이 계산 불가능한 움직임을" 하는 "가변성과 역동성의 상징"이라고 말할 수 있을 것이다. 이 구는 변화, 동요, 숙명, 불확실성이라는 개념과 관계한다. 이동 또는 여행은 놀라운 가능성을 낳을 수 있지만, 마찬가지로 예기치 못한 위험과 고통을 낳을 수도 있다. 이 조각상을 전체적으로 하나의 형상으로 고찰한다면, 이는 여행에 대한 인류의 변화무쌍하고 모순적인 체험의 상징물로 간주될 수 있을 것이다. 이러한 체험은 여행을 무언가 피하거나 감내해야 할 것으로 보는 데에서부터 교육적 체험으로, 인간의 근본적 권리로 보는 데에까지 이른다. 또한 이 조각상은 다양한 표현 방법을 통해 이러한 체험을 재현하려는 욕구의 상징물로 간주될 수 있을 것이다.[5]

---

5 행운의 석상은 그리스인에 대한 괴테의 관점을 대표한다고 말할 수도 있다. 이를 트레

이항대립에 대한 괴테의 탐사

괴테 저작의 다수는 이항대립에 대한 탐사를 중심으로 돈다. 예를 들어, 그는 정원 조각상이라는 매체를 통해 이러한 개념을 전달했을 뿐 아니라 구성과 안정성, 다른 한편으로는 일시성과 변화를 다루는 시를 쓰기도 했다. 시 〈달에 바침An den Mond〉의 첫 번째 판본은 행운의 돌이 건립된 것과 비슷한 시기에 쓰였다.[6] 〈달에 바침〉의 화자는 인상적인 자연이라는 배경 속에서 일종의 정신적 여정(이는 "나의 영혼"과 "나의 운명"이라는 구절에서 암시된다)을 겪는다. 그리고 달에게 바치는 말을 통해 이러한 체험을 이야기한다.[7] 우선, "반짝이는 안개 속에서 고요히"와 "그대의 시선을 안정시키는"이라는 구절이 강조하는, 평화와 고요의 분위기가 있다.[8] 그러나 급속한 변화 앞에서 이러한 평온한 분위기는 곧 위협감과 상실감에 자리를 내준다. 이러한 변화는 흐르는 강물을 봄으로써 촉발된다. ("흘러라, 흘러라, 사랑스러운 강물이여! / 내 결코 기쁜 마음이 되지 못하리라, / 그렇게 장난과 키스는 흘러갔고, / 신의도

블라이언은 이렇게 기술한다. "괴테가 본 그리스인은, 거시 규모에서 삶에 어떤 형태를 주어야 하는지를 누구보다도 잘 이해한 민족이었다고 말할 수 있을 것이다. 그리스인들은 무모하게 돌진하여 삶을 그 한계에 이르기까지 알아내려는 충동이 있었다. 그러나 그들은 또한 이러한 충동에 제한을 두어서, 형태 없이 해체되지는 않도록 하는 법도 알았다. 그리스의 형태는 때로는 초인간적으로 광대하지만, 언제나 형태를 지키고 있었다." Humphry Trevelyan, *Goethe and the Greeks* (Cambridge: Cambridge University Press, 1942), p. 77.

6 Johann Wolfgang von Goethe and Ronald Gray, *Poems of Goethe* (Cambridge: Cambridge University Press, 1966), p. 34; p. 36.
7 Goethe and Gray, *Poems of Goethe*. p. 34; p. 35.
8 Goethe and Gray, *Poems of Goethe*. p. 34

흘러갔다.")[9] 30년쯤 후인 1801~1803년 괴테는 비슷한 주제적 관심사를 담은 시를 또 쓴다. 제목은 〈변화 속의 지속Dauer im Wechsel〉이다.[10] 제목이 시사하듯이, 이 시는 변화와 속도가 증가하는 시대에 의미와 안정감에 대한 탐색으로 해석될 수 있다. 첫 줄은 이렇다. "이 예전의 축복을 붙잡을 수만 있다면, / 아, 단 한 시간만이라도! / 그러나 미지근한 서방 세계는 이미 / 가득한 꽃의 비를 털어 낸다."[11] 괴테는 자연에서 일어나는 외향적 전이나 변화에 조응한다. 이는 헤라클레이토스의 정식을 연상시키는 구절에서 예시된다. "아, 같은 강물에 / 그대는 두 번 헤엄칠 수 없다." 괴테는 더 나아가 자신의 정체성과 관점에 대한 감각이 시간에 걸쳐 변화함을 시사한다. "그대는 성벽을 보고, 성을 본다. / 언제나 다른 눈을 가지고."[12] 30여 년을 사이에 두고 쓰인 이 두 시는, 저자가 삶의 모호성과 차츰, 말하자면 담판을 지어 감을 보여 주는 것 같다. 그럼에도 불구하고, 괴테는 항구성과 변화, 또는 거주와 모빌리티 사이의 이상적 균형의 물음을 최종적인 의미에서 풀어내는 것 같지는 않다. 시 〈변화 속의 지속〉을 언급하며 그레이는 이렇게 쓴다. "이러한 연관에서 아마도 중요한 점은, 마치 전체적 해법이—소리로 반영되는 것이든 의미로 반영되는 것이든—발견되지 않은 양, 리듬과 각운의 구

9　Goethe and Gray, *Poems of Goethe*. p. 35. 이 해석은 그레이의 주장에 근거한다. "흐르는 강물을 보는 것은 만물의 무상함을 상기시킨다." Goethe and Gray, *Poems of Goethe*. p. 36.

10　Goethe and Gray, *Poems of Goethe*. pp. 181-2.

11　Goethe and Gray, *Poems of Goethe*. p. 181.

12　Goethe and Gray, *Poems of Goethe*. p. 182. 그리스 철학자 헤라클레이토스에 관해서는 다음을 보라. *Heraclitus (fl. c.500 BCE)*, 1995, Internet Encyclopedia of Philosophy, 〈http://www.iep.utm.edu/heraclit/〉

도가 계속해서 끝을 향해 달리고 있다는 점이다."[13]

괴테의 석상과 이 책의 시대 구분

"시간의 표상"으로서 행운의 돌이 어떻게 또한 이 책의 시대 구분과 관계할 수 있을까? 세계에 충격을 주는 문화적 · 사회적 · 정치적 전이의 관점에서 근본적으로 중요하며, 더욱이 문화적 모빌리티 내에서의 극적이고 되돌릴 수 없는 변화—가령 프랑스혁명, 베를린장벽의 붕괴, 소비에트 사회주의 공화국 연합USSR의 해체 같은 사건을 둘러싸고 일어나는 변화—를 통해 특징지어지는 것으로서 역사가 및 인간 사회에 대한 여타 학자들이 식별해 온 인류 역사의 시대들이 있다. 나의 분석은 이러한 시대들을 고려한다. 이 책에서 이러한 전이의 시대들은 세 부분으로 나뉘어, 선별된 여행 텍스트의 작가 및 영화감독의 관점에서 분석된다. 내가 고찰하려는 첫 번째 텍스트인《오디세이아》(기원전 약 750~700년)는 고대 그리스의 영웅적 시대의 말미에서 온 것이다.[14] 내가 초점을 맞출 다음 두 시대는 근대, 그러니까 1770~1830년 안장시대 Sattelzeit, 그리고 1985~1995년 및 1995~2010년의 현대에 속한다.

1부: 출발점

〈1부: 출발점〉은 괴테의 〈행운의 돌〉의 구상 배후에 있는 사고와 연

---

13 Goethe and Gray, *Poems of Goethe*. p. 183.
14 William G. Thalmann, *The Odyssey: an Epic of Return* (New York: Twayne Publishers, 1992), p. xi.

결될 수 있다. 이는 고전시대에 이루어진—거주와 모빌리티의 형태도 포함하는—그리스적 삶의 방식의 이상화 방식에 의해 가능하다.[15] 괴테는 숙명의 긍정적 전환의 표상으로서의 여신 튀케에게 어느 정도 일면적이며 낙관적으로 초점을 맞춘다. "특히 좋은 운명을, 그러므로 만물의 유리한 출발점을[.]"[16] 그러면서 초기 그리스 사상가들이 이루었던 한 숭배 집단 내에서 만연하던 믿음을 모방하는 것 같다. 매서슨은 이렇게 해설한다. "튀케는 일반적으로 예측 불가능하며 종종 사악한 힘으로 인식되었지만, 가장 광대한 숭배 집단은 아가타 튀케, '좋은 운명'으로 발전되었다. 이는 튀케의 근본적 본성에 대항하려는 시도였다."[17] 괴테는 바이마르에 있던 그의 정원 딸린 집에서 지냈던 상대적으로 안정적이고 만족스러웠던 삶의 시기를 즐겼다. 저 석상 배후에 있는 사고 과정은 아마도 좋은 운명에 대한 그의 느낌을 반영할 것이다. "아가타 튀케가 건립되었다!" 여기에서 숙명은 그를 거주할 장소, 일종의 (일시적이라 해도) 귀향을 체험할 장소로 이끌었던 것이다. 이 점은 다음 해설에서 잘 드러난다.

괴테의 "아가타 튀케"의 의미에 관해서는 많은 수수께끼가 있다. 추정컨대, 이는 그가 당시에 느꼈던 행운의 상징일 것이다. 그 느낌은 운

---

15 Trevelyan, *Goethe and the Greeks*과 Amy Elva Kaiulani Vail, "The last of the Homeridai : Goethe's Road to Hermann und Dorothea," Ohio State University, 2001을 보라.

16 이 조각상 이름이 이 점을 강화한다.

17 Susan B. Matheson. "The Goddess Tyche: An Obsession with Fortune: Tyche in Greek and Roman Art," *Yale University Art Gallery Bulletin* (1994): pp. 18-33, p. 19.

명이 그를 여기로 이끌었다는 데에서 왔다. 바이마르로—여기에서 괴테는 명망 있는 지위로 궁정의 부름을 받았고, 이는 괴테를 만족시켰다. 이 전원적인 장소로—이 정원 딸린 집은 괴테가 처음으로 가진 자기 집이었다. 이 가정은 그에게 자기규정적 삶을 약속했다.[18]

실제로 괴테는 호메로스의《오디세이아》를[19] 아주 잘 알고 있었으며, 바이마르에서 이 서사시를 읽었다. 트레블라이언은 이를 지적한다.

바이마르 시기에 호메로스를 처음으로 언급한 구절은《베르테르》의 한 구절처럼 보인다. 1775년 크리스마스이브에 괴테는 발데크, 그러니까 예나 뒤에 있는 숲의 조그마한 마을에서 공작에게 편지를 썼다. "저는 교구 사제에게《오디세이아》를 가지고 있냐고 물을 것입니다. 가지고 있지 않다면, 저는 그를 예나로 보내서《오디세이아》를 손에 넣게 할 것입니다. 이 단순히 호메로스적인 세계에서《오디세이아》없이 지내는 것은 불가능합니다.[20]

더욱이, 괴테 자신의 저작에서도 이 서사시의 흔적이 발견된다. 베

---

18 *Audioguidetext zum Goethe Gartenhaus*, 2011, Klassik Stiftung Weimar, 〈http://www. klassikstiftung.de/uploads/tx_lombkswmargcontent/goethe_gartenhaus_mit_Bildern.pdf〉.

19 Homer, *The Odyssey of Homer*, trans. T.E. Shaw, The World's Classics (London: Oxford University Press, 1955). 텍스트 안에서 이 문헌을 가리킬 때 나는 《오디세이아》라고 쓰겠다. 이후로는 인용할 때에는 괄호 안에 "[OD]"라고 쓴 후 권호와 행 번호를 적을 것이다.

20 Trevelyan, *Goethe and the Greeks*, p. 84.

일은 이렇게 관찰한다. "〔1774년에 출간된〕《젊은 베르테르의 슬픔》에는 호메로스의 메아리가 가득하다. … 오디세우스와 베르테르의 이야기 사이에는 많은 평행관계가 있다."[21] 호메로스는 튀케를 몰랐지만(그녀가 여신이 된 것은 기원전 4세기경이다),[22] 아마도 괴테는 오디세우스의 귀환이라는 발상을, 자기 체험의 반영으로서 좋은 운명이라는 발상과 자기도 모른 채 뒤섞었을 것이다. 혹시 괴테는 바이마르에서 자기의 초기 체험을 오디세우스가 이타케로 귀환한 것과 동일시하지 않았을까? 어쨌든, 호메로스의 서사시《오디세이아》의 오디세우스라는 영웅적 인물은 문학 안팎에서 오랫동안 유명세를 떨쳤으며, 그가 이타케로 귀환하는 이야기는 오랫동안 이상적 귀환의 지속적 이미지로 유지되었다. 이 점이 이 책 1부의 특별한 초점이다.

2부: 모빌리티 문화의 등장

〈2부: 모빌리티 문화의 등장〉은 내가 이 책에서 검토할 두 번째 주요 시대, 1770~1830년의 안장시대에 초점을 맞춘다. 앞에서 언급했듯이, 〈행운의 돌〉은 1777년에 건립되었다. 그렇기에 시간적으로 대략 안장시대의 시작에 위치한다. 이 석상 배후의 사고("확고함, 강함, 정지" 대 "가변성과 역동성〔,〕 … 움직임")가 함축하는 것은, 괴테가 그리스 시대에

---

21 Vail, "The last of the Homeridai : Goethe's Road to Hermann und Dorothea," p. ii; p. 38. 오디세우스와 베르테르 이야기 사이에 있는 많은 평행관계를 더 상세히 살펴보려면, Vail, "The last of the Homeridai : Goethe's Road to Hermann und Dorothea," pp. 38-44 를 보라.
22 Matheson. "The Goddess Tyche," p. 19.

대한 해박한 지식이 있었을 뿐 아니라, 이 시기에 현시되고 있던 운동 대 정지, 안정 대 불확실성이라는 사고에 대해 이미 반성하고 있었다는 것이다. 괴테는 모빌리티에 토대를 둔 문화가 천천히 등장하고 있던, 그를 둘러싼 변화하는 사회에 응답하고 있었다. 그리스 문화와 그가 살고 있던 당대의 현실 사이의 연결을 그가 문제시한 이유는 부분적으로 여기에 있었을 것이다.

1776년 말에서 1777년 초에 그가 그리스인을 어떻게 생각했는지, 또는 자신의 고투와 그리스인을 어떻게 관계시켰는지를 보여 주는 증거는 없다. 그러나 근대 삶에서 그리스 문화가 지닌 위치는 이 시기 그에게 큰 염려를 끼쳤다. 개인적 문제로도, 사회적 문제로도 그랬다.[23]

이 시기 사회는 여행의 이점이라는 발상에 차츰 열리고 있었지만, 교육적 목적을 위해 장대한 여정에 나서는 것은 결코 일반적이지 않았다. 라인하르트 코젤렉을 따라 내가 안장시대라고 부르는 시기가 시작될 즈음에는 특히 그랬다.[24] 아마 이것이, 괴테가 〈행운의 돌〉을 그의 개인 정원에, 그러니까 일반 대중의 비판적 시선을 피해서 두기로 한 이유 중 하나일 것이다. "괴테는 〈행운의 돌〉을 자기 소유의 정원에 세

---

23 Trevelyan, *Goethe and the Greeks*, p. 85.
24 Reinhart Koselleck, "Einleitung," *Geschichtliche Grundbegriffe: Historisches Lexikon zur politisch-sozialen Sprache in Deutschland*, eds. Otto Brunner, Werner Conze and Reinhart Koselleck, vol. 1 (Stuttgart: Klett Cotta, 1979), pp. XIII-XXVII. 안장시대라고 불리는 시기에 대한 상세한 해설은 3장을 보라(3장의 "코젤렉의 안장시대"라는 절 전체).

웠기 때문에, 감상자가 일반적으로 이를 이해할 능력이 있는지를 고려할 필요가 없었다."[25] 그럼에도 불구하고, 자신의 작품에서 그리고 그가 유지하기로 한 친분 관계에서, 우리는 여행의 문화적 가능성에 대한 명확하고 지속적인 관심을 볼 수 있다. 이는 그의 1795~1796년 성장 소설 《빌헬름 마이스터의 수업 시대》의 발행에서 명백해진다.[26] 이 소설에서는 한 젊은이가 고향 마을을 떠나 세계로 나가고, 여행이 그의 삶에서 무엇을 가능케 하는지를 체험한다. 이러한 서사는 1785년 9월 괴테의 바이마르 집에서 있었던, 괴테와 게오르크 포르스터의 우호적인 만남에 부분적으로 영향을 받았을 수 있다.[27] 포르스터는 유명한 자연학자, 탐험가, 그리고 1777년의 여행 텍스트 《세계 일주》의 저자였다.[28] 괴테가 여행의 문화적 가능성에 지속적 관심을 가졌음을 보여 주

---

[25] Müller-Wolff, *Ein Landschaftsgarten im Ilmtal*, p. 63. 또한 이 조각은 그 단순한 형태에서도 그 시대에는 특히 희한한 것이었다. "당시에 이 단순한 석상은 극히 상궤를 벗어난 것, 실로 진보적인 것이었다. 소용돌이 문양도 없고, 치장도 없었다―그저 단순한 기하학적 형태만 있었다. 실상 〈행운의 돌〉은 독일 최초의 비구상적 조각 중 하나다!", Audioguidetext.

[26] Johann Wolfgang Goethe, *Wilhelm Meisters Lehrjahre*, ed. Erich Schmidt (Frankfurt am Main: Insel Verlag, 1980). 이후로는 인용할 때 괄호 안에 "[WML]"이라고 쓴 후 쪽 번호를 적을 것이다.

[27] 이 만남은 이렇게 묘사된다. "세계 일주자 게오르크 포르스터는 1785년 9월에 괴테를 방문한 것을 그의 삶에서 '가장 즐거웠던 시간'으로 꼽는다. 두 사람은 과거 괴테의 친구 프리드리히 하인리히 야코비의 주선으로 카셀에서 면식을 익혔다. 포르스터는 아내를 대동했다. 괴테 집에서의 저녁 식사에 초대된 사람으로는 헤르더 부부, 그리고 크리스토프 마틴 빌란트가 더 있었다." Daniel Krüer, *Georg Forster*, 2012, WeimarLese, 〈http://www.weimarlese.de/index.php?article_id=164〉. 이듬해 괴테는 잘 알려진 이탈리아 여행을 떠난다.

[28] Georg Forster, *A Voyage Round the World*, eds. Nicholas Thomas and Oliver Berghof, vol. 1 (Honolulu: University of Hawai'i Press, 2000). 이후로는 인용할 때에는 괄호 안에 "[VRW]"이라고 쓴 후 쪽 번호를 적을 것이다.

는 또 다른 예는 그의 여행기《이탈리아 여행》에서 발견될 수 있다.[29]
《이탈리아 여행》은 1786~1788년에 걸친 그의 이탈리아 여행을 기록하
고 있으며, 본래 1816~1817년에 출판되었다.

괴테가 이탈리아 여정에서 발견한 것은 무엇보다도 고대—빙켈만의
로마와 그리스의 로마—였다. 그는 라파엘, 팔라디오, 그리고 이탈리아
의 풍경과 하늘에 감명 받았다. … 그는 바이마르의 금욕으로부터 로마
의 허용으로 탈출함으로써, 그의 시의 뿌리를 새로이 했다.[30]

그렇기에 괴테의 이탈리아 여행은 여행의 해방적 체험이라는 측면
에서, 그리고 그것이 괴테의 시적 발전에 끼친 영향의 측면에서 중요
하다.

3부: 새로운 모빌리티의 현대(1985~1995와 1995~2010)

21세기에 괴테의 석상은 더 이상은 숙고를 위한 개인적 상징물이 아
니다. 이 정원 딸린 집에서 행해지는 정규 투어의 일부로서 전 세계 관
광객이 일주일에 5일은 〈행운의 돌〉을 볼 수 있다.[31] 뉴질랜드의 연구

---

29 Johann Wolfgang von Goethe and Charles Adolphus Buchheim, *Goethe's Italienische Reise: the German Text, with English Notes, Literary and Biographical Introductions, and a Complete Vocabulary* (London: David Nutt, 1897).

30 Stephen Spender and Johann Wolfgang von Goethe, *Great Writings of Goethe* (New York: Mentor Books, 1958), pp. XIV-XV.

31 Klassik Stiftung Weimar, *Goethes Gartenhaus*, 2011, Klassik Stiftung Weimar, 〈http://www.klassikstiftung.de/ueber-uns/〉.

자도 이 석상에 대한 독일어 오디오 해설을 다운로드 받을 수 있다. 바이마르에서 관광객이 괴테의 정원을 거닐면서 헤드폰으로 들을 수 있는 것과 같은 해설 말이다.[32] 세계 어디에서나, 인터넷과 신용카드에 접근할 수 있는 소비자는 이 석상의 검정, 하양, 노랑, 빨강 복제본을 97유로에 살 수 있다.[33]

이 글의 마지막 분석 부분인 〈3부: 새로운 모빌리티의 현대(1985~1995와 1995~2010)〉와 관련하여 이러한 극적인 변화가 밝혀 주는 것은 무엇인가? 〈행운의 돌〉에 대한 현대의 접근 양식은 안장시대에서 현대로 오면서 일어난 변화에 관한 다음과 같은 일반적 추론을 지지한다. 모빌리티는 더 이상 등장 중에 있지 않고, 오히려 편재한다. 사적이었던 많은 것들에 이제는 공적으로, 국제적으로 접근할 수 있다. 그것은 관광 명소의 형태일 수도, 다운로드 받을 수 있는 인터넷 파일의 형태일 수도 있다. 이러한 중대한 이행으로 이끈 테크놀로지적 힘과 인간적 욕망은 무엇인가? 그리고 이는 우리의 일상적 삶에 어떤 영향을 끼치는가? 이러한 질문을 논하면서, 그리고 테크놀로지와 이동적 인간적 체험의 조정을 분석하면서, 나는 재현의 문제에 초점을 맞춘다. 사건, 물리적 현상, 그리고 이것의 사회적 결과의 재현에 집중한다. 일상적 삶 자체를 분석하기보다는 일상적 삶에 대한 문화적 재현에, 그리고 이것이 모빌리티의 체험을 통해 어떻게 변용되었는지에 초점을 맞

---

32 Klassik Stiftung Weimar, *Goethes Gartenhaus*.
33 Museumsladen Weimar, *Repliken*, 2012, 〈http://www.museumsshopweimar.de/index.php?cat=c60_Repliken.html〉.

준다. 이것이 1985~1995년 사이에 영화감독과 여행 텍스트가 논한 주제 중 하나다. 여기에는 에리히 뢰스트의 소설 《양파꽃 문양》(1985)이나[34] 안드레이 우지카의 다큐멘터리영화 〈현재를 벗어나〉(1995)가[35] 있다. 전 지구적 이동화mobilisation[36] 과정에서 무언가를 얻었다는 것에는 의심의 여지가 없다. 여행자는 이제 역사적인 〈행운의 돌〉을 직접 볼 수 있다. 동시에 잃은 것도 있다. 괴테에게는 개인적 상징적 의미가 있었던 이 석상은 복제 가능한 온라인 쇼핑 상품으로 격하되었다. 이에 따라 현대에 여행 텍스트 작가—가령, 1995년의 영화 〈율리시즈의 시선〉의 감독 테오도로스 앙겔로풀로스나[37] 2010년의 희곡 《오디세우스, 범죄자》의 작가 크리스토프 란스마이어[38]—의 목표는, 이동화된 세계의 현재 상태가 가진다고 생각된 이점에 의문을 제기하는 것이다. 이러한 이동화된 세계에서도 《오디세우스》에 그려진 것 같은 이상적 귀향의 이미지가 존속하기는 한다. 그러나 이는 성공적 귀향으로 끝나는 단수적 여정이라는 호메로스적인 의미에서는 더 이상은 불가능하다. 현대

---

[34] Erich Loest, *Zwiebelmuster: Roman* (Hamburg: Hoffman und Campe, 1985). 이후로는 인용할 때에 괄호 안에 "[ZM]"이라고 쓴 후 쪽 번호를 적을 것이다.

[35] *Out of the Present*, dir. Andrei Ujica, K Films, 1996. 본래는 1995년에 공개되었다. 이후로는 인용할 때에는 괄호 안에 "[OoP]"라고 쓴 후 시간 부호를 적을 것이다.

[36] [옮긴이주] 이 책에서 mobilisation이라는 용어는 움직이지 않던 것을 움직이게 하거나 움직이던 것을 더 움직이게 함, 즉 모빌리티를 증대시킴을 뜻하는 일반적 개념으로 사용되고 있다. 이는 "이동화"로 번역한다. 단, mobilisation이 (가령 전쟁을 위해) 인원과 물자를 모으고 배치한다는 훨씬 구체적인 의미에서 사용될 때에는 통상적인 번역어인 "동원"을 사용한다.

[37] *Ulysses' Gaze*, dir. Theodoros Angelopoulos, Madman, 2006. 본래 1995년에 공개되었다. 이후로는 인용할 때에는 괄호 안에 "[UG]"이라고 쓴 후 시간 부호를 적을 것이다.

[38] Christoph Ransmayr, *Odysseus, Verbrecher* (Frankfurt am Main: S. Fischer Verlag, 2010). 이후로는 인용할 때에는 괄호 안에 "[OV]"라고 쓴 후 쪽 번호를 적을 것이다.

가 이처럼 모빌리티를 애호하는 것을 괴테라면 어떻게 생각했을까? 거주하기와 모빌리티 사이의 올바른 균형을 어떻게 찾아야 하느냐는 물음에 대해 그 자신도 대답을 발견하지 못했기 때문에, 이에 대해서 생각해 보기는 어렵다. "서로 대항하는 힘들 간의 균형 추구라는 문제에 그는 평생 골몰할 것이었다."[39] 이 물음에 대한 다양한 응답을 분석하는 것은 본 글에서 내가 고찰할 주요 주제 중 하나다. 다음 절에서는 이를 위한 방법론적 접근법을 대략적으로 소개할 것이다.

1.2 여행 텍스트 분석에 대한 모빌리티 접근법

나는 본 글에서 내가 채택한 접근법을 (문학과 영화를 포함한) 여행 텍스트에 대한, 모빌리티 관점에서 이루어진, 독일에 초점을 맞춘 '비교 문화적 분석'이라고 부른다. 나는 모빌리티 연구의 새로운 장에서 등장한 개념에 대한 논의를 통해, 문화와 세계화의 관념을 통해, 여행문학 논의에 관하여 모빌리티 패러다임에서 등장한 새로운 접근법을 통해, 마지막으로 나의 기획을 비교 연구라고 식별할 수 있는 방식에 대한 논의를 통해, 모빌리티 관점이라는 것이 무슨 뜻인지 명확히 하겠다.

---

39 Müller-Wolff, *Ein Landschaftsgarten im Ilmtal*, p. 63. 괴테가 어떻게 거주하기와 운동 상태 사이의 매개적 개념으로 자기형성 개념을 이용하는지에 대한 논의는 3장을 보라〔3.4.5 〈요한 볼프강 괴테…〉의 "여행과 자아 형성" 절의 맨 마지막 문단〕.

에른스트 윙어의 '총동원' 개념

여행 또는 여정을 뜻하는 독일어 Reise는 그 가장 초기의 형태에서는 어원적으로 군사 동원〔이동화〕mobilisation 개념에 근거를 두었다.[40] 1891년《독일어 어원사전》에 제시된 단어 Reise 항목은 다음과 같다.[41]

Reise, 〔여성〕, '여정, 여행, 항해,' MidHG〔대략 1050년에서 1350년의 중세 고지 독일어〕에서 유래. reise, 〔여성〕, 출발, 행진, 여정, 군사 원정〔.〕[42]

제1차 세계대전과 제2차 세계대전 사이 시기에 독일의 작가이자 지식인 에른스트 윙어는 증대되는 이동과 모빌리티의 경제적 · 사회적 · 정치적 귀결에 대해 사고하는 데에 중요한 기여를 했다.[43] 비록 윙어의 저작이 현대 모빌리티 학계에서 폭넓게 인정받고 있지는 못하지만, 그는 독일학에서는 잘 알려진 인물이다.[44] 더욱이, 그의 접근법에 대한 이해는 본 글의 이론적 핵심 개념인—이에 대해서는 아래에 설명할 것이

---

40 일반적 의미에서 군사적 동원은 이렇게 정의된다. "전쟁 시기에 활동적 군사 임무를 위해 부대, 물자, 장비를 집합시키고 조직화하는 과정〔.〕 … 〔이는〕 사회의 군사적 부분과 시민적 부분을 결합시켜 국가의 총체적 힘을 이끌어내려 한다." John Whiteclay Chambers, ed., *The Oxford Companion to American Military History* (Oxford: Oxford University Press, 2000), p. 208.

41 Friedrich Kluge, *Etymological Dictionary of the German Language*, trans. J.F. Davis (London: Bell, 1891).

42 Kluge, *Etymological Dictionary of the German Language*, p. 283.

43 이 점에 대해서 캐스는 윙어가 "전쟁을 근대의 중심 체험으로 이해했다"고 주장한다. Anton Kaes, "The Cold Gaze: Notes on Mobilization and Modernity," *New German Critique* 59. Spring/Summer (1993): pp. 105-17, p. 106.

44 예를 들어 "Special Issue on Ernst Jüger," *New German Critique* 59. Spring/Summer.를 보라.

다—하이데거의 거주하기dwelling 개념의 등장을 맥락화하는 데에 본질적이다. 테이메스의 다음 말도 이러한 견해를 지지한다. "윙어가 하이데거에게 큰 영향을 끼쳤음에도 잘 알려져 있지 않기 때문에, 그의 저작을 고찰하는 것은 중요하다."[45] 다른 한편, 1900년대 초 사회학자 게오르크 지멜의 저작은 (때로 피상적이긴 하지만 그래도 적절하게) "[현대의] 모빌리티 분석을 위한 폭넓은 의제를 수립"한 것으로 인정받고 있다.[46] 그러나 지멜 이후로, 모빌리티의 새로운 형태 그리고 테크놀로지적 산업사회를 통한 이동화의 전파를 전면에 놓은 주목할 만한 인물은 윙어다.

윙어는 1930년에 출간된 두 논문 〈불과 운동〉,[47] 그리고 〈총체적 동원〉에서[48] 자기 주장을 제시한다. 다음 구절에서 윙어는 군사적 동원의 광범위한 중요성을 묘사한다.

전장에서 마주치는 군대와 더불어 새로운 종류의 군대, 교통의, 식량의, 군수산업의 군대가—일반적으로 노동의 군대가 생겨난다. … 이로인해 이 세계대전은 프랑스혁명보다도 더욱 의미심장한 역사적 현상이

---

[45] ieter Tijmes, "Home and Homelessness: Heidegger and Levinas on Dwelling," *Worldviews: Global Religions, Culture and Ecology* 2.3 (1998): 201-13, p. 201.

[46] Sheller and Urry, "The New Mobilities Paradigm," p. 215. Georg Simmel, *Simmel on Culture: Selected Writings* (London: Sage Publications, 1997)를 보라.

[47] Ernst Jünger, "Feuer und Bewegung," *Sämtliche Werke: Zweite Abteilung: Essays I: Band 7: Betrachtungen zur Zeit* (Stuttgart: Klett-Cotta, 1980(a)), 105-18.

[48] Ernst Jünger, "Die totale Mobilmachung," *Sämtliche Werke: Zweite Abteilung: Essays I: Band 7: Betrachtungen zur Zeit* (Stuttgart: Klett-Cotta, 1980(b)), 119-42.

되었다. 이러한 엄청난 양의 에너지를 펼치기 위해서는, 칼을 든 손을 무장하는 것만으로는 충분치 않다. 가장 내적인 표지까지, 가장 미세한 삶의 신경까지 무장할 것이 요구된다. 이를 실현하는 것이 총동원의 과제다.[49]

그리하여 제1차 세계대전에서 궁극적인 형태에 도달한 군사적 총total 동원은, 군인이든 시민이든 간에 사회의 모든 구성원을 연루시켰다. 캐스는 이렇게 요약한다. "윙어에게 총동원이란 바로, 모든 움직임이 국가의 이익을 위해 기능화된 총체적 체계였다."[50] 테크놀로지의 진보는 제1차 세계대전의 전례 없는 군사적 동원의 불가결한 일부를 이루었다. "테크놀로지의 시대에 전쟁 수행의 수단과 방법은 빠르고 근본적인 변화에 종속되며, 이 변화는 인간 사이에서 일어났던 여타 적대적 마주침의 교환 속에서 발견되었던 변화들보다 더 빠르고 더 근본적이다. 이러한 점은 예상할 수 있는 일이었다."[51] 더욱이, 전쟁 수행에서의 이러한 테크놀로지적 진보는 평화 시기의 일상적 사회적 삶과 차별화될 수 없다고 윙어는 지적한다. "전쟁은 완전히 자신만의 독자적인 법칙 하에 있는 상태가 아니다. 전쟁은 삶의 다른 면으로서, 좀체 표면

---

49 Jünger, "Die totale Mobilmachung," p. 126.
50 Kaes, "The Cold Gaze: Notes on Mobilization and Modernity," p. 112.
51 Jünger, "Feuer und Bewegung," p. 107. 비슷하게 〈총체적 이동화〉에서 윙어는 제1차 세계대전을 "이 시대의 가장 크고 가장 영향력 있는 사건"이라고 일컫는다. Jüger 1980(b), 121.

에 드러나지는 않지만 삶과 밀접히 결부되어 있다."[52] 제1차 세계대전이 인류에게 초래한 영향은 거의 이해를 넘어설 정도다. "세계대전이 시작될 때에 인류의 지성은 이 정도 범위의 동원은 미처 예견하지 못했다."[53] 윙어는 대량 살상 기계의 개발과 함께 타인에 대한 동정이 약화된다고 진술한다. "많은 곳에서 인도주의적 가면이 거의 벗겨지고, 그 대신 반쯤은 그로테스크하고 반쯤은 야만적인 기계 물신주의가 … 등장한다."[54] 그렇기에 제1차 세계대전은 일반적으로 "이 시대의 가장 크고 가장 영향력 있는 사건"으로 간주되어야 한다.[55] 1980년에 윙어는 자신의 예전 저작을 반추하며, 군사적 동원과 테크놀로지의 물신화에 대한 그의 생각이 여전히 참이라고 결론 내린다. 그는 이렇게 관찰한다. "세계 권력의 무장은 행성 크기의 용적을 획득했다. … 모든 사람이 무장하고, 모든 사람이 남이 무장했다고 비난한다. 이는 악순환으로 느껴지면서, 동시에 퍼레이드에서 찬양되기도 한다."[56] 1998년에 테이메스는 이렇게 쓴다. "우리 시대에 테크놀로지에 대해 반성하는 사람은 윙어를 간과할 수 없다."[57]

---

52 Jünger, "Feuer und Bewegung," p. 108. 비슷한 맥락에서 캐스는 이렇게 쓴다. "전쟁이 일으킨 군사화와 이동화의 일반적 과정은 전쟁이 끝났을 때에도 폐기되지 않았다." p. 112.

53 Jünger, "Die totale Mobilmachung," p. 126.

54 Jünger, "Die totale Mobilmachung," p. 140.

55 Jünger, "Die totale Mobilmachung," p. 121.

56 Jünger, "Die totale Mobilmachung," p. 142.

57 Tijmes, "Home and Homelessness," p. 202. 실제로 윙어의 학술적 업적은 모빌리티와 테크놀로지 사유에 천착했던, 본 책에서 내가 다룰 두 학자에게 영향을 끼쳤다. 마르틴 하이데거와 폴 비릴리오다. 윙어와 하이데거의 관계에 대한 고찰은 Tijmes, "Home and Homelessness"를 보라. 전간기戰間期 자동차 모빌리티에 관한 사고에 윙어가 어떤 영

모빌리티 연구의 등장

내가 여기에서 모빌리티 연구라고 칭하는 분야에는 많은 다른 선구자들이 있다. 그중에는 윙어에게서 큰 영향을 받은 폴 비릴리오도 있다.[58] 그러나 이들의 저작도 윙어의 저작도 본 연구의 일차적 방법론적 초점은 아니다. 여기에서 나의 과제에 결정적인 것은 1990년대 말에서 2000년대 초에 이르는 사회학자 존 어리의 연구다. 우리는 모빌리티 연구가 독자적 권리를 가지는 연구 분야로 구축되는 데에 중요하게 기여한 어리의 영향력 있는 세 텍스트(이 중 둘은 공동 저작이다)를 식별할 수 있다. 2003년 논문 〈사회적 네트워크, 여행, 말〉에서[59] 어리는 "물리적 · 육체적 여행이 사회적 삶에서 행하는 역할"을 검토하는데, 이 검토는 "그러한 여행—이들은 여행을 대체할 수도 있는 소통 장치의 범람과 동시에 성장했다—의 크고 점점 성장하는 규모"에 비추어 이루어진다.[60] 이때까지 여행에 대한 연구의 대부분은 수송공학자와 경제학자가 수행했는데,[61] 어리는 "사회과학 내에서 등장하고 있는 '모빌리티 전환'에 기여"하는 것이 명령이라고 본다.[62] 2006년 학술지《모빌리티》

향을 끼쳤는지에 관한 고찰은 Gordon Pirie and Laurent Tissot Gijs Mom, "Encapsulating Culture: European Car Travel, 1900-1940," *Journal of Tourism History* 3.3 (2011): 289-307, pp. 298-9; pp. 303-4를 보라.

58 윙어의 저작이 비릴리오에게 끼친 영향의 예에 관해서는 Kaes, "The Cold Gaze: Notes on Mobilization and Modernity," p. 106을 보라.

59 John Urry, "Social Networks, Travel and Talk," *British Journal of Sociology* 54.2 (2003): 155-75.

60 Urry, "Social Networks, Travel and Talk," p. 155.

61 Urry, "Social Networks, Travel and Talk," p. 156.

62 Urry, "Social Networks, Travel and Talk," p. 155.

를 여는 논설은 모빌리티 전환/복수적-모빌리티 전환이 존재한다는 그의 주장에 무게를 싣는다.[63] 한남, 셸러, 어리의 2006년 논문 〈모빌리티, 부동성, 계류〉는 모빌리티 연구에 관해, 그리고 이와 관련된 연구의 측면에서 등장하는 방향들에 관해 추가적 맥락을 제공했다. 그들은 이렇게 말한다.

모빌리티는 21세기에 영감을 주는 핵심어가 되었으며, 자신만의 효과와 맥락을 창조하는 강력한 담론이 되었다. … '모빌리티 전환'은 사회과학 속으로 전파되고 있고, 사회과학을 변용시키고 있다. 책상 위에 새로운 문제를 올려놓을 뿐 아니라, 학제적 경계를 넘고, 21세기 사회과학에 근본적이었던 '영토적'·'정주적' 수칙에 의문을 제기한다.[64]

모빌리티 전환은 사회과학 연구의 전통적 방법으로부터 멀어지는 것이다. 전통적 방법은 본질적으로, 연구 대상자가 정적이거나 비이동적이라고, 결코 이동하지 않는 특정 장소의 '영토적' 시민이라고 상상한다. 이들은 '정주적'이라고 간주되기 때문이다.

모빌리티 연구의 도래에 가장 근본적으로 공헌한 것은, 같은 해에

---

63 Kevin Hannam, Mimi Sheller and John Urry, "Editorial: Mobilities, Immobilities and Moorings," *Mobilities* 1.1 (2006): 1-22. 나는 이 전환을 "모빌리티 전환mobility turn" 이 아니라 "복수적-모빌리티 전환mobilities turn"이라고 부르기를 선호한다. "복수적-모빌리티 전환"은 복수적이고 다방향적인 움직임을 함축할 뿐만 아니라, "모빌리티"라는 용어를 움직임 자체와만 관련시키는 관습적 이해로부터 이 연구의 장을 의미론적으로 분화시킬 수 있기 때문이다.

64 Hannam, Sheller and Urry, "Editorial: Mobilities, Immobilities and Moorings," pp. 1-2.

셸러와 어리가 출간한 〈새로운 모빌리티 패러다임〉이라는 논문이라고 해도 좋을 것이다. 이 논문의 저자들은 모빌리티 전환의 성격, 속성, 함축을 패러다임적으로 제시함으로써 이 전환의 개념적 면모들을 더욱 발전시켰다.[65] 셸러와 어리는 물리적 · 가상적 여행의 측면에서 전 지구적으로 일어나고 있지만("세계는 이동 중에 있는 것으로 보인다."[66]), 대체로 무시되어 온 극적인 변화를 강조한다. 새로운 "모빌리티 패러다임"은 그 범위상 학제간적인 것으로 식별된다. 저자는 계속해서, 모빌리티 전환의 배후에서 추진력을 제공해 준 구체적 학문 분야를 명시한다. 그것은 "인류학, 문화 연구, 지리학, 이주 연구, 과학과 테크놀로지 연구, 관광과 수송 연구, 사회학"이다.[67] 그렇기는 하지만, 이 패러다임은 주로 사회학적 물음과 관계하며, 이는 더 넓은 비판적 맥락을 결여하는 경험적 분석으로 이끌 수 있다. 나의 글은 셸러와 어리가 배치한 일반적 개념적 관심사를 토대로 삼고 있지만, 또한 이 패러다임의 확장과 변경에 기여한다. 본 글에서 나의 방법론이 글과 영화에 대한 분석을 포함한다는 것을 고려하면, 나의 접근법은 모빌리티 연구의 범위를 넓히고, 새로운 "모빌리티 패러다임" 논의에 문화적 · 문학적 면모를 포함시킬 것을 주장한다고 볼 수 있다. 기능적 차원에서 모빌리티가 작동하는 방식에 초점을 맞추지 않고 체험의 재현에 초점을 맞

---

65 Sheller and Urry, "The New Mobilities Paradigm," p. 207. 흥미롭게도, 셸러와 어리는 에른스트 웡어가 모빌리티 연구에 영향을 주었다고 전혀 언급하지 않는다.

66 Sheller and Urry, "The New Mobilities Paradigm," p. 207.

67 Sheller and Urry, "The New Mobilities Paradigm," p. 208.

춘다는 것은, 나의 분석이 모빌리티 패러다임을 문화적 반성의 권역에 삽입함으로써 이 패러다임에 비판적 강조점을 제공함을 뜻한다. 다음 절에서 나는 다음 물음을 다룸으로써 이러한 생각을 더 탐사할 것이다. 이러한 접근법은 새로운 모빌리티 패러다임이 지금까지 정식화되어 온 면에서 볼 때 어느 정도까지 함께 가는가, 또는 어느 정도까지 갈라지는가?[68] 내가 전개하는 분석적 관점이 사회학 분야에서 셸러와 어리가 해설한 패러다임의 관심사와 접점이 없는 것으로 간주될 수도 있겠지만, 셸러와 어리는 모빌리티 연구의 목표에 관해 어느 정도 개방성을 가질 것을 권장한다. 이들은 이 분야가 이미 수립된 패러미터 집합이라고 보지 않는다. "새로운 모빌리티 패러다임은 현대 세계를 총체화하거나 환원적으로 기술하지 않고, 물음·이론·방법론의 집합을 제안한다."[69] 더욱이, 현대의 움직임을 적합하게 연구하기 위해 셸러와 어리는 이론의 이동화 자체를 요구한다. "새 세기가 혼돈스럽게 펼쳐짐에 따라 새로운 모빌리티는 현존과 부재의 새롭고 놀라운 결합을 생겨나게 하고 있다. 이러한 새로운 형태의 모빌리티에 발맞추기 위해서는 방법과 이론도 언제나 이동 중에 있을 필요가 있다."[70] 머무르려는 욕망과 가려는 욕망을 어떻게 화해시킬 것인가 하는 문화적 딜레마, 또는 이 대립적 욕망 사이의 이상적 균형을 향한 탐색이 인간적 체험의 심부에 있다고 나는 주장한다. 그렇기에 나의 분석적 접근법은,

---

[68] 6장도 보라(6.3 〈향후 연구를 위한 제언〉 첫 문단).
[69] Sheller and Urry, "The New Mobilities Paradigm," p. 210.
[70] Sheller and Urry, "The New Mobilities Paradigm," p. 222.

새로운 모빌리티 패러다임에 비판적 문화적 강조점을 도입함으로써, 셸러와 어리의 목표에 기여하고 이를 확장한다. 나는 모빌리티 연구의 틀 내에서 덜 알려진 텍스트와 정전 격인 텍스트를 조사하여, 여행자가 이동하는 공간에서 상상과 재현이 가지는 중요성을 파악할 것이다. 이 분석의 전제가 되는 것은, 여행이 가장 먼저 그리고 가장 중요하게 의미를 얻는 것은 개념적 차원에서, 그러니까 관념, 이미지, 이상, 욕망으로서라는 점, 그렇기에 여행은 모빌리티를 텍스트성과 시각성의 영역으로 이끈다는 점이다.

모빌리티 개념화하기

모빌리티 연구 분야에서 이루어지고 있는 학술적 작업이 점점 증대되고 있다는 것은, 사회 연구의 중심을 이동과 여행의 체험에 놓는 쪽으로 학술적 이행이 일어나고 있음을 인정하는 것으로 간주될 수 있다. 이 분야의 학제간적 본성으로 인하여, 모빌리티는 수많은 상이한 방식으로 개념화되어 왔다. 흔히 모빌리티는 한쪽 끝에는 움직임이 전혀 또는 거의 없고 다른 쪽 끝에는 극단적 모빌리티가 있는 연속체에 비추어, 또는 이 두 점 사이의 변증법적 관계에 비추어 개념화된다.[71] 한남, 셸러, 어리는 모빌리티와 계류장, 그리고 이들이 생산하는 체계들에 비추어 모빌리티를 시각화하기를 선호한다.

---

71 Hannam, Sheller and Urry, "Editorial: Mobilities, Immobilities and Moorings," p. 2.

모빌리티의 환경을 설정해 주고 모빌리티를 가능케 하는, 필수적인 공간적 · 기반시설적 · 기관적 계류장에 주목하지 않은 채로 모빌리티를 기술하는 것은 불가능하다〔.〕 … 지역의 이동화가 수행되게 하고, 장소와 규모의 재배치가 물질화되게 하는 '부동적' 물질적 세계의 상호의존적 체계들이 있다. 특히, 유난히 부동적인 플랫폼, 중계기, 도로, 주차장, 정류장, 안테나, 공항, 부두, 공장의 체계들이 있다. 이러한 체계들의 복잡한 성격은 다중적 고정체 또는 계류장에서 유래한다. 이것들은 종종 막대한 물리적 규모를 가지고 있으며, 이 규모가 액체적 근대의, 특히 자본의 유동성을 가능케 한다.[72]

모빌리티와 "계류장"에 초점을 맞추는 것은, 사람 · 물자 · 통화通貨가 체계들의 복합체를 통과하여 움직인다는 측면에서 세계를 인식하는 데에 특히 유용하다. 이러한 관점은 움직임보다 장소에 일차적으로 강조를 두는, 붙박이 관점에 대립한다. 이는 메타 수준에서 세계화의 과정을 움직임 자체로 이해하는 데에 유용하다. 이는 특히, 내가 본 책에서 논의할 시대의 역사적 배경을 맥락화하는 데에 적용할 수 있다. 더 나아가, 복수적 모빌리티라는 용어는 이러한 움직임의 복잡성과 다중성을 강조하며, 계류장이라는 용어는 움직임 사이의 휴식 또는 휴지기가 주로 일시적이라는 본성을 함축한다. 나는 이를 현대적 모빌리티의 조건이라고 주장할 것이다.

---

[72] Hannam, Sheller and Urry, "Editorial: Mobilities, Immobilities and Moorings," p. 3.

멜버른대학 여행 연구 네트워크의 문을 연 컨퍼런스에서 발표되었던 "머무름에 관하여"라는 기조 발표에서, 문화 연구 전문가 메리 루이즈 프래트는 모빌리티를 개념화하는 또 다른 방식을 제공했다.[73] 이 발표에서 프래트는 여행을 움직이는 신체와 머무르는 신체, 또는 가는 자와 머무르는 자 사이의 관계를 통해 사고했다. 가는 자와 머무르는 자의 관계는 문화적 공간에 질서를 준다. 예를 들어, 방문이라는 활동에서 누군가는 집에 있고 누군가는 집에 들른다. 모빌리티에 대한 이러한 관계적 관점은 혹자는 이동적이 되고 혹자는 부동적이 될 때 등장하는, 기저에 있는 또는 가정된 권력 역학을 드러내기에 특히 유용하다. 가는 자의 모빌리티를 가능케 하는 데에 머무르는 자가 핵심적이라는 사실에도 불구하고 연구자들이 종종 머무르는 자를 간과한다고 프래트는 주장한다. 그녀는 순례 여정 중인 여행자에게 필요한 숙소를 제공하는 형태로 뒷받침을 하는 머무르는 자, 또는 다른 자가 전쟁을 위해 떠난 동안 가족이나 공장을 유지하며 뒤에 남아 있던 머무르는 자를 예로 든다.[74] 본 글의 주된 초점은 여행하는 자의 체험에 놓여 있지만, 나는 또한 뒤에 남아 있는 사랑하는 사람 또는 머무르는 자와 여행자의 관계에 주목할 것이다. 이때 특히, 여행자가 가진 고향의 이미지에 머무르는 자가 불가결하게 속한다는 점을 고려할 것이다.

---

73 Mary Louise Pratt, "On Staying," *Travel Ideals: Engaging with Spaces of Mobility*, University of Melbourne, 18 July. 2012.
74 총동원을 가는 자(군인)와 머무르는 자(집에 있는 시민)를 결부시키는 과정으로 봄으로써, 프래트의 요점은 위에서 든 용어의 총동원 개념과 관련될 수 있다.

거주하기의 개념

계류장과 모빌리티 사이의 변증법적 관계, 가는 자와 머무르는 자 사이의 관계는 둘 다 본 글에 개념적으로 유용하다. 그 이유는 위에서 설명하였다. 그러나 모빌리티에 대한 두 개념화 모두, 본 글의 초점과 분석적 차원을 전달한다는 측면에서는 제한적인 데가 있다. 여기에서 나는 새로운 모빌리티 패러다임에서 셸러와 어리가 언급은 했지만 집중하지는 않은 접근법과 관련하여 확장을 꾀할 것이다. 그것은, 한쪽 끝에는 거주하기dwelling가 있고 다른 쪽 끝에는 강렬한 모빌리티가 있는 연속체로 모빌리티를 개념화하는 것이다. 일반적으로 말해서, 시간의 흐름에 따라 세계는 이 연속체를 따라서 강렬한 모빌리티를 향해 움직이고 있다. 독일민주공화국(구 동독)에서의 강제된 거주하기를 분석하는 3부 4장에서 보여 줄 것처럼 중요한 예외가 있다 해도 그렇다.

새로운 모빌리티 패러다임에서 현존하는 정주주의 이론을 의문시 할 때, 셸러와 어리는 거주하기 개념을 참조한다. 그들은 정주주의가 "안정성, 의미, 장소를 정상인 것으로 다루고 거리, 변화, 장소 없음을 비정상인 것으로 다룬다"고 설명한다. 그리고 방법론적으로 말해, 정주주의는 "구속되어 있으며 본래적인 장소, 지역, 나라를 인간의 정체성과 체험의 근본적 토대이자 사회적 연구의 토대적 단위로" 놓는다.[75] 셸러와 어리는 정주주의가 "종종 하이데거로부터 느슨하게 유래한다. 그에게 거주하기(또는 wohnen)은 살기, 머무르기, 평화롭게 거주하기,

---

[75] Sheller and Urry, "The New Mobilities Paradigm," pp. 208-9.

한 장소에서 만족하기 또는 집처럼 느끼기를 뜻한다"고 덧붙인다.[76] 여기에서 그들은 지나가는 듯이, 하이데거의 1951년 논문 〈건축하기, 거주하기, 사유하기Bauen, Wohnen, Denken〉에서 제시된 거주하기 개념을 참조한다.[77] 그러나 나는 정주주의 또는 고정-문화에 대한 내 비판의 토대를 하이데거의 거주하기 개념에 느슨하게 두기보다는, 그의 개념을 분석적 출발점으로 삼으려 한다.

하이데거의 거주하기 개념이 여행을 전적으로 배제하지 않음을 밝히는 것도 중요하다. 그러나 이 개념은 여행이 예외적인 존재 방식이고, 필요한 목적을 위해서만 수행되어야 한다고 가정한다. 가령, (다음 예에서 그렇듯이) 직업이나―감히 말해 보자면―(《오디세이아》에서 오디세우스의 경우 그렇듯이) 전쟁으로서 수행되어야 한다는 것이다. 하이데거는 이렇게 쓴다. "우리는 그저 거주하기만 하는 것이 아니다. 이는 거의 무활동성일 것이다. 우리는 직업을 가지고 있다. 우리는 일을 한다. 우리는 여행하며 이동 중에, 때로는 여기에, 때로는 저기에 거주한다."[78] 달리 말하자면, 거주하기 개념은 전적인 비활동성을 수반하지 않는다. 오히려, 거주하기는 개인의 움직임을 꼭 필요한 여행만으로

---

76 Sheller and Urry, "The New Mobilities Paradigm," p. 208.

77 Martin Heidegger, "Bauen, Wohnen, Denken," *Vorträge und Aufsätze* (Stuttgart: Günther Neske Pfullingen, 1990), 139-56.

78 Heidegger, "Bauen, Wohnen, Denken," p. 141. 이 인용에서 첫 번째로 나온 "거주"와 두 번째로 나온 "거주" 사이의 차이는 영어 번역에서 강조된다. 영어 번역은 각각을 "거주dwell"와 "은신처 찾기find shelter"로 옮긴다. Martin Heidegger, "Building, Dwelling, Thinking," *Basic Writings from Being and Time (1927) to the Task of Thinking* (1964), ed. David Farrell Krell (London: Routledge & Kegan Paul, 1978), 319-39, p. 325.

엄격하게 제한하는 데에, 그리고 이에 수반되는 집 · 가족 · 평화로운 실존을 중심에 두는 가치 집합으로 제한하는 데에 있다.

하이데거의 거주하기 개념 또는 정주주의의 관념은 장대한 그리스의 여정, 호메로스의 《오디세이아》에 적용될 수 있다. 오디세우스가 스케리아섬에 난파된 후 알키노오스 왕의 딸 나우시카와 만난 시점에 그는 이렇게 그녀를 추켜세운다. "당신의 온 마음의 욕망에 신들이 보답하기를 기원합니다. 남편, 집, 그리고 집 안에서의 놀라운 조화를 기원합니다. 마음과 성향이 합일된 채로 남자와 아내가 집에서 함께 거주하는 것만큼 좋은 것은 없기 때문입니다"(OD. 6: V. 180-4). 하이데거는 거주하기가 "우리의 거주 영역 내"로 제한된 모빌리티를 함축한다고 주장한다.[79] 내 분석에서 나는 이 개념을 "거주–장소dwelling-place"라고 부를 것이다.[80] 이에 따라, 여행은 불안정을 낳는 일이 되어 부정적 함의를 가지게 된다. 낯선 장소로의, 즉 영토 밖으로의 끊임없고 목표 없는 방랑, 일시적인 집을[81] 가짐(아니면 집 없음)은 극히 부적절한 일이며 불행하고 무질서한 삶을 낳는다. 오디세우스가 마침내 이타케의 집에 도달하기 전 시기에 겪었던 참혹한 체험이 그렇다. 반대로, 사람들이 제

---

79 Heidegger, "Bauen, Wohnen, Denken," p. 139; Heidegger, "Building, Dwelling, Thinking," p. 323.

80 이 용어는 하이데거가 "거주하는 장소에 대해 말한다"는 셸러와 어리의 관찰에 영향 받은 것이다.

81 [옮긴이주] home은 본 글의 핵심 개념 중 하나이다. 《오디세이아》를 다루는 전반에서 이는 주로 가족과 함께 거주하는 집을, 현대의 모빌리티를 논하는 후반에서 이는 주로 개인이 귀속감과 안정감을 느끼는 장소로서의 고향을 뜻한다. 본 번역에서는 의미에 따라 "집" 또는 "고향"으로 번역한다.

한된 지리적 공간 내에 머물고 거주한다면, 이는 하이데거적 관점에서 보자면 문화가 뿌리를 내리고, 쉽게 절제되고, 유지되고, 정의됨을 뜻한다. 이는 경계를 흐트러뜨리는 현대의 "여행-중에-거주하기" 개념,[82] 또는 셸러와 어리가 "이동-중에"—가령 여행하는 자동차 안에서—"물질적·사회적으로 거주하기"라고 부르는 것과 극명히 대조된다.[83]

하이데거의 거주하기 개념의 관점에서 정주주의를 검토하는 것은 본 글에 중요한 분석적 관점을 주며, 하이데거의 거주하기 개념의 기원 같은 문제에 관한 논의를 자극한다. 위에서 언급했듯이, 하이데거의 철학은 에른스트 윙어 저작의 영향을 받았다. 테이메스는 근대의 변화에 테크놀로지가 끼치는 영향에 관한 윙어의 생각이 하이데거의 거주하기 개념의 형성에 어떤 역할을 했는지를 쓴다.

> 마르틴 하이데거는 … 윙어에 깊은 영향을 받았지만, 테크놀로지를 향한 그의 따뜻하고 극적인 열광에는 동참하지 않았다. … 하이데거는 근대 테크놀로지가 역사의 혁명적 시대로 안내한다는 생각을 윙어로부터 빌렸다. 그리고는 이 혁명이 소외나 뿌리 뽑힘으로 이끈다고 확신했다. 하이데거는 이러한 상황에 반격을 가하고자 했다.[84]

---

82 James Clifford, "Traveling Cultures," *Cultural studies*, ed. Lawrence Grossberg, Cary Nelson and Paula Treichler (New York: Routledge, 1992), 96–116, p. 102.
83 Sheller and Urry, "The New Mobilities Paradigm," p. 214.
84 Tijmes, "Home and Homelessness," p. 202.

하이데거는 뿌리내린 삶을 옹호하고 모빌리티를 가능케 하는 근대 테크놀로지를 가치 절하함으로써 이러한 상황에 반격을 가하려 했다고 우리는 말할 수 있을 것이다. 우리가 논해야 할 또 다른 문제는 다음 물음이다. 거주하는-삶을 향한 욕망은 여행하려는 욕망과 어떻게 비교되는가? 이에 더하여 내가 묻고 싶은 것이 또 있다. 여행 및 여행의 필요에 삶이 근거하게 된 현대에, 여러 가지 면에서 낡은 것이 된 이 개념이 어째서 아직도 삶의 방식으로서 또는 가치 집합으로서 호소력을 유지하고 있는가?

문화와 세계화 이해하기

모빌리티 연구의 장은 세계화 연구의 하위 분야로 이해할 수 있다.[85] 이 탐구의 심부에 있는 것은, 전 세계적인 사람·물자·정보 이동의 (속도와 빈도의) 강화가 끼치는 영향에 대한 비판적 검토다.[86] 동시에, 모빌리티 연구는 정주주의에 초점을 맞춘 것을 문제 삼는 만큼이나, "모빌리티, 유동성 또는 액체성의 새로운 '거대 서사'"를 쓰고 있는 세계

---

[85] 세계화 과정에 대한 상이한 이해, 그리고 이 이해들이 어떻게 모빌리티 연구와 유관한지에 대한 논의는 4장을 보라(4.3 〈개념틀〉 "세계화" 절 전체).

[86] 인간의 힘을 이용하는 테크놀로지를 통해 천천히 이동하기로 결심한 여행자의 사례는 4장을 보라(4.3 〈먼 곳을 향한 갈망〉에서 "로버트 톰슨"을 언급하는 문단). 우주에서 뛰어내렸고, 이를 인터넷 테크놀로지를 통하여 사람들에게 보여 주었던 극단적 스카이다이버의 사례는 5장을 보라(5.6 〈최종성의 공포〉에서 "펠릭스 바움가르트너"를 언급하는 문단). 3장도 보라(3.3 〈역사적 맥락과 안장시대의 작가들〉 "사회적 격변" 절과 "국제 교역의 발달" 절). 여기에서 나는 안장시대에 있었던 전 지구적 탐사 및 국제 교역의 발전을 논한다.

화에 대한 이해를 의문시하려 한다는 점을 지적하는 것도 중요하다.[87] 새로운 테크놀로지는 어떤 여행자의 흐름은 가능케 했지만, 이는 결코 보편적 현상이 아니다. 우리는 모빌리티에 대한 다양한 수준의 접근가 능성에서 오는 권력관계와 정치적 경쟁을 고려해야 한다. 이는 "어떤 사람의, 또한 어떤 장소의 모빌리티를 증진하면서 다른 사람과 장소의 부동성을 강화한다. 특히, 이들이 국경을 넘으려 할 때 그렇다."[88] 예를 들어, "여행을 할 권리는 … 극히 불균등하고 편향되어 있다. 심지어 한 쌍의 나라 사이에서도 그렇다."[89] 그러므로 모빌리티 관점은 지배적 가 정, 가령 정주주의적이거나 보편주의적인 관점의 작동을 인정하면서, 동시에 일종의 제3의 또는 대안적 입장의 계발을 가능케 한다. 후자로 인해 저 관점은 초월되고, 모빌리티와의 새로운 협상에 도달할 수 있 게 된다.

본 책에서 내가 논하는 사례는, 내가 중추적이라고 보는 시기, 1989/ 90년 전후의 전 세계적인 정치적 기후에 대한 대중적 설명에 어떻게 모빌리티 관점이 새로운 빛을 비추는지를 보여 준다. 예를 들어, 정치 학자 프랜시스 후쿠야마가 서구 자유민주주의에 포함된 가치의 보편 화라는 가정에 근거하여 1989년에 역사의 종말을 선포했을 때, 그를 이끈 것은 문화에 대한 보편주의적 전망이라고 우리는 추측할 수 있

---

87 Sheller and Urry, "The New Mobilities Paradigm," p. 210. 강조는 원저자가 했다.
88 Sheller and Urry, "The New Mobilities Paradigm," p. 207.
89 Hannam, Sheller and Urry, "Editorial: Mobilities, Immobilities and Moorings," p. 3.

다.[90] 비슷하게, 정치학가 새뮤얼 P. 헌팅턴이 1993년에 동양과 서양 세계 사이의 문명 충돌을 선포했을 때, 그는 정주주의적 접근법을 취했다고 우리는 주장할 수 있다.[91] 그러나 해당 시기를 이러한 가정에 근거하여 이처럼 읽는 것은 베를린장벽 붕괴 이전에 동독인이 품었던 여행에 대한 욕망을 설명하지 못한다. 그리고, 예를 들어, 어째서 동독 작가 에리히 뢰스트가 소설 한 편 전체를(《양파꽃 문양Zwiebelmuster》) 들여서, 그가 갇혀 있는 동독이라는 제한된 지리적 공간을 넘으려는 심리적 욕구를 논했는지도 설명하지 못한다. 저 둘 중 어느 이론도, 그리스 영화감독 테오도로스 앙겔로풀로스가 〈율리시즈의 시선Ulysses' Gaze〉 같은 영화의 각본을 쓰고 영화를 감독하려 했던 이유를 설명하지 못한다. 이 영화는 거의 한 세기 동안 상실되었던, 삶에 대한 한 관점을 발견하려는 희망으로 발칸반도라는 현대의 지리 공간을 통과하여, 또한 시간을 거슬러, 여행하고자 하는 한 그리스계 미국인 영화감독의 여행 욕망을 탐사한다.

그렇지만 역사적인 또는 현대적인 사회적 체험의 복잡성을 설명하기 위해서는 보편주의적 · 정주주의적 접근법을 통해 문화를 이해하는

---

[90] Francis Fukuyama, "The End of History?," *The Geopolitics Reader*, ed. Simon Dalby and Paul Routledge Gearód ÓTuathail (London: Routledge, 2006), 107-14. 후쿠야마의 테제에 대한 더 상세한 논의는 4장, 5장, 6장을 보라(4.4 〈역사적 맥락〉 중 "후쿠야마와 헌팅턴" 절 전체)(4.5.3 〈안드레이 우지카〉 "특권적 여행자로서…" 절 마지막 문단)(5.4.7 〈(역사의) 종말 너머?〉 "오디세우스, 범죄자" 절 3번째 문단)(6.3 〈향후 연구를 위한 제언〉 두 번째 문단).

[91] Samuel P. Huntington, "The Clash of Civilizations?," *Foreign Affairs* 72.3 (Summer 1993): 22-49. 헌팅턴의 테제에 대한 더 상세한 논의는 4장(4.4 〈역사적 맥락〉 중 "후쿠야마와 헌팅턴" 절 전체), 5장을 보라(5.3 〈'전환' 이후〉 두 번째~세 번째 문단).

것으로는 부족하다고 주장하려 한다면, 여행과 관련하여 문화를 이해하려면 어떻게 해야 할까? 방법론적으로 말하자면, 여행 텍스트에 대한 문화적 분석은 어떤 가정을 통해 정당화되는가? 이러한 물음에 대한 하나의 답변을 인류학자 제임스 클리퍼드의 1992년 논문 〈여행하는 문화〉에서 발견할 수 있다. 클리퍼드의 논문은 인류학 현장 연구 수행에 관한 특정한 이론적 접근법을 소개한다.

우리는 혼종적 세계시민적 체험에도, 토착적인 붙박이 체험에도 초점을 맞출 필요가 있다. … 목표는 "원주민"이라는 문화적 도상을 "여행자"라는 상호문화적 도상으로 대체하는 것이 아니다. 오히려 과제는, 역사적 긴장과 관계의 구체적 사례 속에서 둘의 매개에 초점을 맞추는 것이다. 다양한 정도로 이 둘 모두가, 우리가 문화적 체험이라고 간주하는 것을 구성한다. 나는 우리가 변방을 새로운 중심으로 만들기(예를 들어, "우리" 모두가 여행자라는 식으로)를 권하는 것이 아니다. 거주하기/여행하기의 구체적 역동을 비교적으로 조직화하기를 권하는 것이다.[92]

여행을 통해 획득된 체험도, 여행하지 않는 것도 마찬가지로 문화적 체험을 구성한다. 프래트가 주장하듯이, 모빌리티 연구를 향한 한 가지 가능한 길은, 머무르는 자와 가는 자 사이의 관계("둘의 매개")를 살

---

92 Clifford, "Traveling Cultures," p. 101. 헌팅턴의 테제에 관한 더 상세한 논의를 위해서는 4장, 5장을 보라(4.4 〈역사적 맥락〉 중 "후쿠야마와 헌팅턴" 절 전체)[5.3 〈'전환' 이후〉의 두 번째~세 번째 문단].

50 여행 텍스트와 이동하는 문화

펴보는 것이다. 우리는 다음과 같이 물을 수 있다. 어떤 사람이 붙박이 실존으로부터 떠나기로 결단하며 머무르는 자에서 가는 자로 이행하게끔 하는 것은 무엇인가? 다양한 시대에 또는 "역사적 긴장과 관계의 구체적 사례 속에서" 어떤 관념, 이상, 정치적·사회적 제약, 관계의 어려움, 미래의 전망, 자기형성 관념 등이 여행의 동기가 되는가? 더 나아가, 작가와 영화감독이 글과 영화로 여행의 문화적 체험을 재현하는 동기가 된 것은 무엇인가? 클리퍼드의 표현을 바꾸어 말하자면, 변방을 새로운 중심으로 만들지 않고서, 또는 보편주의적 접근법을 택하지 않고서, 나는 전 지구적인, 심지어 지구 외적인 체험의 구체적 문화적 역동을 개념적으로 조직화함으로써 이러한 물음에 답하려 한다. 이러한 문화적 역동이 어떻게 한편으로는 거주하기를 고집하는 것과 관련되는지, 그래도 이에 수반되는—괴테 조각의 육면체 부분이 함축하는—항구성과 안정성 관념과 관련되는지, 또한 어떻게 다른 한편으로는 강렬한 모빌리티를 향한 충동과 그리고 이와 연관된—괴테 조각의 구 부분이 함축하는—속도, 변화, 예측불가능성 관념과 관련되는지를 나는 식별할 것이다.

여행 텍스트의 의미

본 책에서 나는 여행 텍스트를 분석 대상으로 삼는다. 내가 여행 텍스트라고 하는 것은, 여행의 문화적 체험에 비판적으로 천착하는 문학작품과 영화다. 여기에서 나는 관습적인 의미에서의 여행 문헌과 의식적으로 거리를 둔다. 관습적인 의미에서 여행 문헌은 정전 격의 문학으로 생각되는 것만 포함시킴으로써 어느 정도 제한되거나, (안내서에 대한) 여행 연구나 (선교사의 여행 일지 같은) 식민주의 연구 같은 학술적 접근으로 어느 정도 제한되어 있다. 내 접근법에서 여행 텍스트란, 모빌리티에 대한 여러 시대에 걸친 다채로운 문화적 체험을 포함하는 텍스트다. 그렇기 때문에, 내가 여행 텍스트라는 범주에서 고찰하는 것은, 관습적인 영화 이론의 측면에서 접근하는 분석이 아니라, 모빌리티 패러다임 자체의 유용성을 탐사하는 맥락에서 접근하는 분석이다. 각 여행 텍스트는 특정한 개인이 타자에 대한 관계 내에서 세계를 이해하는 방식, 그리고 이 방식이 여행 과정에 걸쳐 어떻게 변화하는지를 조명한다. 이처럼 개방적인 전제를 가진 탐구를 통해 분석은 예기치 못한 방향으로, 그러나 일관된 방향으로 움직일 수 있게 된다.[93] 일반적으로 말해, 이 분석의 지리적 경로는 시간에 따라 넓어져서, 그리스에서 출발하여 독일과 유럽을 지나 극지방으로, 마침내는 지구를 둘러싼 우주로 가는 여정을 이룬다. 전통적 접근법은 더욱 고정된 접근법(예컨대, 프랑스의 영국 작가에 대한 분석)을 요구하지만, 내가 이러한 제한적 접근법을 택하지 않는 주된 이유는 두 가지다. 첫 번째 논증은 공간을 고정된 것으로 보는 데에 있는 문제와 관계된다. 두 번째 요점은 작가와 영화감독의 종종 초국가적이거나 극히 이동적인 정체성과 관계된다.

첫째, 특정 국가에서의 체험에 관한 텍스트를 생산한 특정 국가의 작가나 영화감독으로 나의 분석을 제한하는 것은, 새로운 모빌리티 패

---

93 6장도 보라[6.3 〈향후 연구를 위한 제언〉 두 번째 문단].

러다임의 범위에 대립하는 일이다. 이 패러다임은 현대의 이동 형태를 적절히 연구하기 위해 이론 자체의 이동화를 요구한다. 셸러와 어리가 지적하듯이, 이 패러다임은 "사회적 과정을 담는 공간적으로 고정된 지리적 용기容器로 '지역'을 상상하는 것을 넘어서기를 목표하는 더 넓은 이론적 기획에 속한다."[94] 실로, 현대에는 장소 자체를 필히 이동적인 것으로 생각해야 하는 경우까지 있다.[95] 여행 문헌에 대한 전통적인 문학적 분석에서는, 고정적이거나 정주적인 것으로서의 장소 관념에 대한 반대는 거의 없었다. 모빌리티 접근법을 택함으로써 나는 대안적 관점의 가능성을 연다. 이 관점은, 우리가 물리적·상상적으로 움직여 가는 이동적 세계에 대한 우리 삶의 체험과 이해를 형태 짓는 데에 도움을 주는 개념으로서 여행이 가지는 중요성과 힘을 인지한다. 둘째, 현재 국제 이동의 증가가 계속해서 가속화되고 있다는 점이 의미하는 바는, 작가/영화감독을 단수적 국가적 정체성의 서술자로 식별하는 접근법, 또는 작가나 영화감독이 모빌리티를 어떤 형태로 체험했음을 인정하지 못하는 접근법이 점점 더 의심스러운 것이 되고 있다는 점이다. 마이어-칼쿠스는 여행문학 연구자가 "작가를 단일 문화와 국가로 격하시키는 것이 점점 더 어려워지고 있다—그들은 그 사이 공간에서 살고 쓴다"고 말한다.[96] 내 접근법은 모빌리티 렌즈를 통해 독일 여행

---

94 Sheller and Urry, "The New Mobilities Paradigm," p. 209.

95 Sheller and Urry, "The New Mobilities Paradigm," p. 214.

96 Reinhard Meyer-Kalkus, "World Literature Beyond Goethe," *Cultural Mobility: a Manifesto*, eds. Stephen Greenblatt, Ines G. Žpanov, Reinhard Meyer-Kalkus, Heike Paul, Pá Nyíi and Friederike Pannewick (Cambridge: Cambridge University Press, 2009), 96–

텍스트를 검토하는 것 훨씬 이상이다. 나의 분석이 근거하는 여행 체험의 재현들은 그 자체로 '독일인 됨' 같은 문화적 자기정체성 관념, 또는 특정 국가 또는 지역적 영토에 속한다는 생각에 의문을 제기한다. 지리적으로 제약된 정체성 분류는 여행 텍스트 독자의 관점을 고찰할 때에도 문제적이다. 그렇기에, 현대의 작가들은 이제 "그들 자신만큼이나 혼종적이고 많은 영혼을 가진 독자에게—그리고 그런 독자를 상대로—말을 하고 있다."[97] 그렇다고 해서 내가 특정 국가적 · 문화적 정체성이 갖는 중요성을 무시한다는 뜻은 아니다. 오히려, 이 분석은 모빌리티에 의해 영감을 받은 새로운 형태의 정체성의 등장을 허용한다. 영화감독 테오도로스 앙겔로풀로스의 다음 문장이 이러한 정체성을 예시한다. "나는 그리스가 지리적 위치에 지나지 않는다고 생각하지 않는다. … 내 마음속에 있는 이 그리스가 내가 고향이라고 부르는 그리스〔이다〕."[98]

본 책에서 검토된 여행 텍스트는, 문학 연구 밖에서는 흔히 허구나 비허구라고 묘사될 것들의 혼합물을 포함하고 있다. 한편으로, 소위 허구와 소위 비허구를 완전히 경계 짓는 방법을 발견하는 것은 살펴보건대 복잡하고 힘든 과업이라고 주장할 수 있다. 이는 "모든 순간은 과

121, p. 97.

97 Pico Iyer, *The Global Soul: Jet Lag, Shopping Malls, and the Search for Home* (London: Bloomsbury, 2000), 166.

98 Andrew Horton, "'What Do Our Souls Seek?': an Interview with Theo Angelopoulos," *The Last Modernist: the Films of Theo Angelopoulos* (Great Britain: Bookcraft, 1997), 96-110, p. 106.

거와 현재, 실재와 허구로 이루어져 있고, 이 모든 것이 하나로 섞여 든다"는 앙겔로풀로스의 진술을 반영한다.[99] 예를 들어, 1785~1786년 카를 필리프 모리츠의 텍스트 《안톤 라이저》[100]에서—나는 이 텍스트를 제3장 〈안장시대〉에서 분석할 것이다—이 작품이 어디까지 자전적인지, 어디까지 상상된 시나리오와 인물로 이루어져 있는지를 구분하기는 어렵다. 이는 내가 분석할 때 직접 논할 지점이다. 다른 한편, 각 텍스트에 관하여 무엇이 여행 체험에 대한 사실적 설명으로 제시되었고 무엇이 상상된 여정으로 제시되었는지는 독자에게 명확히 표현되어 있다. 각각의 예에서 나는 이와 관련된, 작가나 영화감독 자신의 모빌리티 체험의 자전적 세부 사항을 제공할 것이다. 이는 이러한 체험이 어떻게 주어진 텍스트로 옮겨졌는지를 반영한다. 4장에서 검토되는 특정한 예에서, 허구적인 것 대 비허구적인 것의 문제는 또다시 복잡한 문제로 등장한다. 《로스토크에서 시라쿠사로의 산책》(1995)은[101] 베

---

[99] Dan Fainaru, "The Human Experience in One Gaze," *Theo Angelopoulos: Interviews*, ed. Dan Fainaru (U.S.A: University of Mississippi, 2001(b)), 93-100, p. 98. 안장시대 여행자인 프리드리히 니콜라이는 이동 중에 매일 일지를 쓰는 것의 중요성에 대해 논했다. 이는 허구적 요소가 설명에 끼어드는 것을 방지하기 위함이다. 3장을 보라(3.4.3 〈프리드리히 니콜라이···〉 "여행하며 글쓰기와···" 절 첫 번째 문단). 현대에 모빌리티가 귀환불능점에 도달함에 따라, 앙겔로풀로스 같은 여행 텍스트 생산자가 다른 접근법을 취하게 되었다고 말할 수 있을 것이다. 이 접근법은 모빌리티와 문화 혼합에 의해 촉발된 허구적 요소와 비허구적 요소의 혼합을 포용한다.

[100] Karl Phillip Moritz, *Anton Reiser:ein autobiographischer Roman*, ed. Heinrich Schnabel (Munich: Martin Morike, 1912). 이후로 인용할 때에는 "[AR]"라고 쓰고 쪽 번호를 적을 것이다.

[101] Friedrich Christian Delius, *Der Spaziergang von Rostock nach Syrakus: Erzälung* (Germany: Rowohlt Verlag, 1995). 이후로 인용할 때에는 "[SvR]"라고 쓰고 쪽 번호를 적을 것이다.

를린장벽 붕괴 이전에 일어났던 실제 여정의 문학적 판본이다. 그런데 이 여정 자체도 안장시대에 일어났고 일지로 기록된 여정을 다시 밟는 것이다. 그렇기에, 일반적으로 말하자면, 허구 텍스트와 비허구 텍스트를 포함하는 여행 텍스트에 대한 열린 정의는, 예측되지 못했지만 통찰 깊은 분석적 연결로 이끌어 줄 수 있다고 나는 주장한다. 그리고, 여행 또는 모빌리티가 여러 시대에 걸쳐 어떻게 문화를 변용했느냐는 핵심 물음에 응답한다는 전체적 연구 목표에 모든 여행 텍스트 분석이 기여한다고 주장한다.[102]

여행 텍스트에 대한 비교 분석

내가 적용하는 지리적·텍스트적 범주가 개념적으로 열려 있음을 고려하면, 본 연구를 비교접근법이라고 부르는 것이 처음에는 의문스럽게 보일 수 있다. 이것은 두 문화, 국가, 언어 작품 사이의 직접적 비교라는 더 전통적인 의미에서의 비교문학의 변주다. 나의 분석은 말하자면 횡단면적cross-sectional이다. 여러 공간·시간에 걸쳐 있는 여행 텍스트에 나타난 이동적 체험과 문화적 체험에 대한 비교 분석이다. 이를 통해 내가 의도하는 바는, 여러 시간에 걸쳐 있는, 즉 1770~1830년 안장시대, 그리고 1985~1995 및 1995~2010년 현대 사이, 그리고 이 시간들 사이에 걸쳐 있는, 여러 (지리적) 공간에 걸쳐 있는, 즉 점점 더 증가하는 속도로 횡단되며 끝없이 넓어지는 여행의 상이한 공간적 영역

---

102 이는 본 책의 결론에서 논해질 두 가지 주요 물음 중 하나다.

들(예컨대, 그리스, 유럽, 세계 일주, 지구를 둘러싼 우주)에 걸쳐 있는, 그리고 거주하기 대 여행이라는 존재의 문화/방식에 걸쳐 있는 여행 텍스트를 비교하는 것이다. 나는 이러한 비교접근법이 모빌리티의 역사화에 기여하기를 바란다. 이는 모빌리티 전환 이후 존재했던 비판적 문헌에는 거의 부재하는 접근법이다.[103] 이 역사적 접근법을 통해 나는 모빌리티를 인간적 체험의 항구적 면모 중 하나로 여기게 되었다. 그러나 여행의, 그리고 머무름과 떠남 사이에 존재하는 긴장의 재현은 상이한 순간에 상당히 상이한 것으로 드러난다. 예를 들어 안장시대에, 글을 쓰기 위한 이동적 테크놀로지의 발전은 인간 체험의 재현을 사고하는 방식에 일어난 변화를 암시한다. 작가가 정주적일 때 반성과 회상을 통한 느린 시간에 기록된 것보다, 이동 중의 즉각적 현재에 기록된 것이 더 진실되다고 사고하게 된 것이다. 새로운 모빌리티의 현대에 테크놀로지가 우위를 점하기 시작하면서, 모빌리티는 테크놀로지에 의존하게 되었다. 그렇기에 글쓰기 테크놀로지는 이제 체험의 기록 수단으로 높이 평가되지 않는다. 이동적 디지털 소통이 글쓰기를 내쫓기 시작했다. 상이한 역사적 단계에서 온 이러한 예들은 물리적 현상의 재현과 연관된 문화적 가치의 변동 및 사회적 귀결을 재현한다. 여기에서 나는 비교접근법이 여행 분석을 바라보는 새로운 관점에 빛을 비

---

103   예를 들어, 수송 연구와 관련하여 클라슨은 "사회과학에서의 '모빌리티 전환'에 역사적 관점을 더할" 필요가 있음을 감지한다. Georgine Clarsen, "Gender and Mobility: Historicizing the Terms," *Mobility in History: the State of the Art in the History of Transport, Traffic and Mobility*, eds. Gijs Mom, Gordon Pirie and Laurent Tissot (Neuchatel: Presses Universitaires Suisses, 2009), 235-41, p. 235.

추는 더 구체적인 예를 제공하려 한다.[104] 프리드리히 크리스티안 델리우스의《로스토크에서 시라쿠사로의 산책》에서 우리는, 대부분의 시민이 서구로 여행할 수 없었던 동독의 상황이, 더 이른 시기였던 안장시대에는 여행자들이 자유를 누렸음을 고려할 때 특히 좌절스러웠음을 본다. 이 중편소설의 주인공, 거주하는—중요한 것은, 거주하기로 스스로 선택한 것이 아니라는 점이다—시민이 불법적으로 동독을 탈출하고, 그의 안장시대 영웅이 이탈리아를 거쳐 간 발자취를 따라 밟으려 한다. 그러나 이 여정을 정확히 재생산하는 것은 불가능하다. 빨리 여행을 완수해야 한다는 다급함의 감각으로 인해, 그는 안장시대처럼 걸어서 여행하지 않고 고속열차로 여행하게 된다.

더 나아가, 여행 텍스트 분석에 대한 비교적 접근법은 또한 각 시대의 사회적 맥락과 유관한 분석적 개념을 발전시키고 비교한다는 측면에서도 중요하다. 예를 들어, 나는 안장시대에도 모빌리티에 토대를 둔 문화가 등장하고 있었다고 주장한다. 그리고 여행이 자기 삶에서 무엇을 가능케 해 줄지를 알아보고자 여행을 떠난 사람이 있었다고 주장한다. 나는 문화의 관념, 자기형성Bildung의[105] 관념, 그리고 여행과 여

---

104 긴 시간에 걸쳐 인류와 테크놀로지의 관계가 여행 방식에 어떻게 여행을 끼쳤는지에 대한 더 자세한 예는 2장을 참조하라(2.5 〈모빌리티와 신들〉에서 "헤르메스"를 다루는 문단)(3.2 〈이론적 접근법〉 "보충물" 절 마지막 문단)(3.4.2 〈게오르크 포르스터…〉"지구 끝까지…" 절 두 번째 문단부터 3.4.3 〈프리드리히 니콜라이…〉"여행하며 글쓰기와…" 절 첫 번째 문단까지)("니콜라이는 자기 여행 목적에 적합한 길 측정기를 손에 넣기 위해 많은 노력을 들였다."로 시작하는 각주).

105 [옮긴이주] 문자적으로 "형성"을 의미하는 독일어 Bildung은, 한 사람이 배움과 체험을 통해 정신적·육체적·사회적·문화적으로 성장한 인격체가 되어 가는 과정을 가리키는 개념이다. 본 책에서도 Bildung은 이러한 의미로 사용되고 있으며, 이에 해당

행문학 자체를 촉진하는 유용한 테크놀로지의 발전이라는 관념과 관련하여 선별된 여행 텍스트를 분석한다. 그러나, 개념적으로 말하자면, 여행이 자기 삶에서 무엇을 가능케 해 줄지를 탐사하는 안장시대의 과정으로부터, 강렬한 모빌리티의 현재 순간과 담판을 짓는 현대적 과정으로의 이행이 현대에(특히 5장에서) 있다고 나는 주장한다. 그렇기에 현대에 자기형성 관념은 어떻게 되었냐는 식의 물음을 던지는 것이 가능하다. 안장시대에 자기형성이라는 개념은, 여행의 자연적 귀결은 여행자가—배움의 두 가지 의미 모두에서—배움을 얻는다는 생각과 대체로 관련이 있었다고 나는 제안한다. 배움의 두 가지 의미란, 지식의 획득이라는 의미와(예컨대, 게오르크 포르스터가 뉴질랜드에서 벌인 현장 연구, 또는 아델베르트 폰 샤미소의 주인공 페터 슐레밀의[106] 전 지구적 과학 탐사) 인격적 발전 또는 자아-형성의 의미다(요한 볼프강 괴테의 주인공 빌헬름 마이스터의 경우에는 성공적이었지만, 필리프 모리츠의 자전적 주인공 안톤 라이저의 경우에는 성공하지 못했다). 그러나 현대의 자기형성과 관련하여 내가 제안하는 것은, 자기형성이 모빌리티의 현재 상태와 담판을 짓는 기능을 가지게 된다는 것(예를 들어, 안드레이 우지카의 〈현재를 벗어나〉(1995)), 그리고 자기형성은 증대되는 여행의 결과로 나

하는 영어 단어로는 education이 사용된다. 흔히 Bildung은 "교양"으로 번역되지만, 이 말은 위 의미를 담지 못하기에, 본 번역본에서는 "자기형성"으로 번역한다. 이와 관련하여 education은 "배움"으로 번역한다. "교육"은 흔히 타율성을 함의하기 때문이다. "교양소설"이나 "성장소설"로 번역되는 Bildungsroman은 "성장소설"로 번역한다.

[106] Adelbert von Chamisso, *Peter Schlemihls wundersame Geschichte* (Ulm: Ebner, 1976). 이후로 인용할 때에는 "[PS]"라고 쓰고 쪽 번호를 적을 것이다.

타나게 된, 인간이 일으킨 관계 단절과 환경 피해에 우리가 책임을 질 것을 요구한다는 것(예컨대, 크리스토프 란스마이어의《오디세우스, 범죄자》(2010)), 또한 지리적·문화적 고정성이 점점 사라져 가는 전 지구적 맥락에서 자기정체성과 고향의 감각을 구축하는 새로운 방식의 발견을 요구한다는 것이다. 다음 절에서 나는 시대, 여행 텍스트, 탐구의 주요 영역을 포함하여 이 책 전체의 구조를 제시할 것이다.

1.3 책의 구조

본 책은 세 개의 주요 부분으로 되어 있다. 각 부분은 시간에 따라 나뉘어 있고, 맨 앞마다 유관한 역사적 맥락과 핵심 분석적 개념을 제시하는 서론이 있을 것이다. 1부에서는 토대적 여행 텍스트로서 호메로스의《오디세이아》를 살펴볼 것이다. 이 부분에서 나는 내가 단수적-모빌리티mobility-singular라고 부르는 것, 즉 특정한 고정된 목적지를 향한 단방향적 여행의 사례로서 이 초기 여행 텍스트를 검토할 것이다. 오디세우스의 귀향 여정은 20년이 걸렸다. 이 기간 동안 그의 아내 페넬로페와 아들 텔레마코스는 가족의 집에서 그를 기다린다. 여기에서 나는 기계화된 모빌리티의 시대 이전에 오디세우스가 어떻게 여행했는지 살펴볼 것이고, 그의 여행을 관장하는 신들, 그와 신들의 관계, 그가 전진하도록 추동하는, 그리고 이상적인 거주하는 삶―즉, 한 장소에, 고향에, 만족하며 머무르기―의 이미지를 구성하는 고향의 이미지와 관넘을 살펴볼 것이다. 그러면서 나는 왜《오디세이아》가 전 시대를 걸쳐, 안장시대에서 현대에 이르기까지 가장 빈번히 참조된 여행 텍스트 중 하나로 남아 있느냐는 물음을 논할 것이다.

본 책의 2부에서, 나는 독일 역사가 라인하르트 코젤렉이 '안장시대'라고 부른 시대에서 온 여덟 편의 여행 텍스트를 살펴볼 것이다. 이 텍스트는 요한 고트프리트 헤르더의《나의 1769년 여행의 기록》(1846),[107] 게오르크 포르스터의《세계 일주》(1777), 프리드리히 니콜라이의《1781년 독일과 스위스 여행의 기록》(1788),[108] 카를 필리프 모리츠의《안톤 라이저》(1785~1786),[109] 요한 볼프강 괴테의《빌헬름 마이스터의 수업시대》(1795~1796), 하인리히 폰 클라이스트의《편지: 1793. 3. 1~1801. 4》(1848),[110] 아델베르트 폰 샤미소의《페터 슐레밀의 놀라운 이야기》(1814), 요제프 폰 아이헨도르프의《무용지물의 삶으로부터》(1826)이다.[111] 이

107 Johann Gottfried Herder, *Journal meiner Reise im Jahre 1769*, ed. A. Gillies (Oxford: Basil Blackwell, 1947). 이후로 인용할 때에는 "[JmR]"라고 쓰고 쪽 번호를 적을 것이다.

108 Friedrich Nicolai, *Beschreibung einer Reise durch Deutschland und die Schweiz im Jahr 1781*, (Berlin und Stettin: Georg Olms Verlag, 1788), 〈http://books.google.de/booksid=jfkOAAAAQAAJ&printsec=frontcover&dq=Beschreibung+einer+Reise+durch+Deutschland&hl=de&ei=rMI0TfvLGYWevgPM0cj0Cw&sa=X&oi=book_result&ct=result&resnum=4&ved =0CEAQ6AEwAw#v=onepage&q&f=false〉. 이후로 인용할 때에는 "[BeR]"이라고 쓰고 쪽 번호를 적을 것이다.

109 괄호 안에 연도가 둘 있는 경우, 첫 번째 연도는 본래 출간 연도를, 두 번째 연도는 서지사항에 기록된 출간 연도를 가리킨다.

110 Heinrich von Kleist, *Briefe 1 März 1793-April 1801*, ed. Peter Staengle Roland Reuß, vol. Bd. 4/1 (Basel: Stroemfeld Verlag, 1996). 이후로 인용할 때에는 "[B]"라고 쓰고 쪽 번호를 적을 것이다.

111 Joseph von Eichendorff and Carel Ter Haar, *Joseph von Eichendorff: aus dem Leben eines Taugenichts: Text, Materialien, Kommentar* (Munich: Carl Hanser Verlag, 1977).

저자들은 모두 독일어를 한다. (포르스터는 해당 텍스트를 영어로 썼고, 샤미소의 모국어는 프랑스어이기는 하다.) 이 텍스트 선별의 부분적 동기가 된 것은 내가 독일학을 했다는 배경이다. 여행을 통해 이들(또는 주인공들)은 독일, 스위스, 여타 유럽 지역을 지나 극지방과 전 세계로 움직인다. 여기에서 우리는 고대 시기로부터 변화한 점을 본다. 여행은 다방향적이 되었고, 공간적으로 넓어졌으며, 귀환해야 할 고정된 고향이라는 관념이 문제적이 되었다. 이 변화를 우리는 단수적-모빌리티에서 복수적-모빌리티mobilities-plural로의 이행이라고 요약할 수 있겠다.

근대 세계가 이동화되기 시작함에 따라, 문화의 관념과 사회의 구성에 극적인 변화가 생겼다. 예를 들어, 게오르크 포르스터는 이전에 수립되었던 유럽인과 토착민의 이분법을 흐트러뜨린다. 프랑스혁명은 중산층의 부상을 보여 준다. 중산층의 구성원들이 읽는 법을 배운다. 괴테, 모리츠, 아이헨도르프 같은 작가들은 더 나은 삶을 추구하고, 다른 곳에서 더 세계적이 되기를 희망하는 젊은이의 여행을 그리는 서사를 만들었다. 이러한 변화의 시기에 또한 산업혁명의 등장, 새로운 테크놀로지의 발전이 있었다. 이는 사람들이 여행을 하고 여행을 체험하는 방식을 불가피하게 변화시켰다. 오디세우스는 걷거나 배를 통해서 여행해야만 했지만, 안장시대의 여행자는 이제 우편마차를 통해 지상 여행을 하거나(Nicolai) 진보된 항해 장비를 가지고 해상 여행을(Forster) 할 수 있다. 자기 체험의 즉각성을 붙잡으려는 생각이 동기가 되어, 니콜라이는 더 나아가 마차에서 이동 중에 글을 쓰기 위한 새로운 테크놀로지 장치를 개발했다. 이동화가 등장함에 따라 이 시기에 사람들이 여행의 이점을 깨닫기 시작하긴 했지만, 어떤 경우에는 탈구와 방향 상실의 감각도 있었다(정도는 다르지만 모든 텍스트에 기록되어 있다. 특히 모리츠의 텍스트에 많다). 때로 여정은 기대에 못 미쳤고, 여행자들은 고향에 도착했을 때에 자신이 남겨 두었던 사람과 장소가 정확히 그때 그대로 남아 있으리라는 잘못된 기대를 하기도 했다(Goethe, Kleist, Chamisso). 일반적으로 말해, 이 안장시대 텍스트들에 대한 분석에서 나는 각 작가가 여행하려는 욕망을 표현하고, 또 점점 더 이동적이 되어 가는 근대 세계에서 각 인물들이 새로운 존재 방식에 자신을 적응시켜 가면서 겪게 되는 새로운 체험을 표현하는 방식을 논한다.

본 책의 3부는 현대 세계에서의 모빌리티를 두 절로 나누어 검토한다. 첫 절은 1989/90년을 전후한 시기를 살펴본다. 내가 주장하건대, 이 시기는 점점 더 모빌리티에 지배당하는(그리고 모빌리티에 의존하는) 세계로의 이행에 중추적 순간이었다. 이 순간을 대표하는 것은 특히, 1989년 11월 10일의 베를린장벽 붕괴와 소련의 붕괴(공식적으로 1991년 12월 25일에 해체되었다)이다. 이 절에서 나는 이 이행 시기에 자리 잡은 세 텍스트를 논한다. 첫 두 텍스트는 에리히 뢰스트의 《양파꽃 문양》(1985), 프리드리히 크리스티안 델리우스의 《로스토크에서 시라쿠사로의 산책》(1995)으로, 베를린장벽 뒤에서 본질적으로 부동적이 되고 말았던 1980년대 동독인의 체험을 다룬다. 이 이야기의 주인공들은 각각 서구를 향한 강력한 여행 욕망을 가지고 있으나, 이를 행하려면 감옥이나 죽음을 무릅써야 한다. 이 시기에 세계는 모빌리티의 강화와 관련하여 귀환불능점에 도달했다는 주장을 뒷받침하는 증거를 이 분석은 제공할 것이다. 다른 곳에서는 인권으로 간주되었던 여행이 동독 시민들에게는 받아들일 수 없는 제한을 부과했던 것이다. 내가 분석하는 세 번째 텍스트는 '현재를 벗어나'(1995)라는 제목의, 안드레이 우지카의 다큐멘터리영화다. 이 영화는 우주정거장에서의 삶의 체험을 처음으로 기록한 영화다. 이 영화는 우주정거장 MIR에 탑승하며 10개월을(1991년 5월부터 1992년 3월까지) 보낸 우주비행사 세르게이 크리칼료프의 삶을 그린다. 이 시기에 소비에트연방이 해체되었다. 그는 소련 시민으로서 지구를 떠났지만, 지구 주위를 도는 사이에 이 정체성을 잃었다. 이 여행 텍스트는 여행이 지구를 넘어 우주로 확장되는, 그리고 국가적 정체성이 무의미해지는 새로운 모빌리티 시대를 보여 준다.

3부의 2절에서는 1995년에서 2010년 사이에 출간되거나 공개된 여행 텍스트를 분석한다. 여기에는 테오도로스 앙겔로풀로스의 영화 〈율리시즈의 시선〉(1995), 크리스토프 란스마이어의 희곡《오디세우스, 범죄자》(2010), 그리고 또다시 안드레이 우지카의 영화 〈현재를 벗어나〉(1995)가 있다. 모빌리티가 귀환불능점 너머로 강화되었고, 새로운 테크놀로지가 여행, 문화의 관념과 수많은 존재 방식을 회복 불가능하게 변화시켰다는 것을 받아들여야 한다면, 인류가 이제 이러한 극적인 변화에 어떻게 대처하는지에 관하여 이 여행 텍스트들은 무엇을 밝혀 주는가? 흥미롭게도, 이 텍스트 대부분은 호메로스의《오디세이아》의 어떤 면을 반복하며, 이는 어째서 이 그리스 서사시가 현대 청중들과 계속해서 이처럼 공명할 수 있느냐는 물음을 제기한다. 이 여행 텍스트에서 현대 영화감독과 작가는 오디세우스라는 유명한 상용구로 돌아와, 다음과 같은 문제들을 탐구한다. 현대 모빌리티의 귀결은 무엇인가? 그리고 우리가 여행을 줄이고 더 안정적인 삶으로 돌아가려 노력해야 하는가? 고정된 장소로 귀환한다는 전통적 의미에서 고향으로 돌아가는 것이 여전히 가능한가? 지금 고향의 관념이 뜻하는 것은 무엇인가? 이에 더하여, 나는 인류의 미래를 위한, 그리고 모빌리티를 위한 작가나 영화감독의 최종적 메시지를 확인하기 위해 이 여행 텍스트들의 결말을 살펴볼 것이다.

6장, 본 책의 결론에서 나는 우선 현대의 여행 텍스트, 베른하르트 슐링크의 소설 《귀향》(2006)에서[112] 온 예시를 참조하여, 앞서 제시됐던 주요 주제와 생각에 대해 고찰할 것이다. 《귀향》은 부재하는 아버지를 찾는 젊은 독일인의 여정을 이야기한다. 호메로스의 《오디세이아》는 인터텍스트로서, 또한 그 자체로서 이 텍스트에 많은 토대를 제공한다. 이 장은 본 책을 끝맺기 위해 1부에 대한 현대적인 분석적 반성을 제공한다. 나는 이 분석과 요약적 논의를 세 탐구 영역으로 나누었다. 첫째, 여러 시대에 걸쳐 있는 《오디세이아》의 중요성, 둘째, 강렬한 모빌리티에 대한 응답, 마지막으로 귀향의 가능성이다. 다음으로 나는 이 책이 현존하는 모빌리티 연구의 총체에 기여하는 바에 대해 논했다. 예를 들어, 본 책은 현대의 맥락을 역사화하고 여기에 비교적 관점을 더함으로써, 그리고 하이데거의 거주하기 개념 같은 관념에 독일학에서 비롯된 맥락적 깊이를 제공함으로써 기여한다. 마지막으로 나는

---

[112] Bernhard Schlink, *Heimkehr* (Zürich: Diogenes, 2006).

미래의 연구를 위한 제안을 제시한다. 여행 텍스트의 생산자들은 반성과 잠재적 변화를 촉진한다. 이는 세계에서 일어나고 있는 일에 대한 상이한 관점을 독자와 관객에게 보여 주는 공간을 열어 줌으로써 이루어진다. 어떻게 이러한 지식이 문학 연구와 영화 연구를 넘어서 더 넓은 정치학, 환경 연구, 어쩌면 심지어 정부의 정책 결정이라는 넓은 영역으로 전파될 수 있는지에 미래의 학술 연구가 초점을 맞출 수 있다고 나는 주장한다.

나는 본 책 내내 괴테의 주제를 염두에 두었다. 이는 괴테의 〈행운의 돌〉 조각상의 형태가 상징하는, 인간 체험의 대립되는 영역들 사이에서의 균형 잡기라는 주제다. 거주하기, 모빌리티, 이상적 존재 방식, 또는 "서로 대항하는 힘들 간의 균형의 추구"와 관련하여 나는 묻는다. 새로운 모빌리티는 우리에게 좋은가? 다른 말로 하자면, 더 많이 여행하고 더 멀리, 계속해서 점점 증대되는 속도로 이동하는 것이 우리의 삶을 더 낫게 하는가?[113] 이는 대답하기 어려운 질문이다. 캐플런은 다음과 같이 쓰면서, 우리에게 적절한 주의의 말을 던져 준다. "이동의 이점과 통제 불가능한 변화 또는 흐름의 위협 사이의 선이 언제나 명확하게 보이는 것은 아니다."[114]

---

113 예를 들어 3장을 보라(3.4.1 〈요한 고트프리트 헤르더…〉 "이동적 삶의 자유" 절 마지막 문단)(3.5 〈결론〉 "등장 중인 모빌리티와 보충물의 생성" 절 3번째 문단~해당 절 끝까지).

114 Caren Kaplan, "Mobility and War: the Cosmic View of US Air Power," Environment and Planning A 38.2 (2006): 395-407, p. 396.

∽◈∽ 1부 ∽◈∽
출발점

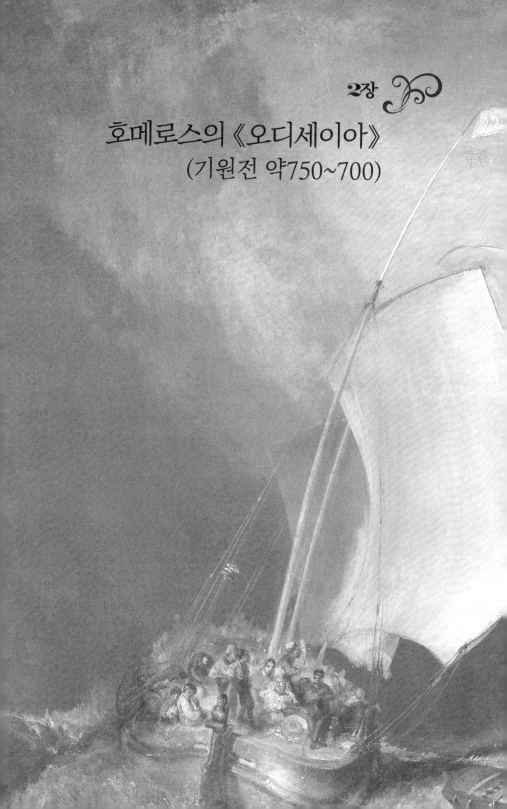

2장

호메로스의 《오디세이아》
(기원전 약750~700)

2.1 서론

여행 텍스트에 대한 폭넓은 문화적 분석에서 호메로스의《오디세이
아》[1]가 가지는 대단한 중요성에는 의심의 여지가 없다. 특히 모빌리티
를 역사화하려는 접근법에서는 더욱 그렇다. 탈먼은 이 그리스 서사
시를 "서구 문학뿐 아니라 서구 사상과 문화의 초석" 중 하나라고 말한
다.[2] 그는 이 여행 텍스트가 "우리의 언어와 사고에 스며들어" 있고 "예
술적 표현의 탐사 주제로서 세계에서 가장 많이 선택된 것 중 하나로
남아 있다"고 덧붙인다.[3] 이어질 분석에서 나는《오디세이아》의 서사
를 발판 삼아 여행의 문화적 체험에 대한 가장 초창기의 사고들을 이

---

1   호메로스의 《오디세이아》에 대한 분석에서 나는 T. E. 쇼(이것은 토마스 에드워드 로
    렌스의 가명이다)의 번역을 사용한다. 이 읽기 편안한 번역은,《오디세이아》의 서사에
    초점을 맞추어 귀향 및 귀환의 여정 개념을 둘러싼 일반적 추론을 끌어내고자 하는 나
    의 분석적 목적에 적합하다. 나는 이 서사시에 다른 영어 번역이 있다는 것도 알고 있
    다. George Steiner, "Homer in English Translation," *The Cambridge Companion to Homer,*
    ed. Robert Fowler (Cambridge: Cambridge University Press, 2004), pp. 363-75를 참조
    하라. 가장 높이 평가된 번역 중 하나는 유명한 고전학자 리치먼드 래티모어의 것이다.
    Homer, *The Odyssey of Homer,* trans. Richmond Lattimore (New York: Harper Collins,
    2007). 래티모어 번역의 초판은 1965년에 출간되었다. 비교를 위하여, 나는《오디세이
    아》의 특정 구절을 언급할 때에 래티모어 번역의 연관된 각주도 제시할 것이다.
    [옮긴이주] 쇼의 번역 초판은 1932년에 출간되었다. 이 번역은 호메로스를 유려한 영어
    문장으로 번역함으로써《오디세이아》에의 접근성을 높이는 데에 크게 공헌했다. 그러
    나 지금 시점에서 보기에는 정확성도 떨어지고 표현도 예스러운, 어느 정도 낡은 번역
    이다. 반면에 래티모어의 번역은 호메로스의 원문에 충실하면서도 가독성을 버리지 않
    은 번역으로 신뢰받고 있다. 저자가 쇼의 번역을 바탕으로 논의를 전개하면서 래티모어
    의 번역을 더불어 제시하며, 때로는 둘을 비교하고 있기 때문에, 여기에서는 각각의 영
    역을 다시 한국어로 옮긴다.
2   Thalmann, *The Odyssey,* 겉표지 안쪽 면.
3   Thalmann, 겉표지 안쪽 면. 예를 들어, 괴테와 헤르더는 호메로스의《오디세이아》를 높
    이 평가했다.

해해 볼 것이다. 이후의 많은 관념들은 이들 사고에 근거해 왔다. 호메로스의 작품으로부터 해석된 특정한 사고는 학자들에게―여기에서는, 특히 마르틴 하이데거에게―그리고 근대의 작가와 영화감독들에게 지대한 영향을 끼쳐 왔다. 이들은 다양한 방식으로 저 관념에 동의하기도 하고, 항의하거나 저항하기도 했다. 나는 이러한 특정한 사고들을 식별할 것이다. 내가 여기에서 풀어내고자 하는 사고에는 다음과 같은 것들이 있다. 단수적-모빌리티mobility-singular, 그리고 고정-문화fixed-culture 또는 정주주의에 속하는 거주하는-삶dwelling-life의 개념. 여행을 하려는 오디세우스의 동기, 이에 포함된 가정과 가족의 이미지와 기억. 마지막으로, 신, 필멸자 그리고 모빌리티 관리에 배어 있는 권력관계. 동시에 나는 이 토대가 되는 여행 텍스트에 대한 모순적 독해의 가능성을 검토할 것이다. 이는 오디세우스의 여정 및 이타케로의 귀환을 이상적이고 완전한 것으로 볼 수도 있고, 논쟁적이고 일시적인 것으로 볼 수도 있다는 점에서 연유한다.

2.2 《오디세이아》의 시작

《오디세이아》의 시작 시점은 트로이전쟁 종결 10년 후이다. 영웅 오디세우스는 외딴 섬 오귀기아에서 칼립소에게 붙잡혀 탈출하지 못하고 있다. 여신 아테네는 오디세우스의 곤경을 매우 불쌍히 여겼다. "오디세우스가 집에 도착했을 때까지 오디세우스에 대한 증오에 불을 지폈던" 신 포세이돈이 멀리 에티오피아에 가자, 아테네는 올림포스산으로 간다. (OD 1: V.20-1) 여기에서 아테네는 오디세우스에게 자비를 베풀도록 신들의 왕 제우스를 설득하려 한다. 아테네는 제우스에게 다음과 같이 탄원한다.

오디세우스로 인해 제 마음은 무겁습니다. 기민하고도 불운한, 바다의 배腹에 난 얼룩 하나에 불과한 섬에서 길고 비참한 유배에 묶여 있는 오디세우스 말입니다. 이 파도가 치고 숲이 우거진 섬은 신이 잉태한 피조물, 사악한 아틀라스의 영토입니다. 고고한 하늘을 떠받치고 있는 것은 그의 기둥이며, 바다의 가장 깊은 울림도 그의 것이지요. 그의 딸이 이 불행하고 비참한 자를 가두었고, 줄곧 그를 호려 그의 이타케를 잊도록 하려 합니다. 잊도록 말입니다! 오디세우스는 그의 집에서 피어오르는 연기만이라도 보고자 하는 갈망으로 너무나 고통스러워, 죽기를 빌 정도입니다. 올림포스의 주인이시여, 어찌하여 그대의 마음이 이에 호의를 베풀지 않는지 놀랍습니다. 트로이 평원의 아르고스 선단 옆에서 오디세우스가 그대에게 풍성하게 바친 제물에 가볍게 눈을 감을 수 있는지요? (OD 1: V.48-62)

"불운한" 오디세우스가 "길고 비참한 유배"에 처해 있다는 아테네의 언급은, 《오디세이아》가 정주주의적인 또는 고정-문화fixed-culture적인 이상적 유형을 옹호하고 있다는 일차적 실마리를 제공한다.[4] 우선, 오디세우스의 현재 상태가 유배 중이라는 것은, 그가 집 또는 거주-장소로부터 강제로 분리되었다는 가정에 근거한다. 다른 한편, 만약 이 이야기의 주인공이 여러 집을 가지고 있다면, 또는 (단순히 "여행 중에 은신처를 찾는"[5] 삶이 아니라) 이동-중에 거주하는 삶을 살고 있다면, 유배 중이라는 이 관점 자체가 빗나가게 된다.[6] 그러나 여기에서는, 오디세우스의 여정이 그의 (단수적) 출생지로 귀향하려는 노력이라는 점이 이 서사시 전반에 걸쳐 명확하다. 나는 이러한 사고를 단수적-모빌리티라는 용어로 지칭하겠다.

더 나아가, 이 서사 시점에서 오디세우스가 이 낯선 장소에서 비참하고 괴로워하고 있다는 사실은, 집으로부터 떨어지는 것이 감정적 트라우마로 이끈다는 고정-문화적 사고와 관계한다. 이러한 정서는 하이데거의 논고 〈건축하기, 거주하기, 사유하기〉에 반영되어 있다. 여기에서 하이데거는 거주라는 개념, 즉 "머무름, 체류함"을 감정적 안녕, 즉 "만족함, 평화로워짐, 평화 속에 머무름"과 직접 연결시킨다.[7] 이후로 나는 이러한 이상화된 존재 방식을 거주하는-삶이라는 용어로 지칭할 것이다. 오디세우스는 이타케로 돌아가려는 너무나 강한 열망으로

---

4 래티모어의 번역은 이렇다. "불행한 사람, 그는 여전히, 친구들과 멀리 떨어져, 괴로움을 겪고 있습니다."(1: V.49-50)

5 Heidegger, "Building, Dwelling, Thinking," p. 325.

6 오디세우스의 유배 상황은 샤미소의 망명과 대비된다. 3장(3.4.7 〈아델베르트 폰 샤미소…〉 "집에서 소외되다" 절 전체).

7 Heidegger, "Bauen, Wohnen, Denken," p. 143.

인해 고통스럽고 죽기를 바란다. 집으로 갈 방법은 보이지 않는 채로 바다 저 멀리 있는 삶은 살 가치가 없다—평화는 거주하는-삶 또는 죽음에서만 발견되는 것이다.

2.3 집에 대한 문화적 기억

아테네는 이 외딴 곳에 갇혀 고통 받는 오디세우스를 불쌍히 여긴다. 그래서 그를 "불행하고 비참한 자"라고 부른다. 특히 아테네가 걱정하는 부분은, 오디세우스가 이타케를 잊도록 칼립소가 종용하고 있다는 점이다. 아테네가 다음과 같이 외칠 때 이 점은 반복되어 강조된다. "그 딸은 … 줄곧 그를 홀려 그의 이타케를 잊도록 하려 합니다. 잊도록 말입니다!"[8] 그렇지만, 오디세우스가 이타케로 돌아가려는 욕망이 있었다고는 하더라도 오귀기아에서 과연 어느 정도로 괴로웠는지에 관해서는 의문을 가져 볼 수 있을 것이다. 호메로스는 이렇게 쓴다. "그가 그의 집과 아내를 갈구하는 동안, 그녀〔칼립소〕는 그와 동침하기를 열망했다."(OD. 1: V.14-16)[9] 그럼에도 불구하고, 오디세우스가 그의 출생지에 대한 기억을 상기해 내지 못할 수도 있다는 아테네의 걱정은, 고정-문화, 그리고 붙박이 문화적-민족적 정체성의 생산과 보존이 문

---

8 강조는 필자 래티모어의 번역은 이렇다. "줄곧 부드럽고 아첨하는 말로 그녀는 그가 이타케를 잊도록 유혹하고 있습니다."(1:V.56-7)
9 래티모어가 번역한 구절은 이렇다. "그의 아내와 귀향을 갈구했다."(1: V.9)

화적 기억과 밀접히 엮여 있다는 요점을 강화한다.

《문화적 기억과 정체성 형성》에서 바이스버그는 이렇게 주장한다. "기억을 고수하고 자기 과거를 구축할 필요를 크게 느낄수록, 더 많은 기억이 위험에 처해 있는 것으로 보인다."[10]《오디세이아》전체에 걸쳐, 집을 잊는 것, 또는 거주-장소의 공통된 체험, 전통, 유대의 구축된 역사를 상기하지 못하는 것은 귀환의 여정을 지속적으로 위협한다. 오디세우스와 동료들의 문화적 기억이 동기를 부여해 주지 못한다면, 그들은 삶의 목적을, 즉 살아남아서 계속 이동함으로써 집으로 돌아가 다시 한 번 거주한다는 목적을 잃게 된다.

이 이야기에는 문화적 기억의 연약함을 보여 주는 또 다른 사례도 있다. 오디세우스는 선원 한 무리를 연꽃 먹는 사람들의 섬으로 보내고, 이들은 그 지방의 연꽃을 채집해 온다. 오디세우스는 이렇게 회상한다. "〔선원 무리가〕이 꿀처럼 달콤한 풀을 맛보자, 소식을 전하거나 돌아가려는 마음속 소망이 희미해졌다. 그들은 오히려, 연꽃을 먹으며 집에 대한 기억은 모두 마음속에서 지우고서, 연꽃 먹는 사람들과 영원히 거주하기를 바라게 되었다."(OD. 9: V.94-97)[11] 선원들이 모두 집을 망각할 심각한 위험에 처해 있음을 발견한 오디세우스는 중독된 무리를 서둘러 끌고 오고, "더 많은 선원들이 연꽃을 먹고 집을 향한 갈구를 잊

---

10 Lilane Weissberg, "Introduction," *Cultural Memory and the Construction of Identity*, ed. D. Ben-Amos and L. Weissberg (Detroit: Wayne State University Press, 1999), pp. 7–26, p. 10.
11 래티모어의 번역은 "집으로 가는 길을 잊는다"는 표현을 사용한다.(9: V.102)

지 않도록" 나머지 선원들을 배에서 나가지 못하게 하고, 배를 출발시킨다.(OD. 9: V.101-2)[12] 아이러니하게도, 오디세우스는 한 장소에 거주하고 머무른다는 최종 목표를 가지고 집으로 향하는 여정을 하고 있지만, 그는 계속 이동-중에 있는 것을 이러한 여정의 핵심으로 본다. 집을 기억하기와 집으로 이동하기, 또는 반대로 집을 잊기와 한 장소에 머무르기 사이에는 직접적 연관이 있다.

다시 한 번, 이들이 아이아이아섬에 도착하자 문화적 기억은 다시 위협받는다. 여신 키르케가 "그들의 출생지에 대한 모든 기억을 훔치기 위해 슬프게도 강력한 약을 조합"한 것이다.(OD. 10: V.234-6)[13] 신의 메시지를 인간에게 전달하기 위해 자주 여행했던 헤르메스 신이 이제 오디세우스를 도우러 온다. 헤르메스는 오디세우스가 이 기억을 훔치는 약에 면역이 되게 하고, 선원들을 구할 계획을 제공한다. 이러한 도움에도 불구하고, 키르케는 이들의 전진을 가로막는 데에 성공한다. 1년이 지났지만 그들은 "식탁에 앉아, 키르케가 주는 말로 다 할 수 없이 풍부한 고기와 그윽한 포도주를 즐기고 있었다."(OD. 10: V.477) 이 예에서도, 집으로 돌아가자고 하는 갈구가 오디세우스에게 얼마나 고통을 주는지, 또는 그가 서두르도록 얼마나 충동질하는지를 의문시할 수 있을 것이다.

다른 한편, 주인공의 시간 체험을 역사적 맥락 내에서 평가하는 것

---

12 여기에서도 래티모어의 번역은 "집으로 가는 길을 잊는다"는 표현을 사용한다.(9: V.102)
13 래티모어의 번역은 "그들이 자신의 나라를 잊게 하기 위해"라는 표현을 사용한다.(10: V.236)

도 중요하다. 이 시점에서 오디세우스는 이미 몇 년간이나 집에서 떨어져 있었다. 그렇기에 그가 집으로 돌아가기를 갈망한다 해도, 그 마음은 근대의 여행자들이 겪는 만큼 시급하고 즉각적인 것은 전혀 아니었을 것이다.[14]

어쨌든, 섬에서 (근대의 관점에서) 오래도록 체류한 후에, 마침내 선원들이 오디세우스에게 다시금 상기시킨다. "선장님, 선장님의 잘 지어진 집과 오래된 토지로 선장님이 살아 돌아가도록 운명이 허락한다면, 이제 출생지에 대한 선장님의 기억을 돌이킬 때입니다."(OD. 10: V.473-5)[15] 같은 맥락에서, 오디세우스가 아이아이아섬을 떠나기 전에 키르케는 경고한다. 그는 곧 사이렌과 마주쳐야 할 것이며, 이들은 집을 향한 그의 여정에 심각한 위험을 초래하리라는 것이다. 사이렌이 부르는 노래의 유혹에 저항하기 위해 오디세우스는 돛대에 "발과 손을" 묶어야할 것이다.(OD. 12: V.50) 키르케는 이렇게 설명한다. "자기도 모르게 그들을 만나 사이렌 목소리를 귀에 담는 남자는, 바다에서 집으로 돌아오면 일어나 그를 맞아 주는 아내와 아이를 다시는 보지 않을 것이다. 사이렌의 황홀한 노래는 그의 목숨을 앗아 갈 것이다."(OD. 12: V.40-44) 이 마지막 예는 가족이―오디세우스의 경우, 그의 아내 페넬로페, 아들 텔레마코스, 아버지 라에르테스가―집의 이상적 이미지와 기억의 근본

---

14 예를 들어 3장, pp. 82-4, 4장, pp. 184-5를 보라.
15 래티모어의 번역은 이렇다. "선장님이 살아남아서 선장님의 굳건한 집으로, 그리고 선장님의 아버지들의 땅으로 돌아가도록 참으로 정해져 있다면, 이제 우리들의 나라에 대해 생각할 때입니다."(10: V.472-4)

적인 요소로 간주됨을 보여 준다.

2.4 아테네, 페넬로페, 고정-문화의 회복

이제 올림포스 산에서 이루어진 제우스와 아테네의 (위의 인용에서 언급되었던) 신성한 회의로 돌아오자. 이 서사시의 서두에 쓰인 사건 이기는 하지만 연대기적으로 보자면 이 사건은 오디세우스가 사이렌 과 만난 후, 그리고 모든 선원들이 집으로 돌아가려다 죽은 후에 일어 난다. 제우스가 오디세우스의 운명에 개입하여 오귀기아로부터 탈출 하도록 손을 써 주기를 청하는 아테네의 탄원에 제우스는 마침내 응한 다. 그는 이렇게 말한다. "대지를 흔드는 자 포세이돈이 오디세우스를 감히 죽이지는 못했지만, 적어도 그가 그의 아버지들의 땅으로 돌아가 려는 모든 노력을 완강하게 좌절시키기는 하였습니다. 그러나 이제, 우리 모두의 머리를 모아 이 사람의 귀환을 획책해 봅시다."(OD. 1: V.74-7) 아테네의 신념을 볼 때, 아테네는 고정-문화 원칙의 옹호 사절이라 고 볼 수 있다. 그녀는 오디세우스의 움직임이 집으로 가기 위한 것이 라고 주장한다. 또한 그가 꾸준히 집을 상기한다고, 즉 그것을 잊어버 리고 연꽃 먹는 사람들의 섬이나 아이아이아섬 같은 낯선 곳에서 거주 하려는 유혹에 굴복하지 않는다고 주장한다. 다른 식으로 표현하자면, 아테네의 움직임은 오디세우스가 거주하는 삶으로 돌아가는 것을 고 무하기 위한 것이다.

모임 후에 아테네는 노櫓를 좋아하는 타포스섬 주민들의 지도자 멘테스로 가장하여, 오디세우스의 아들 텔레마코스와 대화한다. 이때 텔레마코스는 깊은 슬픔에 빠진 어머니 페넬로페를 돌보느라 가족이 사는 이타케의 집에서 꼼짝하지 못하고 있다. 그녀와 손을 잡고 결혼하고자 다투는 구혼자들이 줄을 섰지만, 페넬로페는 사랑하는, 오래도록 연락이 끊긴 남편 없이는 평화롭게 거주하지 못한다. 그렇기에, 오디세우스가 이타케로 돌아오리라는 희망을 품고 구혼자들의 제안을 거절하고 있다. 이 지점은 오디세우스가 "그의 아버지들의 땅"으로 귀환하려 한다는, 위에서 언급했던 제우스의 말과 연관이 된다. 그리하여 이 지점은 가족과 함께 있음이 정서적으로 안정적인 거주 감각의 중요한 요소가 된다는 주장에 더 힘을 실어 준다. 오디세우스가 집으로 돌아왔을 때 페넬로페가 그를 남편으로 환영하지 않는다면, 그 귀향을 성공적이라고 할 수 있을지 의심스러워진다. 그러나 페넬로페는 남편에게 충실하며, 이 점으로 인해 아가멤논의 영혼에게 칭송받는다. 페넬로페의 이상적인 처신과 반대로, 아가멤논의 아내는 그가 고국을 떠난 후 그를 배신하고 죽였다.

축복 받았구나, 라에르테스의 아들, 기민한 오디세우스여, 그대는 놀라운 덕을 갖춘 아내를 두었구나! 이카리오스의 딸 페넬로페의 됨됨이는 얼마나 곧은지, 그녀는 젊은 시절의 남편 오디세우스를 전혀 잊지 않았다. 그렇기에 그녀의 뛰어남의 명성은 훌륭한 시詩로 보존되리라. 이로 인해 불멸자들은 페넬로페의 절개를 지상의 모든 거주자들에게 찬양하리라.

그리하여, 오디세우스가 20년이나 부재했음에도 불구하고 페넬로페가 (오디세우스가 변장을 하고 그녀를 시험한 후에도) 오디세우스에게 충실했고 그들의 관계를 재확인했음을 《오디세이아》의 말미에 독자는 알게 된다. 이 점은 오디세우스가 그녀에게 하는 다음 말에서도 명백하게 드러난다.

나의 여인이여, 지금까지 우리 둘 다 힘들게 고생해 왔소. 당신은 내가 돌아오지 못하게 하는 방해물들을 탄식하면서, 나는 제우스와 다른 신들이 나를 괴롭힌 슬픔, 향수 속에서, 멀리서 말이오. 그러나 이제 우리는 우리가 원했던 침대에 이르렀으니, 나의 집 안에서의 관심사를 그대가 특별히 보살펴 주시오. (OD, 23: V.350-5)

그래서 페넬로페는, 프래트의 표현을 빌리자면, 이상적 정주자, "지상의 모든 거주자들에게" 본이 될 아내다.[16] 그녀가 남편과 행복하게 함께 거주하던 젊은 시절의 기억을 붙들고 있기 때문에("그녀는 젊은 시절의 남편 오디세우스를 전혀 잊지 않았다"), 오랜 세월이 흐른 후 오디세우스는 마침내 이 경험을 재창조할 수 있다("지금까지 우리 둘 다 힘들게 고생해 왔소 … 이제 우리는 우리가 원했던 침대에 이르렀으니").

---

[16] 래티모어의 번역은 "지상의 사람들에게"라는 표현을 사용한다.(24: V.197-8)

《오디세이아》에 그려진 호메로스의 사회 관념이 철저히 가부장적이었음에는 의심할 여지가 없다(가령, 이타케는 "우리의 아버지들의 땅"으로 지칭된다). 그렇지만 여기에는 단수적–모빌리티의 시기에 여성이 했던 다양한 역할과 공헌을 저자가 고려했다는 증거도 있다. 칼립소와 키르케 각각은 오디세우스를 각자의 거주 장소에 가두려는 모의를 꾸미고, 아테네(신적 개입을 통해)와 페넬로페(기억하고 신의를 유지함으로써)는 그가 본향으로 돌아와 (고정) 문화적 질서를 회복하는 것을 고무하거나 가능케 한다. 아테네와 페넬로페는 이러한 덕으로 인해 극찬을 받는다.

2.5 모빌리티와 신들

《오디세이아》의 등장인물들에게 부여된 구체적 젠더 역할에 더하여, 신과 필멸자의 여행 체험을 비교함으로써 우리는 세계에 대한 저자의 관점에 관해 일반적 가정을 끌어내 볼 수 있다. 오디세우스의 오귀기아 탈출을 도울 사건을 일으키기 위해 아테네는 이타케로 내려온다. 이는 다음 인용문에서 묘사된다.

그녀는 멈추었고, 발에는 (아무리 신어도 그 아름다움이 바래지 않는) 황금 샌들을 신었다. 이 신발은 물결 위에서든, 끝없는 대지 위에서든 주인을 안전하고 바람처럼 빠르게 모셨다. 그녀는 그녀를 지켜 줄 창,

거대하고, 무겁고, 결이 곱고, 날카로운 청동 날이 달린 창을 손에 쥐었다. 이 여신이 분노로 행동할 때, 이 창은 그녀의 무기였다. 이 창을 가지고, 그리고 그녀의 출생의 긍지를 붙잡고, 그녀는 밀집대형으로 선 아주 용감한 전사들조차 위압할 것이었다. 이제 그녀는 올림포스 산 정상에서 미끄러지듯이 이타케로 내려와, 오디세우스의 집 앞에, 정문 기둥 곁에 섰다. (OD. 1: V.96-104)

이로부터《오디세이아》의 세계에서 이루어지는 통제와 모빌리티에 대한 두 가지 요점을 집어 낼 수 있다. 첫째, 이러한 호메로스의 관점은 대체로 신과 필멸자 사이의 권력관계에 의해 규정된다고 나는 주장한다. 문자적인 의미에서, 또한 비유적인 의미에서, (즉, 지리학적으로, 또한 권력구조의 관점에서) 세계는 일반적으로 나뉘어 있는 것으로 보인다. 그것은 위아래로, 즉 (우월한) 하늘에-거주하는 신과 (열등한) 지상에-거주하는 필멸자로 나뉜다.[17] 예를 들어, 인간이 신과 신의 힘을 얼마나 두려워하는지는 다음 인용문에서 명백하다. "이 여신이 분노로 행동할 때 … 그녀는 밀집대형으로 선 아주 용감한 전사들조차 위압할 것이었다." 둘째(이 요점은 첫 요점에 불가결하다), 신의 우월함과 영향력의 중요한 요소는 필멸자와 견주어 볼 때 뛰어난 신의 모빌리티에, 그

---

[17] 아테네가 제우스를 "우리 모두의 아버지이자 왕들 중의 왕"이라고 칭하듯이(OD. 24: V.473), 제우스가 불멸자와 필멸자의 위계의 최상위에 있다는 것은 이 서사 전반에 걸쳐 명백하다. 제우스가 남의 영향을 전혀 받지 않는다는 것은 아니다. 아테네는 제우스가 오디세우스를 돕도록 설득했다. 그래도 궁극적으로는, 신과 인간은 그의 통치 하에 있다.

리고 인간의 모빌리티에 대한 신들의 통제력에 있다. 아테네는 여행하기 위해 "황금 샌들"을 이용한다. 이 샌들은 여기에서 특권적인 수송 장치/탈것의 표상으로 간주될 수 있다. 이를 통해 그녀는 "물결 위에서든, 끝없는 대지 위에서든 … 바람처럼 빠르게" 미끄러지듯 움직일 수 있었다.[18] 세계를-둘러싼-자, 신 포세이돈이 거의 아무 힘도 들이지 않고 전 지구를 횡단하는 것도 비슷한 방식이다. (OD. 1: V.68)

상대적으로 열등한 필멸자의 모빌리티를 특징짓는 이러한 엄격한 구별은 또한 이 이야기의 다른 지점에서도 명백하다. 이는 제우스가 아들 헤르메스를 보내어 칼립소에게 메시지를 전달할 때에 드러난다. 이 메시지는 "오랫동안 고통 받고 있는 오디세우스는 그가 할 수 있는 한 최선을 다해, 신이나 필멸자의 도움 없이, 집으로 돌아가야 하리라"는 것이다. (OD. 5: V.31-2, 강조는 필자)[19] 다른 한편, 지상-거주자 오디세우스는 자신의 도구를 가지고 오귀기아섬을 떠나야 한다. "오디세우스는 될 수 있는 한 튼튼하게 뗏목을 묶어, 이를 타고 위험과 재난의 20일을 보낸 후 파이아키아인스의 섬, 경작지가 풍부한 스케리아에 도달할 것이다."(OD. 5: V.33-5) 다른 한편, 호메로스는 신 헤르메스가 지상으로 내려오는 것을 다음과 같이 묘사한다.

---

18 래티모어는 "그것은 그녀를 물 위로도, 끝없는 마른 땅 위로도, 강풍과도 보조를 맞추어 모셨다"라고 표현한다.(1: V.97-8)
19 래티모어의 번역은 이렇다. "오디세우스의 귀향, 즉 그는 신이나 필멸할 인간의 호송을 받지 않고 돌아가야 할 것이다."(5: V.31-2)

그는 즉시 발에 아름다운 불멸의 황금 샌들을 신었다. 이 샌들을 신으면 그는 바다 위든 지상의 황무지든 똑같이 바람의 숨결처럼 빠르게 움직일 수 있었다. 그는 손에 홀笏을 들었다. … 이 아르고스-살해자는 홀을 손에 쥐고 공중으로 뛰어올라 힘차게 날아갔다. 피에로스 산을 넘어 그는 천공에서 수면으로 날아 내렸다. 그리고 파도를 따라 가마우지처럼 속도를 냈다.(OD, 5: V.44-51)[20]

신의 여행 체험은 오디세우스의 위험하고, 도움 받지 못하고, 비교적 느린 여정과 강하게 대비된다. 아테네와 마찬가지로 헤르메스는 "아름다운 불멸의 황금 샌들"이란 호화로운 물건을 가지고 있다. 이를 통해 그는 방해받지 않고 파도를 따라 빠르게 날아갈 수 있다. 이동 수단으로서의 샌들과 불멸의 힘, 또는 모빌리티가 긋는 선에 따른 문화적 계층화 사이의 개념적 연결은 그린블래트의 의견을 지지한다. 그는 문학에 등장하는 이동을 "문화의 운명을 이해하는 데에 불가결한 열쇠"로서 분석하는 것이 중요하다고 강조했다.[21]

인간을 능가하는 신의 힘과 우월한 모빌리티에 관한 이러한 예들로부터,《오디세우스》에 등장하는 불멸자의 이동의 일차적 목적은 필멸

---

[20] 여기에서는 오디세우스도 마침내 더 수준 높은 여행 수단을 즐기게 될 운명이다. "파이아키아인은 … 오디세우스를 어마어마한 양의 구리와 황금과 옷가지 선물을 실은 배에 태워 출생지로 보내려 했다. 이는 오디세우스가 트로이에서 자신을 위해 취한 것보다도 훨씬 많았다."(OD, 5: V.35-9) 그렇다고 해도 이는 신들의 특권적 이동에 비할 바는 못 된다.

[21] Stephen Greenblatt, "A Mobility Studies Manifesto," *Cultural Mobility: a Manifesto, ed. Stephen Greenblatt* (Cambridge: Cambridge University Press, 2010), 250-53, p. 250.

자의 운명에 개입하고 이들을 통제하는 것이라고 결론내릴 수 있겠다. 이 이야기의 다른 지점도 이러한 주장을 지지한다. 구혼자 안티노오스가 거지로 변장한 오디세우스를 때리자, 오디세우스는 그를 질책한다. "안티노오스여, 이 불쌍한 부랑자를 때린 것은 죄요. 이로 인해 당신의 숙명은 봉인될 것이오. 하늘에 신이 계시기 때문이오. 이 신들이 언제나 외지에서 온 여행자로 변장을 하고서, 인간이 선한지 악한지 확인하려고 우리의 마을을 돌아다니고 있다는 것은 말할 필요도 없겠지요."(OD, 17: V.483-7)[22]

현재의 관점에서 《오디세이아》에 나오는 예들을 여행에 관한 문화적 체험에 대한 초창기의 사고를 이해하기 위한 발판으로 삼는다면, 다음과 같은 물음이 제기된다. 모빌리티를 통제하는 구조는 단수적-모빌리티의 시대로부터 근대에 이르기까지 얼마나 변화되었는가? 속도와 거리의 측면에서, 또한 일상적 체험이 재현되는 방식의 측면에서 테크놀로지는 여행을 극적으로 변화시켰다. 그렇지만 스케그스의 한 요점은 여러 시대에 걸쳐 항상적으로 남아 있는 것 같다. "모빌리티와 모빌리티에 대한 통제는 권력을 반영하고 또한 강화한다. 모두가 모빌리티라는 자원과 동등하게 관계할 수 있는 것은 아니다."[23]

이후에는 권력관계와 사회정치적 상황의 변화로 인해 모빌리티에

---

22 래티모어의 번역은 이렇다. "신들은 온갖 방식으로 변신을 하여, 다른 곳에서 온 외지인 모습을 하고서, 도시를 거리낌 없이 배회하며, 어느 인간이 법을 지키고 어느 인간이 난폭한지를 감시하기 때문입니다."(17: V.485-7)

23 Beverly Skeggs, *Class, Self, Culture* (London: Routledge, 2004), p. 49. Sheller and Urry, "The New Mobilities Paradigm," p. 211에서 재인용.

접근하는 것이 심각하게 힘들어진 작가들을 검토할 것이다. 예를 들어, 프랑스계 독일인 작가 아델베르트 폰 샤미소는 프랑스혁명기에 은 신처로 숨어야만 했고, 에리히 뢰스트는 1980년대에 독일민주공화국 으로부터 추방당하고 나서야 자유롭게 글을 쓸 수 있었다.

2.6 이타케로의 이상적 귀환?

모빌리티 관점에서 일반적으로 말하자면, 《오디세이아》의 상상적 풍경은 질서 잡힌 문화세계가 정립되는 공간으로 간주될 수 있다. 그 것은 우월한 현존자―신―가 지상의 다양한 거주―장소에서 살고 있는 인간들을 다스리는 세계다. 신이 인간에 대한 권력을 관리하고 유지하 기가 쉬운 것은 인간이 상대적으로 부동적이기 때문이라고 말해도 괜 찮을 것이다. 기본적인 상하 위계 구조는 이 이야기 내내 집요하게 모 습을 드러낸다. 이 점은 필멸자와 불멸자가 이동을 하는 상이한 방식 에서 드러난다. "위험과 재난의 20일"을 겪는 오디세우스와 "바람의 숨결처럼 빠르게" 날아다니는 헤르메스를 비교해 보라(앞 인용문). 문 학에 묘사된 이동 중 압도적 다수는 고정―문화의 본래적 이념을 회복 시키려는 시도로 간주될 수 있다. 예를 들어, 그것은 오디세우스를 집 으로 데려다 주고 성공적인 귀향을 확실히 하는 것이다. 실상, 이타케 를 다시 보게 된 오디세우스는 압도적인 기쁨을 느낀다. 이는 다음과 같이 묘사된다. "자기 자신의 장소를 보자 오디세우스는 너무나도 기쁜 나머지 엎드려 너그러운 흙에 입 맞추고, 두 팔을 뻗어 늼페를 불렀다."(OD. 13: V.353-5)[24]

그러나 오디세우스의 귀환은 그저 이타케에 도착하기만 하면 되는 단순한 일이 아니다. 도착한 후에도 그가 처한 상황은 불확실해서, 오디세우스는 솜씨 좋고 교활하게 행동해야 한다. 그는 구혼자들에게 살해당하는 것을 피해야 하고, 20년간의 부재 후에 사랑하는 사람이 자기를 알아보지 못하여 거절당하는 것도 피해야 한다. 예를 들어, 오디세우스와 그의 아버지의 재회 장면에는 긴급함이 있다. 그는 이 순간에 머무르려 하지 않는다. "아버지, 제가 아버지께서 안부를 물으시던 그 사람입니다. 이 20년째 해에 집에 도착했습니다. 한숨과 눈물은 거두어 주십시오. 서둘러서 드려야 할 말씀이 있기 때문입니다. 제 집에 있던 구혼자들에게서 무례함과 부당함의 불이 피어오르기에, 이를 벌하려고 제가 모두 죽였다는 것 말입니다."(OD. 24: V.321-6) 마침내 오디세우스는 역경을 극복하고 아내, 아버지, 아들과 재회한다. 그리고 구혼자들을 죽임으로써 집과 권위를 되찾는다. 전반적으로, 오디세우스의 여정과 이타케로의 귀환은 이상적이고 완전한 것이라고 말할 수 있을 것이다. 그가 자기의 거주-장소를 찾았다고 생각할 수 있다. 얼핏 보면, 신들이 문화적 질서를 성공적으로 회복시킨 것처럼 보인다.

---

24 5장도 보라(5.4.2 〈영화, 시선, 도착〉 "율리시즈의 시선" 절 마지막 문단). 래티모어의 번역은 다음과 같다. "오랫동안 고통 받은 위대한 오디세우스는 자기 나라의 한숨을 받으며 기뻐하였고, 곡물을 베푸는 대지에 입 맞추었고, 팔을 공중으로 들어 올려 늼페들에게 말을 걸었다."(13: V.353-5)

그러나 텍스트를 더 자세히 들여다보면, 수십 년간 여행을 하고 와서 그의 거처를 강제로 차지한 구혼자들을 살해한 후에도, 오디세우스의 여정은 끝나지 않는다. 그의 여정은 이타케 너머로, 그러므로 이 이야기의 종점 너머로 계속될 운명이다. 앞서 말한 학살에 이어, 페넬로페는 남편과 행복하게 재결합하고 미래에 대해 묻는다. "당신의 마음이 원하는 그 순간, 침대는 당신의 것이에요. 신들이 당신을 당신의 위대한 집과 본향으로 되돌려 주지 않았던가요?"(OD. 23: V.257-9) 오디세우스는 자신이 아직도 한동안 더 방랑을 해야 할 운명이라는 것을 인정하지 않을 수 없다. 하데스에 있을 때 테이레시아스에게서 자신이 집으로 돌아간 후에 일어날 일에 관한 예언을 들었던 것이다. 오디세우스는 테이레시아스가 준 일종의 경고를 아내에게 전한다. 그녀는 남편에게 이렇게 주의를 준다.

집 안에서 묘책을 써서 죽이든, 공개적으로 강한 검으로 죽이든, 당신이 이 구혼자들을 죽인 후에, 당신의 잘생긴 노를 저어 계속 나아가십시오. 그리하여 바다를 알지 못하고, 소금으로 맛을 내지 않은 양식을 먹는 사람들에게 이르십시오. … 그리고 당신의 광이 나는 노를 땅에 던지고, 포세이돈에게 좋은 짐승을 바치십시오. 숫양, 황소, 날뛰는 수퇘지를 한 마리씩 바치십시오. 그 후 돌아오십시오. 집에서는, 드넓은 하늘을 소유하고 있는 불멸의 신들에게 황소 100마리를 바치십시오. 이 전부를 가장 적절한 순서에 따라 바치십시오. 마침내, 행복한 사람들 사이에서, 당신 자신의 죽음이 부드럽게 올 것입니다. 짠 바다로부터 먼 곳에서 올 것입니다. 노년에 접어들어 완전히 지친 자에게 죽음이 종말을 줄 것입니다.(OD. 11: V.119-37)

결국, 오디세우스의 귀향과 거주하는-삶으로의 귀환은 일시적인 것에 불과하다. 페넬로페의 말에는 오디세우스가 바닷가에 있는 이타케에서 평화롭게 죽기는 해도("행복한 사람들 사이에서") 집에서는 죽지 못할 것("짠 바다로부터 먼 곳에서")임이 암시되어 있다.[25] 더 나아가, 그와 페넬로페의 결합은 진실의 변조에 근거하고 있다.[26] 오디세우스가 페넬로페에게 테이레시아스의 예언을 전할 때에, 그가 집을 떠나서 죽음을 맞이하게 된다는 최종적 세부 사항은 그녀에게 숨기고 있음을 눈치챌 수 있다. 대신에 그는 아내에게 이렇게 말한다. "다음으로 나는 집으로 돌아와, 100마리 제물로 높은 하늘에 계신 신들을 찬양할 것입니다. 다른 모든 것도 질서에 맞게 할 것입니다. 죽음은 **바다로부터** 나에게 올 것이에요. 쇠약해져 가는 나날이 나를 쇠퇴시킨 후에, 만족한 사람들 가운데에서 나는 아주 부드럽게 죽을 것입니다."(OD. 23: V.279-4, 강조는 필자)[27]

---

25 래티모어의 번역은 이렇다. "죽음이 바다로부터, 전혀 전쟁 같지 않은 방식으로 당신에게 올 것입니다. 윤이 나는 노년의 사그라지는 시간 속에서 죽음이 당신에게 종말을 줄 것입니다. 당신 주위에 있는 당신의 사람들은 번영할 것입니다."(11: V.134-7) 그러므로 오디세우스가 바다에서 죽을지 아닐지는 논쟁의 여지가 있다. 5장도 참조하라〔5.4.7 〈(역사의) 종말 너머〉 "오디세우스, 범죄자" 절 마지막 문단("테이레시아스"가 언급되는 문단)〕.

26 오디세우스가 페넬로페에게 한 약속에도 불구하고 그렇다. "용감한 영혼이여, 나는 그대에게 아무 숨김없이 말하겠어요."(OD. 23: V.265)

27 5장을 참조하라. 여기의 논의는 테이레시아스의 예언을 재맥락화한다〔5.4.7 〈(역사의) 종말 너머〉 "오디세우스, 범죄자" 절 마지막 문단("테이레시아스"가 언급되는 문단)〕.

트래먼은 오디세우스가 "속이는 기술"을 가지고 있다고 말하는데, 이 기술의 일부라고 할 수 있는 이 거짓말은 페넬로페의 정서적 안정의 관점에서, 귀향 후 그들의 관계에서 얻을 만족을 확실히 하기 위한 것이라고 볼 수 있을 것이다.[28] 이후의 분석에서는 호메로스의《오디세이아》의 현대적 반복을 고찰할 것이다. 그리고 어째서 어떤 현대 작가와 영화감독은 자기의 이야기에서 테이레시아스의 예언에 초점을 맞추기로 했는지, 또는 일시적 귀향 너머의 계속되는 여정이라는 생각에 초점을 맞추기로 했는지를 고찰할 것이다.

2.7 《오디세이아》 너머: 하이데거의 호메로스적 이상주의의 문제점

위에서 언급했듯이,《오디세이아》에 그려진, 고정-문화로의 일종의 회복은 하이데거의 후기 철학에 영감을 주었다. 영은 하이데거의 관심사를 근대에 일어난 "신神의 상실", 〔그것이〕 "수반"하는 "공동체의 상실", "거주"의 상실, 또는 "세계 내에서 집에 있음의 상실"이라고 요약한다.[29]

하이데거는 사회가 근원적 문화로 귀환해야 한다고 주장했다. "근원

---

28 Carl, R. Trahman, "Odysseus' Lies ("Odyssey," Books 13-19)," *Phoenix* 6,2 (1952): pp. 31-43, p. 38. 트래먼은 아리스토텔레스의 지적도 인용한다. "호메로스는 무엇보다도, 거짓말하는 법을 남에게 가르쳤다." p. 34.

29 Julian Young, *Heidegger's Later Philosophy* (Cambridge: Cambridge University Press, 2002), p. 33.

적 통일체로부터 네 가지가 하나로 속한다. 그것은 대지와 하늘, 신적인 자와 필멸자다." 그리고 "우리의 거주 영역" 너머로 불필요하게 여행하는 것에 반대한다.[30] 동시에, 이러한 이상적 고정–문화가 완전한 의미에서 존재하는 것이 불가능하다는 것을 하이데거가 알았다고, 또는 실제로는 귀환해야 할 이상적 근원이 없다는 것을 알았다고도 주장할 수 있을 것이다. 이 점은 여행을 하이데거 자신이 내켜하지 않았다는 점에서 추론할 수 있다. 동시대의 학자이자 지인인 메다드 보스, 에르하르트 캐스트너, 장 보프레는 오랫동안 하이데거에게 그리스 여행을 권했다.[31] 그러나 하이데거는 1955년, 또 1960년에 이미 예약되어 있던 여행을 취소했다. 하이데거는 이를 다음과 같이 설명했다. "그리스를 보지 않고 그리스에 대해 사유하는 것이 나에게 허락되어야 한다."[32] 그는 마침내 1962년, 83세의 나이로 배를 타고 그리스로 여행을 떠났다. 이를 자프란스키는 다음과 같이 묘사한다.

두 번째 야간 항해 후 이른 아침에 코르푸섬, 고대 케팔로니아가 모습을 드러낸다. 이것이 파이아키아인의 땅일 것인가? 2층 선실에서 하이데거는《오디세이아》제6권을 다시 읽고 있지만, 일치하는 점을 찾지 못한다. 예상했던 것은 보이지 않는다. 모든 것은 오히려 이탈리아의

---

30 Heidegger, "Bauen, Wohnen, Denken," p. 143; p. 139.
31 Safranski, R. *Heidegger: Between Good and Evil* (Cambridge: Havard University Press, 1998), p. 400.
32 Safranski, *Heidegger*, p. 410.

풍경과 비슷하다. 오디세우스의 고향 이타케 또한 그를 감동시키지 않는다. 하이데거는 "시초에 그리스적이었던 것"을 탐색하는 것이 그리스를 발견하는 올바른 방법인지 의구심이 든다.[33]

하이데거는 거주의 그리스적 모델이라고 말할 수 있을 것에 심취해 있었으나, 자신의 이러한 심취에 의문을 제기함으로써, 증대된 모빌리티의 가능성에 더 열려 가고 있었다고까지 우리는 주장할 수 있을 것이다. 그의 견해에서 이동과 테크놀로지는 등질화하는 문화로 보였다. 그 증거는 1976년, 그의 죽음 이틀 전에 쓰인 글에서 찾을 수 있다. "테크놀로지화된 등질적 세계 문명의 시대에 아직도 고향이 있을 수 있는지, 어떻게 있을 수 있는지에 대해 숙고할 필요가 있다."[34]

2.8 고대적 토대의 붕괴

《케임브리지판 여행 텍스트 안내서》에서 편집자 피터 험과 팀 영스는, 《오디세이아》보다 무려 1,000년 전 이집트에도 기이한 섬에 혼자 난파된 선원에 대한 이야기가 있었다고 말한다.[35] 이는, 이야기하기와

---

33 Safranski, *Heidegger*, p. 401.
34 Safranski, *Heidegger*, p. 432.
35 Peter Hulme and Tim Youngs, *The Cambridge Companion to Travel Writing* (Cambridge: Cambridge University Press, 2002), p. 2.

모빌리티가 상호 연결되어 있으리라는 점을 가리킨다. 이 가정은 또한, 모빌리티가 중심 관심사로 보이는 텍스트 및 모빌리티에 대한 역사적 분석을 수행함으로써 모빌리티 연구의 범위를 넓힐 필요가 있음을 시사한다. 지금까지 문화적으로 가장 중요한 여행 서사는 호메로스의 《오디세이아》라고 말해도 틀리지 않을 것이다. 험과 영스는 특히 오디세우스를 언급하며 이 텍스트의 중요성을 설명한다.

> 특히, 우리는 지금도 서사시적 여정을 가리키기 위해 호메로스의 오디세우스의 이름에서 온 단어를 사용한다. 그리고 여러 삽화로 되어 있는 오디세우스의 모험은 로맨스, 여행의 방향 상실과 위험, 또한 귀향의 기쁨(과 위험)의 청사진을 제공한다.[36]

앞서 행한 분석을 염두에 둔다면, 우리는 험과 영스의 해석을 확장하고, 동시에 이를 이어질 분석에서 이루어질 주장들과 연결할 수 있을 것이다.

첫째, 어원의 관점에서, 호메로스의 고대 담론은 수천 년의 극적인 사회적 격변을 거치고 살아남았다. 이는 여정에 대한 인간의 체험에 내재적 가치가 있음을 가리킨다. ("우리는 지금도 서사시적 여정을 가리키기 위해 호메로스의 오디세우스의 이름에서 온 단어를 사용한다.") 지속적인

---

36 Peter Hulme and Tim Youngs, *The Cambridge Companion to Travel Writing* (Cambridge: Cambridge University Press, 2002), p. 2.

문화적 밈meme의 지표로서 의미론적 내용을 검토하는 것에 더하여, 구체적 용어의 의미 변화는 문화적 이행을 가리킬 수 있다. 이 점은 내가 코젤렉을 따라 '안장시대'라고 부른 시기에 특히 명백하다.

둘째, "로맨스, 여행의 방향 상실과 위험"과 관계하여, 《오디세이아》는 이후의 여행 체험과 텍스트의 청사진을 제공한 것으로 보인다. 《오디세이아》가 일군의 가치 또는 이상을 제공하기 때문이다. 여기에는 로맨스가 포함된다. 이는 다양한 방식으로 오디세우스가 이타케로 돌아가는 것을 방해하거나(가령 키르케, 칼립소), 고무하거나, 가능케 하는(가령 아테네와 페넬로페) 여성과 주인공의 관계가 포함된다. 근대 초기에 여성에게 남성이 가졌던 기대에 이러한 관계가 영향을 끼쳤는가? 두 번째로, 《오디세우스》에서 여행의 방향 상실과 위험은 집을 잊어버리는 것, 그러므로 집을 향하는 경로에서 벗어나거나 지체하는 것, 또는 귀환의 여정을 행할 동기를 상실하는 것을 중심으로 도는 것으로 보인다. 안장시대에는 모빌리티에 근거한 새로운 문화로 인해 단수적-모빌리티와 고정된 거주-장소 개념이 복잡해졌다. 이때 무슨 일이 일어나는가?

셋째, 귀향의 애매한 본성, 또는 "귀향의 기쁨(과 위험)"은 오디세우스가 이타케에 도착한 후에 벌어지는 사건들을 지칭하는 것으로 이해될 수 있다. 예컨대, 아버지와의 재결합은 그의 집에 있는 구혼자들이 그를 알아보고 살해할 위험의 감각과 공존한다. 달리 보자면, 우리는 오디세우스의 귀향의 "기쁨(과 위험)"이 이 귀향의 일시적 본성에 속하는 것이라고 이해할 수 있을 것이다. 테이레시아스의 예언이 묘사하듯이,

오디세우스는 계속해서 여행할 운명이다. 한편으로 오디세우스는 이타케에 도착해서 기쁨을 느낀다. ("자기 자신의 장소를 보자 오디세우스는 너무나도 기쁜 나머지") 그리고 동시에, 그는 먼 장소에서 죽을 운명이다. ("당신 자신의 죽음이 부드럽게 … 짠 바다로부터 먼 곳에서 올 것입니다.")

　왜 근대의 어떤 사람들은 이타케에서의 도착과 부흥으로 끝나는 오디세우스의 여정을 이상적이고 완전한 것으로 보기로 했을까? 다른 편극단에서, 귀향이라는 개념을 모조리 포기한다면, 이제 남은 것은 환상의 파괴뿐인가? 세월에 걸쳐 인간은 더욱 이동적이 되고, 안정적인 집을 가진다는 것의 개념과 실천은 이 과정에서 더 복잡해진다. 여정을 향해 우리는 여전히 내재적으로 끌리지만, 이는 새로운, 때로는 예상치 못한 형태를 취한다.

2부

모빌리티 문화의 등장

3장

안장시대(1770~1830)

3.1 서론

이 장에서는 대략 1770년에서 1830년 사이에 씌어진 여행 텍스트들을 검토할 것이다. 이 시기는 중대한 이행의 시기였고, 이를 코젤렉은 '안장시대Sattelzeit'라고 불렀다.[1] 이 시기에 일어난 중대한 문화적 변동의 징표를 제시하기 위해 다양한 텍스트에서 발췌한 사례들이 증거로 사용된다. 나는 이러한 문화가 모빌리티에 관한 초기 사고에 근거하고 있다고 상정한다. 안장시대를 포괄하는 선별된 텍스트를 분석 순서에 따라 제시하자면 다음과 같다.

요한 고트프리트 헤르더의《나의 1769년 여행의 기록》(1846), 게오르크 포르스터의《세계 일주》(1777), 프리드리히 니콜라이의《1781년 독일과 스위스 여행기》(1788), 카를 필리프 모리츠의《안톤 라이저》(1785~6), 요한 볼프강 괴테의《빌헬름 마이스터의 수업시대》(1795~6), 하인리히 폰 클라이스트의《편지: 1793. 3. 1~1801. 4》(1848), 아델베르트 폰 샤미소의《페터 슐레밀의 놀라운 이야기》(1814), 요제프 폰 아이헨도르프의《무용지물의 삶으로부터》(1826).[2] 안장시대에서 온 이 텍스트들

---

[1] 코젤렉은 안장시대가 1770년대쯤 시작되는 것으로 본다. 그 증거로 그는 이렇게 쓴다. "대략 1770년부터 수많은 새로운 단어와 의미들이 등장한다. 이들은 언어 전체를 낳는 새로운 세계관의 증거다."(XV) 코젤렉은 안장시대의 정확한 끝을 명시하지 않는데, 안장시대가 끝나는 해에 대해서는 여러 의견이 있다. 일반적으로는 1800년대 부근 또는 근대로의 이행을 중심으로 이 시기를 상정한다. 나는 Helen Watanabe-O'Kelly, ed., *The Cambridge History of German Literature* (Cambridge: Cambridge University Press, 1997), p. 204에 따라 안장시대의 끝을 1830년에 둔다.

[2] 저자의 여정 자체가 체험되거나 일어난 연대기적 순서에 따라 텍스트 분석을 정돈했다. 자전적 텍스트나 허구적 텍스트의 경우, 원래 출판 시기를 따랐다. 이 시기는, 안장시대

의 분석에서 내가 보여 줄 것은, 여행을 하려는 담론적 욕망이라고 내가 부르는 바를 각 작가가 어떤 방식으로 표현하느냐는 것이다. 이에 더하여, 점점 더 이동적이 되어 가는 근대 세계에서 새로운 존재 방식에 적응해 가는 과정에서 각 인물이 겪는 새로운 체험에 관한 보충물 supplement도 보려고 한다. 넓게 말하자면, 이들 **보충물**은 문화의 관념, 자기형성의 관념, 여행과 여행 텍스트를 가능케 한 테크놀로지의 발달이라는 세 범주로 묶일 수 있을 것이다.

3.2 이론적 접근법

여행을 하려는 담론적 욕망을 판별하기

코젤렉의 안장시대 개념을 논하기 전에, 우선 본 장에서 사용할 분석적 접근법을 설명하겠다. 내가 제시할 논증은 제프리 배첸의 연구 《각각의 야생의 개념: 글, 사진, 역사》에 실린 논고〈생산을 욕구하기〉로부터 채택된 것이다.[3] 〈생산을 욕구하기〉는 사진의 등장 역사를 논한다.[4] 전통적인 방식에서 사진은 주로, 상대적으로 고정된 "근원적 사건"의 측면에서 개념화되었다는 점을 배첸은 강조한다. 1839년에 있었

에 대해 자신이나 주인공이 가진 이동적 체험에 대해 쓰려는 욕망을 저자가 느낀 시점을 대략 반영한다.

[3] Geoffrey Batchen, "Desiring Production," *Each Wild Idea: Writing, Photography, History* (Massachusettes: The MIT Press, 2001), pp. 2-24.

[4] 사진은 뒤에서 다룰 영화 분석에 등장하는 시선 개념과 관계가 있다.

던 프랑스인 루이 다게르와 영국인 헨리 팍스 탈보트의 테크놀로지적 성취를 언급하면서, 그는 이렇게 설명한다. "사진의 발명은, 이후의 매체의 다양한 형태 모두가 근거해야 할 안정적인 발판이 되었다."[5]

역사가들은 사진이 무엇이냐는 "골치 아픈 철학적 물음"을[6] 제기하기보다는 사진의 발명을 그 발명의 시공간으로 좁혀서 밝히기를 선호하였다고 배첸은 말한다. 이 말은 데리다를 암시한다. 배첸은 이 역사에 대한 더 복잡한 독해를 대안으로서 제시한다. 여기에서 그는 통상적으로 받아들여지는 "근원적 사건"만이 아니라, "사진이 등장한 타이밍이 우리 문화에 가지는 더 넓은 중요성"도 고찰하려 한다.[7] 이러한 방식을 통해, "한때 고정적이고 의존적인 것으로 생각되었던 사진이라는 것이, 이제는 변이 가능한 역사적 차이의 문제적 장으로 밝혀진다."[8] 이러한 노선을 따르는 탐구의 핵심 물음은 사진을 발명한 (한) 사람에 관한 것이 아니다. 오히려 "사진을 찍으려는 담론적 욕망discursive desire 이 역사상의 어느 시기에 등장하여 집요하게 현시되기 시작"했느냐는 것이다.[9] 배첸은 "1839년 이전에 있었던, 사진을 찍으려는 욕구의 시작

---

5 Batchen, "Desiring Production," p. 3, 강조는 필자. 더 구체적으로 배첸은 이렇게 쓴다. "1839년 1월 7일, 프랑스와 아르고가 프랑스 과학 아카데미에 행한 연설의 형태로 사진의 발명이 공식적으로 세계에 선포되었다. 이어서 루이 다게르의 놀라운 이미지 제작 절차에 대한 열광적 연설들이 이어졌다. … 몇 달 사이에 다게레오타이프는 지구상의 거의 모든 구석에서까지 찾아볼 수 있게 되었다.", p. 3. [옮긴이주] 다게레오타이프 daguerreotype는 다게르가 발명한, 최초로 대중화된 사진 제작 테크놀로지를 뜻한다.

6 Batchen, "Desiring Production," p. 3.

7 Batchen, "Desiring Production," p. 4.

8 Batchen, "Desiring Production," p. 24.

9 Batchen, "Desiring Production," p. 5.

을 기록했던, 또는 후에 자신의 것이라고 주장했던" 개인들을 조사함으로써 이 물음에 답하려 한다.[10] 이들은 대부분 유럽이나 미국 출신이다. 그의 발견에 따르면, 이러한 표현들은 1794년까지 거슬러간다. 그는 이 집단을 "원형적 사진가protophotographers"라고 부른다.[11]

배첸과 비슷한 방식으로, 안장시대의 여행 텍스트에 대한 나의 분석에서 나는 모빌리티에 근거한 문화가 등장한 단일하고 구체적인 개인, 날짜, 장소를 명시적으로 확정하려고 시도하지 않는다. 그 대신에 다채로운 문학적 전거를 살펴보고, 이동과 여행의 체험이 어떻게 점차 (어떤) 사람들의 삶과 일상적 습관의 불가결한 일부가 되어 가고 있었는지를 함축적으로 보여 주는 징후를 식별하려 한다. 그렇기에, 배첸을 따라 나는 이렇게 묻는다. 여행을 하려는 담론적 욕망이 역사상의 어느 시기에 등장하여 집요하게 현시되기 시작했는가?[12]

본 장에서 나는 이 물음에 대한 대답으로서 다음을 제안한다. 첫째, 이 담론적 욕망은 안장 시기의 여러 순간에 등장했다. 둘째, 안장시대의 여행 텍스트에 기술된 체험은, 내가 3부에서 검토할 새로운 모빌리티의 현대적 시기와 관계하며 거기에 중요한 대리보충물을 생산한다.

---

10 Batchen, "Desiring Production," p. 6. 배첸은 이 식별된 집단이 "불완전하며 여전히 추측에 근거한 것이라는 점에 의심의 여지가 없다"고 말한다. p. 6. 배첸은 이 집단을 정확히 규정하고 폐쇄시키지 않고, 이 집단을 확장하거나 수정할 새로운 증거의 등장이나 가능성을 열어 둔다.

11 Batchen, "Desiring Production," p. 6. 배첸은 또한 원형적 사진가와 비슷한 욕망을 표현하는 사람들이 동시대에 있었음을 논한다. 여기에 화가와 시인이 있다.

12 나의 분석 맥락에서 집요하다는 말은 여행자나 여행작가가 굉장히 많았다는 뜻으로 이해되어서는 안 된다. 그것은 모빌리티에 근거한 문화로의 점진적이지만 집요한, 억제할 수 없는 다면적 이행에 관한 것이다.

이러한 이유로 인해, 우리는 여행하려는 욕망, 여행문학을 생산하려는 욕망을 표현하는 작가들을 원형적 모빌리티 여행자로, 안장시대의 탐험가로 간주할 수 있다.

보충물: 문화, 자기형성, 테크놀로지

이제 본 장에서 논의될 보충물supplement 개념에 대해 짧게 개관하겠다. 내가 보충물이라는 개념을 사용하는 방식은 자크 데리다의 모노그래프《그라마톨로지에 관하여》에 기술되어 있는, 이 개념에 대한 그의 정식에 느슨하게 바탕을 두고 있다.[13] 일반적으로 말해서, 보충물이란 "어떤 '본래적'이거나 '자연적'인 것을 보조하는 역할도 2차적으로 맡게 되었다고 생각되는 무엇"으로 이해할 수 있다.[14] 여행은 언제나 인간 체험의 일부로 존재했기에, 우리는 여행을 "본래적"이거나 "자연적"인 무엇으로 볼 수 있을 것이다. 사람이 여행하는 방식, 여행하는 이유, 여행에 대해 생각하는 방식이 안장시대 동안 바뀌고 있었기에, 이러한 변화를 보조하는 역할을 하는 보충적 사고가 요구되었다. 그렇기에 안장시대에 생산된 보충물은, 점점 더 이동적이 되어 가는 세계의 맥락 내에서 일어나는 개념 형성을 추동했던 여행 관념의 상관물이라고 이해될 수 있다. 달리 말하자면, 보충물으로 인해 작가는 다른 방식으로

---

13 본래 프랑스어 판본: Jacques Derrida, *De la Grammatologie* (Paris: Editions de Minuit, 1967). 영어 번역본: Jacques Derrida, *Of Grammatology*, trans. Gayatri Chakravorty Spivak (Baltimore: Johns Hopkins University Press, 1976).

14 Jack Reynolds, *Merleau-Ponty and Derrida: Intertwining Embodiment and Alterity* (Ohio: Ohio University Press, 2004), p. 52.

는 말해질 수 없었을 변화를 지칭할 수 있게 되었다. 그들의 작품은 그들이 본 것을 아직 존재하지 않는 것으로 투사했다. "자아, 에고 또는 '나'는 언제나 보충성의 움직임에 붙잡혀 있다."[15]

이에 더하여, 로일은 이렇게 말한다. "보충물은 어떤 것을 더 풍부하게 하기 위해 그것에 덧붙여지는 것이면서, 또한 동시에 단순히 '여분'으로서 거기에 더해지는 것이다." 즉, 보충물은 "잉여"이지만, "또한—채워져야 할 빈 공간이 있는 양—없는 무엇을 보충한다."[16] 안장시대 작가들의 보충물은 기존의 사고를 새로운 조건에 맞게 확장하고 조정하면서, 동시에 여분의 사고를 더한다. 예를 들어 문화 관념의 보충물의 경우를 보자. 헤르더나 포르스터 같은 여행자가 국경을 넘었을 때, 그들은 국가적 문화라는 이전의 관념, 그리고 소위 야만/문명이라는 서구적 이분법에 의문을 품고 이를 재개념화하기 시작하며, 더 넓은 전지구적 규모의 문화적 정체성 확보를 향해 움직인다. 이는 인류에 관한, 세계시민주의라는 관념에 관한 새로운 관점을 제공한다. 자기형성 관념의 보충물의 경우, 안장시대에는 여행에 대한 의식이 성장함으로써 이동—중의 삶에 대해 거주하는—삶이 가지는 장점과 단점 양쪽에 대

---

15 Nicholas Royle, *Jacques Derrida, Routledge Critical Thinkers* (London: Routledge, 2003), p. 59. 보충물 개념은 아주 생산적이면서도, 단순한 기술記述을 벗어난다. 그것은 전과 후를 모두 포괄하는 것이기 때문이다. 보충물은 어떤 것이 생겨남을 가리킨다. 그러나 동시에, 생겨난 것은 그것이 무엇이건 간에 그에 선행하는 다른 보충물을 가진다. 다른 한편, 바로 그렇기 때문에 보충물 개념을 모빌리티 분석에 적용하는 것은 몹시 적절하다. 여행은 언제나 존재했으며, 보충물은 그 본성상 이전 보충물로부터 다음 보충물로의 이동을 요구하기 때문이다. 이러한 의미에서, 우리는 안장시대를 한 보충물에서 다른 보충물로의 비교적 강렬한 이동 시기라고 이해할 수 있을 것이다.

16 Reynolds, *Merleau-Ponty and Derrida*, p. 49.

한—특히, 배움을 받는 형성적 시기에 이러한 삶이 어떤 역할을 행하는지에 관한—숙고와 의문이 등장했다. 괴테 같은 작가에게, 자기형성 관념은 거주와 이동을 매개하는 역할을 했다. 자기형성이 다면적인 개념이기는 하다. 그렇지만 내가 분석하는 여행 텍스트에 한하여 일반적으로 말하자면, 자기형성은 안장시대 여행의 결과로 생산되고 학습된 새로운 지식과 관계하며, 또한 여행하는 개인의 경험적·사회적 형성에 대한 새로운 초점과 관계한다. 새로운 여행 테크놀로지라는 보충물은 여기에서는 모빌리티 담론의 물질적 보충물로 이해된다. 이는 전례 없는 여행이 이 시기에 일어날 수 있게 하였다. 예를 들어, 새로운 항해 및 조종 장치의 발명으로 인해 포르스터는 뉴질랜드로 여행을 가고 《세계 일주》를 쓸 수 있었다. 비슷하게, 안장시대에 시간이라는 것이 더욱 빨라지고 더욱 탈구된 본성을 지니게 됨으로써, 여행작가 니콜라이는 새로운 테크놀로지 장비, 휴대용 다방향 서가를 개발하게 되었다. 이는 이동적 삶의 즉각성을 붙잡고 이동 중에 글을 쓰기 위한 것이었다.

코젤렉의 안장시대

이제 코젤렉의 안장시대를 더 자세히 살펴보겠다. 그는 이를 《역사적 근본 개념: 독일에서의 정치적–사회적 언어에 대한 역사적 용어 사전》(1979)의 서문에서 정의한다. 배첸과 마찬가지로 코젤렉도, 확실히 할 수 있는 "안정적인 발판", 말하자면 사건, 발명자 등을 구축하지 않고, 더 넓고 더 복잡한 입장을 취한다. 이는 상대적으로 안정적이었던

(또는 단수적–모빌리티의) 선행 시대(선先 안장시대)를 뒤이은 안장시대에 사람, 새로운 사고와 이데올로기가 어떻게 이동화되었는지를 상세히 기술함으로써 이루어진다. 구체적으로, 코젤렉은 어원적 접근법을 취한다. 이는 근대로의 이행이라는 중요한 시기에 일어났던 더 넓은 사회적 · 문화적 · 정치적 이행의 결과로서 단어의 의미가 변화하는 방식을 관찰하는 것이다.

　용어 사전 작업을 위해서 발견적으로 미리 가정해야 할 것으로서, 나는 다음과 같이 추정한다. 18세기 중반 이후로 고전적인 토포스에 심대한 의미 변동이 일어났고, 옛 단어가 새로운 의미 내용을 획득했는데, 이 의미 내용은 우리의 현재에 다가옴에 따라 더 이상 번역될 필요가 없어졌다. 발견적 가정은 말하자면 "안장시대"를 도입한다. 이 시대는 기원으로부터 우리의 현재로의 변화가 일어나는 시대다. … 옛 개념은 의미 내용에 있어서, 근대 세계의 변화하는 조건에 알맞도록 변했다.[17]

안장시대에는 단어와 범주의 의미에서 의미론적 혁신이 일어났다. 코젤렉은 이러한 혁신이 대규모의 변화 또는 변전, 그리고 변동으로 특징지어진다고 강조한다. 이 점은 그가 의미의 변화("의미 변동"), 기원보다는 현재 순간에 맞추어지는 새로운 초점("기원으로부터 우리의 현재

---

[17]　Koselleck, "Einleitung," XV.

로의 변화"),[18] 변전하는 일반적 상황("변화하는 조건")이라고 말할 때 명백해진다. 그러므로 안장시대는 일반적으로, 중요한 이행 시기로 이해될 수 있다. 안장시대 내에, 옛 개념은 조형되고 조정되어 근대 세계의 변화하는 조건에 알맞게 된다. 비슷한 맥락에서 데리다는 이렇게 주장한다. "개념과 단어 사이에는 인가되고 공인된 관계가 있다. 이는, 변동 불가능한 일차적 의미라고, 적절하거나 문자적이거나 현행적인 용법이라고 생각하려고 우리가 온 관심을 들여 온 무엇과 상용구 사이의 관계다. 모든 개념적 돌파란 이러한 관계의 형태를 변화시키는 것, 즉, 형태를 일그러뜨리는 것에 상당한다."[19]

코젤렉과 데리다의 요점을 결합하자면, 안장시대는 보충물 관념의 형성이 얼마나 필수적이 되는지에 의해 정의된다. 한 발 더 나아가 추측해 보자면, 이 변화의 시기를 뜻하기 위해 코젤렉이 선택한 용어, 즉 안장시대Sattelzeit는 거주와 모빌리티라는 두 대립 개념을 화해시키거나 둘 사이에 다리를 놓는다. 안장Sattel이라는 단어의 의미는 산의 안부鞍部Begrsattel 또는 산등성이에서 온 것이지만, 사실 궁극적으로는 안장을 뜻하는 말에서 유래한다. 더 자세히 본다면, 산등성이라는 비유적 의미

---

18 여기에서 코젤렉의 안장시대 개념은 사진 분석에 대한 배첸의 접근법과 아주 유사하다. 배첸의 접근법은 "매체로서 사진이 가지는 본질적 특성을 밝히려는 욕망과는 거의 상관이 없다. [⋯] [그것은] 오히려, 역사에 대한 생생한 체험을 직접 환기하려는 노력이고, 역사란 현재의 물질성 속에서—어느 시대에서 온 어떤 사진이든 간에 그것이 우리 앞에 놓이게 될 때 가지게 되는 현재성 속에서—계속적으로 펼쳐짐을 상기시키는 것이다." Batchen, "Desiring Production," p. IX-X. 이러한 견해는 또한, "있는 모든 것이 현재다"라는 데이비드 하비의 진술과 비교해 보아도 흥미롭다. 4장을 보라(4.4 〈역사적 맥락〉 "전환점으로서⋯" 절 끝에서 두 번째 문단("데이비드 하비"를 언급하는 문단)).

19 Royle, *Jacques Derrida*, p. 49에서 재인용.

는 정지와 관계하며, 그렇기에 의미론적-어원적 수준에서 거주의 패러다임과 연결된다. 그러나 문자적인 의미에서 안장은 이동의 감각을 제공하며, 실상 이동의 감각을 필요로 한다. 그것은 여행을 가능케 하는 이동적 점이며, 그렇기에 모빌리티 패러다임과 연결된다. 그러므로 모빌리티는 언제나 거주와의 관계 하에서 이해되어야 하고, 반대로도 마찬가지라고 추론할 수 있다. 이것들은 고립된 개념이 아닌 것이다. 이 점은 클리퍼드의 중대한 1992년 텍스트 〈여행하는 문화〉에서도 강조된다. "내 용어로 말하자면, 문화적 거주는 문화적 여행과의 구체적 역사적 관계 바깥에서는 고찰될 수 없으며, 반대도 마찬가지다."[20]

이동과 문화적 변용

실로 안장시대가 거주에 근거한 문화로부터 모빌리티에 근거한 문화의 등장으로의 변화 시기를 가리킨다면, 이 시기의 또 다른 핵심 개념은 이동 개념이라는 점이 따라 나온다. 코젤렉이 아래에서 쓰듯이, 일어나고 있는 무수한 변화 배후에서 이를 정의하는 힘은 이동의 강화와 변화라고 간주될 수 있다.

이 발견적 가정은 따라서 중심점의 형성으로 이끈다. 이 중심점 형성은 … 전환, 또는 혁명적 움직임을 통한 단절에 따라 규정된다. 모든 개념사는 협력하여 새로운 상황을, 자연 및 역사와, 세계와, 시간과의 변화

---

[20] Clifford, "Traveling Cultures," p. 115.

하는 관계를 증언한다. 한 마디로, "근대"의 시작을 증언한다.[21]

그렇다면 이러한, 자연, 역사, 시간, 세계와의 이동화되고 변화하는 개념적 관계는 인간적 체험의 수준에서 어떤 역할을 하는가? 한 예를 들자면, 이 새 시대에 시간은 새로운 방식으로 체험된다. 시간은 더 이상 평탄하고 직접적인 것으로 지각되지 않고, 점점 더 가속되고 탈구되는 것으로 지각된다. 코젤렉은 이렇게 말한다. ""근대[새 시대][22]는 가속된 체험 변동으로 인하여 또한 '새로운 시간'으로 체험되었다."[23] 더 나아가, 선先 안장시대에는 세계가 주로 고정된 관점에서부터 생각되었던 반면, 안장시대 여행자의 "체험 지평을 움직이는" 것은 "갑작스레 발발하여 결국은 유지되는 변화"이다.[24] 그렇기에, 시간에 대한 새로운 체험은 단수적–모빌리티에서 복수적–모빌리티로의 이행의 중요한 부분이다. 예를 들어 요한 고트프리트 헤르더가 보기에, 1769년 여정 중에서도 해상 여행의 움직임은 그가 횡단하는 공간을 체험하고 사고하는 방식에 극적인 변화를 가져다주었다. 헤르더는 자기가 국경 있는 나라 안에 있다고—또는 그와 관계한다고—생각하지 않고, 국가 없는 공간에 있다고 지각하게 되었다. 그는 이렇게 설명한다.

---

21 Koselleck, "Einleitung," XV. 강조는 필자.
22 [옮긴이주] 독일어로 근대를 가리키는 단어는 Neuzeit인데, 이는 "새로운"을 뜻하는 neu와 시대 또는 시간을 뜻하는 Zeit가 결합된 말이다.
23 Koselleck, "Einleitung," XV.
24 Koselleck, "Einleitung," XV.

우리가 바다 위에서 여러 나라와 세계의 부분들을 지나가다 보면, 이들에 대해 많이 생각하게 될 것이라고 사람들은 상상하지만, 오히려 우리는 여러 나라와 세계의 부분들이야말로 보지 않게 된다. 이들은 저 멀리 서 있는 안개에 불과하고, 또한 이들에 대한 생각은 대부분 천박한 영혼을 위한 것이다. 지금 이 바다가 쿠를란트,[25] 프로이센, 포메라니아,[26] 덴마크, 스웨덴, 노르웨이, 홀란드, 영국, 프랑스의 것인지는 전혀 상관이 없다. 우리의 배가 가는 동안, 어디나 바다일 뿐이다. 이 점에서 고대의 항해는 달랐다.(JmR 19)

인용의 말미에 암시되었듯이, 헤르더는 이 시점이 이전의 시기를 생각하는 방식에 어떤 변화점을 이룬다는 것도 알았다. 사실 항해라는 실천이 드물었던 것은 아니지만, 이전에는 기준점(국가)이 고정되어 있었다.[27] 이제, 이 소위 안장시대에, 이 기준점은 그 자체가 움직이게 되거나 흐려져서 중요하지 않게 되었다.

코젤렉과 하이데거: 문화적 분석에 대한 어원론적 접근법

위의 논증 및 헤르더의 《나의 1769년 여행의 기록》에서 발췌한 짧은 묘사로부터, 우리는 코젤렉의 안장시대의 두 가지 토대를 첫째, 변화, 둘째, 이동으로 요약할 수 있을 것이다. 서론에서 제시했듯이 하이

---

25 [옮긴이주] 현재는 라트비아 서부를 이루는 발트해 연안 지역.
26 [옮긴이주] 현재는 독일과 폴란드의 북부에 속하는 발트해 연안 지역.
27 기준점은 또한 도시 안에 있을 수도 있었다. 그리스와 고대 로마의 옛 시대가 그랬다.

데거의 저작도 모빌리티와 거주의 문제를 고찰한다. 코젤렉처럼 그도 이 영역에서 논증을 진행하기 위해 어원을 살펴본다.[28] 그러나 코젤렉과 달리 하이데거는 거주 패러다임의 완강한 변호인이었다. 그는 첫째, 기원(으로의 귀환), 둘째, 정지(거주-장소에 머무름) 개념을 중시한다. 예를 들어 그의 논고 〈건축하기, 거주하기, 사유하기〉에서 하이데거는 이렇게 쓴다.

어떤 사태의 본질에 대해 말을 거는 것은, 우리가 그것 고유의 본질을 주시한다는 것을 전제한다면, 언어로부터 우리에게 온다. … 이제, 건축하기란 무엇인가? 건축하기$_{bauen}$를 가리키는 고대 고지 독일어 단어는 buan이었고, 이는 거주하기를 의미한다. 이는 머무르기, 체류하기를 뜻한다. 동사 건축하기의 본래적 의미, 즉 거주하기를 우리는 잃어버렸다.[29]

여기에서 하이데거는 모빌리티의 위협을 지각하고 방어선을 구축한다. 그의 관점에 따르면 우리는 언어의 본질을 봄으로써─이 경우, 독일어의 최초의 형태, 고대 고지 독일어─우리가 상실한 삶의 이상적

---

28 코젤렉과 하이데거의 형이상학적 접근법이 어떤 점에서 합치한다는 것은 놀랍지 않다. 이들이 동일한 학문적 영향을 받은 시기가 있었기 때문이다. 코젤렉 저작의 번역자인 키스 트라이브는 이렇게 쓴다. "코젤렉은 하이데거와 직접 접촉이 있었다. 1940년대 말과 1950년대 초에 하이데거는 가다머와 뢰비트가 하이델베르크에서 연 세미나에 정규적으로 방문했다. 여기에 코젤렉도 참여했다." Reinhard Koselleck, *Futures Past: On the Semantics of Historical Time*, trans. Keith Tribe (New York: Columbia University Press, 2004), XI.
29 Heidegger, "Bauen, Wohnen, Denken," p. 140.

근원적 상태, 거주하기 또는 장소에 머무르기를 발견하고 그리로 귀환할 수 있다. 이동 중의 삶으로 (헤르더가 1769년에 그랬듯이) 돌입하기보다는, 우리의 욕망은 "돌보고 관리하기, 즉 밭을 일구고〔건축하고〕 포도덩굴을 경작하는〔건축하는〕" 작업에 머무르고 거기에 헌신해야 한다.[30] 하이데거는 초기 그리스적 삶의 방식을 이상화했고, 이로부터 떠올릴 수 있듯이, 바로 이 구절을 쓰기 직전에 호메로스의 선 안장시대의 텍스트 《오디세이아》 제24권을 읽었다. 오디세우스, 이 영웅은 이타케로 돌아갔고, "라에르테스의 융성한 땅에 당도"하였고, "잘 정리된 포도밭에서 아버지가 홀로 포도 그루에 호미질 하는 것을 보았다."(OD, 24: V.205-6: 226-227)[31]

어원적 접근법을 공유하고 있음에도 불구하고, 하이데거가 코젤렉을 "언어의 … 본질"을 존중하지 않는 자들 중 하나로 간주했으리라는 것은 거의 확실하다. 코젤렉은 기원이나 본질에 초점을 맞추지 않는다. 코젤렉이 보는 단어란, 끊임없이 변화하면서 이동적으로 의미를 운반하는 무엇이다.[32] 앞서 제시했던 코젤렉의 인용문으로 돌아가 보

---

30 Heidegger, "Bauen, Wohnen, Denken," p. 141.
31 하이데거가 그리스 여행을 피할 때에 그가 가지고 있었던 이미지는 이런 이미지, 즉 이타케의 융성한 땅이었을 것이다. 2장을 보라〔2.8 〈고대적 토대의 붕괴〉 첫 문단〕. 역설적으로, 라에르테스는 아주 불행한 인물로 그려진다. 그러나 오디세우스가 그를 찾을 수 있는 것은 아마도 그가 거주-장소에 머무르기 때문일 것이고, 라에르테스는 기쁨을 다시 찾을 수 있다.
32 코젤렉은 이 지점에 대해, 그리고 하이데거의 관점과 그의 의견이 어떻게 다른지를 다음 인터뷰에서 자세히 설명한다. "언어는 언제나 애매하다. … 한편으로 그것은 사회적 변화를 가리키고, 다른 한편 그것은 실재 속의 변화를 우리가 의식하게끔 해 주는 본질적 요소다. 가다머는 언어가 가진 이러한 애매성을 받아들이지 않았다. 하이데거의 발자취를 따라, 그가 보기에 언어는 체험의 총체를 함축적으로 담고 있다." Javiér

자. 단어라는 현상은 시간에 걸쳐 변화하며("새로운 의미 내용을 획득"한 "옛 단어"), 새로운 맥락에서는 자기 의미론적 내용을 상실함으로써 과거와 분리된다("우리의 현재에 다가옴에 따라 더 이상 번역될 필요가 없어 [진]" 단어). 안장시대에 언어적 또는 개념적 본질을 탐색하는 것은 철지난 일로 보인다. 이는 기원이 현전에 자리를 내어 준 시기였다("기원으로부터 우리의 현재로의 변화가 일어나는" "'안장시대'"). 예를 들어, 1769년 여행 중의 헤르더는 그 시대에는 "내 앞에 있는 것에 대해 생각"하고, "언제나 현재를 즐기는" 것이 적절하다고 느꼈다.(JmR 123) 코젤렉의 안장시대에 이전의 개념들은 단순히 의미를 바꾸었는데, 이는 근대 세계, 모빌리티에 근거한 문화가 등장하고 있던 세계에 적응하기 위해서였다.[33] 본질에 대한, 고정되고 고립되고 불변하는 기원의 의심스러운 본성에 대한 이러한 비판적 태도에서 배첸의 원형적 사진 개념, 코젤렉의 안장시대 개념, 데리다의 보충물 개념이 합치한다. 데리다가 썼다시피, "본질성을 전혀 가지지 않는다는 것이 보충물의 기이한 본질이다."[34]

Fernández and Fuentes Sebastián, Juan Francisco, "Conceptual History, Memory, and Identity: An Interview with Reinhart Koselleck," *Contributions to the History of Concepts* 2.March (2006): pp. 99-128, p. 126.

[33] 이는 앞서 인용했던 다음 구절이 전형적으로 보여 준다. "옛 개념은 의미 내용상 근대 세계의 변화하는 조건에 알맞도록 변했다." Koselleck, "Einleitung," XV.

[34] Derrida, *Of Grammatology*, p. 314. 이 점에 더하여, 데리다는 보충물 개념을 붙잡는 것이 불가능하다고 지적한다. "보충물로부터 원천으로 돌아가고자 하는 자는, 원천에서 보충물을 재인再認할 수밖에 없다." Derrida, *Of Grammatology*, p. 304.

3.3 문화적 맥락과 안장시대의 작가들

거주 및 모빌리티 연구에 대한 상이한 접근법을 살펴볼 때에 또한 고려해야 할 것은, 그 학자가 이론화하고 있는 시대와 그 학자가 글을 쓰고 있는 시기 사이의 관계다. 1951년에 하이데거가 논고 〈건축하기, 거주하기, 사유하기〉를 발표했을 때, 1989/90년 이후 시대의 새로운 모빌리티가 등장할 수 있으리라고 그가 감지하고 거기에 응답할 수 있었을까? 초기 (독일) 언어의 역사적 본질, 초기 (그리스) 사람들의 행동에, 일반적으로 말해서 선先 안장시대에 그가 초점을 맞춘 것은 이 변화를 뒤집으려는 시도였을까? 또한 1970년대 말에 글을 쓰던 코젤렉은 이 변화를 감지할 수 있었을까? 이 변화가 임박했음을 인식했다면, 코젤렉은 거기에 반대하려 하지 않고, 사고와 문화에서 일어난 예비적 변화를 안장시대에서 찾음으로써 거기에서 무슨 일이 일어나고 있는지를 이해하려 시도했을까?

전 지구적 탐사

선별된 안장시대 작가 각각의 텍스트를 살펴보기 전에 내가 여기에서 짧게 고찰하려는 것이 있다. 그것은 이동과 변화의 이 역사적 시기에 그들의 삶이, 그러므로 그들의 체험에 대한 텍스트적 재현이 더 넓은 사회정치적·경제적 상황으로부터 어떤 영향을 받았느냐는 것이다. 이 시대에는 식민적·과학적 해양 탐사가 있었다. 이는 세계의 새로운 부분에 대한 발견, 지도 제작, 정복을 수반했다. 이는 유럽에서 민족국가의 발흥과 제국의 성장에 막대한 기여를 했다. 영국, 프러시아, 프랑스, 러시아제국의 귀족 계층은 외국 전문가들이 그들을 위해 여행을 하고 과학적 정보를 모아 주는 대가를 지불하기에 충분한 부를 가지고 있었다. 1772년, 영국 해군 본부는 독일 자연과학자 요한 라인홀트 포르스터와 아들 게오르크 포르스터를 초청하여, 제임스 쿡 선장의 태평양 항해에 동행하여 식물학 자료와 민족지학 자료를 수집하도록 하였다. 이 여행에 대한 게오르크 포르스터의 보고서 표지에서 저자는 이 여정이 "영국 왕 폐하의 범선, 리솔루션호"에 의해 이루어졌음을 인정한다.(VRW 3) 비슷하게, 프랑스 출생 독일 작가 아델베르트 폰 샤미소는 러시아제국에 고용되었다. 그는 니콜라이 루미얀초프 백작이 자금을 지원한, 오토 폰 코체부 선장의 태평양 및 베링해 탐사 여행에 식물학자로 동행하게 되었다. 이를 샤미소는《세계 일주》에서 "로마노프 왕가의 탐사 원정"이라고 부른다.[35] 샤미소는 그의 해상 여행과 대중을 위한 지식 생산의 중요성 사이의 연관을 다음과 같이 고찰한다.

　　자연과학자이자 작가로서 내가 여행 중에, 그리고 여행 후에 행한 수고로부터 나 자신에게 약속할 수 있는 유일한 이득은 바로 이 책, 내 스스로 나에게 요구한 이 생각의 기록을 깨끗한 인쇄와 품위 있는 형태로

---

[35] Adelbert von Chamisso, "Reise um die Welt mit der Romanzoffischen Entdeckungs-Expedition in den Jahren 1815-18 auf der Brigg Rubrik," *Adelbert von Chamisso: Sämtliche Werke in zwei Bänden*, ed. Werner Feudel and Christel Laufer, vol. II (Leipzig: Insel-Verlag, 1980), 81-646, p. 81.

대중 앞에 내놓는 것이었다. 이 책은 바로 대중을 위한 것이었다.[36]

그러므로 안장시대에 이루어진 이 장대한 해상 여정은 과학적 지식을 생산했고, 이는 성장하는 제국의 구성 요소가 되었다. 뱃사람들은 지구를 주항하는 새로운 테크놀로지를 개발했으며, 포르스터와 샤미소 같은 과학자들은 식물상과 동물상을 측정·양화量化·분석하고, 원주민을 민족지적으로 기록할 수 있었다.

사회적 격변: 중산층의 부상

그러나 동시에, 이 제국의 확장에 반대하는 역할을 한 것도 있었다. 그것은 귀족층에 대항하는 격변, 변혁Umbruch, 또는 사회 변화 및 봉건질서로부터의 탈출을 향한 욕망의 성장이었다. 이 시대의 두 중대한 사건, 프랑스혁명(1789~1799)과 나폴레옹 전쟁(1803~1815), 그리고 규모는 조금 더 작지만 해방전쟁Befreiungskriege(1813~1815년 나폴레옹의 군대와 중부 유럽 저항군 사이에 일어났던 해방전쟁)은 수많은 사람들의 이동화를 낳았다. 이 중에는 안장시대의 작가도 있었다.

아델베르트 폰 샤미소의 귀족 가문은 사회정치적 긴장 한가운데에서 프랑스로부터 독일로 도피해야 했다. 후에 샤미소는 대학에서 공부하던 중에 해방전쟁의 결과로 유배 생활을 해야만 했다. 하인리히 폰 클라이스트는 라인 전투 때 프러시아 군인으로서 싸웠다. 요제프 폰

---

36 Chamisso, "Reise um die Welt," p. 83

아이헨도르프도 나폴레옹 전쟁의 마지막 시기에 나폴레옹 군에 대항하여 싸웠다. 조금은 아이러니한 일이지만, 중산층의 부상 및 동시적인 귀족 통치의 약화는 팽창하고 있던 인쇄 매체에 의한 지식과 사고의 현대적 움직임을 추동했고, 그에 의해 추동되기도 하였다. 대체로 젊은 층이 주도했던 이러한 사회적 저항의 문학적 표출 중 하나가, 정서적으로 강력했던 질풍노도Sturm und Drang 시기의 저작이었다. (젊을 때의) 요한 볼프강 괴테는 이 시기의 대표자였다. 이 시기의 작가들은 합리적 과학적 사고가 인간적 체험의 복잡성을 전달하는 데에 실패했다고 느꼈다. 이에 이어진 결과는, 교육 및 여타 사회적 권리에 접근할 수 있을 것을 요구하는 하위 계급 및 중산층 출신의 사람들이 생겼다는 것이다. 이는 신문, 잡지, 책의 확산 덕분에 점점 더 가능해졌다. 코젤렉은, 여태까지는 일차적으로 (교육받은/계몽된) 귀족의 세계에만 제한되어 있던 정치적 개념이 이후에 어떻게 전파되는지를 논한다.

신분제 세계가 해체되어 가는 움직임 속에서, 많은 개념들이 더 넓은 범위에서 사용되게 되었다. … 18세기 중반까지 정치적 용어는 귀족제의 정점에 있는 자들에게, 판사와 학자에게만 허락되었다. 이후로 허락의 범위는 교육받은 사람들에게로 비약적으로 확장되었다. 여기에 상응하여, 잡지의 폭발적인 증가와 독서 습관의 변화가 일어났다. 언제나 같은 책을 심도 있게 반복적으로 읽던 방식에서 새로이 눈에 띄는 것을

계속해서 삼키는 확장적인 독서 습관으로 변화하게 된 것이었다.[37]

예를 들어 독일에서 수집된 잡지와 서지 모음, 가령 프리드리히 니콜라이가 편집한 《독일 도서 일반allgemeine Deutsche Bibliothek(ADB)》 (1765~1805)을 "새로이 눈에 띄는 것을 계속해서 삼키는" 읽을거리로 볼 수 있겠다. 1780년에 니콜라이는 《즐거움과 수업을 위해 가장 쓸모 있는 독일어 열람 도서 목록 ⋯ 기재된 가격으로 프리드리히 니콜라이의 서점에서 구입할 수 있음》을 냈고, 1787년에는 확장된 제2판을 냈다.[38] 긴 시간에 걸쳐, 니콜라이는 널리 읽히는 독일 문학비평 네트워크 수립을 도왔다. "글을 쓰고 읽는 독일은 ADB를 통해 아마도 처음으로, [신분과 무관하게] 하나의 독일로서 체험되게 되었다."[39]

이러한 상황에서 요한 고트프리트 헤르더 같은, (예외적이게도) 글을 읽을 수 있던 하위 계급 사람은 여행과 교육을 통해 사회적 상승의 기회를 얻기도 하였다. 헤르더는 가난한 집에 태어나서 독학으로 글을 배웠다. 이로 인해 마침내 그는 대학에 등록할 수 있었고, 1784년에는 리가로[40] 이동하여 교수직을 취득할 수 있었다. 비슷하게, 카를 필리프

37　Koselleck, "Einleitung," XVI.

38　Michael S. Batts, *The Bibliography of German Literature: An Historical and Critical Survey*, Canadian Studies in German Language and Literature, vol. 19 (Berne: Peter Lang, 1978), p. 77.

39　"Gedenktage: Friedrich Nicolai," *Fachdienst Germanistik* 2, 2011: 4-5. 이 점은, 이후 분단된 독일에서 동독 사람들이 서독으로의 여행에 대해 읽을 수는 있었지만 읽은 장소에 갈 수는 없었던 데에 반해 서독 사람들은 그럴 수 있었던 것과 강하게 대조된다. 4장을 보라(4.3 〈개념틀〉 "먼 곳을 향한 갈망" 절에서 "곰피츠"를 언급하는 문단).

40　[옮긴이주] Riga. 라트비아의 수도.

모리츠의《안톤 라이저》와 요제프 폰 아이헨도르프의《무용지물의 삶으로부터》의 서사에 등장하는, 제목과 동일한 이름의 주인공은 둘 다 비천하게 시작하지만, 독학으로 글을 익혀 더 넓은 세계의 사정에 대해 배우게 된다. 이후 두 인물은 모두 여행 개념에 열리게 된다. 후자의 주인공 "무용지물"은 봉건적 삶을 떠나 끝내는 결혼을 통해 귀족 계층에 편입된다. 그러므로 교육과 여행 관념 및 인쇄 매체의 확산은 안장시대에 일어났던 중산층의 부상 및 사회정치적 저항과 밀접하게 연결되어 있다. 그렇기 때문에, 교육의 근대적 관념의 시작을 안장시대의 시작과 일치하는 1770년대 말에(이때 할레대학에 처음으로 교육학 교수 자리가 마련되었다) 두는 디터 렌첸의 견해는 아주 적절하다.[41]

국제 교역의 발달

안장시대의 일반적 역사적 맥락을 보는 또 다른 방법은, 국제 교역, 물자의 이동, 그리고 그 사회적 귀결의 관점에서 보는 것이다. 위에서 언급했듯이, 책과 여타 인쇄 매체는 더 폭넓게 순환하게 되었다. 이 순환은 국경을 넘었고, 많은 저작들이 다른 언어로 번역되어 더 넓은 독자층에게 접근하고 독자의 시장을 만들 수 있었다. 더 일반적으로 말하자면, 국제 교역은 먼 나라에서 온 특정한 물품에 대한 욕망을 낳았다.《페터 슐레밀의 놀라운 이야기》의 서사에서 샤미소의 다음 문장

41　Ryan Cragun and Deborah Cragun, *Introduction to Sociology* (U.S.A: Blacksleet River, 2006), p. 195.

은 이를 시사한다. "터키산 카펫을 사서 여기에 펼치면 더없이 훌륭할 것이라고 사회의 누군가가 생각했다."(PS 25) 또한 같은 맥락에서, 샤미소는 상품의(그리고 어쩌면, 심지어 상품으로서 사람의) 전 지구적 이동을 암시하면서 다음과 같은 이미지를 제시한다. "아주 많은 배들이 … 모두 세계의 다른 지방으로, 모두 다른 해안으로 간다."(PS 41) 같은 맥락에서 코젤렉은 교역이 증가하고 외국 물품이 지역 환경에 도입되는 것이 일상적 의미론적 내용을 어떻게 변화시키는지를 지적한다. "변화된 상업적 조건[에서] … 신조어로의 이행은 물 흐르듯이 진행된다."[42]

우리는 더 나아가, 괴테의 삶과 가족사를 일반적으로 관찰함으로써 안장시대에 사람들의 삶에 교역이 끼친 영향을 예화할 수 있다. 괴테는 마인 강변의 프랑크푸르트, "오래된 제국의 도시, 많은 공인과 상인이 있는, 신성로마제국 내의 독일 국적의 공화국"에서 태어났다.[43] 괴테 가족의 부는 교역에 토대를 둔 것이었다.[44] 이 부를 통해 그의 선조들은 시간에 걸쳐 사회적 신분을 어느 정도 상승시킬 수 있었다. "괴테 가문은 본래 수공업자-소시민 계층에 속했다. 이들은 30년전쟁에서 살아남았고 새로운 시민성과 신규 상류층을 형성했다."[45] 괴테의 성장소설 《빌헬름 마이스터의 수업 시대》에서 주인공 빌헬름이 평범한 부

---

[42] Koselleck, "Einleitung," XV.
[43] Richard Friedenthal, *Goethe: His Life and Times* (Great Britain: Weidenfeld and Nicolson, 1963), p. 14
[44] John R. Williams, *The Life of Goethe* (Oxford: Blackwell Publishers, 1998), p. 5
[45] Curt Hohoff, *Johann Wolfgang von Goethe: Dichtung und Leben* (München: Langen Müller, 1989), pp. 15-16.

르주아 생활양식에서 벗어나 세계로 나가서 경험을 쌓고 배울 수 있는 것은, 그의 가족이 교역과 연결되어 있었기 때문이다.

그러므로 안장시대의 작가들이 살았던 시기는 제국의 확장, 사회적 격변, 중산층의 부상, 국제 교역에 의한 물자 이동, 인쇄 매체를 통한 과학적 지식·문학비평·정치적 이념의 보급이 일어나는 격동기였다. 이 모든 것에 걸쳐, 여행이라는 관념이―전투, 탈출, 교육, 사회적 상승, 교역, 단순한 경험 쌓기 등 어느 목적이든 간에―삶의 방식으로 힘을 얻고 유효해지기 시작하는 중이었다. 이제 나는 안장시대 텍스트 및 안장시대 여행자들의 개별적 여정과 여행을 더 자세히 살펴볼 것이다.

3.4 여행문학 분석: 안장시대의 여정

3.4.1 요한 고트프리트 헤르더,
《나의 1769년 여행의 기록》(1846)

리가에서의 도피

안장시대에 일어난 이동과 시간의 변화가 어떻게 이동화되고 변동하는 체험의 지평Erfahrungshorizont를 낳았는지는 요한 고트프리트 헤르더의 《나의 1769년 여행의 기록》에 예화되어 있다. 가만히 있지 못하는 성격의 헤르더가 갑자기 그의 제2의 고향 리가의 집에서 떠남과 함께 여정이 시작된다. 명성 있는 교육자이자 교사인 헤르더가 리가를 떠나는 것은 갑작스럽고 예상치 못한 일이었다. "[헤르더는] 1769년 5월 학교와 교회에서 사임을 하고 그 후 즉시 배를 타고 도시를 떠났다. 이는 동료 시민들에게 갑작스러운 충격을 주었다."[46] 통제 불가능한 혼란 생활 속에서—이는 대체로 스스로 일으킨 문제들로 인한 것이었다—그의 거주-장소에서 평화로운 삶을 살아가지 못하게 되자, 그 결과로 헤르더는 이동적 삶을 향한 선택을 하게 되었다. 헤르더는 이렇게 설명한다. "… 사회 구성원으로서, … 시민으로서, … 작가로서 나는 내 맘에 들지 않았다. 모든 것이 지긋지긋했다. … 그래서 나는 여행을 떠나야 했다. … 내가 할 수 있는 한 서둘러, 무언가를 억누르면서, 거의 모험적으로, 여행을 떠나야 했다."(JmR 1) 길리스는 이렇게 쓴다. "그것은 거의 도피였다. 그것은 불가능한 여건으로부터의 도피였다."[47] 그렇기에 헤르더의 개인으로서의 삶 속에서, 또한 그의 거주하는-삶의 "불가능한 여건" 속에서 나타나는 극적인 변용 내에서 안장시대의 "변화하는 조건"이 명백히 드러난다. 그가 문자 그대로 자신을 표류시켰을 때, 우리는 헤르더의 체험의 지평을 관찰할 수 있다. 특히 그의 사고 양식이 어떻게 이동화되었는지를 관찰할 수 있다.

상황에서 상황으로 넘어갈 때에 사람은 이처럼 생각을 한다. 그리고 하늘과 바다 사이에서 떠다니는 배가 줄 수 있는 것이란, 생각을 하기

---

46 Alexander Gillies, "Introduction," *Johann Gottfried Herder: Journal meiner Reise im Jahre 1769*, ed. A. Gillies (Oxford: Basil Blackwell, 1947), IX-XL, p. IX. 강조는 필자.
47 Gillies, "Introduction," p. IX, 강조는 필자.

위한 더 넓은 공간이 아니면 무엇이겠는가! 여기에서는 모든 것이 생각에 날개와 운동과 넓은 공기를 준다.(JmR 4)

생각의 관점에서 자유와 움직임의 의미를 새로이 수립한 데에 더하여, 헤르더는 또한 이동하면서 읽는 것이 가능함, 즉 "읽으며 어슬렁거릴 수 있음"을 발견하고서 기뻐하였다.(JmR 123) 여기에서 어슬렁거린다는 용어는 두 가지 이유로 중요하다. 첫째, 읽는 행동이 아니라 움직임에 다시 강조점이 놓여 있다. (즉, 헤르더는 "어슬렁거리며 읽는다"라고 쓰지 않았다) 둘째, 어슬렁거린다는 것은 휴식과 즐거움을 함축하며, 이는 또다시 모빌리티와 긍정적 연관을 가진다. 이동 중에 읽으면 좋다고 헤르더가 추천한 책 중 하나는 호메로스의《오디세이아》다. 그는 그 이유를 이렇게 쓴다. "배에서 … 읽으면, 신화에 대해 수많은 것을 새롭고 자연스럽게 깨치게 된다. 또한 오히려, 저 신화를 지은 가장 오래된 시인의 수많은 더 내적인 감각이 생겨난다."(JmR 14)[48] 헤르더는 묘사한다. "이처럼 우리는 지금 정신과 신체의 운동에 반항하려 하지 않고, 바람의 날개와 함께 날며 모험적인 바다의 영웅과 함께 항해한다."(JmR 19) 우리가 혼자서 여행하고, 이동 중에 읽고 항해한다면, 오디세우스 같은 바다

---

[48] 동시에, 위의 인용문으로부터 우리는 다음과 같이 추정해도 안전할 것이다. 그것은, 오디세우스가 이타케의 고향으로 귀환한다는 생각에 중심을 두고 있는 호메로스의《오디세이아》와 비교해 볼 때, 헤르더 시대의 여정에는 차이가 있다는 것을 헤르더가 의식했다(의식해 갔다)는 점이다. 그의 시대의 여정에서는 여행 자체의 중요성이 등장함으로써 목적지(그리고 나라)는 중요성을 어느 정도 상실한 것이다. "지금 이 바다가 쿠를란트, 프로이센, … 프랑스의 것인지는 전혀 상관이 없다. 우리의 배가 가는 동안, 어디나 바다일 뿐이다. 이 점에서 고대의 항해는 달랐다."(JmR 19)

의 신화적 영웅과 함께 **움직임을 통해 문자적 연관과 은유적 연관을 더 잘 이해하고 더 잘 생산**할 수 있다. 헤르더는 그야말로, 안장시대의 해석학적 방법을 변호함으로써 호메로스의 선^先 안장시대 텍스트를 현대에 맞추어 갱신하려 하는 것처럼 보인다. 이 방법은 **이동적 읽기**다.

이동적 삶의 자유

《나의 1769년 여행의 기록》은 더 정착된 거주하는—삶에 대비되어 이동적 삶이 가지는 이점으로 가득 차 있다. 초기 안장시대의 여행작가로서, 이러한 이점에 대한 헤르더의 일반적 입장을 고려하면 그는 시대를 앞서간 사상가로 보인다. 헤르더가 보기에, 여행은 자유의 감각을 주고, 새로운 사고방식과 존재 방식에 마음과 정신을 열어 준다. 리가를 떠난 후 바다에서 헤르더는 이렇게 쓴다.

지상에서 사람들은 하나의 죽은 점에 집착하고 있고, 하나의 상황의 좁은 원에 폐쇄되어 있다. … 내가 두려워했던 것, 그리고 내가 사랑했던 것은 어디 있는가? … 영혼이여, 그대가 이 세계로부터 퇴장한다면, 그대는 어떨 것인가? 좁고, 확고하고, 제한된 중심점은 사라졌다. 그대는 하늘을 날아가거나, 바다에서 헤엄을 친다—세계는 그대에게서 사라진다—세계는 그대 아래에서 사라졌다!—이 얼마나 새로운 사고방식인가!(JmR 4-5)

헤르더가 위에서 언급하는 세계는 제약적이고 억압적인 거주 장소다. 그는 "집착", "폐쇄", "좁은", "제한된" 같은 인상적인 용어들을 사용하여 이를 강조한다. 그는 이러한 "등질적 사회"를 탈출해 냈다.(JmR 5) 그는 나라 없는 공간에 들어섰고, 여기에서 그의 영혼과 사고 능력은 해방되고, 열리고, 새로운 방식으로 움직일 수 있게 된다. ("그대는 하늘을 날아가거나, 바다에서 헤엄을 친다.") 움직임은 삶에 자유를 주기도 하지만, 움직임은 또한 회피이기도 하다. 인간적 상호작용의 불가피한 부분인 고통과 스트레스를 모면하는 것이다. 그래서 거주하는 삶은 죽음, 정서적 혼란, 움직임 및 삶의 체험의 제한과 연관되어 있다. ("사람들은 하나의 죽은 점에 집착하고 있고") 이러한 관점이 거주에 대한 하이데거의 상반되는 견해와 극명히 대조된다는 것은 놀라운 일이 아니다. 거주wohnen라는 말은 고트어 wunian에서 유래한다. 이는 "만족함, 평화롭게 됨, 평화 속에 머무름"이라는 뜻이다.[49] 하이데거의 의견은 이렇다. "좋은 죽음을 위해서 … 필멸자는 거주한다."[50]

그러나 어쩌면 위에서 언급한, 거주와 모빌리티에 대한 초기의 옹호 사이의 긍정적/부정적 경계선은 첫눈에 보이는 것처럼 그렇게 깔끔하지 않다. 이동–중에 있음으로부터 새로이 발견된 자유의 감각을 헤르더가 극찬하기는 하지만, 여기에는 대가가 따르는 것으로 밝혀진다. 그가 애지중지하는 학생들이 없고, 깊은 곳에서는 자기가 도망쳤다는 것을 아는 상황에서, 헤르더는 동시에 강렬한 자기검토 과정에("영혼

---

49 Heidegger, "Bauen, Wohnen, Denken," p. 143.
50 Heidegger, "Bauen, Wohnen, Denken," p. 145.

이여, … 그대는 어떨 것인가?'라는 말이 이를 시사한다.), 그리고 궁극적으로는 끔찍한 자기연민에 사로잡혀 있다. 그는 모든 것을 남겨 두고 떠나는 행위가 "눈물, 후회, 과거로부터의 탈출─자기파멸을 요구한다!"고 쓴다.(JmR 5) 길리스는 헤르더 여정의 이 어두운 면, 그리고 이 면이 이 안장시대 여행 텍스트의 내용에 끼친 영향을 눈여겨본다. "그의 일지는 평범한 것이 아니다. 그것은 여정의 기록이 아니다."[51] 사실, 길리스는 이렇게 주장한다. "여행 기록 전체는 하나의 긴 후회와 비난이다. 그는 그에 대해서도, 그가 본 나라의 어떤 것에 대해서도 좋은 말을 하지 않는다."[52] 자기 거주 장소에 있던 관계에 대한 책임에서 탈출한다는 것은 자신과 마주함을 뜻한다. 그리고 헤르더는 그가 본 것을 좋아하지 않았던 것 같다.

국가 너머의 인류

그러나 헤르더가 바깥을 보고, 세계에 대한 더 넓은 관점을 취하고, 문화의 관념을 사고하는 새로운 방식을 열기 시작했을 때 긍정적인 전환점이 왔다.[53] 특징적인 극적 문체를 따라, 헤르더의 사고는 그 자신으로부터 떠나서 인류의 처지 일반을 고찰하는 데로 옮겨 간다. 항해, 그리고 물리적 · 심적 양쪽으로 국가의 구속에서 벗어나는 것이 이러한

---

51 Gillies, "Introduction," p. XI.
52 Gillies, "Introduction," p. XXI.
53 아마도, 리가에서 도피한 것처럼, 이것도 다른 종류의 탈출 전략이었을 것이다. 인류의 역사 전체에 초점을 맞춤으로써 그는 자신과 대면하지 않아도 되게 되었다.

전진을 가능케 했다.[54] 길리스는 이 이행을 다음과 같이 기술한다.

바다는 헤르더에게 자유의 감각을 주었다. … 이로 인해 그는 자신의 사고를 끝까지 탐닉할 수 있었다. … 인류의 기원을 연구하려는 충동, 또한 미래를 예견하려는 충동이 점점 더 전면에 나선다. … 이 모든 것을 따라가면 도달할 곳이 인류 전체의 역사 외에 달리 어디겠는가? 헤르더는 가장 매력적인 긍정성을 가지고 이 목적을 실행하기 시작한다.[55]

그야말로 물리적으로 이동적이 되었음이, 사고를 더 빠른 속도로 앞을 향해 그리고 밖을 향해 움직이게 하는 심리적 과정의 촉매가 된 것 같다. 다음 구절에서 우리는 이 과정을 헤르더 자신의 표현을 통해 관찰할 수 있다. 여기에서 헤르더가 시사하는 것은 또다시 이동적 읽기(이 경우에는, 과학적 텍스트를 더 잘 이해하기 위해), 바다에서 여행하는 중에 일어나는 정신의 해방, 그리고 마지막으로 자기 자신에게 의문을 품는 것으로부터 인류 및 그 기원에 대한 지식의 추구로 이행하는 것이다. 헤르더는 이렇게 쓴다.

놀레,[56] 캐스트너,[57] 뉴턴을 읽으려 할 때, 나 자신도 돛대 아래로 갈

---

54 Gillies, "Introduction," p. XIV 참조.
55 Gillies, "Introduction," pp. XIII-XIV.
56 [옮긴이주] Jean Antoine Nollet. 18세기 프랑스의 과학자.
57 [옮긴이주] Abraham Gotthelf Kästner. 18세기 독일의 수학자.

것이다. 나는 여기에 앉아, 전기 스파크를 물결의 부딪침으로부터 폭풍우까지 이끌 것이고, 물의 압력을 공기와 바람의 압력까지 올려 볼 것이고, 물에 둘러 싸인 배의 움직임을 천체의 형태와 움직임까지 추적할 것이다. 나는 내가 모든 것을 스스로 알 때까지 멈추지 않을 것이다. 나는 지금까지 나 스스로 아무 것도 알지 못했기 때문이다. … 인간 종, 발명, 예술, 종교의 기원을 무엇일까? … 세계의 형성의 보편적 역사!(JmR 6-10)

안장시대가 시작할 때 즈음의 헤르더의 여행 체험으로부터, 국가 너머의 인류에 근거한 문화라는 보충적 관념이 생겨난다. 이는 이후의 학자들에게 영향을 끼쳤다. 이 중에는 명성 있는 이탈리아 정치 이론가/활동가 주세페 마치니도 있다. 그는 안장시대가 끝나 갈 때에 이러한 관념과 씨름했다.[58] 마치니의 인류 이론에서 헤르더의 영향은 명확히 눈

---

58 Bolton. King, *The Life of Mazzini* (London: JM Dent & Sons, 1912), p. 10을 보라. 《인류의 의무》의 말미에 마치니는 "인류의 보편적 전통"의 중요성에 대해 썼던 20년 전 자신의 글을 인용한다. 이때 그는 1840년쯤에 이 주제에 대해 글을 쓰고 있었다고 밝힌다. 이는 안장시대가 끝나고 10년쯤 후다. Giuseppe Mazzini, *The Duties of Man*, trans. E.A. Venturi (London: Chapman and Hall, 1862), p. 214. 킹은 헤르더 사고의 어떤 구체적인 면이 마치니에게 영향을 끼쳤는지를 설명한다. "삶에 대한 마치니의 영적 사고틀, 불멸에 대한 믿음, 인류의 진보 및 섭리의 작용 내에서 인간의 협업에 대한 이론은 그가 헤르더로부터 배운, 또는 헤르더에게서 확인 받은 것이었다," p. 10. 그렇지만, 각 이론가들의 사고의 차이를 인정하는 것도 중요하다. (이는 부분적으로는 그들이 글을 쓰고 있던 시기가 달랐기 때문이다. 이 점에 대해서 우르비나티는, 두 학자가 모두 인류의 중요성 및 국가들의 도덕적 평등에 동의하면서도, "헤르더는 국가를 구성하는 선先 정치적 요소, 즉 인종이나 계보적 정체성을 강조했다. … (반면에) 마치니는 국가에 본질적으로 정치적인 의미를 주었다."라고 쓴다. Nadia Urbinati, "The Legacy of Kant: Giuseppe Mazzini´s Cosmopolitanism of Nations," *Giuseppe Mazzini and the Globalisation of Democratic Nationalism 1830-1920*, ed. C.A. and Eugenio F. Biagini Bayly (Oxford: Oxford University Press, 2008), 11-36, p. 23.

에 띈다. 마치니는 이 이론을 1860년의 저작《인류의 의무Doveri dell'uomo》 같은 텍스트에서 개진한다.《인류의 의무》에서 마치니는 그의 청중, 이 탈리아 노동계급 남성이 살아야 할 원칙이라고 그가 믿는 것을 설명한다.[59] 여기에서 가장 중요한 것은 인류를 향해 사람이 가지는 의무다. "그대의 첫 번째 의무를 결코 잊지 말라. 이를 채우지 못하면 그대가 나라와 가족을 향한 의무도 올바로 다할 수 없게 되는 그 의무는, 인류를 향한 의무다."[60] 그렇기에 헤르더처럼 마치니도 (국가를 배제하지는 않지만) 국가 너머의 인류라는 문화적 차원을 강조한다. 이 점은 다음 인용문에서 명백하다. "그대가 어느 나라에 살든지, 어디에서든 옳은 것, 정의로운 것, 참된 것을 위해 싸우려 일어나는 사람이 있을 것이다. 그 사람은 그대의 형제다."[61] 마치니는 심지어 인류에 대한 새로운 초점이 강해짐에 따라 "나라 간의 구별이 … 사라질 수도 있다"고까지 주장한다.[62]

이러한 사고의 합치에도 불구하고,《나의 여행의 기록》에서 헤르더는 일반적으로 이동적인 삶을 변호하는 반면에 마치니는 인류 전체를 뒷받침하는 거주하는-삶을 권장하고 있었다는 점도 지적해야겠다. 이는 가족을 잃으면 "쉬지 못하고 불행하게 방랑"하게 된다는 마치니의

---

[59] 서문의 제목이 "이탈리아 노동계급에게 바치는 서문"(p. IX)이라는 데에서, 또한 부제가 "노동하는 남자에게 전하는"(p. 1)이라는 데에서, 마치니의 독자가 이탈리아 노동계급 남성이라는 점은 명백하다. 그러나 마치니가 이탈리아 국경을 넘어 사고하고 있었다는 것도 명백하다. 예를 들어, 그는 "그대가 어느 나라에 살든지"라고 쓴다.(p. 82, 위에서 인용) 또한 그가 여성 평등의 관점에서도 생각하고 있다는 점, 그가 "여성의 해방"을 요구하는 데에서 명백하다. (p. 219)

[60] Mazzini, *The Duties of Man*, p. 82.

[61] Mazzini, *The Duties of Man*, p. 82.

[62] Mazzini, *The Duties of Man*, p. 98.

말에서 암시된다.[63]

일반적으로 말해서, 헤르더는 여행하는 생활양식이 긍정적 효과와 해로운 효과 양쪽 다 가질 가능성이 있다는 것을 인지했다. 또다시, 이는 안장시대의 "갑작스레 발발[하는] … 변화"의 징후로 볼 수 있다. 여기에서 (물리적) 운동은 (정서적) 변화를 가져온다. 예를 들어, 같은 사고 흐름 속에서 헤르더는 "이 얼마나 새로운 사고방식인가!"라는 경탄으로부터 재빨리 "자기파멸!"이라는 압도적인 감각을 체험하는 데로 옮겨 간다. 안장시대의 여행자들이 여행 및 이동적 생활양식을 떠나지 못하도록 이끌거나, 아니면 이후에 더 정착된 거주하는 삶으로 귀환하기를 선호하고 저 이동적 생활양식을 거부하도록 이끈 것은 아마도 저러한 능력, 낯선 또는 이전에는 몰랐던 공간에서 저 극단적 정서를 느끼고 배우는 능력이었을 것이다. (이는 지금도 마찬가지일 것이다.) 헤르더와 비슷하게, 다음 안장시대 여행자 게오르크 포르스터도 바다를 건너 광대한 거리를 항해한 결과로 사고방식에 극적인 확장과 변화를 겪게 될 것이었다.

3.4.2 게오르크 포르스터, 《세계 일주》(1777)

지구 끝까지 이르는 항해 여정

게오르크 포르스터는 어린 시절부터 이동적 생활양식을 접했다.

---

63 Mazzini, *The Duties of Man*, p. 96.

1765년, 11살 때 그는 자연과학자이자 개신교 목사였던 아버지 요한 라인홀트 포르스터와 함께 독일에서 러시아로 여행했다. 이 여정에서 어린 포르스터는 지도 그리기, 과학적 탐사, 식민 정착지 연구에 관해 배웠다.[64] 1766년 포르스터 부자는 영국으로 옮겨 갔다. 여기에서 그들은 여행기 번역 작업을 했다. 게오르크 포르스터는 이동 중이 아닐 때조차 여전히 모빌리티의 개념 및 체험과 강렬히 씨름하고 있었던 것이다. 더욱이, 여행 텍스트를 번역함으로써 그는 유럽과 여타 지역 여행에 관한 지식을 전파하여 다른 언어 사용자들도 접근할 수 있게 하였다.[65]

1772년 7월 13일, 18세의 나이로 게오르크 포르스터는 아버지와 함께 쿡 선장의 항해에 참여하게 되었다. 이 항해는 쿡 선장이 리솔루션 호로 행하는 두 번째 항해로, 태평양과 남극 지역을 향하는 것이었다. 이 부자는 영국인 식물학자 조셉 뱅크스가 거절한 후 마지막 순간에 탑승자로 추가되었다.[66] 포르스터는 그들의 일반적 역할을 이렇게 기술한다. "우리의 경로에서 만날 수 있을 것으로 기대되는 자연사적 대상을 수집하고, 기술하고, 그리는 것."(VRW 17)[67] 쿡의 리솔루션호에 탑승

---

[64] 이 여행은 볼가강 유역의 독일인 식민 정착자들의 정착지를 관찰하기 위해 러시아 정부가 의뢰한 것이었다. Nicholas Thomas and Oliver Berghof, "Introduction," *A Voyage Round the World* (Honolulu: University of Hawai'i Press, 2000), XIX-XLIII, p. XIX.

[65] 이 분석에서 나는《세계 일주》영어판을 참조할 것이다. 이 텍스트는 본래 영어판으로 출간되었다. 이 점에 대해 토마스와 버그호프는 이렇게 쓴다. "저자가 직접 쓴 독일어판은 자연사 문헌의 고전이 되었다. 그러나 영어권에서 본래의 영어판은 오랫동안 무시되었다." 표지 안쪽.

[66] 이 급히 주어진 직책에 대해 포르스터는 더 말한다. "우리는 이 고된 임무를 위해 최고의 기민성을 가지고 준비를 했다. 단 9일이라는 시간 안에 우리의 짐은 모두 리솔루션호에 탑재되었다."(VRW 17)

[67] 이 정보는 지식의 수집과 전파라는 더 넓은 계몽적 기획에 기여했다. 이는《세계 일주》

한 선원들 중 게오르크 포르스터가 보기에 중요한 사람은 다음과 같았다. "이 시대 최고의 항해사〔제임스 쿡 선장〕, 뛰어난 천문학자 두 분〔윌리엄 베일리와 윌리엄 웨일스〕,[68] 숨어 있는 자연을 연구하는 과학자〔요한 라인홀트 포르스터〕, 자연의 가장 신기한 생산물을 그려 줄 화가〔윌리엄 호지스〕."(VRW 5) 이동 거리의 면에서나 과학적 정보와 민족지적 정보의 수집 면에서나 이 여정은 대규모였다. 회상하면서 포르스터는 이렇게 쓴다. "그렇기에, 수없이 많은 위험에서 탈출하고, 기나긴 고난의 연속을 겪으면서도, 우리는 행복하게 여정을 완수했다. 이 여정은 3년 16일이 걸렸다. 이 과정에서 우리는 우리 이전의 어떠한 배보다도 먼 공간을 주파한 것으로 계산된다. 우리의 궤적을 모두 합치면 지구 둘레의 세 배도 넘기 때문이다."(VRW 684)

프리드리히 니콜라이와 비슷하게, 리솔루션호와 동료 선박 어드벤처호에 승선한 사람들은 여정에 관해 명확한 공동 목적이 있었다. 그들은 "우리 지구의 남반구 고위도 지방을 탐사"하고 거대한 남쪽 대륙, 또는 테라 아우스트랄리스 인코그니타Terra Australis Incognita―문자적으로는, "알려지지 않은 남쪽 땅"―의 존재 가능성을 확인하는 "탐험"에 나선 참이었다.(VRW 17) 이는 선焮 안장시대에 유럽인들이 오스트레일리아 공간에 대해 상상하고 지도 그려 온 오랜 역사를 따른 것이었다. 배첸

의 표지에도 드러난다. 여기에서 포르스터는 그가 "마드리드〔의학 및 자연과학〕 왕립 아카데미, 그리고 베를린 자연학적 지식증진협회" 회원임을 밝힌다.(VRW 5)

68 베일리는 일단은 리솔루션호의 동료 선박인 어드벤처호에 자리 잡기는 했지만, 나는 여기에서 포르스터가 가리키는 것이 윌리엄 베일리일 것이라고 추정한다.

은, 오스트레일리아를 "유럽적 욕망의 담론을 위한 강력한 장소"로 생각해 온 2,000여 년에 걸친 사고방식에 대해 논의한다. 이 사고방식은 "알려지지 않은 남쪽 대륙이 북반구의 대척지로서 반드시 있을 것으로 추정했던 고대 그리스의 피타고라스적 관점으로부터, 지구상의 지도 그려지지 않는 공간을—이 공간은 지금의 아델라이드[69] 근처에 있다— 전략적으로 배경으로 삼고 있는 스위프트의 1726년《걸리버 여행기》 의[70] 풍자적 시점까지" 이른다.[71] 포르스터는 이 지역의 탐사를 물리적 으로 실현하는 데에 성공한 안장시대 여행자에 속했다. 이 점에 대해 포르스터는 이렇게 쓴다. "우리 원정의 원칙적 전망, 온대 지역 경계 내 의 남쪽 대륙에 대한 탐색은 충족되었다."(VRW 684) 그러나 이 여행의 결 과로, 포르스터는 전혀 예상치 못했을 일이 일어났다. 민족지적 관찰 과정에서 문화에 대한 그의 사고가—특히, 소위 야만인과 문명인이라 는 전통적 이분법과 관련하여—극적인 변화 과정을 겪어, 종내는 사고 방식 면에서 아버지로부터 멀어지게 된 것이다.

뉴질랜드에서의 민족지 연구

포르스터에게 뉴질랜드는 "특별한 종류의 인류학적 실험실"이었다.

---

[69] [옮긴이주] Adelaide. 오스트레일리아에서 다섯 번째로 큰 도시이자, 남오스트레일리 아주의 주도州都.

[70] Jonathan Swift, *Gulliver's Travels*, ed. Albert J. Rivero (New York: W.W. Norton, 2002).

[71] Batchen, "Desiring Production," p. 28. 배첸은 오스트레일리아 역사 200주년 축하 행사 와 관련하여 이를 지적한다. "이 행사는 테라 아우스트랄리스 인코그니타의 부분으로 서 이 지역의 역사를, 그리고 더 중요하게는(그리고 모욕적으로는), 어보리진의 수천 년의 역사를 완전히 무시하는 것이다." pp. 27-29.

이곳은 이전에는 탐사되지 않은 지역으로서, 민족지를 기술하고 기술과 식물상·동물상의 목록을 내야 할 곳이었다.[72] 그렇기에 포르스터는 "자연 그리고 … 세계와의 변화하는 관계"에 대한 체험을 이야기하는, 안장시대의 특징적인 작가였다.[73] 토마스와 버그호프는 그의 문체와 내용의 복잡성을 다음과 같이 묘사한다. "포르스터의 민족지적 보고는 폭넓고, 풍부하고, 독특하다. 그것은 또한 여행 텍스트에 고질적인 요약적 증류와 지나친 일반화 판단을 담고 있다. 그리고 이것들은 어느 순간 진행되었다가, 다음 순간에는 인정받거나 모순을 드러낸다."[74]

포르스터가 전진하면서 모순이 드러나는 것으로 보이는,《세계 일주》민족지의 흥미로운 세부 지점은 여행과 거주의 관계이다. 그는 마오리인을 "토착민" 또는 "뉴질랜드인"으로 지칭한다. 이는 여행하는 유럽인에 대비되어 그들이 이 지역의 토착 거주자로 간주됨을 시사한다.(VRW 102) 그러나 포르스터가 뉴질랜드에서 더 많은 시간을 보내고 마오리인과 더 자주 만나면서 이 경계는 흐릿해진다. 맨 처음에, 포르스터가 더스키만에서 만났던 마오리 가족은 거의 하이데거적 의미에서 목가적인 방식으로 거주한다. 그들은 "세계의 나머지 부분으로부터 고립되어, 널찍한 만에서" "식량이 넘쳐나고" "삶에 필요한 모든 것"이 있는 환경에서 산다.(VRW 103) 그러나 시간이 지남에 따라 포르스터는 이들이

---

72 Horst Dippel, "Revolutionäre Anthropologie. Oder der Versuch, Georg Forster neu zu lesen," *Historische Zeitschrift* 291.1 (2010): 23–40, p. 28
73 위에서 인용.
74 Thomas and Berghof, "Introduction," p. XXXIII.

"유목적이거나 방랑적인 삶을 살고" 있지 않은지, "계절, 낚시의 편의성, 여타 여건에 따라 이동하지" 않는지 의심하게 된다.(VRW 103) 여전히 그러한 움직임은 받아들일 만한 범위 내에 있는 것으로 보였다. 그렇지만 마오리 가족이 "사람을 죽이려는 징후"를 보이자, 포르스터는 재빨리 태도를 바꾸어 "뉴질랜드인이 야만의 상태에서 산다고 말해도 정당할 것"이라고 쓰고, "그들의 선천적이고 야만적인 용기"에 대해 쓴다.(VRW 103) 쿡의 선원들로부터 손도끼를 받고 나서야 전쟁을 하러 가게 되었다고 마오리족이 말했음에도, 그는 그들이 왜 이처럼 평화롭고 풍성한 거주-장소를 떠나서 전쟁을 하러 가려는지를 이해하지 못한다. (VRW 102)

실제로 마오리 가족을 전쟁으로 이끈 것이 이 유럽산 무기의 획득이었을까? 뉴질랜드로 떠난 쿡의 두 번째 여정이 전례가 없을 만큼 대규모였음에도 불구하고, 포르스터는 마오리어를 대부분 이해하지 못했다. 그렇기에 마오리 문화에 대한 그의 지식은 관찰과 상호관계를 통해 그가 해석할 수 있는 것으로 제한되었다. 예를 들어, 그는 마오리 모빌리티의 초기 역사 및 그들의 경이로운 항해 기술에 대해 거의 알지 못했다. 폴리네시아의 탐험가들은 서기 500년에서 1000년 사이 언젠가에 이미 태평양을 건너 뉴질랜드를 발견했다. "이때 유럽의 뱃사람들은 여전히 해안선을 따라 항구에서 항구로 항해하며, 물가를 떠나지 못하고 있었다."[75]

---

[75]   Jeff Evans, *The Discovery of Aotearoa* (New Zealand: Reed Publishing, 1998), p. 15.

문화적 이분법 의문시하기

마오리인과 더 많이 시간을 보내게 되면서, 포스터는 유럽 선원과 뉴질랜드 마오리인의 관계에 대해 더 생각하기 시작한다. 그리고 당시 유럽인들이 "문명화된" 사람과 "야만적인" 사람이라고 지칭했던 문화 집단 사이의 이분법, 그리고 식인종이라는 낙인 같은 더 넓은 인류의 문제를 유럽 선원과 마오리인의 관계가 어떻게 문제시하는지를 더 생각하기 시작한다.

초기의 포스터는 유럽 여행자들이 "야만적인" 마오리 거주자보다 우월하고 그들의 삶을 개선할 수 있다고 자신하지만, 차츰 이 생각에 의문을 품게 된다. 그가 문화를 사고하는 방식에 일어난 변화는, 코젤렉이 안장시대를 정의하면서 언급했던 변화하는 관계에 대한 응답으로 등장하는 보충적 관념으로 이해할 수 있을 것이다. 즉, 예기치 못한 원거리 여행 및 마오리인과의 확장된 상호작용(이는 "근대 세계의 변화하는 조건"의 한 사례다)[76]의 결과로 "야만"/"문명"의 이분법에 관한 전통적 발상(또는 "고전적 토포스")이 문제시된다. 그렇지만 새로운 사고방식으로의 이러한 이행은 결코 단순한 과정이 아니다. 유럽인과 마오리인, 여행과 거주에 대한, 당시에는 극히 모순적이었던 포스터의 언명들은 내적 동요를 반영한다. 한편으로 유럽인은 "확장된 지식 영역"을 가지고 있었으며, 선원들은 뉴질랜드에서 이루어질 미래의 (영국) 식민지적 거주하는 삶으로의 용이한 이행을 촉진한다는 의무를 실행

---

[76] Koselleck, "Einleitung," p. XV.

해야 했다.(VRW 128) 다른 한편, 포르스터는 종종 마오리인, 그들의 문화와 삶의 방식에 관해 아주 큰 존중을 보인다. 그리고 그와 그의 동료들이 실제로 저들의 삶을 향상시키고 저들의 "좁은 식견"을 확장시킬 수 있을지, 그런 시도를 해야 할지 의문시하게 된다.(VRW 128)

이러한 사고 노선은 어느 정도는 장 자크 루소의 1750년 〈학문과 예술에 대한 논고〉(〈첫 번째 논고〉로도 알려져 있다)의 영향을 받은 것 같다.[77] 이 극히 논쟁적인 논고에서 루소는 문명인들의 계몽된 지식을 비판한다. 그는 "우리를 현혹하는, 우리가 근거도 없이 인간 지식에 부과한 저 오만한 명칭의 공허함과 무의미함"을 질책하고, "우리의 가장 계몽되고 학식 있는 사람과 우리의 최고 시민들의 노동이 우리에게 쓸모 있는 것은 거의 제공한 바가 없음"을 비난한다.[78] 유럽인, 그리고 유럽인이 가져온 지식이 마오리인의 삶을 실제로 향상시킬 것인지에 관한

---

[77] Jean-Jacques Rousseau, *The Discourses and Other Early Political Writings*, trans. Victor Gourevitch, ed. Victor Gourevitch (Cambridge: Cambridge University Press, 1997). 더 이른 시기에 유럽인과 토착민의 이분법을 이런 식으로 의문시했던 예도 있다. 스페인 도미니크파 수사 프란치스코 데 비토리아라는 인물의 사례이다. 그는 신세계에서 스페인인과 인디언 사이의 관계를 법적으로 설명하려는 작업을 했다. "데 비토리아가 인디언에 대한 스페인의 정복을 비판한 것은 여러 가지 면에서 특기할 만하다. 더 나아가 그는 그의 많은 동시대인들과 달리, 인디언도 스페인인처럼 인간이라고 용감하게 주장했다." Tony Anghie and Wayne McCormack, "The Rights of Aliens: Legal Regimes and Historical Perspectives," *Migration in the 21st Century: Rights, Outcomes, and Policy*, eds. Thomas N. Maloney and Kim Korinek (New York: Routledge, 2011), 23-53, p. 25.

[78] Rousseau, *The Discourses and Other Early Political Writings*, p. 14; p. 17.《첫 번째 논고》에서 루소는 글을 시작도 하기 전에 이 논고의 논쟁적 성격에 대해 변명부터 한다. 문명인이 소위 야만인에 대해 가지는 권위와 우월함을 의문시하는 것이 일으킬 곤경을 의식하고 있었으리라고 추측할 수 있다. "나는 감히 이 입장에 섰다. 이 점이 쉽게 용서받을 것이라고 나는 기대하지 않는다. 오늘날 인간이 숭상하는 모든 것과 정면충돌하기에, 내가 기대할 수 있는 것은 보편적인 비난뿐이다." p. 14.

포르스터의 딜레마는 이 이야기의 특정 지점에서 무르익는다. 여기에서 그는 퀸샬럿 해협의 유럽 선원과 마오리 여성 사이에 전달된 성병의 가능한 원인에 대하여, 그리고 그가 마오리인의 일반적 도덕적 타락이라고 본 것에 관하여 숙고한다.[79] 처음에 그는 "이 성병은 뉴질랜드 토착 질병이고, 유럽인들이 수입한 것이 아니다"라고 결론 내린다. 하지만 이어서 이 견지를 어느 정도 완화시킨다.(VRW 136)

그러나 만약, 명백한 외견에도 불구하고, 우리의 결론이 오류로 증명된다면, 이는 문명국가의 점수에 또 한 번의 범죄가 더해지는 것이다. 이를 통해, 그들이 독을 먹인 불행한 사람들은 자신이 가진 그들에 대한 기억을 증오할 수밖에 없게 될 것이다. 그들이 사회에 가한 상처를 조금이라도 속죄할 수 있는 것은 없다. 질병은 신체를 타락시키고 기력을 떨어뜨린다지만, 그들이 호색적인 만끽을 사기 위해 지불한 가격은 또 다른 독을 주입하며, 도덕 원리를 파괴하기 때문이다.(VRW 136-7)

---

[79] 이 지점은 두 번째 논고에서 루소가 하는 주장을 연상시킨다. "야생인들의(적어도 우리가 독주毒酒로 망가뜨리지 않은 자들의) 좋은 신체 조건을 생각한다면, 이들이 상처와 노환을 제외하고는 병이라곤 거의 알지 못한다는 점을 깨닫는다면, 우리는 인간 질병의 역사를 쓸 때 쉽게 문명사회의 역사를 따라가며 쓸 수 있을 것이라는 생각에 강하게 이끌리게 된다." p. 138. 유럽 선원에 의해 마오리인이 도덕적으로 타락하게 된 것을 탄식하면서 포르스터는 이렇게 쓴다. "우리의 발견의 여정이 언제나 죄 없는 목숨의 손실이라는 불가피한 귀결을 낳아 왔다는 것은 참으로 불행한 일이다. 그러나 유럽인들이 방문한 문명화되지 않은 작은 공동체에 가해진 이 심각한 상처조차, 그들의 도덕을 타락시킴으로써 그들에게 가해진 돌이킬 수 없는 피해에 비하면 사소하다." VRW 121.

이 구절을 언급하며 볼스와 던컨은 여기에서 포르스터가 최초의 입장에서 180도 전환을 했다고 주장한다. 그들은 포르스터가 이제 "보통 선원들, 무지하고 경직되고 음탕한 그들이야말로 진정한 야생인"이라고 생각하게 되었다고 말한다.[80] 그러나 나는 이것이 과도한 단순화라고 주장하겠다. 여기에서 포르스터는 죄책을 인정하지도, 무죄를 주장하지도 않는 불항쟁 답변을 하고 있는 것으로 보인다. 그가 행하는 것은, 안장시대의 새로운 모빌리티가 가져올 긍정적 결과에 대한 의심을 가설적인 의미에서 표현하는 것이다. 이러한 사고 노선에 의해 게오르크 포르스터가 그의 아버지 요한 라인홀트 포르스터와 갈라지게 된다는 것이 호르스트 디펠의 주장이다. 이어지는 사례가 보여 주듯이, 《세계 일주 중에 행한 관찰》(1778)에서[81] 요한 라인홀트 포르스터는 "고도로 문명화된 국가와 연결되지 않은" 사람들을 폄하하는 반면에, 《세계 일주》에서 게오르크 포르스터는 "용감하고, 관대하고, 우호적인" 마오리인은 유럽인과의 접촉이 없었더라면 그러면 착취를 겪지 않았으리라고 주장한다. 요한 라인홀트 포르스터는 이렇게 쓴다.

인간이란 종족은, 고도로 문명화된 국가와 연결되지 않은 상태에서는 물리적 · 심적 · 도덕적 · 사회적 능력에서 언제나 뒤떨어지는 것으

---

80 Elizabeth A. Bohls and Ian Duncan, *Travel Writing, 1700-1830: an Anthology* (Oxford University Press, 2005), p. 454.

81 Johann Reinhold Forster, *Observations Made during a Voyage round the World*, eds. Nicholas Thomas, Harriet Guest and Michael Dettelbach (Honolulu: University of Hawaii Press, 1996).

로 보인다. … 그들의 심정은 도덕, 명예, 양심의 명령에 무감해지고, 그들의 정감, 애착, 애정의 능력은 사라진다.[82]

대조적으로, 게오르크 포르스터는 이렇게 쓴다.

그 모든 야생적으로 거친 성미, 불같은 기질, 잔인한 풍습 한가운데에서도 용감하고, 관대하고, 우호적이며 속일 줄을 모르는 인종을 가엾게 여기는 것은 정당하다. 이들의 가장 달콤하며 행복한 감정인 사랑이 삶에 대한 가장 무서운 재앙의 근원으로 변해 버렸기 때문이다.(VRW 137)

그렇다면, 사람들이 자기 나라에서 거주하며 자신의 문화와 삶의 양식을 보존한다면 세계는 더 평화로워질 것인가? 여기에서 포르스터는, 마오리인의 문명화되지 않은 본성에도 불구하고, 마오리인 및 유럽 탐험가와 이들의 만남에 대해 긍정적인 대답을 암시한다.[83] "지금까지 우리의 교류가 남쪽 바다의 국가들에게 전적으로 피해를 주기만 한 것이

---

82 Dippel, "Revolutionäre Anthropologie," p. 36에서 재인용. 디펠은 포르스터가 자기 아버지의 저작 중 특히 이 부분에 경악했음을 지적한다. "이 지독한 판단을 게오르크 포르스터는 결연히 거부했다. 이로 인해 그는 가지고 있던 아버지의 책에서 이 구절 전체에 타협 없이 줄을 그어 지워 버렸다.", p. 38.

83 마오리인과 여타 토착민에 대한 민족지적 기술과 관련하여 포르스터가 취하는 접근법을 디펠은 이렇게 상술한다. "야만과 문명 사이의 충돌을 시종일관 강조하기는 했지만, 게오르크 포르스터는 일반적으로 이 비유를 오직 인류 발전의 구별되는 단계들을 기술하기 위해서만 사용했지 가치 평가의 표현으로 사용하지 않았다." p. 30. 그렇기에 포르스터는 아버지처럼 마오리인을 폄하하지 않고, 그들은 그저 유럽 탐험가들보다 문명의 더 이른 단계에 있을 뿐이라고 믿었다.

아닌지 나는 두렵다"고 그는 탄식한다. (VRW 121)

《세계 일주》의 또 다른 눈여겨볼 지점에서 포르스터는 더 나아가, 토착민의 관점에 동감함으로써 전통적 권력구조를 전복시키기까지 한다. 또다시, 이 접근법은 루소의 영향을 받았을 가능성이 크다. 〈두 번째 논고〉로도 알려진 1752년의 〈인간 불평등의 기원과 토대에 관한 논고〉에서 루소는 야생적 삶이 "만드는 상황이 흔히 우리의 상황보다 더 나음"을 보여 주는 다양한 예를 제공한다.[84] 비슷하게, 다음 인용문에서 포르스터는, 사실 그들 유럽인들이 마타바이만灣의 타히티인들에게는 야생인으로 보였거나, 또는 동등하게 보였을 수 있었음을 암시한다. "영국인이 자신보다 더 야생적이지 않다는 것을 타히티인들이 발견했을 때, 그들은 영국인들에게 팔을 벌렸다. 타히티인들은 그들 사이에 차이가 있다는 것을 잊었고, 영국인에게 그 섬의 산물을 가져가도록 하였다."(VRW 177)

포르스터는 문화의 전통적 개념을 치우고, (문명인의 우월함이라고 생각된 것 대신) 인류의 (가능적) 평등에 초점을 맞추었다. 헤르더가 그랬던 것처럼, 포르스터도 어쩌면 마치니 같은 이후의 사상가에게 영향을 끼쳤을 수 있음을 우리는 본다. 《인간의 의무》에서 마치니는 국가에 초점을 맞춤으로써 인류를 무시하는 경향을 책망한다. "각 국가는

---

[84] Rousseau, *The Discourses and Other Early Political Writings*, p. 138. 이 경우 루소는 병에 걸렸을 때 약이 없거나 자연에 의존하는 야생인들의 상황을 언급한다(이는 자체로 루소가 토착 의술을 몰랐을 가능성을 시사한다). 그러나 위의 인용문은, "야생인"들이 실제로 "문명화된" 사람보다 여러 면에서 더 나을 수 있다는 루소의 일반적 논증을 전달하는 것으로 정당히 확장할 수 있을 것이다. 이것이 〈두 번째 논고〉의 제안이다.

외국인에게 야만인이라는 낙인을 찍고, 그들을 야만인으로 간주하고, 무력이나 사기를 통해 그들을 정복하거나 억압하려 애썼다."[85] 포르스터와 쿡의 선원들은 마오리인에게 식인 풍습이 있다는 것을 발견했다. 이 심하게 낙인찍힌 풍습을 논할 때에 포르스터는 또다시 문명인/야만인 이분법을 비판한다. 포르스터는 이렇게 말한다. "적을 죽이고 먹는 뉴질랜드인은, 즐거움을 위해 아기를 어머니의 가슴에서 떼어내어 냉혹하게 바닥에 던져 사냥개 먹이로 주는 유럽인과는 다르다."(VRW 281)[86] 디펠의 지적에 따르면, 포르스터는 결국 식민화된 뉴질랜드의 미래에 낙관적인 전망을 가지게 되었다. 이는 유럽이 가져다줄 문화적 자기형성에 근거한 것이었다. 즉, 그들이 인간 평등의 원리를 인정하는 법을 배우게 된다면 그렇다는 것이다.[87]

남쪽 바다의 토착민들을 형제로 인정할 정도의 인류애를 유럽인이

---

85 Mazzini, *The Duties of Man*, p. 775, 강조는 원저자가 했다.
86 각주에서 포르스터는 다음과 같이 지적하며 이 요점에 단서를 단다. "라스 카사스 주교는 스페인 군인들이 아메리카에서 이러한 극악무도한 범죄를 저지르는 것을 보았다고 말한다." VRW 각주 "*", 281.
87 노이스는 식민적 착취라는 주제에 대한 헤르더의 격렬한 비판을 논의한 후, "게오르크 포르스터, 알렉산더 폰 홈볼트 등도 비판적 목소리에 참여했다"고 덧붙인다. John. K. Noyes, "Goethe on Cosmopolitanism and Colonialism: Bildung and the Dialectic of Critical Mobility," *Eighteenth-century studies* 39.4 (2006): 443-62, p. 444. 노이스는 계속해서 이렇게 말한다. "그러나 반식민주의자조차도, 다른 문화의 도덕적 향상 및 근대화와 연관해서는 유럽인의 활동 여지가 있다고 믿었다. 여기에서 핵심어는 자기형성이었다." p. 444. 나는 게오르크 포르스터를 "반식민주의자"라고 지칭하지는 않겠다. 그보다 내가 주장하려는 것은, 마오리인과 유럽인의 만남이 부정적인 영향도 가진다는 것을 포르스터가 인정했지만, 동시에 양쪽 문화에 모두 이득이 되는 길의 가능성도 보았다는 것이다. 이 가능성을 위해서는 마오리인과 유럽인 모두가 관용과 평등을 받아들일 용의가 있어야 할 것이었다.

가지는 것이 가능했다면, 우리는 무죄한 국가의 피로 더럽혀지지 않은 정착지를 가질 수도 있었을 것이다. (VRW 283)

디펠은 이렇게 쓴다. "요한 라인홀트 포르스터가 … 이런 전망에 동의하는 것은 상상하기 힘든 일이다."[88]

여행과 현장연구의 중요성

게오르크 포르스터의 관찰, 그리고 문화에 대한 전통적 사고에 대한 그의 문제 제기는 새로운 세대의 등장을 암시하는 것으로 볼 수 있다. 이 세대는 여행이라는 방법을 통하여 변화에 열리게 되었으며, 세계를 체험하려고 하였다. 이로 인해, 대체로 정적인 관점에 근거한 세계관을 고수한 이들이 혼란을 느낄 가능성이 있다고 해도 그랬다(루소도 두 〈논고〉를 출판할 때 이러한 위험을 감수하였다). 포르스터는 "옷장 안에서만 인류에 대해 숙고해 온 철학자들"을 특히 문제 삼았다. (VRW 279) 문화의 관념에 관한 게오르크 포르스터와 라인홀트 포르스터의 관점은 상당히 달랐지만, 이제 여행이 연구의 타당성을 뒷받침할 요구조건이라는 점에서는 요한 라인홀트 포르스터도 아들에게 확실히 동의했을 것이다. 1778년의 《세계 일주 중에 행한 관찰》에서 요한 라인홀트 포르스터는 이렇게 쓴다. "실로, 좁은 방에서만 인류를 연구하는 것은 이러

---

88 Dippel, "Revolutionäre Anthropologie". p. 38.

한 저자들의 일반적인 잘못으로 보인다."[89] 요한 라인홀트 포르스터는 현장연구를 할 이 보기 드문 기회를 최대한 잘 활용하는 것이 그와 그의 동료들의 역할이라고 보았다. "원정 과정에서 우리는 유럽이나 여타 잘 발달된 국가를 본 적이 없는 많은 부족을 만났다. 이에 따라서 나는 자연에 대한 거대한 연구의 이 분과에 임하는 것을 나의 다른 직업에 헌신하는 것 못지않은 나의 의무로 생각하게 되었다."[90]

포르스터의 여행과 여행 텍스트는 안장시대에 일어나고 있던 역사적·관념적 변화의 배경에 비추어 고찰될 수 있다. 대영제국의 성장의 결과로 남태평양 탐사가 실행되었고, 이는 문화에 대한 보충적 관념 및 여행 없이 (문화적) 지식을 생산하려는 과학자들에 대한 강한 비판을 낳았다.

3.4.3 프리드리히 니콜라이, 《1781년 독일과 스위스 여행의 기록》(1788)

독일과 스위스를 횡단하는 잘 계획된 여정

1772년 포르스터가 급히 쿡 선장의 선원으로 투입된 것과 달리, 또는 최후의 순간 갑작스럽고 예기치 못하게 일어났던 헤르더의 1769년 여행과 달리, 1781년 독일과 스위스를 횡단한 프리드리히 니콜라이의 여정은 준비된 것이었다. 그것은 오랫동안 희망했고 종종 숙고했던,

---

89 Forster, *Observations Made during a Voyage round the World*, pp. 143-4.
90 Forster, *Observations Made during a Voyage round the World*, p. 144.

베를린의 집에서 떠나려는 여정의 실현이었다.[91] 니콜라이는 이렇게 쓴다. "여러 해 전부터 나는 여행을 떠나 독일과 스위스를 더 잘 알아 보고 싶다는 생각을 내 안에 키웠다."(BeR 3)

두 여행자의 여정 모두 여행하고자 하는 욕망의 표현이지만, 그들이 이 욕망을 표현하는 방식에는 눈에 띄는 차이가 있다. 헤르더의 글은 심히 내적이고 정서적이다. 앞에서 지적한 대로, 그는 모빌리티가 사고에, 자기반성에 끼치는 효과에, 그리고 여행 중의 읽기 체험에 의해 사고와 자기반성이 변화되는 방식에 집중한다.[92] 그렇기에 그의 일차적 청중은 그 자신으로 보인다. ("그렇게 되기 위해 나는 무엇을 해야 하는가? 나는 무엇을 파괴해야 하는가? 나는 또 묻는다!")(JmR 19, 강조는 필자)[93] 이와 대조적으로 니콜라이의 초점은 외적이고 실제적이다. 마르텐스는 이렇게 말한다. "그는 이야기하지 않는다─그는 강연하고, 기록하고, 판결한다."[94] 니콜라이는 그의 예상 청중에게 조언을 하는 것으로 보인다. 그들은 여행자가 되고 싶어 하는 사람들이고("미래의 여행자에게 도

---

91 안장시대 작가들이 현대의 여행 텍스트 작가와 영화감독을 선취한다는 것을 고려할 때, 니콜라이의 여정 그리고 그가 개인적으로 이동적 생활양식으로 돌입하는 것이 베를린에서 일어난다는 것은 중요하다. 이 장소는 모빌리티의 새로운 시대를 열어젖힌 베를린장벽 붕괴와 같은 장소이기 때문이다.

92 위에서 언급했듯이, 헤르더의 초점이 그 자신으로부터 인류의 기원과 역사로 옮겨 감에 따라, 그의 일반적으로 내성內省적인 사고에 예외도 생긴다.

93 여기에서 헤르더는 그가 리보니아(라트비아와 에스토니아를 포함하는 지역)의 상황을 어떻게 향상시킬 수 있을지를 언급한다. "리보니아, 너 야만과 사치, 무지와 불손한 취향, 자유와 노예의 땅이여, 네 안에서 해야 할 일이 얼마나 많은가!"(19)

94 Wolfgang Martens, "Bemerkungen zu Friedrich Nicolais Umgang mit der Kunst," *Friedrich Nicolai, 1733-1811 : Essays zum 250. Geburtstag*, ed. Bernhard Fabian (Berlin: Nicolaische Verlagsbuchhandlung, 1983), 99–123, p. 99.

움이 되기 위해, 나는 여기에서 사항들을 전할 것이다.")(BeR 4), (표면적으로는) 거주하고 있지만 여행하는 삶의 면모에 대해 배울 필요가 있는 독자들이다. ("아마도, 여행한 적 없는 많은 독자들도 이 세부 사항을 필요 없는 것으로 보지는 않을 것이다.")(BeR 13)[95]

헤르더는 탈출 수단으로서 여행의 운동량에 붙잡혀 있다. ("그렇기에 나는 … 할 수 있는 한 … 서둘러 여행을 해야 했다." 위에서 인용) 반면에 니콜라이는 여행을 떠나기 전에 여정의 목표에 대해 생각할 시간을 가지는 것이 여행자에게 몹시 중요하다고 말한다. 그는 이렇게 선언한다. "모든 여행자는 여행에 나서기 전에 여행의 목적을 잘 숙고하고 확정해야 한다. 모든 삶을 살고 모든 것을 하고자 하는 자는 아무것도 보지도 하지도 못하기 때문이다."(BeR 13) 헤르더에게도 구체적인 목적, 즉 리가에서의 거주하는-삶의 문제로 인한 난관으로부터 도망친다는 목적이 있었다고 반론할 수 있을지도 모른다. 그렇지만, 헤르더가 이에 대해 생각하는 데 쓴 시간은 짧아 보인다. 특히 니콜라이의 상세한 여행 일정표와 비교해 보면 그렇다.

여행에 나서기 전에 니콜라이는 각 지점에서 그가 방문하고 싶은 사람을 기록해 두고, 각각의 사람과 쓸 시간의 양을 할당하고, 그 밖에도

---

95 여기에서 니콜라이가 언급하는 세부 사항은 좋은 탈것이 여행에 중요하다는 것이다. 그는 심지어 노련한 여행자들도 이런 점에서 그에게서 배울 것이 있으리라고 생각한다. "아마도, 여행을 해 본 많은 독자들은 이를 필요하다고 여기지 않을 것이다. 그들은 이러한 사항들이 저절로 이해되는 것이고, 모두가 아는 것이라고 생각하기 때문이다."(13)

여러 가지 세부 사항을 기록하였다.[96] 니콜라이는 이렇게 쓴다. "나는 내 여행의 목적, 그리고 수단, 특히 내가 거기에 쓸 수 있을 시간(8개월 정도였다)을 미리 풍부하게 숙고하였다."(BeR 15) 여행의 구체적인 시간 틀을 지키려는 니콜라이의 시도는 안장시대의 우편마차 기수가 시간을 지켰던 것과 비슷한 방식이다. "운행 시간을 통제하기 위해 … 기수는 안장시계Satteluhr를 달고 다닌다."[97] 한편으로 이 안장시계, 말의 안장 가방에 넣고 다니던 여행용 시계가 중요한 것은, 그것이 표면적으로 여행을 위한 휴대용 장치로 개발되었기 때문이다(예를 들어, 이 시계에는 가죽으로 된 보호 커버도 있었다).[98] 다른 한편, 안장시계의 목적은 출발과 도착 시각을 엄격하게 지키려 함이었다.[99] 마차 여행의 예측 불가능한 본성에도 불구하고, "연착은 때로 심하게 비난받았다." 그렇기에, 새로이 등장하는 모빌리티의 시기에 어느 정도 통제를 유지하기 위해 니콜라이와 비슷한 접근법이 채택되었던 것이다.[100]

여행에 테크놀로지가 가지는 중요성

전체적으로, 헤르더와 니콜라이는 그들이 여행하던 시기에 주위에

---

[96] BeR 15를 보라.

[97] Gottfried North, *Die Post: ihre Geschichte in Wort und Bild* (Heidelberg: R.v.Decker, 1988), p. 71. 안장시계는 본래 안장시대 전에 발명되었지만, 나는 모빌리티가 새로이 등장하는 이 시기에 이 시계의 용법이 특별한 중요성을 획득했다고 여전히 주장한다.

[98] Jürgen Ermert, *Uhren Lexicon: Satteluhr*, 2009, 〈www.uhrenlexikon.de/begriff.php?begr=Satteluhr&nr=2〉

[99] 어쩌면 코젤렉의 안장시대라는 개념이 부분적으로 안장시계에 대한 사고에 영향 받았을지도 모른다.

[100] North, *Die Post*, p. 71.

서 일어나고 있는 변화를 아주 잘 의식하고 있었다. 이 일반적 변화에는 움직임의 증가, 시간의 강화와 동요가 있다. 우리는 이를 안장시대의 특징이라고 볼 수 있을 것이다. 그러나 이들의 대답은 달랐다. 헤르더는 안장시대의 흐름에 따라 사고하고, 느끼고, 흘러가려 했다. 니콜라이는 이를 측정하고, 이해하고, 실제로 행동하려 했다. 안장시대의 여행은 세계를 사고하는 새로운 방식이 등장하는 (문화적) 공간을 열어젖혔다. 니콜라이의 실용주의적 응답은, 최근 발명된 테크놀로지를 이용하고, 이 과정을 뒷받침하는 새로운 장치를 창안하는 것이었다. 예를 들어, 여정을 측정하기 위해 니콜라이는 길 측정기Wegmesser라는 것을 손에 넣었다. 이는 지나간 거리를 재는 데 사용되는 주행거리계 비슷한 장비였다.[101] 니콜라이는 지리학적 조사 능력, 정확도, 유용성에서 볼 때 이 여행 장비가 불가결한 것이라고 생각했다. "이것을 이용하면 약간의 수고만으로 지리학에 기여할 수 있다. 이러한 측정을 자주 반복한다면, 우리는 장소 간의 거리, 그러므로 나라의 크기에 관하여 ─아직도 대부분 몹시 불완전한 지도보다─ 더 정확한 개념을 가질 것이다."(BeR 18) 그렇기에 니콜라이가 보기에, 등장하고 있는 모빌리티 문화 속에서 여행한다는 것은 이동적 테크놀로지를 이용하여─불완전한

---

101 니콜라이는 자기 여행 목적에 적합한 길 측정기를 손에 넣기 위해 많은 노력을 들였다. 그는 이 장치에 대한 논의에 다섯 쪽을 할애한다.(18-22를 보라) 이 테크놀로지 장비는 마차의 불균등한 움직임을 신뢰할 만하게 견딜 수 있어야 했다. 예를 들어, 그가 생각했던 어떤 장비는 이러한 이유로 기각되었다. "베를린의 어떤 시계공에게서 나는 완성된 길 측정기를 발견했다. 하지만 그것은 불완전했다. 마차가 급후진하자마자 부서지고 말았다." (19)

지도 같은─지식의 간극을 최신화하는(나중에는, 전파하는) 것을 포함했다. 이러한 지식의 간극을 채우는 것은 여행하고자 하는 사람의 자기형성에 기여할 것이었다. 이동적 생활양식에 더 잘 임하기 위해 측정을 하고 테크놀로지를 채택함으로써, 어쩌면 니콜라이는 증가하는 불확실성과 예측불가능성의 시대에 삶을 통제하거나 관리할 더 좋은 장비를 갖추었다고 느꼈을 것이다.

안장시대의 새로운 테크놀로지에 대한 논의에 더하여, 수송 장치와 글쓰기 장비 또한 니콜라이가 핵심적으로 관심을 가졌던 실용품이었다. 그는 마차라는 주제를 논하는 데에 많은 분량을 들이고, 자신의 여행 목적에 가장 알맞은 탈것을 고르는 데에 많은 시간을 썼다. 이러한 측면에서 중요한 것은, 비교적 편안하게 충분한 거리를 가야 한다는 점이었다. "좋은 여행 마차의 주된 속성은 … 편안하게 전진한다는 것이다."(BeR 6) 니콜라이는 또한 그가 마차 공간에서 많은 시간을 보내야 한다는 점을 고려했다. "긴 여행에서 편안한 여행 마차란 인간의 삶에서 편안한 집과 마찬가지다."(BeR 5) 이러한 진술은 특히 주목할 가치가 있다. 니콜라이는 이동적("긴 여행에서")인 것과 인간적이라고 부를 수 있을 것("인간의 삶에서")을 구별하고 있기 때문이다. 동시에 그는 이동적 방이라는 개념을 현실화함으로써 이러한 이중성을 무너뜨린다. 그것은 이동 중에 거주할 수 있는 장소다. 이런 방식으로 우리는, 18세기 후반에 글을 쓰고 있던 니콜라이가 200여 년 후의 새로운 모빌리티 연구자와 비슷한 노선을 따라 사고하고 있었다고 주장할 수 있다. 가령 클리퍼드는 "거주하면서 여행하는 일상적 실천─여행하며-거주하기와 거주하며-여행하기"를 논하며,[102] 셸러와 어리는 새로운 모빌리티 패러다임을 논하면서 "물질적이고 사회적인 이동-중-거주"에 대해 쓴다.[103]

여행하며 글쓰기와 체험의 즉각성

안장시대의 작가로서 니콜라이는, 움직임은 여행자가 시간을 체험하는 방식을 변화시킨다는 점, 이에 따라 여행자도 사고와 계획을 변화시킬 필요가 있다는 점을 날카롭게 의식했다. 니콜라이는 세심한 계획과 혁신을 통해 여행을 하는 데 쓸 수 있는 시간, 또는 관찰하고 기록하는 데에 쓸 수 있는 시간을 조금도 낭비하지 않고자 했다. 예를 들어 그는 장래의 여행자에게 다음과 같은 경고를 한다. 부적합한 마차를 타거나 부적절한 경로를 택한다면, "이로 인해 많은 돈이 들 것이고, 더 나쁜 것은 많은 시간낭비가 있으리라는 것이다."(BeR 8, 강조는 필자) 시간을 절약하는 것, 그리고 세심하게-선택된 방과-같은 여행 마차에서 글을 쓰는 물리적 행위는 니콜라이에게 중대한 난점이 되는 것으로 밝혀졌다. 그가 보기에 여행의 기록Beschreibung einer Reise이란 정확히 그것—그의 여정을 사실 그대로 기록하는 것이었다. 그는 이것이 그의 체험을 가능한 한 정확하게 재현하는 것이라고 생각했다. 그렇기에 어떤 일이 일어난 후에는 가능한 한 서둘러 그에 대해 적어 두는 것은 필수적이었다. 니콜라이는 여행자에게 다음 충고를 한다.

---

102   Clifford, "Traveling Cultures," p. 108.
103   Sheller and Urry, "The New Mobilities Paradigm," p. 214

여행자는 자기가 관찰한 것과 말할 것에 대한 상세한 일지를 반드시 챙기고, 매일 이어서 써야 한다. 그러지 않는다면, 수많은 대상을 접하기 때문에 많은 것을 잊어버리게 되고, 많은 것을 완전히 올바르지 않은 사정 하에서 떠올리게 된다. 그렇기에, 모든 것을 언제나 가능한 한 재빠르게 적을 필요가 있다. (BeR 22-23)

그는 글쓰기에서 발생하는 지연으로 인해서 상상이 자리를 차지하고, 사실 그대로의 관찰 대신에 원치 않은 허구적 요소가 나타날 가능성이 생긴다고 보았다.

여행하고 이동하는 체험을 적합하게 재현한다는 안장시대의 도전 과제는 니콜라이에게만 주어진 것이 아니었다. 배첸은 새뮤얼 테일러 콜리지(원형적 사진가 중 세 명의 친구이자 동시대인)의 시를 언급한다. 니콜라이처럼 그도 "즉각 영구적이 되고 한 장소에 고정되게 되는 고정된 재현(글쓰기) 형식이〔이 형식 내에서 작업하는 것이〕 … 가진 문제"에 직면했다.[104] 니콜라이가 여행 텍스트를 통해 체험의 즉각성을 포착하려 했던 것과 마찬가지로, 콜리지도 시를 통해 "지각의 그 순간, 눈에 한순

---

[104] Batchen, "Desiring Production," p. 15. 1817년, 사진기 같은 테크놀로지 장치에 대한 욕망을 표현함으로써 콜리지는 이 도전에 응답했다. "회화라기보다는 창조, 또는 회화라고 해도, 태양이 카메라 옵스쿠라에 그려 내듯이 전체 장면이 한순간에 찍히는 그러한 공존을 가진 회화", Batchen, "Desiring Production," p. 15에서 재인용. 이미지와 이미지를 보는 자 사이의 관계를 논하기 위해 이 맥락에서 콜리지는 "공존"이라는 용어를 사용한다. 셸러와 어리도 모빌리티 연구에서 사람들 사이의 관계를 말하기 위해 이 말을 비슷한 의미에서 사용한다. "모빌리티 연구는 첫째로 면대면 공존의 패턴, 타이밍, 인과관계에 관심을 가진다." p. 217.

간 있었다가 영원히 변해 버리는 이미지를 포착"하려 했다.[105] 니콜라이에게, 이러한 시간/글쓰기 도전에 대처하는 것은 계속 진행 중이었다. 《여행의 기록》을 출간한 후에도 그는 이후의 판본에 새로운 정보를 더하고 수정을 했다. 고정된 재현 양상을 가지고 하는 작업은 부정확하며 불가피하게도 낡아 가기 때문에, 이를 벌충하려 했던 것이다. 이 텍스트의 서문에서 니콜라이는 이러한 개정의 중요성을 전면에 세운다.

> 《나의 여행의 기록》의 첫 두 부분이 출간된 지 몇 달 지나지 않아서, 나는 벌써 제2판을 내야 하게 되었다. … 나는 부정확한 보고를 수정했고, 개정해야 할 부분을 개정했고, 추가가 필요한 곳 모든 곳에 삽입을 했다. 이것은 아주 고된 작업이었지만, 이를 통해 이 저작은 많은 것을 얻었다. (BeR 3)

안장시대 체험의 영원히 변화하는 "현재Präsenz"를 니콜라이가 기록해 내려 했던 또 다른 방법은, 시행착오를 거치며 글쓰기를 위한 기술적 장비를 발명하는 것이었다. 처음에는 매일 저녁 당일의 사건을 기록하려 했지만 이는 금방 밀리게 되었다. 그래서 그는 마차에서 이동 중에 글을 쓸 수 있는 방법을 고안하기로 결심했다. 연필로도 써 보고

---

105   Batchen, "Desiring Production," p. 15. 콜리지의 생몰연도, 즉 1772~1834이 안장시대와 대략 일치한다는 것도 특기할 만하다.

잉크로도 써 보았지만, 여전히 시간이 너무 많이 들었다. 마침내 그는 성공적인 방법을 발견했다. 그것은 잉크로 쓰는 휴대용 깃털 펜을 사용하는 것이었다.

처음에는 잘 되지 않았지만, 이에 필요한 몇 가지 편의 물품을 연구한 후에는 아주 잘 되었다. 특히 우리가 아주 자잘하게 쓰지 않을 때에 그랬다. 이 수단을 통해 우리는 이후 일지 쓰기를 훨씬 완전하게 지킬 수 있었으며, 이를 통해 이 일지의 유용성도 훨씬 커졌다. 이는 조그마한 이기利器가 종종 중요한 영향을 끼친다는 새로운 증명이다.(BeR 25)

모빌리티의 관점에서 볼 때 이 인용문은 몇 가지 눈여겨볼 만한 점을 드러낸다. 니콜라이가 생각하기에, 시간을 절약하기 위해 그리고 여행 체험을 정확하고 사실적으로 기록하기 위해서는 여행하면서 글을 쓰는 것이 무엇보다 우선이다. 다양한 글쓰기 방법을 시험하였고, 이에 맞추어 신체 자세를 조정하였고, 이동적 요구 사항에 맞추어 테크놀로지를 발전시켰다. 마침내 니콜라이는 글을 쓸 수 있는 일종의 다방향 휴대용 서가를 고안함으로써 마차에서 글을 쓰는 기술을 완성했다. "이것은 걸쇠에 있는 나사를 통해 돌릴 수 있다. 그러므로 필요에 따라 걸쇠를 왼쪽과 오른쪽, 방 안쪽과 바깥쪽으로 둘 수 있다."(BeR 25)

이동과 전송의 면에서 볼 때, 그의 여정 체험은 여행 일지로 전송되었다. 그는 이동하는 마차 안에서 글을 쓰기 위해 이동할 수 있다. 그러면 그의 텍스트 자체가 대상으로서 움직이고, 이어서, 어쩌면 독자가 여행 자체를 체험하도록 움직일 수 있다. 궁극적으로, 니콜라이는 자신이 이동적 시간 관리, 관찰 기량, 일상적 여행 체험을 정확히 재현할 수 있는 테크놀로지 개발을 완성했다고 느꼈다. "우리는 다른 많은 여행자들이 같은 시간 동안 관찰할 것보다 확실히 세 배 더 많이 관찰하였다."(BeR 16) 그리하여 니콜라이는 모빌리티에 근거한 문화의 새로운 등장에 어떻게 (냉정하게) 대처할 수 있느냐는 측면에서, 계몽의 시대의 범례적 인물이 되었다.

3.4.4 카를 필리프 모리츠, 《안톤 라이저》(1785~1786)

부정적 성장소설

안장시대 중반, 모빌리티에 근거한 문화의 등장을 가리키는 징후가 늘어나고 있었다. 이러한 과정에 근본적이었던 것은, 자기형성Bildung이라는 개념의 전파였다. 노이스가 관찰하듯이, 일반적으로 이 개념은 "개인과 문화의 [배움], 형성, 향상, 자기표현의 교리"로서, "[18] 세기가 진행됨에 따른 근대화 논의에 핵심 개념이 되었다"고 이해되었다.[106]

이러한 운동량 위에서 성장소설이라는 장르가 등장했다. 이 새로운 장르에서 젊은 주인공은 사회적 · 도덕적 · 지적 배움의 도전적 여정을 떠난 후, 사회 속에서 자기 장소를 찾을 수 있는 사람으로서 집으로 돌아온다. 카를 필리프 모리츠의 《안톤 라이저》는 통상 최초의 성장소설

---

[106] Noyes, "Goethe on Cosmopolitanism and Colonialism," p. 444.

로 간주된다.[107] 그리고 이 이야기에서 주인공은 사회 속에서 자기 장소를 찾기보다는 사회 모든 곳에서 자리를 잃는다. 그렇기 때문에 얀코바는 이렇게 논평한다. "카를 필리프 모리츠는《안톤 라이저》를 통해 실패한 자기형성 과정의 예를 제시하고, 이를 통해 '부정적 성장소설'이라고 불릴 작품을 제공했다."[108] 모리츠의 서사적 인물의 부정적 결과에도 불구하고, 성장소설의 토대에 있는 것은 독서, 여행, 일반적 삶의 경험을 통해 획득되는 자기형성의 관념이며, 이 관념이《안톤 라이저》를 같은 장르의 이후 작품과 이어 준다.

카를 필리프 모리츠의 심리적·전기적 소설《안톤 라이저》의 첫 세 부분은 1785~1786년에 공개되었다. 이는 독일에서 젊은이로서 살아가는 작가의 고통 받는 삶에 대해 보고한다.[109] 책의 제목에 가명이 사용된 것을 보면, 안톤 라이저의 체험은 모리츠의 삶의 실제 체험과 불일치하리라고 예상할 수 있다. 그러나 이 텍스트 앞의 서문에서 작가는 청중에게 다음을 확실히 한다. "이 심리적 소설은 또한 전기라고 불릴 수 있다. 이 소설의 관찰은 대부분 실제 삶에서 온 것이기 때문이다."(AR 11) 그러므로 우리는 안톤의 체험이 모리츠의 체험을 밀접하게 따라갈 것이라고 가정할 수(적어도, 가정하도록 이끌릴 수) 있을 것이다. 주인공 안톤을 키운 부모는 그에게 거의 애정을 보이지 않았다. 그는

---

107 예를 들어, Meyer Howard Abrams and Geoffrey Galt Harpham, *A Glossary of Literary Terms* (Boston: Wadsworth Publishing Co, 2009), p. 229를 보라.
108 Genka Yankova, *Theater in Karl Phillip Moritz'Anton Reiser* (Germany: GRIN Verlag, 2006), p. 11.
109 마지막 두 부분은 1790년에 출간되었다.

모자 제조공의 견습생으로 보내지지만, 결국 그만둔다. 그는 이어서 에르푸르트대학에서 신학을 공부하지만, 이것도 그만두고 연기에 도전한다. 안톤의 존재, 그리고 세계에 대한 그의 자기 이해의 중심에는 여행 개념이 있다. 실상 이 개념은 이미 그의 성姓인 라이저와[110] 이름에서 예기된다. 그의 이름은 여행하는 인물 안토니우스를 지칭하기 때문이다.[111] 이 점을 다음에서 다룰 것이다. 안톤은 목표를 완수하거나 꿈을 이룰 정도로 한 장소에 오래 머물지 못하는 것으로 보인다. 강렬한 먼 곳에 대한 열망Fernweh이 시작되기 때문이다.[112] 따라서 소설의 3부는 "연기자가 되려는 모리츠의 (그러므로 안톤의) 희망의 좌절"로 끝난다.(AR 484)

부동성에서의 탈출

안톤은 가난한 가족의 삶을 견디지 못했다. 그가 12살이라는 어린 나이에 이 삶에서 탈출할 수 있었던 것은, 그가 여행하려는 항상적인

---

110 [옮긴이주] Reiser는 독일어로 '여행자'라는 뜻이다.

111 모리츠가 주인공의 이름을 선택한 문제에 대해 크럽은 논한다. "모리츠가 안톤 라이저라는 이름을 선택한 것은 자율적 여행자라는 그의 이상에서 유래한 것이라고까지 나는 추측해 보고 싶다. 그러니까, 그리스어와 독일어를 섞은 Auton Reiser인 것이다." Anthony Krupp, "Karl Philipp Moritz's Life and Walks," *Karl Philipp Moritz: Signaturen des Denkens*, ed. Anthony Krupp (Amsterdam: Rodopi, 2010), 11-18, p. 13. 흥미롭게도, 이 참고문헌이 속한 시리즈도 안장시대 부근의 텍스트에 초점을 두고 있다.

112 먼 곳을 향한 갈망 개념에 대한 심도 있는 논의는 4장 참조(4.3 〈개념틀〉 "먼 곳을 향한 갈망" 절 전체).
   [옮긴이주] Fernweh는 독일 특유의 개념으로 먼 곳, 여기가 아닌 다른 곳으로 떠나고 싶어 하는 강한 욕망을 가리킨다. 이 말은 fern(멀다)+Weh(괴로움, 슬픔)으로 이루어져 있으며, fern 대신 "집"이나 "고향"을 뜻하는 Heim과 결합되어 향수鄕愁를 뜻하는 Heimweh라는 단어와 대對가 된다.

결심을 가지고 있었기 때문이다. 레만은 안톤과 모리츠의(레만은 이 둘을 동일인으로 본다) 이례적인 동기부여에 대해 부연한다. "당시의 많은 중요한 독일인은 가난과 호기심에서 생겨났다. 그러나 라이저=모리츠는 곤궁으로부터 빠져나오려고 곧바로 노력했다. 이를 위한 외적인 도움은 별로 찾지 못하고, 전례 없이 많은 장애를 넘어야 했다."[113] 그러나 역설적으로, 그로 하여금 언제나 새로운 것을 찾아나서게 한 것, 정착하지 못하게 한 것, 꿈들이 하나하나 연이어 산산조각 남에 따라 장기간에 걸친 만족을 찾지 못하게 한 것도 바로 이 이동적이 되려는 야망이었다. 크럽은 이 지점을 모리츠의 삶과 관련하여 부연한다. "모리츠는 정착하지 못했다. 잘 정착하지 못하거나, 오래 정착하지 못했다. … 부분적으로 〔그의〕 작품은 부동성을 탈출하려는 시도로, 또한 이동하려는 그의 강박, 방랑벽을 합리화하려는 시도로 볼 수 있다."[114]

안장시대에 삶을 살아가는 방식으로 가장 일반적으로 받아들여진 것, 적어도 인정받았던 것은 거주하기였다는 것을 염두에 둬야 한다. 장소를 바꾸려는 모리츠의 끊임없는 충동을 합리화할 필요가 있었던 것은 이 때문이다. 여기에 더하여, 안톤과 모리츠의 체험이 실제적으로 동일한 것임을 받아들인다면, 모리츠는 어린 시절부터 타인과 의미 있는 관계를 거의 맺을 수가 없었다. 크럽이 암시하듯이, 《안톤 라이저》를 저술함으로써 모리츠는 안장시대에 있었던 그의 긍정적·부정

---

113 Rudolf Lehmann, "Anton Reiser und die Entstehung des Wilhelm Meister," *Jahrbuch der Goethe-Gesellschaft* 3 (1916): 116-34, p. 125.

114 Krupp, "Karl Philipp Moritz's Life and Walks," p. 12.

적 삶의 체험을 그의 독자에게 그리고 자신에게 설명할 수 있었다. 전체적으로, 안톤의 이야기에 교훈은 없다. 모리츠는 그에게 일어난 일을 기록하고 있을 따름이다.[115] 그러나 모리츠가 독자 및 미래의 여행자에게 어떤 메시지를 전하고자 의도했다면, 이 메시지는 다음과 비슷했을 것이다. 여행하기란 가능케 함이며, 그것은 우리가 지역 너머로 움직여 세계를 체험하도록 하는 것이나, 여행이 수반하는 고통스러운 쉼 없음을 경계하면서 나아가라는 것이다. 크럽이 모리츠의 "부동성을 탈출하려는" 욕망이라고 부르는 것을 더 이해하기 위해, 그리고 그의 "방랑벽"의 뿌리 위치를 파악하기 위해서 안톤의 어린 시절 체험을 검토해 보자.

소년 시절 안톤은 자기 삶을 자기가 통제할 수 없었고, 비참한 거주하는―삶으로 몰아넣어졌다. 모리츠는 이렇게 쓴다. "부모의 집에 들어섰을 때, 그는 불만족, 분노, 눈물, 비탄의 집에 들어선 것이다."(AR 18) 그렇기에 안톤에게 가족의 집은 우울과 부동성의 상징적 장소로 각인되었고, 이러한 부정적 체험은 그에게 장기적인 영향을 끼쳤다. "이 첫 인상은 그의 삶 내내 결코 영혼으로부터 지워 버릴 수 없었다."(AR 18) 안톤의 아버지가 전쟁에 소집되어 안톤이 어머니와 함께 시골의 작은 마을로 이사할 때에야 그는 어느 정도 휴식을 얻는다. "여기에서 그는 상당

---

115 모리츠와 괴테를 비교하면서 레만도 비슷한 논평을 한다. 괴테의 "걸작"《빌헬름 마이스터의 수업시대》와 비교하면서 그는 이렇게 말한다. 모리츠의 《안톤 라이저》는 "의식된 테크닉을 거의 보여 주지 않고, 구성이라는 것을 보여 주지 않는다. 그것은 단순히 작가의 발달 과정을 추적할 뿐이며, 그러면서 비슷한 상황을 반복하거나 폭을 넓혀 계속한다." p. 123.

한 자유를 가졌고, 어린 시절의 고통을 어느 정도 보상받았다."(AR 18) 그러므로 우리는 "부동성을 탈출"하려는, 또는 가족의 집에서의 삶으로부터의 자유를 얻으려는 소망이 얼마나 일찍 안톤에게 생겨났는지, 그 결과로 어떻게 그가 여행과의 장기적인 긍정적 연관을 발달시키게 되었는지를 볼 수 있다. 불행히도, 안톤은 자라나면서 탈출할 물리적 수단을 잃게 된다. 발에 염증이 생겨 걸을 수 없게 된 것이다. 그는 4년간 집에 갇혀서 세계를 이해할 수단, 사회적 상호작용을 보상할 수단, 타인의 여정을 통한 (대리적) 탈출 수단으로 읽기에 의지한다. 모리츠는 이렇게 쓴다. "읽기를 통해 그에게는 한 번에 새로운 세계가 열렸다. 이 세계를 향유하면서 그는 실제 세계에 있는 모든 불편한 것들을 어느 정도 보상받을 수 있었다."(AR 21) 걸을 수 없다 해도, 최소한 그의 마음과 상상은 그에게 장소를 줄 수 있었다. 움직임의 개념이 세계에 대한 안톤의 사고와 장기적 관점의 핵심 개념이 된다. 이 개념은 부분적으로 그가 읽은 종교적 텍스트에서 영향을 받았다. "우리가 일단 경건하고자, 신에게 충실하고자 한다면, 우리는 끊임없이 모든 순간에 모든 표정과 움직임에서, 심지어 생각에서조차 그리해야 한다고 안톤은 생각했다."(AR 53, 강조는 필자) 안톤이 타인의 성격을 판단할 때, 그의 주요 초점 중 하나는 움직임이다. 불행히도 부동적이 되고, 주변 사람에게서 영감과 긍정적 영향을 받지 못한 채, 안톤은 대신 책 속의 인물에게서 이를 찾으려 한다. 다음 구절에서 서술자는 안톤이 그와 이름이 같은 그리스의 영웅 성聖 안토니우스를 어떻게 우상화하는지를 묘사한다.

한동안 안톤은 그와 이름이 같은 위대한 사람, 성 안토니우스와 비슷하게 되려는 소망, 안토니우스처럼 부모를 떠나서 황야로 도망치려는 소망보다 더 높은 소망을 알지 못했다. 황야는 문에서 그리 먼 곳에 있지 않을 것이었고, 언제나 그는 실제로 그리로 여행을 떠날 것이었다. 발의 고통으로 인해 돌아와야 하지만 않는다면, 그는 부모의 집으로부터 수백 걸음 멀어질 것이고, 어쩌면 더 멀리 갈 것이었다.(AR 23)

읽기는 안톤에게 관념의 세계를 열어 주고 그의 마음이 여행할 수 있게 해 주었지만, 그는 또한 그것이 탈출의 사건으로서 가지는 한계도 인지했다. (위 인용 구절에서 집으로 돌아갈 필요를 언급하는 부분이 이를 가리킨다.) 그러나 그가 또다시 멀리 여행을 갈 수 있게 되면서, 여행과 움직임의 개념은 그에게 더욱 실재적이 된다. 이번에는 아버지와 석 달간 피르몬트로 여행을 가게 된 것이다. 여기에서 안톤은 어느 정도 만족한다. 첫째, "이 짧은 시간 동안 다시 부모와 떨어질 수 있다는 행운을 … 얻었기 때문"이며, 둘째, 그가 그렇게 우상화하던 여행자를, 말하자면 실물로 만났기 때문이다.(AR 33) 이 여행자는 같은 산장에 머무르는 영국인이었다. 그는 독일어도 잘 했다. 그는 안톤에게 영어를 가르쳐 주고, 함께 산책을 가고, 일반적으로 말하자면 "안톤이 지상에서 발견한 첫 번째 친구"가 되었다.(AR 34) 이 영국인, 여행자의 이상적 모델 또는 일종의 살아 있는 안토니우스는 집에서 부모가 결코 그에게 주지 못했던 것, 그러니까 행복과 관심을 주었다. 이에 따라 안톤이 여행에 대해 가지는 긍정적 연상은 더욱 자라났다.

새로운 장소와 체험의 매혹

안톤의 발이 낫는다. "안톤은 삶에서 처음으로, 돌아다닌다는 만족을 향유했다."(AR 58) 새로 생긴 열정을 가지고 그는 이제 그의 물리적 모빌리티를 이용할 수 있게 된다. 겨우 12살의 나이에 그는 브라운슈바이크시로 여행을 하여 로헨슈타인이라는 모자 제작자의 견습생이 되기로 계획한다. 안톤에게 이동하는 능력은 자유의 새로운 세계를 열어 줌을 뜻한다. 이 자유를 촉발하는 것은 우선, "장소의 변화"가 주는 "자극"이고, 두 번째로는 "새로움의 자극"이다. 즉, 그의 거주하는-삶과 멀리 떨어진 새로운 사람, 장소, 사물의 매혹이다.(AR 57, 60) 처음에 안톤은 로헨슈타인 모자 제작소에서 일하는 것이 행복했다. 예를 들어 서술자는 이렇게 말한다. "여기에서 그의 눈에 들어온 것은 이 직업의 잘 정돈된 진행 과정이었다. 이는 그에게 어떤 편안한 감각을 주었다. 그래서 그는 참으로 잘 정돈되어 움직이는 이 기계의 원반과 함께 있기를 즐겼다. 집에서는 이런 것은 전혀 몰랐기 때문이다."(AR 61) 여기에서 움직이는 기계가 그 자신의 모빌리티의 실현과 합병됨을 통해 개념적으로 재현된 데에서, 우리는 안톤이 움직임 및 집에서 떠남에 대해 가지는 긍정적 연상을 다시 발견한다. 그러나 결국 안톤은 브라운슈바이크에서 견습하는 것에 질린다. 시간이 흐르면서 "새로움의 자극"이 덜 매력적인 것, 이미 알고 있고 익숙한 것으로 희미해져 간다. 로헨슈타인이 안톤에게 심하게 비판적이 되면서, 그의 행동은 라이저 부부의 행동을 닮아 간다. "안톤의 표정이나 움직임에서 드러나는 웃음 하나하나, 죄 없이 터져 나오는 만족 하나하나조차〔로헨슈타인은〕참지 못하게 되었다."(AR 65, 강조는 필자)[116] 다시 한 번 안톤은 갇힌 느낌을 받는다. 그의 마음은 상황을 개선하거나 받아들이려 하기보다는, 다시 "장소의 변화"가 주는 "자극"으로 눈을 돌린다. 장소를 바꾸고, 그리하여 원치 않는 현재 상황이 배경으로 사라지도록 하는 것이 얼마나 편안한지 서술자는 논평한다. "장소의 변화는 아주 많은 것에 기여한다. 그것은 우리가 그다지 실제라고 생각하고 싶지 않은 것을 꿈처럼 사라지게끔 한다. 놀랍지 않은가?"(AR 93) 전에 피르몬트에 머물렀던 짧은 여행 동안에조차 안톤이 그렇게 많은 것을 배울 수 있었다면, 새로운 모빌리티가 제공하는 기회를 이용하고 더 이동하지 않을 이유가 있겠는가? "이 짧은 시간 사이에도 그는 완전히 다른 사람이 되었고, 그의 생각의 세계는 심히 풍부해졌다."(AR 35) 짧은 기간 머무른 후 떠나는 경향은 모리츠 자신에게 있었다고 크럽은 지적한다. "〔모리츠는〕안정을 찾아 장소에서 장소로 이동했다. 그러나 일자리 제안을 받자마자…, 또는 실제로 일자리를 얻자마자…, 그는 즉시 갇혔다고 느끼고, 도보 여행 형태로 탈출할 것을 계획하기 시작했다."[117] 삶의 이동적 방식을 향하는 모리츠의 성향에도 불구하고, 장소의 계속적인 변화가 반드시 장기적인 행복 또는 안정감으로 이끈다는 믿음을 모리츠가 사실은 의심하고 있음을 시사하는 증거가 《안톤 라이저》에 있다.

---

116 이러한 맥락에서 모리츠는 안톤을 "아마도 로헨슈타인이 보기에 충분할 만큼 일할 수 없었던" 소년이라고 묘사한다. AR 65. 어쩌면 안톤이 견습을 태만히 하고 있고, 그리하여 이동하고 더 흥미진진한 새로운 장소를 발견할 구실을 만들고 있다고 모리츠가 암시하고 있는 것은 아닐까?

117 Krupp, "Karl Philipp Moritz's Life and Walks," p. 13-14

말년이 되면, 특히 여행을 많이 한 사람이라면, 생각들이 어떤 장소에 연결되지 않고 어디론가 사라져 버린다. 어딘가에 도착하면, 그는 지붕이나, 창이나, 문이나, 포석鋪石이나, 교회나, 탑을 본다. 또는 초원이나, 숲이나, 밭이나, 황야를 본다. 눈에 띄는 차이는 사라진다. 대지는 어디나 똑같아진다. (AR 258)[118]

이러한 면에서, (위에서) 크럽이 모리츠를 "방랑벽"을 앓는 사람이라고 특징지은 것은 과장이 아니다. 모리츠의 세계 내 존재 방식은, 단순히 말하자면, 이동하고 계속해서 이동하는 것이다. 먼 곳을 향한 이 치유할 수 없는 갈망은 그의 마음속에 머무른다. 새로움의 매력은 언제나 제한되어 있다는 것, 어느 날에는 "대지는 어디나 똑같아진다"는 것, 또는 더 이상 발견할 새로움이 없어진다는 것을 그가 알고 있음에도(특히 회상할 때에는) 그렇다.

3.4.5 요한 볼프강 괴테, 《빌헬름 마이스터의 수업시대》
(1795~1796)

여행과 자아−형성

《안톤 라이저》 1, 2, 3부를 쓴 후 카를 필리프 모리츠는 요한 볼프강 폰 괴테와 만나게 된다. 모리츠와 괴테는 1786~1788년 로마에서 대

---

118 4장 참조(4.3 〈개념틀〉 "먼 곳을 향한 갈망" 절에서 "로버트 톰슨"을 언급하는 문단).

화를 했고, 모리츠가 괴테와 함께 바이마르에 머무르던 1788~1789년에 다시 대화했다.[119] 두 사람 사이의 대화는 괴테가 자신의 성장소설 《빌헬름 마이스터의 수업시대》(1775)를 발전시키는 방식에 영향을 주었다.[120] 이 소설에서 빌헬름 마이스터는 부르주아 상인의 삶을 탈출하고자 하지만, 극장계에서 실패하고, 이어서 어떤 계몽된 귀족 집단에서 그의 진짜 소명으로 이끌리게 된다.[121] 〈안톤 라이저와 빌헬름 마이스터의 발생〉에서 레만은 괴테가 모리츠의 실제 삶과 허구적 안톤 양쪽 모두에 관심이 있었으며 모리츠의 작품 《안톤 라이저》를 높이 평가했음을 지적한다. 괴테의 편지가 이를 보여 준다. "모리츠는 자기 삶의 단편들을 이야기했다"고, 그리고 "이 책은 나에게 여러 가지 의미에서 가치가 있다"고 괴테는 설명한다.[122] 이러한 진술은, 모리츠가 여행과 자전적 삶의 체험을 자기 텍스트의 주도 동기로 삼는 방식에 괴테가

---

119 Lehmann, "Anton Reiser und die Entstehung des Wilhelm Meister," p. 122. 레만은 괴테와 모리츠의 관계의 결과를 과장하여 《안톤 라이저》를 "(《빌헬름 마이스터》의) 문학적 모델"로까지 보아서는 안 된다고 연구자들에게 상기시킨다.

120 괴테와 관련하여 모빌리티라는 주제를 다룰 때 내가 왜 1786~1787년의 《이탈리아 여행기》를 분석하지 않는지 의아할 수 있다. Goethe, Goethes Italienische Reise를 보라. 내가 그보다 《빌헬름 마이스터의 수업시대》를 분석하기로 한 동기는, 주인공의 여행을 자극하는 것이자 그 여행에서 생겨나는 것인 자기형성이라는 보충물을 논의할 가능성을 이 분석이 열어 주기 때문이다. 또한, 이 분야에서 괴테가 사고하고 글을 쓰는 방식에 카를 필리프 모리츠가 끼친 영향을 탐사할 가능성도 열어 주기 때문이다.

121 Lehmann, "Anton Reiser und die Entstehung des Wilhelm Meister," p. 126. 이 점에 관해 레만은 더 나아가 이렇게 지적한다. "이 결과를 가치롭게 해 주는 것은 괴테의 이 획기적인 소설의 발생사에 대한 관심만이 아니다. 오히려, 과거에 속하는 독일의 자서전적 예술의 걸작이 이를 통해 적어도 간접적으로나마 지속적인 생명을 얻었다는 사실, 그리고 일찍 죽었기에 풍부한 인격성의 완성에 이르지 못한 괴테의 친구이자 신봉자가 이 대가의 불멸의 시와 불가분하게 연결되게 되었다는 사실일 것이다." p. 134.

122 Lehmann, "Anton Reiser und die Entstehung des Wilhelm Meister," p. 122에서 재인용.

매료되었음을 보여 준다. 괴테는 이러한 발상을 자신의 작품으로 탐사하기로 한 것으로 보인다.

《안톤 라이저》와 《빌헬름 마이스터》의 플롯 사이의 연결을 식별하기는 어렵지 않다. 우선, 각각에서 주인공은 젊은 남자이고, 여행을 떠난 후 극장계로 이끌린다. 동시에 레만은 "이러한 일치가 외적인 과정을 포괄할 뿐 아니라, 심리적 동기의 개별적인 핵심 특성까지도 포괄한다"는 점이 중요하다고 주장한다.[123] 실상, 여행과 이동이라는 관념은 두 젊은이의 세계관Weltanschauungen에 중심적이다. 예를 들어 괴테의 저작에 잘 인용되는, 성장소설 기저에 있는 철학을 전형적으로 보여 주는 관찰이 있다. "똑똑한 사람은 여행에서 최선의 자기형성을 발견한다."(WML 299) 모빌리티 관점에서 이 인용을 (재)해석하는 다른 방법은, "성공적으로 거주하기 위해서는 우선 여행을 해야 한다"는 것이다. 실로, 긴 여행 이후 빌헬름이 이르는 훌륭한 종점은 성공적인 거주다. 여행의 결과로 그는 계몽되고, 만족하고, 겸손해진다. 이는 이 여행 텍스트의 맨 마지막에서 그가 하는 말을 통해 전달된다. "저는 제게 과분한 행복에 이르렀고, 이를 이 세상의 무엇과도 바꾸고 싶지 않다는 것을 압니다."(WML 626)

《빌헬름 마이스터》을 다 읽었을 때 독자에게 남는 것은, 거주 상태와 이동 상태 사이의 매개 개념으로서 자기형성의 이상적 상태다. 세계로 처음 발을 내딛은 후에야 우리는 인격적 관계를 즐기고, 또한 세

---

[123] Lehmann, "Anton Reiser und die Entstehung des Wilhelm Meister," p. 127.

계 속에서 우리의 (세계시민적) 자아에 대한 지식을 즐기며 거주할 수 있다. 이러한 이상적 위치에서 주인공은 두 세계 모두의 가장 좋은 점을 즐길 수 있다. 신체는 머무르고 정신은 여행한다. 그렇기에, 모빌리티 관점에서 볼 때 내가 제안하는 해석은, 모리츠가 중단한 지점을 괴테가 이어 가지만, 대조적으로 괴테는 계몽시대의 낙관주의를 적용하여 저 안장시대 여행자에게 긍정적 결말을 준다는 것이다.[124] 우리가 《안톤 라이저》를 부정적 성장소설이라고 본다면,《빌헬름 마이스터》는 긍정적 성장소설로 볼 수 있을 것이다. 즉, 이 성장소설에서는 젊은 주인공이 사회적 · 도덕적 · 지적 배움의 도전적인 여정에 착수한 후, 사회 내에서 자기 장소를 찾을 수 있는 사람으로서 집에 돌아올 수 있는 것이다. 각 작품에서 두 작가는 자기형성이라는 보충적 개념을 탐사하지만, 이들의 결과는 대립적이다. 즉, 새로운 모빌리티는 궁극적으로 한 주인공의 삶에는 부정적 효과를, 다른 주인공의 삶에는 긍정적 효과를 낳는다.

전 지구적 움직임에 대한 의식

빌헬름 마이스터의 자기형성, 또는 인격적 배움에는 세계 속에서 자신의 장소에 대한 의식을 발달시킴으로써 전 지구적 관점을 획득하는 것도 포함된다. 이 점은 위의 인용에서 이미 엿볼 수 있다. ("이 세상의 무엇과도 바꾸고 싶지 않다는 것"이라고 말할 때 암시된다.) 존 노이스는 당

---

[124] Lehmann, "Anton Reiser und die Entstehung des Wilhelm Meister," p. 123.

대 성장 중이던 유럽 식민주의와 세계시민주의의 맥락에서, 괴테가 자기형성 개념을 어떻게 사용하는지를 분석한다. 노이스는 다음과 같은 관점을 전개한다. "〔괴테의〕 주요 작품은 유럽의 해외로의 모험에 의해 근본적으로 재구조화된 세계를 전해 준다."[125] 안장시대에, 집에서 거주하는 삶이란 해외여행자의 모빌리티에 결코 외적이거나 무관한 것이 아니었다. 예를 들어, 괴테는《빌헬름 마이스터》에서 이러한 해외여행의 더 실질적인 결과 중 하나에 의거한다. 그것은 다른 나라로부터 재화를 수입하는 관행의 확장이다. 이 시기 동안 국제 교역이 더 일반적이 됨으로써 물자의 전지구적 순환 및 이동, 그리고 이 과정에서 사람들이 하는 역할에 대한 의식이 생겨났다. 빌헬름의 친구 베르너가 빌헬름에게 여행에 관해 (그리고 함축적으로, 빌헬름의 자기형성 또는 배움에 관해) 마지막으로 충고하는 다음 구절에서 괴테는 이러한 사고를 다룬다.

일단 거대한 교역 도시, 항구를 들러 봐. 그러면 자네는 분명 감명받을 걸세. 얼마나 많은 사람이 일을 하고 있는지 본다면, 그렇게 많은 물건이 어디서 오는지, 어디로 가는지를 본다면, 그 물건들이 많은 손을 거쳐 가는 것을 보는 것도 분명히 만족을 줄 거야. 극히 사소한 물건조차 교역 전체와 연관되어 있다는 걸 보게 되겠지. 바로 그래서 자네는 아무것도 사소하게 여기지 않게 될 걸세. 모든 것은 유통을 증대시키고, 자네의 삶이 양식을 얻는 것도 이 유통에서니까. (WML 39)

---

[125]   Noyes, "Goethe on Cosmopolitanism and Colonialism," p. 444

베르너가 여기에서 말하는 것은 다음과 같다. 빌헬름이 교역 도시나 항구로 여행하여, 사람들의 움직임("얼마나 많은 사람이 일을 하고 있는지 본다면")과의, 그리고 수입된 물건("극히 사소한 물건조차 교역 전체와 연관되어 있다는 걸 보게 되겠지")과의 물질적 연관("많은 물건이 … 많은 손을 거쳐 가는 것") 및 시각적 연결("그렇게 많은 물건이 어디서 오는지, 어디로 가는지를 본다면")을 획득하게 되면, 전 지구적 모빌리티의 상호 연결에 휩쓸리고 이를 의식할 수밖에 없게 되리라는 것이다. 노이스가 "다양한 형태의 초지역적 체험"이라고 부르는 것은 안장시대에 "독일에서 놀랍도록 빠르게 발달"하여, "많은 지식인이 자기 삶을 지역과 전 세계의 변증법으로 체험하게끔" 하였다.[126] 저러한 국제 교역의 체험은 노이스가 말한 것의 사례로 간주될 수 있다. 전체적으로, 괴테는 모빌리티에 대한 이러한 새로운 의식을 긍정적 발전으로 이해한 것으로 보인다. 베르너는 교역의 장소를 방문하는 것이 "만족을 줄" 거라고 말하며, 이로써 계몽된 빌헬름은 "나는 행복에 이르렀다"고 인정한다.

여행과 사랑의 상실

동시에, 모빌리티의 삶으로 들어섬으로써 배우고 향상되기는 하지만, 또한 그렇게 한다면 불가피하게도 거주하는 삶의 어떤 측면—가령 긴밀한 인간적 유대—이 희생되거나, 적어도 거기에 부담이 생긴다는 것을 괴테는 확실히 의식하고 있었다. 포르스터, 니콜라이, 헤르더

---

[126] Noyes, "Goethe on Cosmopolitanism and Colonialism," p. 448

같은 다른 안장시대 여행작가와 대조적으로,《빌헬름 마이스터의 수업시대》에 등장하는 모빌리티에 대한 문화적 분석의 의의는 주인공이 행하는 이동의 양상, 또는 물리적 움직임에 있지 않다. 의의는 자기 발견의 여정이 주는 정서적 움직임 기저의 모순에 있다. 괴테는 여행하는 삶과 집에서의 삶 사이를 이동하면서 관계와 교섭하고 관계를 유지하려는 빌헬름의 시도의 복잡성을 탐사한다. 이는 간접적으로 다음 물음을 불러일으킨다. 여행, 그리고 자기형성의 추구가 사랑의 상실을 수반하는 것은 불가피한가? 표면적으로, 빌헬름이 세계로 나와서 체험을 추구하도록 독려하는 것은 극장에 대한 사랑이고, 그가 정서적으로 고향에 정박하게 하는 것은 여자친구 마리아네에 대한 사랑이다. 그러나 다른 수준에서 이 두 열정은 단순한 모빌리티/거주하기 구분을 넘어선다. 그의 극장 사랑과 여자친구 사랑은 합일되어 불가분해지기 때문이다. 이를 서술자는 다음과 같이 묘사한다. "그는 자기가 몹시 사랑했던, 심지어 존경했던 사람을 자기가 가지고 있음을 깨달았다. 그녀는 무대 공연의 적절한 조명 속에서 처음으로 그에게 모습을 보였고, 무대를 향한 그의 열정은 여자라는 피조물에 대한 그의 첫 번째 사랑과 결부되었기 때문이다."(WML 14)

빌헬름은 자기의 두 삶의 열정, 즉 여자친구와의 거주하는-삶과 여행 및 극장에서의 성공적인 이력를 동시에 채울 수 있다고 그릇되게 믿었다. 빌헬름이 그렇게 믿은 것은 아마도 극장이 주는 환상적 힘 때문이었을 것이다. 확실히 빌헬름은 멈칫거리고 느릿느릿한 부르주아 실존으로부터 탈출하는 것을 애인이 도와줄 것이라는 거짓 믿음 하에서 살고 있었다. "마리아네를 통해 그에게 손을 건넨 운명의 밝은 손짓을 그는 믿었다. 그것은 더듬거리고 질질 끄는 시민적 삶으로부터 빠져나오라는 손짓이었다. 그는 오래전부터 저 삶으로부터 구출되기를 바랐다."(WML 35) 그러나 실제로 사회적으로 더 높고 교양 있는 위치로 오를 도약대가 된 것은 같은 부르주아 실존이었다. 상인인 빌헬름의 아버지가 그에게 "세계를 둘러볼 … 그리고 우리의 가게와 낯선 장소를 동시에 경영할" 기회를 준 것이다.(WML 42) 노이스는 이 지점을 더 설명한다. "괴테에게, 정치적 주체성은 모빌리티에 관한 것이었다. 그의 주요 주인공인 베르테르, 빌헬름 마이스터, 파우스트의 세계 내에는 계급적 경계가 있다. 이는 개인을 제한하기도 하지만, 경계를 넘는 특권을 주기도 한다."[127] 괴테는 이전에는 부동적이었던 중산층이 여행과 교육을 통해 부상하는 것을 고찰한다. 빌헬름 같은 여행자는 "근대 세계에 대한 새롭고 특권적인 체험에 접근"할 수 있게 된 "이동적 지식인" 집단의 일부가 된다.[128] 이런 식으로 본다면, 괴테의 이동적 지식인의 자기형성은, 자기가 상대적으로 덜 중요함을 깨닫고 세계 속에서 자신의 위치를 찾기 위해 개인적 관계와 개인적 포부를 포기하는 것을 함축하는 것으로 보인다. 이는 위에서 인용했던, 이 이야기 말미의 구절을 다시 상기시킨다. "저는 제게 과분한 행복에 이르렀고 …."[129]

---

[127] Noyes, "Goethe on Cosmopolitanism and Colonialism," pp. 447-8. 나는 여기에서 노이스가 사용하는 '정치적'이라는 용어를 사회계급을 지칭하는 것으로, 그리고 개인의 특정한 사회적 지위에 따르는 지식 및 권리를 지칭하는 것으로 이해한다.

[128] Noyes, "Goethe on Cosmopolitanism and Colonialism," p. 448.

[129] 강조는 필자.

원거리 사랑을 지속하려는 빌헬름의 교섭(또는, 어쩌면 잘못된 기대라고 말하는 편이 낫겠다)을 논하기 위해 잠시 쿡 선장과 떠난 게오르크 포르스터의 여행의 맥락으로 돌아가 보자. 리솔루션호 탑승자들의 상호인격적 관계, 이들의 선별과 유지에 관해 호프는 이렇게 지적한다.

긴 여정을 떠나는 항해 전에는 언제나 탈영률이 높았다. 탑승자들은 자기가 없는 동안 자기 여자가 떠날 것을 두려워했기 때문이다. 리솔루션호가 출항하기 전에 58명이 떠났다. 이는 정원의 절반 이상이었고, 즉시 대체되었다.[130]

등장 중인 새로운 모빌리티의 단점 중 하나는, 여행으로 인해 사람들이 멀어진다는 것이었다. 안장시대에 원거리 소통 가능성은 비교적 빈약했으며, 쿡의 여정 같은 모험을 하려면 흔히 몇 달 때로는 몇 년을 떠나야 했다. 쿡의 두 번째 원정의 경우, 두려움이 널리 퍼져서, 집에 있던 여성들은 이동적이 되려는 남성을 버리고 정착하기로 하는 남성을 택하려 했다.[131] 그러나 탈영한 탑승자를 대체할 남성, 그렇게 자기 관계를 위태롭게 하면서도, 또는—아직 그럴 관계가 없다면—정착을

---

130 Richard Hough, *Captain James Cook: A Biography* (Great Britain: Hodder and Stoughton, 1994), p. 190, 각주.
131 이는 젠더와 권력관계의 면에서 볼 때 흥미롭다. 적절한 항해 기술을 가진 남자는 여행을 할 권력이 있었지만, 남자가 여행을 할지 말지는 여성이 전체적인 권력을 가지고 있었기 때문이다.

미루면서도 원정대에 참여하고자 하는 남성은 언제나 있었다.[132] 이것이 암시하는 바는, 적어도 일부 사람에게는 여행이라는 생각이 인기를 얻고 있었다는 것, 또는 문화적으로 더욱 받아들여질 만하게 되어 가고 있었다는 것이다. 여행의 체험은 사랑이나 개인적 관계와 대등한, 또는 심지어 그 이상의 가치를 가질 수 있는 삶의 가치가 되어 가고 있었다. 탈영한 사람이든 참여한 사람이든 리솔루선호의 탑승자와 대조적으로, 젊고 순진한 빌헬름 마이스터는 개인적이고 구속 없는 여행을 우선해야 할지 사랑하며 거주하는 것을 우선해야 할지 선택해야 할 상황에 자기가 처해 있음을 알지 못한다. 빌헬름은 둘 다 가질 수 있을 것이라고 생각했다. 사랑하는 여자친구 마리아네가 빌헬름과 결합하기를 참을성 있게 기다리는 동안 그는 여정에 나선다. "그는 자기 장소를 찾으려 했고, 그 후에 그녀를 데려오려 했다. 그녀가 그에게 손 내밀기를 거절하지 않기를 그는 희망했다."(WML 44) 그는 결국 "높은 목표"를 달성하고, "탁월한 배우, 미래의 국립극장의 수립자"가 될 것이었다.(WML 35) 끝에 가서 밝혀지듯이, 이 중 아무것도 이루어지지 않는다.[133]

---

132 여기에서 "정착한다"는 말은 하이데거적 의미에서의 거주하기로, 즉 가족의 집을 만들고 그 한 장소에 머무르는 것으로 이해될 수 있다.

133 그녀가 그를 사랑하기는 하지만, 그가 곧 떠난다는 생각에 심히 괴로워했다는 것, 그리고 편안한 거주하는-삶을 살기 위해 경제적으로 안정적인 배우자 노르베르크를 찾는 과정을 그녀가 이미 비밀리에 시작했다는 것을 빌헬름은 알지 못했다. 그녀는 탄식한다. "나는 그(빌헬름)를 사랑하고, 그는 나를 사랑해. 나는 내가 그와 떨어져야 한다는 것을 알아. 그걸 어떻게 견뎌 내야 할지 모르겠어. 노르베르크가 와. 우리는 우리 삶 전체를 그에게 빚지고 있고, 우리는 그 없이는 살 수가 없어. 빌헬름은 너무 제약이 많아. 그는 나를 위해 아무것도 해 주지 못해." WML 46. 이동적 지식인의 지위를 마리아네가 가치 있게 보지 않았음은 명백하다.

불확실성과 교섭하기

나는 이 이야기의 말미로부터 인용을 하며 시작했지만, 안장시대의 방식으로, 여기에서 예기치 못하게 이야기의 시작으로 돌아가야겠다. 빌헬름의 이야기가 시작되면서 그의 배움도 시작된다. 그 자신 및 세계에 대한 그의 이상화된 사고는 꼬이기 시작한다. 거주하는-삶의 안정성은 흐릿하고, 예상치 못하고, 통제 불가능하고 새로운, 이동 중의 삶의 실재에 자리를 내준다. 우선 그는 그의 아버지가 아는 가족과 밤을 보낸다. 그러나 그들의 딸 멜리나가 도망침으로써 혼란이 생기자, 그는 즉시 거기에 엮여 든다. 이어서 빌헬름은 그녀, 그리고 그녀가 함께 도주했던 애인의 재판에 연루된다. 그는 이 체험을 완전히 불안하다고 느낀다.

> 말이 느릿느릿 그를 집으로 싣고 온 후 그가 마주쳤던 다양한 사건들을 숙고하니, 이 모든 것, 빌헬름에게 많은 불안한 시간을 주었던 것들이 현재적으로 다시 그의 기억 속으로 돌아왔다. 한 소녀가 괜찮은 부르주아 가족으로, 그야말로 전체 도시로 도망쳤던 이 움직임을 그는 눈으로 보았다. 거리의 장면, 관청의 장면, 멜리나의 신념, 그리고 그 밖의 사건들이 그에게 다시 떠올라, 그의 생동적이고 전진하는 정신에 일종의 걱정스러운 동요가 생겼다. 그는 이 동요를 오래 견디지 못했고, 말에 박차를 가하여 도시로 서둘렀다. (WML 60-1)

빌헬름이 자신과 자신의 계획이 세계의 거대한 틀에서는 중요하지 않다는 것을 깨닫기 시작하자, 말의 느릿한 발걸음은 그의 마음에 불안한 생각을 불러일으킨다. 단일하지만 파급력 있는 운동, "움직임"에 의해 여러 사람—그로부터 시작해서 밀레나, 그녀의 가족, 그리고 전체 도시까지 이르는 수많은 사람—에게 영향을 끼친 이 모든 사건들을 그는 생각한다. 이 체험에 압도되고 실망함으로써, 여행을 하려는 그의 열정("그의 생동적이고 전진하는 정신")은 가라앉는다. 이것이 불러일으키는 불안 상태("일종의 걱정스러운 동요")로 인해 그는 이 생각으로부터 탈출하고 집으로 서둘러 돌아가고 싶어져서 빠르게 말을 몬다.

《빌헬름 마이스터》 전체에서 괴테는 여행하려는 빌헬름의 욕망의 표현을 긍정적이고 가치 있는 배움의 체험으로 그린다. 빌헬름은 마리아네와의 관계에 실패한 데에서, 그리고 순진하게도 자신에게만 초점을 맞춘 목표를 세운 데에서 무언가를 배운다. 집에서의 관계에 가해질 손상을 예상하지 않고 여행하기를 예상할 수는 없다. 여정에 무슨 일이 일어날지, 그것에 의해 어떻게 정서적인 영향을 받을지 미리 말할 수는 없다. 여행자는 체험에 열려 있어야 하고, 그로부터 배워야 한다. 그런 방식으로 괴테는, 여행자가 자기에 대해서 배우고, 불가피하게도 자기 삶의 배움의 중요한 부분을 획득한다고, 그리하여 계몽된 거주자로서의 삶을 계속할 수 있게 된다고 시사한다. 여행, 관계, 우연의 효과에 관한 물음은 다음 여행자, 하인리히 폰 클라이스트의 분석과도 유관하다.

3.4.6 하인리히 폰 클라이스트,《편지: 1793. 3. 1~1801. 4》

(1848)

사랑, 여행, 편지

하인리히 폰 클라이스트는 1777년에 태어났다. 그의 많은 친척들은 프러시아 군대에 복무했다. 그는 이 전통을 이어 14세에 상등병으로 입대했다. 이후 1799년, 클라이스트는 "계몽된 휴머니즘의 이상과 프러시아의 일상적 삶 사이의 근본적 모순"으로 인해 환멸을 느끼고, 군대를 떠난다.[134] 그는 고향 마을인 오데르 강변 프랑크푸르트로 돌아가서 대학에 등록하고, 국가를 위해 일하는 행정직을 구하려 한다. 클라이스트가 아우구스트 빌헬름 하르트만 폰 쳉에의 딸의 가정교사라는 직업을 구한 것은 이때였다. 그는 딸들 중 하나인 빌헬미네와 연애 관계를 시작했다. 이어서, 오데르 강변 프랑크푸르트와 뷔르츠부르크 사이를 여행하는 동안, 클라이스트는 이제 그의 여자친구이자 (비공식적) 약혼녀인 빌헬미네에게 편지를 썼다. 이 편지들은 이동 중에 그녀를

---

[134] Bernd Fischer, "Introduction: Heinrich von Kleist's Life and Work," *A Companion to the Works of Heinrich von Kleist*, ed. Bernd Fischer (U.S.A.: Camden House, 2003), 1-20, p. 3. 슈나이더는 이 근본적 모순 두 가지를 구체적으로 든다. 첫째, "출생이라는 것은 인간 삶의 자연적이며 우연적인 요소가 순수하게 주어진 것임에도 불구하고, 출생이 이성적 자율의 탐색이라는 계몽적 과제에 저항하는 극복 불가능한 문제가 되었다는 사실", 둘째, "부모와 자식 사이의 가까운 관계를 특징으로 하는, 새롭고 긴밀한 가족이 낳은 정서적 친밀성의 가치에 계몽적 휴머니즘이 호소했다는 사실. … 그러므로, 주정주의의 이러한 원천을 끌어들인다는 것은 … 문명의 도움을 받아 인간이 거리를 두어야 할 바로 그 근원에 고정되어 버림을 뜻한다." Helmut J. Schneider, "Kleist's Challenge to Enlightenment Humanism," *A Companion to the Works of Heinrich von Kleist*, ed. Bernd Fischer (U.S.A.:Camden House, 2003), 141-63, p. 150.

생각하며 그의 여정을 물질화하고 이동화하는 방식이었다. 더 일반적으로 말해, 피셔는 이렇게 지적한다. "이 편지들이 기록하는 것은 다름이 아니라, 초기 계몽주의의 이상과 사고틀에 대한 어느 정도 순진한 믿음에서 세계에 대한 근본적으로 회의적인 관점으로 … 그가 계속해서 곤두박질치는 과정이다."[135] 그렇기에 클라이스트에게 여행을 통한 자기형성이란, 일반적으로 말해서, 등장 중인 새로운 모빌리티가 가진 격동적이고, 부정적이며, 삶을 위협할 수도 있는 면에 대한 배움이었다고 우리는 추측할 수 있다.

헤르더처럼 클라이스트도, 대체로 자신이 일으킨 어려운 상황에 처한 후에 여행을 떠난다.[136] 클라이스트는 빌헬미네 폰 쳉에와 사랑에 빠졌고, 그가 귀족 가문이라는 배경을 가졌기에 그녀의 부모는 이 관계를 승인했다. 동시에, 딸에게 안전한 미래를 보장하기 위해, 폰 쳉에 부부는 그가 공무원 직책을 직업적으로 맡기를 바랐다. 그러나 클라이스트는 그들의 바람을 충족시키지 않고 마을을 벗어나 여정을 떠나기로 결심했다.[137] 그는 당시 아직 젊은이였고, 아마도 이러한 미리 규정

---

[135] Fischer, "Introduction: Heinrich von Kleist's Life and Work," p. 4.

[136] 그러나 타이밍은 둘 사이의 중요한 차이가 된다. 헤르더는 불가능한 여건에 둘러싸이게 된 후 떠났지만, 클라이스트는 여행을 떠남으로써 그의 상황을 훨씬 악화시켰다.

[137] 당시 클라이스트가 여행을 떠난 정확한 동기는 대체로 알려지지 않았다. 새뮤얼과 브라운은 이러한 점이 클라인의 생애사에서 전형적이라고 논평한다. "위대한 독일 극작가 하인리히 폰 클라이스트(1777~1811)의 삶은 신비와 불확실성으로 가득 차 있다. 직접적으로 클라이스트 자신에게서 나온 것이든 간접적으로 그의 가족, 지인, 그를 상대해야 했던 당국으로부터 나온 것이든 간에 증거가 부족하기 때문에, 그의 생애사에는 구멍이 많다." Richard H. Samuel and Hilda Meldrum Brown, *Kleist's Lost Year and the Quest for Robert Guiskard* (Great Britain: James Hall Publishing, 1981), p. VII. 클라이스트의 뷔르츠부르크 여행을 설명하려는 이론들은, 클라이스트가 프러시아 정부를

된 개인적 · 직업적 삶을 살 준비가 되어 있지 않았을 것이다. 어쨌든, 스스로를 표류시킴으로써 이 젊은 여행자는 여러 부정적 귀결을 얻었다. 가령, 그는 당연하게도 미래의 장인, 장모가 될 사람의 총애를 잃었다. 호호프는 이렇게 설명한다. "가난한 귀족은 시민적 삶에 아무 기회를 가지지 못했기에, 클라이스트는 자처하여 집을 잃음으로써 괴로움을 겪게 되었다."[138] 어떤 안장시대 저자들은 새로운 모빌리티의 시대에 삶과 담판 짓는 방식을 발견해 냈지만—예를 들어 괴테의 경우, 이는 자기형성이라는 매개 개념을 통해 이루어졌다—클라이스트는 여행만 하거나 거주만 하는 것으로 결코 만족할 수 없었다. 그의 글에는 쉼 없음, 몸부림, 파도치는 감정으로 인한 괴로움이 가득하다. 그의 글을 통해 클라이스트는 모빌리티라는 개념에 근거한 등장 중인 문화가 가질 수 있는 애매성과 위험을 들추어 낸다.

모빌리티 역설

괴테의 주인공 빌헬름 마이스터처럼, 클라이스트는 여행하고 싶었지만 동시에 여자친구 빌헬미네와의 관계를 유지하고자 했다. 그리고 빌헬름처럼, 클라이스트의 세계에서도 낭만적 사랑과 여행의 연결은

위한 산업스파이였다든가, 그가 비밀교역 임무를 맡고 있었다든가, 어떤 성병 치료를 받고 있었다고 주장하기도 한다. Fischer, "Introduction: Heinrich von Kleist's Life and Work," p. 3. 이 미스터리에도 불구하고 피셔는 우리에게 다음을 상기시킨다. "클라이스트가 겪은 내적 발전에 대해서는 그가 쓴 비범한 편지로 인해 〔여전히〕 배울 수 있다." p. 3.

[138] Curt Hohoff, *Heinrich von Kleist, 1777/1977*, trans. Patricia Crampton (Germany: Inter Nationes, 1977), p. 24.

미약했다—빌헬미네는 클라이스트가 자기 거주-장소에 내려 둔 정서적 닻 기능을 한 것으로 보인다. 이 두 젊은 여행자 사이의 차이는, 빌헬름은 자기 관계가 여행에 영향 받지 않으리라고 순진하게(어쨌든 여정을 시작할 때는) 생각했던 반면, 클라이스트는 그의 부재가 가질 수 있는 파괴적인 효과를 언제나 고통스럽게 의식하고 있었다는 것이다. 그는 빌헬미네를 향한 그의 불멸의 사랑을 공언하고, 동시에 그들이 미래에 함께 할 거주하는-삶을 향한 그의 계획을 그녀에게 알리는 편지를 통해 이를 과도하게 보상하려고 했다.[139]

그는 이 관계의 복잡성에 사로잡혀 괴로워하고 있었다. 한편으로 이 관계는 정지를 통해 특징지어진다. 빌헬미네는 집에 거주하고, 말하자면 벽 안에("그대의 벽 〔안에〕") 있다. 다른 한편, 이 관계는 움직임을 통해 특징지어진다. 클라이스트는 장소에서 장소로("모든 장소로") 여행한다. 그렇기에, 클라이스트는 우리에게 일종의 자기파괴적 모빌리티 역설을 보여 준다. 한 차원에서 그는 거주하는 삶의 난점에서 탈출하고 생각할 자유와 공간을 "재"획득 하기 위해 여행할 필요를 느낀다.

---

139 예를 들어, 빌헬미네가 떠나서 베를린에 있었다는 편지를 클라이스트가 마침내 받았을 때, 그는 그녀의 여행을 못마땅해 하며 그가 곧 돌아갈 곳인 프랑크푸르트로 돌아오라고 부탁한다. "이성을 찾도록 해요. 그리고 저항하지 말고 그 장소로 돌아오세요. … 짧은 시간 동안은 베를린이 맘에 들 수 있겠지만, 긴 시간 동안은 그렇지 않을 겁니다. 나는 그렇지 않아요—그대는 내 곁에 있어야 할 것입니다. … 정해진 시간에 프랑크푸르트로 돌아오세요. 나도 그럴 겁니다." B 331. 더 나아가, 그들이 미래에 함께 할 거주하는-삶에 대해 클라이스트는 빌헬미네에게 이렇게 쓴다. "그대의 다음 목표는 어머니가 되는 것이고, 나의 다음 목표는 국민으로서 자기형성을 쌓는 것일 겁니다. 그리고 우리 둘 모두가 추구해야 할 목표, 우리 둘 모두가 서로에게 확인시킬 수 있는 먼 목표는 사랑의 행복일 겁니다. 잘 자요, 나의 예비 신부, 장래의 아내, 장래 내 아이의 어머니, 빌헬미네여!" B 344.

그러나 그의 약혼녀에 대한 생각과 그들이 함께 할 미래의 거주하는 삶을 향한 계획은 여정 내내 그를 좀먹는다. 그렇기에 우리는, 어떤 의미에서 그가 자유롭지 않다고 주장할 수 있다. 클라이스트가 오데르 강변 프랑크푸르트를 떠나지 않았더라면, 그는 이러한 생각의 고통을 피했을까? 다시, 그가 고향에 머물렀더라면, 그는 대신 먼 곳을 향한 갈망Fernweh, 즉 다른 곳으로 여행하려는 열망을 강하게 느끼지 않았을까? 어느 쪽이든, 빌헬미네는 이 편지들에 답하지 않기로(적어도, 거의 답하지 않기로) 했다. 그녀가 침묵한 것은 아마도 클라이스트의 글이 품고 있는 압도적인 격렬함과 때로는 비난하는 어조 때문이었을 것이다. 아니면 클라이스트가 폰 쳉에 가문의 지시에 반대하여 여행하기로 결심했다는 단순한 이유 때문이었을 것이다.[140]

그녀에게 쓴 다음 발췌문에서 보이듯이, 클라이스트는 후자 쪽을 의심했다. "왜 그대로부터 아무 소식도 들을 수가 없지요? … 여자친구로부터 일부러 떠났다고 해서, 그대가 사랑하는 사람에게 혹시 화가 난 것인가요?"(B 294) 전체적으로 그것은 공존의 부재, 클라이스트의 끊임

---

[140] 빌헬미네가 답장을 하지 않은 것에 대한 또 다른 설명은(이 설명이 반드시 앞의 설명을 배제하는 것은 아니지만) 그가 클라이스트를 참으로 사랑한 적이 없다는 것이다. 적어도, 클라이스트와의 관계를 크루크 교수에게 알리는 편지에서 회고할 때 그녀는 이를 암시한다. 그녀는 클라이스트와의 관계가 끝난 후 결국 크루크 교수와 결혼한다. 호호프는 그녀의 변화를 다음과 같이 다시 표현했다. "그녀는 클라이스트를 사랑하지 않았다. 애초에 그녀는 그의 형제 레오폴트에게 더욱 끌렸다. 하인리히는 '아주 우울하고 침울하며 말도 거의 하지' 않았기 때문이다. … 마침내 그녀는 그의 끈기에 굴복하여, 그를 아끼는 법을 배웠다. 그의 이상, 대학교수들조차 감탄했던 그의 심리적 능력, 그의 고귀한 도덕 개념이 그녀에게 한때 불을 지폈다. 그녀는 그의 이상을 닮으려 했던 것이다." 1977, p. 34.

없는 불안, 움직임과 여행을 향한 애매하고 늘 변화하는 태도에 의해 공동 수립된 원거리 연애의 복잡하고 괴로운 상황이었다.

서간문 연애의 위험

이제는 클라이스트가 여행 체험을 전달하기 위해 사용했던 재현 양식, 즉 편지 쓰기라는 직접적 맥락을 검토하겠다. 당시 이용 가능했던 통신 테크놀로지 중 가장 진보되었고 점점 가장 빠른 형태가 되어 가는 것이 마차로 편지를 배달하는 독일 우편 체계였음을 클라이스트는 의식하고 있었을 것이다. 노스는 우편배달 네트워크의 가속을 가져온 테크놀로지적 진보를 둘러싼 역사적 여건을 다음과 같이 설명한다.

프랑스전쟁 및 이어진 전쟁의 귀결을 극복한 후, 독일 우편국은 우편배달 교통을 계획에 따라 다시 수립할 수 있었다. … 개인 우편의 속도를 높이기 위해, 좌석의 수가 제한되었다. … 더 나은 도로는 결국 여행과 편지 배달을 더 빠르게 촉진할 전제가 되었다.[141]

우편마차는 빠르게 편지를 배달했을 뿐 아니라, 여행자가 독일을 돌아다니는 일반적인 방법이 되고 있었다. 클라이스트도 이러한 방식으로 여행을 했고, 성공하기도 하고 실패하기도 했다. 비슷하게, 빌헬미네에게 우편으로 편지를 보낼 때, 자신의 관계에 무슨 일이 일어나고

---

141 North, *Die Post*, p. 70.

있는지에 대한 클라이스트의 해석은 대체로 우편의 신뢰성 또는 타이밍에 의해 결정되었다. 클라이스트가 빌헬미네에게 다음과 같이 쓸 때 이는 명백하다. "내 모든 편지가 시간에 맞게 다른 사람이 아니라 그대에게 도착했는지만 알 수 있다면. … 모든 편지에서 나는 그것이 다르게 써지거나, 그것이 분실되리라는 예감이 드는 것처럼 느낍니다."(B 232. 강조는 필자) 이동적 사물로서 본다면, 클라이스트의 편지는 첫째, 물리적 움직임, 즉 우편마차를 통한 편지의 물리적 수송과, 둘째, 정서적 움직임, 즉 그와 함께 전달되는 낭만적 정서의 상호연결된 본성을 대표한다. 그렇기 때문에, 우편 체계의 고장 가능성은(즉, 우편마차가 부서지고 편지가 도착하지 않는다면) 정서적 유대의 단절 가능성과 같아진다. 테크놀로지적 수단과 정서적 수단을 융합시킴으로써 클라이스트가 암묵적으로 강조하는 요점은, 등장 중인 새로운 모빌리티의 부정적 사회적 귀결로 해석될 수 있을 것이다. 그 요점은, 결함이 있으며 때로는 위험한 새로운 통신 테크놀로지 및 체계에 여행자가 불가피하게 의존한다는 점이다. 이러한 연관을 감지하여, 그는 현대 프랑스 문화이론가 폴 비릴리오와 비슷한 우려를 내놓는다. 비릴리오는 "도구를 손에 넣는다는 것은 또한 특정한 위험을 획득한다는 것을 뜻한다. 그것은 문을 열고 당신의 사적 세계를 크고 작은 위험 요소에 노출시키는 것이다."[142]

클라이스트가 마차를 타고 여행하다가 물리적 위험에 노출되었던

---

142 Paul Virilio, *A Landscape of Events*, trans. Julie Rose (Cambridge, MA: MIT Press, 2000), pp. 54-55.

사건은 아래에서 논할 것이다. 그러나 편지 쓰기의 맥락에서, 우리는 (새롭고 향상된) 독일 우편 체계가 이 경우에는 정서적 손상을 줄 가능성을 가진 도구가 된다고 볼 수 있을 것이다. 예를 들어, 편지가 전달되는 과정 어디에서인가 자신의 편지를 "어떤 호기심 많은 사람이 열어볼" 수 있을 가능성에 대한 우려를 표한 뒤(B 323), 그는 "사적 세계"의 어떤 면모들에 대해서는 쓰지 않게 된다. 그는 편지에 "당신에게 설명을 제공하지는 않겠지만, 올바르게 추측할 재료는 줄 수 있는" 정보를 누락했다고 빌헬미네에게 애매하게 설명한다.(B 323) 여기에서 클라이스트의 비밀 엄수를 일차적으로 추동하는 것이 우편 체계에 대한 불신인지, 그의 위태로운 관계에 대한 불안인지, 그가 어떤 비밀 활동에 연루되어 있다는 것인지, 아니면 이런 요인이나 그 외 요인의 결합인지를 추론하기는 어렵다.[143]

참사와 우연

지금까지 클라이스트는 이 변화의 시기, 안장시대에 평화나 만족의 장소를 결코 찾을 수 없었던 것으로 보인다. 그 부분적인 이유가 될 수 있는 것은 아마도, 새로운 모빌리티의 부정적 결과로 간주될 수 있을 것에 대한 생각에 그가 몰두하고자 했다는 사실일 것이다. 클라이스트

---

143 위에서 지적했듯이, 여정에 비밀스러운 데가 있음이 클라이스트의 경우에는 이례적인 일이 아니라는 것은 확실하다. 예를 들어, 클라이스트의 저작의 번역자 로저 존스는 클라이스트의 1800년 뷔르츠부르크 여정이 "비밀에 싸여 있다"고 쓴다. Heinrich von Kleist, *The Broken Jug*, trans. Roger Jones (Manchester: Manchester University Press, 1977), p. V.

는 여행자가 부상을 입거나, 다치거나, 궁극적으로는—아래에서 설명할 것이다—죽을 가능성을 주저하지 않고 숙고했다. 대조적으로, 여행 텍스트의 다른 저자들은 이동 중의 삶과 관계된 부정적 진실과 대면하거나 거기에 큰 관심을 주는 것을 피했다. 예를 들어, 《빌헬름 마이스터》에서 괴테는 "식민지를 마치 폭력이 없는 양 바라〔보기〕" 위한 일종의 회피 전술로 세계시민주의라는 이념을 이용하고 있다고 노이스는 주장한다.[144] 비슷하게 레만도, 《빌헬름 마이스터》를 쓸 때 괴테는 "세계관을 미화하려는 일반적 경향이 있었던 계몽시대의 낙관주의"에 영향을 받았다고 말한다.[145] 반면에 클라이스트는 이동 중에 그가 연루되었던 목숨을 위협하는 사고에 대한 상세한 설명을 제공한다.[146]

이동 중에 그가 연루되었던, 특히 눈여겨볼 만한 "참사 장면" 또는 더 구체적으로는 "여행 중의 우발적 사고"가 있다.[147] 화가 친구 하인리히

---

[144] Noyes, "Goethe on Cosmopolitanism and Colonialism," p. 455. 이 요점에 관한 전체 인용은 다음과 같다. "세계시민주의로 인해 빌헬름은, 제도가 빌헬름의 움직임에 전혀 영향을 끼치지 않는 양 자기 삶의 여정을 구조 지을 수 있으리라는 것이 세계시민주의가 주는 약속이다. 이처럼 규율 범주로서의 영토를 추방함으로써, 괴테는 (대부분의 경우) 식민지를 마치 폭력이 없는 양 볼 수 있게 된다." p. 455. 여행에 관하여, 보러도 비슷한 비교를 한다. 그는 괴테의 긍정적인 전망을 클라이스트의 현실주의적 전망과 비교한다. (95쪽을 보라)

[145] Lehmann, "Anton Reiser und die Entstehung des Wilhelm Meister," p. 123

[146] 비슷하게 레만은 《안톤 라이저》에서 모리츠의 문제가 괴테와 대조되게 "끝없이 더 신랄"하며 "그는 아무것도 부드럽게 쓰지 않는다"고 지적한다. p. 124. 레만은 이를 부분적으로는 "환경의 차이" 탓으로 본다. p. 124.

[147] Karl Heinz Bohrer, *Der romantische Brief: Die Entstehung äthetischer Subjektivität* (Müchen, Wien: Suhrkamp, 1987), p. 95; p. 94. 클라이스트는 다른 중요한 사건에 대해서도 썼다. 그것은 배 위에서 그가 겪었던 위협적인 폭풍이다. 그는 이 체험을 그가 신뢰하는 배다른 자매 울리케에게 쓴 1803년 편지에서 묘사한다. 이미 미약했던 클라이스트와 빌헬미네의 관계를 생각했을 때, 아마도 그는 목숨을 위협하는 여행 관련 사고의 세부에 대해서는 그녀에게 말하지 않는 것이 좋다고 생각했을 것이다.

로제에게 쓴 1801년 편지에서 클라이스트는 여행 마차가 난폭하게 뒤집어진 사건을 묘사한다. 이 편지는 겁을 주는 문장으로 시작한다. "자네의 친구가 거의 죽음 근처에 갔다는 사실을 아는가?"[148] 작은 마을 부츠바흐에서 클라이스트는 정지한 마차에 앉아 있다. 말은 고삐가 풀린 채 여물을 먹고 있다. 지나가던 당나귀가 무섭게 울자 아수라장이 시작된다.

우리 말이 … 똑바로 몸을 치켜들더니, 우리를 끌고 황급히 포도를 내달리기 시작했네. 나는 밧줄을 잡았지—하지만 고삐는 풀려서 가슴께에 가 있었지. 얼마나 위험한 상황인지 우리가 생각도 하기 전에 가벼운 마차는 뒤집어졌고 우리는 나동그라졌다네. 그러니까, 사람 목숨이 당나귀 울음에 달려 있다는 건가? 그리고 이 둘이 연결되어 있는 것이라면, 바로 그래서 내가 살아난 것인가?[149]

변화와 움직임이라는, 안장시대의 두 토대가 위 인용문에 명확히 표현되어 있다. 일련의 빠른("황급히") 움직임이 갑자기 클라이스트의 체험을 "걱정 없이 앉아 있음"으로부터 "죽음 근처에" 있음으로 바꾼 것이다. 클라이스트가 타고 있는 마차가 얌전히 똑바로 서 있다가 넘어지고 부서지는 이행 과정을 우리는 코젤렉의 안장시대의 "갑작스레 발

---

148 Bohrer, *Der romantische Brief*, p. 93에서 재인용.
149 Bohrer, *Der romantische Brief*, p. 93에서 재인용.

발하여 결국은 유지되는 변화"의 전형적인 예로 볼 수 있을 것이다.[150] 비슷한 맥락에서, 클라이스트는 우연 개념을 바탕으로 자신의 삶을 이해함을 통해, 무슨 일이 일어난 것인지를 파악하려 한다.[151] 여기에서 한 인간의 삶(그의 삶)이 당나귀 울음에 달려 있는 것으로 보인다. 그리고 그는 더 나아가, 이러한 사건의 진행이 무작위적이었다면, 또한 그렇기에 그가 살아남았다고도 말할 수 있을지를 생각해 본다. 타이젠은 어떻게 클라이스트가 이 사건의 체험에 의거하여 후기의 글에서 계속하여 움직임, 변화, 시간의 즉각성, 우연에 관한 (안장시대) 물음을 탐사했는지를 설명한다.

클라이스트의 중편소설과 일화를 특징짓는 것은 신문 기사를 모델로 한 문체다. … 클라이스트의 글에는 들어본 적 없는 사건을 그 모든 즉각성을 가지고 제시하는 부수적인 세부 사항이 과도하게 실려 있다. 클라이스트의 글은 사실의 순전한 우연에 대해 숙고한다. … 그의 허구적이고 저널리스트적인 글에서 발견되는, 예기치 못한 참사와 난폭한 죽음은 선정적인 것, 새로운 것, 기묘한 것, 이상한 것을 좋아하는 대중의 취향

---

150 동시에, 어쩌면 이 사고가 목숨을 위협한다거나 눈여겨볼 가치가 있다는 클라이스트의 말은 과장일 수 있다. 노스는 이렇게 설명한다. "도로의 상태가 좋지 않을 때, 우편마차가 뒤집히는 일은 드물지 않았다." p. 70. 어쩌면 클라이스트의 사고의 원인인 당나귀의 울음은 특이했을지도 모른다. 그러나 일반적으로, 우편마차가 뒤집히는 것은 비교적 흔한 일이었다.

151 클라이스트의 우연 개념에 대한 더 상세한 논의는 6장을 보라[6.2.2 〈시간에 걸친…〉 마지막 문단].

에 반복적으로 반영된다. 서사는 "고통의 장면"을 중심으로 돈다.[152]

어쩌면 클라이스트의 독자들이 그가 묘사하는 참사의 선정적 저널리즘적 면모에 이끌렸을 수 있지만, 나는 클라이스트가 우연의 개념에 사로잡혀 있었던 것은 그것이 새로운 모빌리티에 대처하는 그의 개인적 방법이었을 수 있다고 주장하고 싶다. 사실, 나는 그가 미지 속에서 위안을 찾았다고 추정한다. 빌헬미네 폰 쳉에와의 관계를 제외하고는, 그는 그가 통제할 수 없는 실재에—언제나 올 수 있는 죽음을 포함하여—자신을 내맡긴 것으로 보인다(결국 그는 이 관계도 포기했다. 그는 1802년 5월의 편지에서 약혼을 깬다).[153] 니콜라이 같은 사람은 안장시대를 통제하고 주인이 되려고 한 반면, 클라이스트는 무엇이 일어나든 간에 자기를 일종의 희생자로 보았다. 이 때문에 보러는 이렇게 결론 내린다. "클라이스트는 참사를 긍정하는 방식으로 참사와 관계한다. 참사는 이성의 말에 반대한다. 인간의 삶은 우연에 던져져 있다. 당나귀의 울음이 인간 스스로의 가능적 규정보다 더 풍부한 귀결을 가진다."[154] 클라이스트가 보기에, 참사 앞에 놓인 인간 삶의 우연은 계몽이 행했던 이성의 이상화(그리고 이성에의 의존)을 반박했다.

---

152 Bianca Theisen, "Strange News: Kleist's Novellas," *A Companion to the Works of Heinrich von Kleist*, ed. Bernd Fischer (New York: Camden House, 2003), 81-102, p. 99, 강조는 필자.

153 Fischer, "Introduction: Heinrich von Kleist's Life and Work," p. 4.

154 Bohrer, *Der romantische Brief*, p. 95.

불확실성 받아들이기?

존 키츠는 '부정적 능력negative capability'이라는 개념을 통해 우연성에 대한 클라이스트의 사고와 비슷한 생각을 표현한다. 키츠는 1817년 형제들에게 쓴 편지에서 이 개념을 정의한다. "나는 부정적 능력이라고 말해. 그건 사실과 이성을 향해 짜증 내며 손을 뻗어 대지 않고 불확실성, 신비, 의심 내에 있을 수 있는 능력이야."[155] 달리 말하자면, "부정적 능력"은 이성적 설명을 위해 늘 노력하지 않으면서도 편안하게 살 수 있는 능력이다. 키츠는 콜리지를 예로 든다. "예를 들자면, 콜리지는 신비의 심저心底로부터, 절반의 지식을 가지고 만족하고 있을 수 없는 마음으로부터 붙잡은, 섬세하고 고립된 핍진성을 통해서, 그냥 놓아 두려고 했어."[156] 일반적으로 클라이스트, 키츠, 콜리지 같은 낭만주의 작가들은 체험의 예상치 못한 본성, 사건의 우연성에 마음을 열고, 통제 너머에 있는 이러한 사건들에 대해서 설명을 요구하지 않음으로써, 등장 중인 새로운 모빌리티의 불확실성에 응답했다.[157]

여행의 결과로서, 또한 군대에서 보낸 이전 삶의 체험의 결과로서, 특히 클라이스트는 이행과 변화의 시대의 삶에 확실한 것은 불확실성

---

[155] John Keats, *Letters of John Keats: a New Selection*, ed. Robert Gittings (London: Oxford University Press, 1970), p. 43.

[156] Keats, *Letters of John Keats*, p. 43.

[157] 쿠트도 이 주장에 힘을 싣는다. 쿠트는 키츠의 "부정적 능력" 개념을 언급하며, "이 유명한 구절은 키츠 자신의 성미에, 그에 대한 인상과 개념으로부터 파생된 인상과 개념에 의거한다. 그리고 이 구절은 무엇보다도 … 수용하고 개방되라는(,) … 고정된 것·경직된 것·교조적인 것으로부터 자유로워지라는 탄원이다." Stephen Coote, *John Keats: a Life* (London: Hodder and Stoughton, 1995), p. 115.

자체뿐이라고 믿게 된 것 같다. 그는 사랑과 관계에서도, 새로운 테크놀로지에서도, 여행에서도, 거주하는-삶에서도 안정을 찾지 못한 것 같다. 1805년 말, 스스로 목숨을 끊기 4년 전에 친구 륄레 폰 릴리엔슈턴에게 쓴 편지에서 클라이스트는 다음과 같이 말한다. "시간이 사물의 새로운 질서를 도입하려는 것 같네. 우리가 거기에서 경험할 것이라곤 옛것의 전복뿐이야."[158] 어쩌면, 그의 최종적 자기 파괴에 기여한 것은 그의 삶-배움과 여행이(그것의 동기가 무엇이었든 간에) 결국 그를 다시 불확실성으로 되돌렸을 뿐이라는 생각이었을지도 모른다.

3.4.7 아델베르트 폰 샤미소, 《페터 슐레밀의 놀라운 이야기》(1814)

집에서 소외되다

《페터 슐레밀의 놀라운 이야기》의 주인공 페터 슐레밀과 마찬가지로 아델베르트 폰 샤미소도 사회에 받아들여지려는 노력을 하며 삶의 많은 부분을 보냈다. 프랑스 귀족 가문에 태어난 샤미소는 9살이란 어린 나이에 프랑스에서 도망쳐야 했다. 그리하여, 안정적인 장기적 거주하는-삶을 살며 성장할 가능성은 끝장나고 말았다. 프랑스혁명의 위협이 시야에 들어오자 샤미소 가문은 베를린으로 망명하게 되

---

158 Julianne Dienemann, *Kleists'Achill': Held oder Hilfskonstruktion?* (Norderstedt: Grinverlag, 2009), p. 12에서 재인용.

었다. 그렇지만 어린 시절부터 샤미소는 독일의 새 집에서 강한 친밀감을 느꼈다. 그의 본래 이름은 더 프랑스적으로 들리는 루이였다. 이 이름은 프랑스 왕 루이 16세에게 경의를 표하여 그에게 주어진 것이었는데, 이 연관은 위험할 수 있었다. 그는 이 이름을 아델베르트로 바꾸었다.[159] 후에 샤미소의 가족은 프랑스로 돌아갈 수 있었지만, 그는 독일에 머무르기를 선택했다. 1812년 샤미소는 베를린대학에서 자연과학을 공부했다. 그러나 이때 해방전쟁Befreiungskriege이 일어나서 그는 또 피난을 가야 했다. 프랑스 출신이라서 그는 독일 편에서 무기를 들 수 없었다. 1813년의 이 망명 시기에 샤미소는《페터 슐레밀》을 썼다. 이 작품은 "그를 세계적으로 유명하게 만든 산문"이지만, 아이러니하게도 그는 "망명을 하며 세계로부터 숨어" 있었다.[160]

샤미소의 망명은 이 젊은 학자에게 파멸적인 영향을 끼쳤다. "그가 능동적으로 관여할 수 없었던 1813년과 1815년의 사건은, 그가 이력서에 스스로 썼듯이, 그를 '찢어발겨' 버렸다. … 그는 어디로 갈 것인가? 그는 독일인일 수 없었으나, 프랑스의 고향도 타향으로 느꼈다."[161] 실망한 채로, 이제는 집으로 생각되는 피난처에서 샤미소는 이렇게 썼다. "나는 더 이상 조국이 없었다. 아니면, 아직도 조국이 없었다."[162] 그가 명백하게도 독일에 대해 가지고 있던 "점점 커져 가는 애정과 충성"

159 Kurt Schleucher, *Adelbert von Chamisso* (Berlin: Stapp, 1988), p. 7.
160 Schleucher, *Adelbert von Chamisso*, p. 103.
161 Thomas Mann, *Gesammelte Werke*, vol. IX (Frankfurt: Fischer, 1960), p. 41. 만의 에세이의 본래 제목은 '아델베르트 폰 샤미소'였고 1911년에 출간되었다.
162 Schleucher, *Adelbert von Chamisso*, p. 8.

에도 불구하고, 당시 샤미소의 운명과 정체성은 그의 출생지로 결정되었던 것으로 보인다.[163] 이러한 찢어발겨진 느낌, 거주하는-삶도 살지 못하고 원하는 대로 여행할 수도 없다는 느낌에 자극을 받아, 샤미소는 자기 그림자로부터 분리되어 가는 사람을 주인공으로 발전시키는 쪽으로 생각을 하게 되었다. 더욱이, 샤미소는《페터 슐레밀》의 인물과 플롯을 만드는 과정에서 그의 상상에 도움을 준 두 가지 구체적 사건을 언급한다. 첫째, 샤미소가 여행하고 있을 때 한번은 짐을 모조리 잃어버렸다. 그러자 그의 동행은 그에게 "그림자도 잃어버리진 않았는지"[164] 물었다. 둘째, 샤미소는 장 드 라 퐁텐의 책을 들추어 보고 있었다. 이 책에서는 아주 정중한 남자가 가방에서 믿을 수 없는 물건들을 끄집어내고 있었다.[165] 이러한 예로부터, 우리는 이동 중에 있음과 읽기가 안장시대 작가의 발상의 발전에 중요한 영향을 끼쳤음을 다시 관찰할 수 있다.

---

163 Niklaus Rudolf Schweizer, *A Poet Among Explorers: Chamisso in the South Seas* (Bern: Herbert Lang, 1973), p. 14. 이러한 애매한 정체성은 어린 시절 샤미소를 읽었던 토마스 만의 기억에서도 강조된다. "이 시인의 이름을 우리는 아주 어릴 적에 접했다. 우리 아이들에게 첫 번째 본보기, 가치 있는 본보기로 소개되는 이 독일작가는 외국인, 이방인이었다. … 그는 우리 언어를 말로 유창하게 하지는 못했다. … 그럼에도 불구하고 독일어로 된 걸작 시가 나왔다." p. 37. 강조는 필자. 샤미소가 독일인으로 받아들여지기 위해 노력해 볼 수 있었던 유일한 방법은 그의 비범한 시적 목소리에 의한 것이었음을 보여 준다. 그러나 안장시대의 마지막까지 시간을 빨리 돌려 보자면, 샤미소는 결국 자신의 독일인 신분을 거의 받아들였다. 그는 1828년에 이렇게 말했다. "나는 내가 독일 시인이라고 거의 믿는다." Mann, *Gesammelte Werke*, vol. IX, p. 39에서 재인용.

164 Mann, *Gesammelte Werke*, vol. IX, p. 47에서 재인용.

165 Mann, *Gesammelte Werke*, vol. IX, p. 47.

받아들여지기를 추구하는 여행자

이야기의 시작에서 페터 슐레밀은 샤미소처럼 이방인이다. 이 젊은 이는 "어디에서인가" 배를 타고 왔다.[166] 페터는 시작부터 자기 확신이 없어 보인다. 이는 "운이 좋았지만, 나에게는 아주 힘들었던 항해"(PS 19, 강조는 필자)를 마치고 그가 항구에 닿을 때의 애매한 감정에서 표현된다. 아마도 이것이 당시 샤미소가 일반적으로 느꼈을 감정일 것이다. 그는 독일에 있는 것이 행복했지만, 정치적 · 사회적 소요의 시기에 프랑스 출신 독일인으로서의 망명 생활을 체험하는 데에 지쳤을 것이다. 샤미소는 천천히 새로운 모빌리티에 열려 가고 있기는 하지만 여전히 지배적으로는 거주하는─삶에 초점을 맞추고 있는 사회 내에서 자신이 외국인 여행자인 것처럼 느껴진다는 문제를 탐사한다. 안장시대의 여행자는 어떻게 지역사회에 받아들여지는가? 받아들여지기 위해 그는 어떤 수단을 쓸 것인가?[167] 중요한 것은, 샤미소가 이 문제를 국가에 국한된 문제가 아니라 일반적인 인간의 문제로서 강조했다는 점이다. 샤미소는 모빌리티/부동성에 의한 정체성 확보, 그리고 국적이 아니라 이에 의한 사회적 수용/거부에 근거하는 문화라는 보충적 관념을 전개한 것으로 보인다. 개인의 실제 국가 정체성이 무엇이든 간에, 외국인이나 이방인이라는 일반적 감정/상태는 개인을 정서적 · 물리적으

---

166 Ralph Flores, "The Lost Shadow of Peter Schlemihl," *The German Quarterly* 47.4 (1974): 567-84, p. 570.
167 이러한 면에서 샤미소의 곤경은 페터보다 복잡하다. 샤미소는 지역민처럼 느끼면서도 대체로 외국인으로 지각된다는 문제와 상대해야 했기 때문이다.

로 부동적으로 만드는 능력이 있다고 그는 암시한다. 샤미소는 페터가 어느 나라에서 왔고 어느 나라에 도착했는지에 대한 구체적 세부를 의식적으로 숨긴다.[168] 그렇기에 독자는 어느 정도 혼란에 빠진다. 페터가 거상巨商 존의 집에 도착하고, 무슨 일이 벌어지고 있는지 이해하지 못할 때 그도 마찬가지로 혼란에 빠진다. 여기에서는 파티가 열리고 있는데, 페터는 참석자들의 농담, 소문, 일반적 대화를 이해하지 못한다. "이 모든 것을 잘 이해하기에는 내가 너무 외지인이었고, 이러한 수수께끼를 생각하기에는 내가 너무 걱정에, 그리고 나에게 빠져 있었다."(PS 22) 그가 따돌림 받는다고 느끼는 감정에는 두 가지 원천이 있다. 파티장의 사람들은 그와 공감하거나 그를 수용하려는 어떠한 시도도 하지 않는다. 페터 또한 자신이 그리 노력하지 않고 내성적이라는 것을 인정한다.[169]

시간이 지나고도 페터는 여전히 이 상황에 압도당한다고 느낀다. 그는 어느 날 존의 집으로 돌아가기로 하는데, 이때 그에게 신비로운 사

---

168 페터 슐레밀이라는 이름으로부터 그가 독일인이라고, 그가 "토마스 존"을 만난다는 점으로부터 그가 영국에 있다고 추론할 수 있을 것이다. 그러나 장소가 명시된 적은 전혀 없다. 그리고 샤미소가 여행을 강조하는 점을 생각하면, 두 인물은 유럽 어디에든 있을 수 있으리라고 생각할 수 있다. 더욱이, 플로레스는 페터가 그림자를 잃자 지역사회에서 더욱 따돌림을 받게 된다고 쓴다. "그림자 없음을 인간적현상으로 보는 것은 적절한 이해일 것이다." p. 573. 강조는 필자.

169 플로레스는 페터가 그림자를 잃는 것과 관련하여 이 지점에 주목하고, 그의 이상한 겉모습에 대한 그의 반응과 사회의 반응 모두의 변덕스러운 성격에 주목한다. "그림자는 … 개인의 중요한 부분을 상징하는 것으로 보인다. 슐레밀은 그림자의 가치를 과소평가함으로써, 필자가 겪는 문제 전체를 과소평가한다. 그러나 다른 한편, 그림자에 사회적 가치가 주어지는 것은 오직, 확고하기는 하지만 어리석고 속 좁은 선입견에 의한 것으로 보인다.", p. 582.

람이 접근한다. 파티 중에 이 사람은 놀랍게도 주머니에서 믿을 수 없는 물건들을 많이 만들어 낸다. 그중에는 큰 터키 카펫, 텐트, 고삐 맨 말 세 마리도 있다.(PS 25-6) 이 사람은 원하는 것은 모두 가질 수 있는 "행운 주머니Fortunati Glückssäkel"을 페터에게 주는 대신, "이 자리에서 이 고귀한 그림자를 없애고 제게로 옮겨도" 될지 허락을 받으려 한다.(PS 30) 페터는 무서웠지만 이 교환에 동의한다. 이는 새로운 사회에 편입되기 위해 그가 택한 방편이다. 그는 그림자를 잃는다는 것이 어떤 결과를 낳을지 그다지 생각하지 않으며, 행운의 마술 주머니를 통해 물질적·사회적으로 얻을 수 있을 것에 초점을 맞춘다. 그의 성姓인 슐레밀은 가망 없는 자, 모든 것을 망쳐 놓는 자를 뜻하는 이디시어[170]에서 온 것이다. 그는 그림자를 포기함으로써 기대했던 효과를 삶에서 얻지 못한다. 그는 받아들여졌다고 느끼기는커녕, 오히려 더 고립되었다고 느끼게 된다. 페터가 파티장을 떠나 마을로 향할 때, 한 노파가 그에게 소리친다. "젊은이! 여기! 젊은이! 들리죠? … 앞을 봐요, 당신은 그림자를 잃어버렸어요."(PS 32) 낙담한 페터는 다음과 같이 대응한다. "나는 노파의 선의 있는 충고에 금화를 던져 주고는 나무 아래로 갔다."(PS 32) 나무 아래에 숨는 것은, 들키지 않으려는 지속적 노력의 여러 수 중 첫 번째 것이다. 그리고 행운 주머니는 그에게 (물질적) 행운을 주기는 하지만, 궁극적으로 행복을 주지는 못한다.[171] 예를 들어 여기에서 여인에게 금

---

170 [옮긴이주] Yiddish. 아슈케나즈 유대인, 즉 중세 독일계 유대인이 쓰던 언어. 독일어, 히브리어, 슬라브어 등의 영향을 받아 형성되었다.
171 우리는 소비자로서 페터가 주머니에 붙어 있는 행운이라는 이름에 속았다고도 말할

화를 주는 행위는 그녀와의 긍정적 관계를 수립하지 않는다. 그것은
페터의 그림자 없음에 그녀가 집중하는 것을 모면하려는 행위다.

그림자 없는 사람

이 그림자 없음이란 정확히 무엇을 뜻하는가?《페터 슐레밀》의 분
석에 임한 학자들은, 페터의 그림자가 그의 국적을 상징한다든가, 아
니면 그의 그림자 없음이 무국적과 유사하다는 비반성적인 추측에 회
의적이다.[172] 나는 위에서, 샤미소가 이 텍스트에서 국가 정체성보다는
인류 전체에 초점을 맞추기 원했다고 개진했다. 이를 따른다면, 그림
자가 없는 상태를 특정 구체적인 국가에 속하지 않음으로 보기보다는,
소속감의 일반적 인간적 상실을 상징하는 것으로 보는 것이 더 좋을 것
이다.[173] 혼란스러운 안장시대에 어떤 사람은, 특히 여행자는, 받아들

수 있을 것이다. 이러한 가정은《페터 슐레밀》에 대한 경제적 해석을 따르는 것, 또
는 물질주의 비판이라는 해석을 따르는 것이다. 파블리신은 스웨일스의 해석을 언급
하면서 이 문제를 논하며 이렇게 쓴다. "돈을 받고 자기 그림자를 판 것은 그에게 개
인적이면서 동시에 비물질적인 것을 소외시키고 그것을 교환 상품의 지위로 격하시
켰다는 죄책감을 준다.", Marko Pavlyshyn, "Gold, Guilt and Scholarship Adelbert von
Chamisso's Peter Schlemihl," *The German Quarterly* 55.1 (1982): 49-63, p. 49. 경제
적 관점에서 이 이야기의 정치성을 충분히 논의하기는 어려우므로, 상세한 논의는
Pavlyshyn, "Gold, Guilt and Scholarship Adelbert von Chamisso's Peter Schlemihl,"
그리고 Martin Swales, "Mundane Magic: Some Observations on Chamisso's Peter
Schlemihl," *Forum for Modern Language Studies* 12 (1976): 250-62를 참조하라.

172 Flores, "The Lost Shadow of Peter Schlemihl," pp. 567-8; Mann, *Gesammelte Werke*,
vol. IX, p. 54; Swales, "Mundane Magic," p. 250을 보라.

173 이 점에 대한 플로레스는 이렇게 지적한다. "많은 비평가들과 마찬가지로, 토마스 만
도 페터 슐레밀의 그림자 없음이 단순하고 특정 가능한 의미의 비유가 아님을 의식한
다. 그림자 없는 사람이 나라 없는 사람이어야 한다는 생각을 그는 기각한다." 567-8.
그럼에도 플로레스는 논의를 여기에서 중단하지 않고, "그림자 없음(또는 그림자)의
의미를 가능한 한 다양한 관점에서 검토하는 것이 좋을 것"이라고 주장한다.

여질 만한 방식으로 살아가는 것이 거의 불가능했을지도 모른다. 플로레스의 주장은, "그림자 없음은 사회적 예의범절에 심각한 틈새를 만든다[는]" 점을 감안할 때, 그림자를 내어 줌으로써 페터가 내주는 것은 그 자신의 중대한 부분이며, 그렇기에 그는 이야기 내내 "끊임없는 의심과 자기-소요"로 괴로워한다는 것이다.[174] 이에 따라, 모빌리티 관점에서 볼 때 그림자 없음이 페터에게 의미하는 것은, 그가 하고 싶은 방식으로 그리고 사회적으로 받아들여질 만한 방식으로 여행하는 삶도, 거주하는-삶도 살아갈 수 없음이다. 다음 예가 이를 보여 준다.[175] 그림자와 떨어진 후 점점 더 많은 사람이 페터를 피한다. 이것이 심해지자 그는 자기 어리석음을 탄식하고, 인류와 분리되었다고 느끼기 시작한다. "나는 지금 한갓 돈에 그림자를 넘겨주었던 것이다. 이 세상에서 나는 뭐가 될 수 있을까! 뭐가 되어야 할 것인가!"(PS 33) 이야기의 다른 지점에서 그는 충직한 친구이자 하인인 벤델과 여행을 한다. 그러다가 아름다운 여인들로 구성된 합창단과 마주친다.[176] 페터는 그중 전에 관계가 있었던 한 여인에게 다가가고자 한다. 그러나, 그녀가 정서

---

[174] Flores, "The Lost Shadow of Peter Schlemihl," p. 572; p. 570.

[175] 나는 이 주장이 그림자없음의 의미에 관한 다른 해석을 반드시 대체한다고 제안하는 것이 아니다. 사실 이 주장은 다른 해석을 보충할 수 있다.

[176] 흥미롭게도, 벤델이 페터에 대한 충직을 보여 주는 한 가지 방법은, 페터가 벤델의 그림자에 들어가게 되는 방식으로 움직이는 것이다. 이런 식으로 페터는 자기가 그림자가 없다는 것을 숨김으로써, 사회적으로 받아들여질 만한 모빌리티를 (일시적으로) 재획득한다. 벤델은 말한다. "저는 좋은 주인님을 그림자 때문에 떠나지 않을 것입니다. … 저는 주인님 곁에 있으면서, 주인님을 제 그림자에 숨기겠습니다." 페터는 설명한다. "언제나 그는 내 앞에 서서, … 나를 재빨리 자기 그림자로 덮었다. 그는 나보다 크고 건장했기 때문이다." PS 45.

적·물리적으로 비교적 가까움에도 불구하고 페터는 그림자가 없어서 부동적이 된다. "그녀는 나에게서 두 발짝 앞에 무릎을 꿇고 앉아 있다. 그러나 그림자 없는 나는 이 간격을 넘어설 수 없었다. … 아, 지금 내가 그림자를 얻을 수만 있다면 그 대가로 지불하지 못할 것이 뭐가 있겠는가?"(PS 51)[177] 페터에게 그림자가 없다는 것은, 그가 살고 싶은 대로 거주하지 못한다는 것도 뜻한다. 백작으로 착각 받은 후, 그는 작은 마을에서 비교적 평화로운 삶을 살기 시작한다. 여기에서 그는 미나라는 이름의 젊은 여인과 사랑에 빠진다. 페터는 미나의 아버지에게, 결혼식에서 손을 잡아 달라고 부탁한다. "나는 이 지역에서 내가 몸을 가지게 된 것 같고, 이 지역에 정착하고 걱정 없는 삶을 살고 싶다고 그에게 말했다."(PS 61) 그러나 "그림자 없는 사람"을 위해 일하기를 거부하는 하인 라스칼이 페터를 쫓아내고, 결혼식은 취소된다.(PS 66)

7마일 장화

이처럼 거절당한 후 페터는 벤델에게 작별을 고하고, 수치를 느끼며 마을에서 도망쳐 방랑의 삶을 살기로 한다. 이 삶에는 인간적 접촉이 거의 전적으로 부재하다.

"말에 안장을 올려 다오. 혼자 말을 타고 가겠다. … 나는 혼자 떠돌이로 이 세상을 방랑할 것이다." … 나는 눈물 흘리는 벤델을 다시 한 번

---

177 다르게 보자면, 여기에서 페터가 자기 움직임을 책임질 수 없는 것은, 또는 자기가 움직임을 책임질 수 없다고 보는 것은 부끄러움 때문이라고도 말할 수 있을 것이다.

안아 주고, 안장에 올라탔다. 말이 나를 어느 길로 이끌든 신경 쓰지 않고, 나는 밤의 장막 아래에서 내 삶의 묘혈로부터 멀어졌다. 이제 나는 지상에는 목표도, 소망도, 희망도 없었기 때문이다.(PS 92-3)

샤미소가 자신이 글을 쓰던 시기를 안장시대 또는 이행의 시대로 개념화했을지는 알기 힘들다. 그러나 여기에서 페터는 마치, 안장시대의 소요를 견뎌 낸 후, 부동성으로부터 거주불가능으로 확장을 하여, 큰 마음을 먹고 안장으로 물러나, 또는 시대의 변덕으로 물러나("무슨 길로 이끌든 신경 쓰지 않고"), 자신을 인류 없는 삶에 전적으로 맡긴 것처럼 보인다. 그가 7마일 장화Siebenmeilenstiefel을 얻게 되는 것은 정확히 이 지점이다. 이를 통해 그는 향상된 모빌리티를 얻게 된다. 이는 그가 견뎌야 했던 그림자 없음의 제약에 대한 보상이다. 허구적인 것이기는 하지만, 우리는 이 신발이 새로운 모빌리티에서 등장한 보충적 테크놀로지적 혁신을 상징한다고 생각할 수 있을 것이다. 이는 이동 중에 글 쓰는 것을 가능케 했던 니콜라이의 휴대용 서가와 비슷한 의미다. 이 장화를 신은 페터는 광대한 거리를 여행할 수 있다. 그는 이를 이렇게 묘사한다. "변해 가는 놀라운 지형들, 농지, 초지, 산, 초원, 사막이 내 놀라는 눈앞에서 펼쳐졌다. 내가 7마일 장화를 신었다는 것에는 의심의 여지가 없다."(PS 109) 인간적 관계 대신, 이제 페터는 지구상의 거의 모든 곳의(뉴홀랜드와[178] 남태평양은 제외한다. 이는 내가 아래에서 논하겠

---

[178] [옮긴이주] New Holland. 오스트레일리아의 옛 이름.

다)[179] 자연을 배우고 연구할 수 있는 거의 무제한의 능력을 얻었다. 그는 이렇게 설명한다. "이전의 죄에 의해 인간 사회에서 배제되어, 나는 내가 언제나 사랑했던 자연이라는 대리물로 향하게 되었다. 지구는 나에게 풍성한 정원이 되었고, 연구는 내 삶의 방향과 힘이 되었고, 그 목표는 학문이었다."(PS 110) 아마도 샤미소는, 사회의 거부로 인해 자신의 삶에 생긴 틈새를 채울 수 있는 것은 자기형성, 지식의 추구라고 느꼈을 것이다.

지식의 획득, 관계의 상실

《페터 슐레밀》에서 샤미소가 독자에게 주는 궁극적인 메시지는 다음과 같다. "인간과 함께 살고자 한다면, 무엇보다도 우선 그림자를 존중하는 법을 배우라."(PS 121)[180] 그렇기에, 넓게 말하자면, 안장시대에 사는 사람은 선택을 해야 한다. 사회적으로 수용 가능한 방식으로 거주할 것인지, 여행을 하며 지식은 획득하지만 유대가 주는 인간적 긴밀성은 포기할 것인지. 플로레스는 이 중편소설의 결말을 요약한 후, 이중 두 번째 선택지에 대해 경고한다. "페터는 '자기'를 획득한 것으로 보이지만, 인간적 세계 없이 자기라는 것이 실제로 있을 수 있는가(?)

---

179 이는, 샤미소가 언제나 예외를 허용한다는 주장에 무게를 실어 준다. 7마일 장화를 통해 페터가 완전히 무제한적인 모빌리티를 가지는 것은 아니다. 또, 사회 구성원 모두가 그를 피한 것도 아니다. 벤델은 이야기 내내 충실한 친구로 남아 있다.

180 엄밀히 말해서, 페터의 말은 샤미소에게 건네는 말이다. 텍스트 내에서 페터가 직접 작가에게 말을 건넨다는 흥미로운 점을 여기서 논할 공간은 없지만, 플로레스는 주머니를 가진 남자와 작가 샤미소 둘 다를 페터의 인격의 굴절로 본다. 상세한 논의는 Flores, "The Lost Shadow of Peter Schlemihl," p. 579를 보라.

… 페터 슐레밀의 섬뜩한 결말은 인간 세계에서 죽어 있을 때에 가장 살아 있다는 것이다."[181]

이러한 논증의 노선을 따른다면,《페터 슐레밀》에서 샤미소가 사회적 비판을 제시하고 있다고 우리는 추정할 수 있을 것이다. 그것은, 그가 살던 시대가 인류에 대한 감각의 감소에 근거한다는 비판이다. 한편으로 그는 이성적 자율에 대한 계몽의 강조에 비인간화하는 면모가 있을 수 있음을 폭로한다. 이는 첫째, 개인적 과학 연구를 위한 향상된 수송 도구로서의 7마일 장화라는 보충적 테크놀로지적 관념을 통해서이며, 둘째, 인간이 그림자로부터 또는 태생적 인간성으로부터 분리됨을 통해서이다. 다른 한편으로 샤미소는 인간적 유대의 긴밀함(그림자)보다 돈과 물질(행운 주머니가 상징한다)을 중시하는 것에 잠재된 위험을 보여 준다. 이에 대한 또 다른 증거로,《페터 슐레밀》의 프랑스판 서문에서 샤미소는 아위가 제시한 그림자에 대한 교과서적 정의를 인용한다. 여기에는 다음과 같은 구절이 있다. "그림자는 자체로는 … 고체를 나타내는데, 이 고체의 형태는 발광체의 형태, 불투명체의 형태, 그리고 빛의 관점에서 본 서로의 위치에 의존한다."[182] 샤미소는 계속해

---

181 Flores, "The Lost Shadow of Peter Schlemihl," p. 583. 플로레스의 결론은 "나는 밤의 장막 아래에서 내 삶의 묘혈로부터 멀어졌다"라는, 위에서 인용한 페터의 말로도 지지할 수 있다. 플로레스는 또한, 혹자는《페터 슐레밀》의 결말을 일종의 해피엔딩으로 볼 수 있음을 지적한다. "'낭만적' 요소는 이 이야기의 공포를 누그러뜨린다. 그러나 사카린 같은 희열로 만족할 수 있을 만큼 순수한 독자들에게만 그럴 것이다. 그런 독자가 보기에, 이 이야기는 잘 끝났다. 슐레밀은 경험으로부터 배웠고, '악마'는 추방되었고, 슐레밀은 '좋아졌고' '유용해졌다.' 그는 그의 '진짜' 자기를 찾았고, 온 세계를 집처럼 느끼게 되었다." Flores, "The Lost Shadow of Peter Schlemihl," p. 581.

182 Mann, *Gesammelte Werke*, vol. IX, p. 55에서 재인용. Constantin Grigorut, "French

서 이 정의와 《페터 슐레밀》의 관계를 설명한다.

피에르 슐레밀의 놀라운 이야기의 주제는 바로 이 고체다. 재정학은 우리에게 돈의 중요성을 가르쳐 주지만, 그림자학은 일반적으로 훨씬 덜 알려져 있다. 내 경솔한 친구는 돈의 가치를 알고 돈을 향한 욕망을 품었지만, 고체에 대해서는 생각하지 않았다. 그는 값비싼 대가를 치르고 이 교훈을 얻었으며, 이로부터 우리가 무언가 배우기를 원한다. 그의 경험은 우리에게 소리친다. "고체를 생각하라!"[183]

그러나 "고체"에 대한 이러한 강조에도 불구하고, 그리고 "그림자학"에 대해 배우기를 기대할 수 있는 것은 무엇보다도 우선 거주하는 삶의 맥락에서라는 시사점에도 불구하고, 등장 중인 새로운 모빌리티의 예측불가능으로 인해 샤미소 자신의 여행은 페터 슐레밀의 여행 너머로 (페터의 마술적으로 증진된 모빌리티에도 불구하고) 연장되었다. 이 텍스트가 출간된 지 얼마 지나지 않아, 샤미소는 러시아 탐험선 루릭호의 일원이 되었다. 그의 역할은 새로운 식물상에 대한 정보를 수집하는 것이었다.[184] 슈바이처는 이러한 전개의 아이러니를 이렇게 묘사한다.

Translation," *Message to Anita Perkins*, Email.

183 Mann, *Gesammelte Werke*, vol. IX, p. 55에서 재인용.

184 흥미롭게도, 슈바이처는 요한 게오르크 포르스터를 언급하며, "세계를 항해한 첫 독일 지식인은 샤미소가 아니었다"고 진술한다. p. 15. 여기에서 눈여겨볼 것은, 샤미소가 독일 지식인으로 간주되었다는 것, 샤미소와 포르스터 모두 자기 여정에 대한 독창적 설명을 남겼다는 것, 그런데 둘 다 자기 제1언어가 아닌 언어—샤미소는 독일어로, 포르스터는 영어로—썼다는 것이다.

신기하게도, 그가 루릭호를 타고 떠날 여정을 전혀 예견하지 못했을 시절에, 이미 단편소설 《페터 슐레밀》에서 그는 자신의 〔전 지구적〕 주항을 이미 예견했다. 슐레밀은 … 마술 장화 7마일 장화를 얻고서 동에서 서로, 서에서 동으로 세계를 돌아다니지만, 아이러니하게도 뉴홀랜드와 남태평양 군도에는 가지 못한다. 이들은 1816년과 1817년의 겨울에 루릭호가 광범위하게 방문할 예정이었던 바로 그 섬들이었다.[185]

그래서 페터 슐레밀이 베를린대학에 과학 원고를 맡기로 서약했던 것과 마찬가지로(PS 122), 샤미소도 계속해서 식물학자로서 중요한 역할을 한다. 아마도 샤미소의 삶이 전개되는 와중에, 이러한 변화의 시대에조차 아직 세계는 여행자가 강한 사회적 유대를 지닐 수 있다는 발상에 열릴 준비가 되어 있지 않다는 상황이 불가피해 보이게 되자, 샤미소는 이러한 불가피성에 마침내 굴복한 것 같다. "샤미소는 번데기 같은 상태에 있었고, 이는 문제적이었다. 샤미소는 자신의 고통으로부터 책을 하나 만들어 낸 후, 이러한 상태에서 서둘러 빠져나오려 했다. 그는 정주적이 되었고, 가족의 아버지, 학자가 되었고, 명인으로 존경받았다."[186] 그는 러시아 모험을 마치고 독일로 돌아와 베를린에 정착하여 가족을 꾸리지만, 과학 작업은 계속했다. 삶에서 샤미소는 망명 중의 부동성을 체험하는 데에서 7마일 장화를 체험하는 데로 이행했

---

185 Schweizer, *A Poet Among Explorers*, p. 14.
186 Mann, *Gesammelte Werke*, vol. IX, p. 57.

다. 그는 7마일 장화에 대한 기억을 가지고 있었지만, 마침내 이 기억과 그림자가 풍부한 삶을 맞바꾸었다.

3.4.8 요제프 폰 아이헨도르프, 《무용지물의 삶》(1826)

문학의 꿈, 아버지와 아들의 갈라섬

요제프 폰 아이헨도르프는 1788년 상부 실레시아(당시에는 프러시아, 지금은 폴란드의 영토)에 있는 루보비츠성의 프러시아 귀족 가문에 태어났다. 아버지와 마찬가지로 아이헨도르프도 삶의 많은 부분을 프러시아 군대에 복무하며 보냈다. 1813~15년 나폴레옹 전쟁 때에도 군대에 있었다. 이 시기 전에 아이헨도르프의 삶의 두 중심 초점은 여행과 배움이었다. 그와 그의 형은 할레대학에서 2년을 보냈고, 여름휴가 때에는 하르츠산을 걸어서 둘러보았고, 다음에는 하이델베르크에서 2년을 보낸 후 파리, 뉘른베르크, 빈을 순회 여행했다. 아이헨도르프가 입대 전에 법적 검토를 받은 곳은 빈이었다. 이 순회 여행 중에 루보비츠성으로 돌아와 잠시 머무르기도 했다. 여기에서 아이헨도르프의 아버지는 두 아들이 가족의 재산을 관리하는 일을 인수하고 싶어 하지 않는다는 것을 깨닫고 실망했다. 이러한 생애사적 맥락, 특히 아이헨도르프가 젊어서 여행한 것, 그리고 가족과 불화한 것은 아이헨도르프의 가장 유명한 작품 《무용지물의 삶》(1826)의 시작 부분에 빛을 비춘다. 아이헨도르프는 군대에 있는 동안 이 여행 텍스트를 썼다. 이 이야기는 여정의 시작에서 시작한다. 이때 아버지와 아들은 갈라선다.[187] 클라이스트와 마찬가지로, 아이헨도르프도 프러시아 군대에서의 일상적 삶의 실제는 특정 철학적 이상과 꽤나 동떨어져 있다는 것을 깨달았다. (클라이스트의 경우에는 계몽주의적 휴머니즘의 이상이었고, 아이헨도르프의 경우에는 낭만주의의 이상이었다.) 그러나 이러한 긴장에 대처하는 과정에서 아이헨도르프는 클라이스트처럼 자기 직업을 그만두지 않았다. 그의 대응은 자유 시간에 글쓰기로 탈출하는 것이었다. 카디널은 이렇게 쓴다. "그의 공적 업무의 제한된 지평은, 말하자면 그의 문학적 꿈에 의해 매일 저녁 무효화되었다."[188] 여기에서 아이헨도르프는 가장 이상화되고, 낭만적이고, 향수 어린 방식으로 여행할 수 있었다. 동시에, 종종 아이헨도르프의 삶의 자전적 사건에서 비롯된 풍경을 지닌 이 문학적 세계는 뚜렷하게도 안장시대의 움직임, 변화, 예측불가능성에 의해 특징지어진다.

《무용지물의 삶》의 이야기는 다음과 같이 시작한다. 무용지물은 햇볕을 쬐며 누워 있다. 방앗간 주인인 아버지가 그를 이렇게 질책한다.

이 무용지물아! 또 햇볕을 쬐고, 뼈를 나른하게 쭉 뻗고 늘어뜨려선, 나

---

187 《무용지물의 삶으로부터》의 플롯과 아이헨도르프의 생애사 사이에는 명백한 차이가 있다. (예를 들어, 아이헨도르프는 방앗간 주인의 아들로 자라나지 않았다.) 그러나 모빌리티 관점에서 볼 때, 두 경우 모두 아버지는 아들이 거주하는-삶을 살도록 할 마음을 품고 있었지만 아들은 이를 인수하지 않으려 했다는 점에 중요한 합치가 있다고 나는 주장한다.

188 Roger Cardinal, *German Romantics in Context* (London: Cassell & Collier Macmillan Publishers, 1975), p. 136.

혼자 일을 다 하게 하느냐! 이제 나는 너를 더 이상 먹이지 않겠다. 봄이 문 앞에 있으니, 한번 세계로 나가서 스스로 네 빵을 벌어 보아라.(LeT 8)

이에 무용지물은 대답한다.

　이제, … 내가 무용지물이라면, 괜찮네요. 세계로 나가서 행운을 잡아 볼게요.

방앗간 주인이 보기에, 열심히 일을 하여 이미 수립된 거주하는– 삶에 공헌을 하는 것이 중요한 때에 아들은 게으름뱅이, 무용지물 Taugenichts이다. 결국 아버지와 아들은 갈라서는데, 이는 무용지물이 여정을 떠남으로써 일어나는 물리적 헤어짐일뿐 아니라, 그들의 세계관의 갈라섬이기도 하다. 캐흐는 설명한다. "〔무용지물은〕 아버지의 힐난을 거기에 대립하는 새로운 삶의 자세의 근거로 삼는다. … 〔그것은〕 사회적 환경으로부터의 떠남이고, 그와의 단절〔이다.〕 … 또한 … 방앗간 주인의 세계관적 입장과 대립하는 … 세계관적 입장〔이다.〕"[189] 각 인물의 사고방식 차이의 기저에는, 아들은 개인적 발견의 여정을 떠나려는 욕망이 있지만 방앗간 주인은 이에 반대하여 거주하는 삶을 옹호한다는 데에 있다. 이 추측을 지지하는 증거는, 각 인물이 기본적이지

---

[189]　Rudolf Käch, *Eichendorffs Taugenichts und Taugenichtsfiguren bei Gottfried Keller und Hermann Hesse* (Bern: P Haupt, 1988), p. 1.

만 근본적인 삶의 임무라고 보는 것이 무엇인지에 있다. 밀러는 아들에게 세계로 나가서 "빵을 벌어 보아라"고 충고하지만, 무용지물이 집을 떠나려는 목표는 "행운을 잡는" 것이다. 메히건이 지적하듯이, 방앗간에서 자란 무용지물은 지나가는 사람이라는 개념을 접했을 것이며, 아버지의 책 더미를 읽으면서 스스로 배웠다.[190] 그렇기 때문에 여행을 하고 세계를 손수 체험하려는 욕망을 발달시켰던 것이다. 반면에 아버지에게 여행자와 작가의 이야기는 지식욕을 충족시키는 정도면 충분하다. 방앗간을 운영하는 것이 우선이다. 메히건은 이러한 충돌하는 세계관이 부자 간의 오해와 고별로 이끈다고 설명한다. "우리의 무용지물은 … '무용지물'이 전혀 아니다. … 명확히 그는 따분한 게으름뱅이가 아니고, 독립적인 야망을 가진 젊은이다. 막 시작된 그의 방랑욕의 기원은 부모의 집에서 받은 교육, 그리고 가족과의 사회적 접촉의 총체로까지 추적될 수 있다."[191] 이러한 아버지와의 대화 후 얼마 지나지 않아, 무용지물은 아무렇지도 않게 자기 물건을 챙겨서 행복하게 떠난다. "그렇게 나는 긴 마을을 어슬렁거리며 … 자유로운 세계로 향했다."(LeT 8)[192] "서두르지 않고 거닐기"라는 이 특정한 움직임은 여름휴가에 형과 하르츠산을 거닐던 행복한 기억에서 유래한 것이며, 이것이

---

190 Tim Mehigan, "Eichendorff's Taugenichts; Or, the Social Education of a Private Man," *German Quarterly* 66.1 (1993): 60-70, pp. 61-2

191 Mehigan, "Eichendorff's Taugenichts; Or, the Social Education of a Private Man," pp. 60-2.

192 위에서 언급했듯이, 헤르더가 긍정적인 움직임을 묘사하면서 "어슬렁거리며"라는 용어를 사용했다는 것도 특기할 만하다.

아이헨도르프가 가장 좋아하는 글쓰기 주제가 된 것이라고 카디널은
추측한다.[193]

앞으로 그리고 위로 움직이기

무용지물은 곧 모험적인 여행으로 끌려든다. 그는 결국 오스트리아
의 한 성에 이르는데, 여기에서 그는 통행료 징수소 관리 자리를 얻고
백작의 딸을 사랑하게 된다.[194] 그러나 후에 그녀에 대한 사랑이 답을
받지 못한다는 착각에 빠져, 그는 (헤르더, 모리츠, 클라이스트의 방식으
로) 떠나기로 결심하고 이탈리아를 향한다. 마치 다시 움직이려는 갑
작스러운 갈망이 생겨나 그의 통제를 벗어난 것처럼 보인다. "어떻게
된 것인지 나도 모른다. 그러나 내가 한때 가지고 있던 여행욕이 갑자
기 다시 나를 사로잡는다. … 나는 여기에서 떠나야 하고, 계속 가야 한
다—하늘이 푸른 만큼 멀리!"(LeT 26) 떠나려는 갑작스러운 충동의 가장
명백한 이유는 마음의 상처지만, 그의 직업 역시 간접적인 원인이라는
것을 무용지물은 인지하지 못한 것 같다. ("어떻게 된 것인지 나도 모른
다.") 그는 통행료 징수소 관리로서, 비록 방식은 달라도 방앗간 집에서
의 삶을 반복하고 있었다. 즉, 그는 정주적이었지만 남들은 지나간다.
그렇기에 (재)이동화할 필요가 생긴 것이다.

---

[193] Cardinal, *German Romantics in Context*, p. 135.
[194] 아이헨도르프는 작품에서 성城이라는 모티브를 자주 다룬다. 이는 루보비츠성에서 자
       랐던 행복한 기억에 대한 향수에서 영향을 받았을 것이다. Roger Cardinal, *German
       Romantics in Context*, pp. 141-2를 보라.

여행 중에 무용지물은 마침내 두 사람을 만난다. 그들은 자기를 화가 레온하르트와 화가 귀도라고 소개했다. 이들은 하인으로 일해 주는 대가로 무용지물을 마차에 태워 주기로 한다. 다음 부분에서 무용지물은 마차를 타고 여행하는 웅장한 체험을 설명한다. 이를 강조하는 것은 속도와 편안한 이동이다.

나는 저 위에서 참으로 장려한 삶, 공중의 새처럼 장려한 삶을 살았다. 스스로 날 필요도 없었다. … 나 자신도 어떻게 된 것인지 모르겠지만, 나는 벨쉬란트의[195] 절반을 … 지나왔다. … 인간은 난롯가에서 한 번 나와야 모든 것을 경험하지 않겠는가!(LeT 39-40)

확실히, 여행으로 인해 무용지물은 "지위도 사회적 역할도 없지만 그것을 얻으려는 야망은 가지고 있는" 젊은이로서의 본래 위치로부터 앞으로 그리고 위로 움직일 수 있게 된 것으로 보인다.[196] 이는 부분적으로 그의 의욕적인 마음 때문이다. 그는 그저 나가서, 안장시대의 예상치 못한 변화(그는 걷다가 마차를 타게 되었고, "스스로 날 필요도 없었다")와[197] 속도의 증가("공중의 새처럼 … 벨쉬란트의 절반을 지나")를 긍정적인 새로운 체험으로 기꺼이 받아들이려 했던 것이다("인간은 난롯가

---

195 [옮긴이주] 프랑스어를 쓰는 스위스 지방.
196 Mehigan, "Eichendorff's Taugenichts; Or, the Social Education of a Private Man," p. 62.
197 이 점에 관하여, 메히건은 또한 "우리의 젊은 주인공"이 "삶의 우여곡절에 흔들리고 뒤집혔다"고 묘사한다.

에서 한 번 나와야 모든 것을 경험하지 않겠는가!"). 더 나아가, 안장시대의
이러한 특징은 무용지물 자신의 바로 그 운동("그래서 나는 내가 할 수 있
는 한 빨리 달렸다"), 그리고 사고 과정("나는 느린 시간에 대해 짜증을 냈
다")의 일부가 된 것으로 보인다.(LeT 70)[198] 그러나 사물의 운동에 사로
잡힌 채로 주변에서 일어나는 일을 이처럼 무비판적으로 받아들인다
는 점이 바로, 자신이 실제로 체험하는 것을 무용지물이 종종 알지 못
하는 이유다. 예를 들어, 나중에 화가 레온하르트와 귀도는 이미 무용
지물을 알고 있다는 것이 드러난다. 그들은 그 오스트리아 성에서 왔
으며, 귀도는 그 성의 아가씨 중 한 명이 변장한 것이었다. 두 사람은
처음 자기 소개를 하면서 무용지물이 자신들의 변장에 잘 속아 넘어
갔는지 검사한다. "'당신도 알 텐데,'라고 한 명이 나에게 말했다. '그런
데 우리를 모르오? 나는 고개를 저었다. '그러니까, 당신도 알 텐데. 나
는 화가 레온하르트고, 저기 있는 사람은, 또 화가인데, 귀도라고 하
오.'"(LeT 37) 여기에 더해 동정적인 관점을 취하자면, 무용지물의 무지나
순진함이 의미하는 것은, 거주하는-삶에 대해 여행이 갖는 가치를 그
가 처음부터 의심하거나 의문시하지 않는다는 것이다. 무용지물의 방
랑의 가치에 의심을 던지는 인물은 계속해서 무용지물 주변에 있다.
그러나 그는 그들의 관점에 동조하지도 않고, 심지어 자신이 "서툴다

---

198 아이헨도르프는 안장시대의 체험에 있는 이러한 가속, 감속, 여타 갑작스럽고 예상치
    못한 변화의 감각을 강화하기 위해 문제적인 방법으로 글을 쓴다. 특히 무용지물의
    움직임을 통해 그렇게 한다. 예를 들어 그는 이렇게 쓴다. "나는 급히 뛰어올라, 사방
    팔방을 돌아보았다." LeT 58. "나는 달렸다 … 그리고 정원의 문을 다시 재빨리 기어
    올랐다. 그러나 거기에서 나는 홀린 듯이 앉아 있었다." LeT 59.

는maladroitness"―이 용어는 메히건에게서 빌린 것이다―가능성도[199] 고려하지 않는 것 같다. 이는 다음 예가 보여 준다. 첫째, 위에서 언급했듯이, 무용지물이 방앗간에서의 거주하는-삶 활동에 참여하고자 하지 않았기 때문에, 아버지는 그를 무용지물이라고 부른다. 이러한 다른 의견이 타당할 가능성을 생각해 보기도 전에 무용지물은 집을 떠난다. 그리고 로마에서 무용지물은 길에서 깨어난다. 그는 길을 잃고, 방향을 잃고, 꽃으로 덮여 있다.[200] 근처의 앵무새가 그에게 푸르판테 furfante(악당, 악한)라고 짹짹거린다. 무용지물은 자신의 우스꽝스러운 몰골은 인정하지 않고 앵무새에게 화를 낸다. "그것은 이성 없는 짐승이었지만, 나를 짜증나게 했다. 나는 앵무새에게 역정을 냈다."(LeT 64) 다시 로마에서, 화가 에크베르트는 방랑자의 삶에 목표가 없다는 점을 경고하고 이를 숙고하게 하려 한다. "자네 안으로 들어가 봐, 그리고 이 위험한 일에 대해 생각해 보라고! 우리 천재들은―나도 천재니까―세계에서 별로 얻는 것이 없어. 우리에게서 세계가 얻는 것이 더 많지. 우리는 특별한 사정이 없어도 우리의 7마일 장화를 신고 걷는 거야. 우리는 이 장화를 세계에 내놓을 것이고, 바로 영원히 그럴 거지."(LeT 69) 무용지물의 대답은? "나는 오래전부터 그가, 그리고 그의 거친 말이 무서

---

[199] Mehigan, "Eichendorff's Taugenichts; Or, the Social Education of a Private Man," p. 61.
[200] 방향 잃음은 무용지물이 자주 체험하는 느낌이다. 예를 들어, "내가 진짜로 어디에 있는 것인지 나는 전혀 생각할 수 없었다." LeT 47. 안장시대와 연관된 속도 및 변화에 여행자가 언제나 뒤쳐지지 않고 있을 수는 없음을 아이헨도르프가 암시하고 있는 것일지도 모른다.

웠다."(LeT 70)[201]

성대한 귀향

그러나 무용지물이 여행을 하다 성으로 돌아갈 때, 여정 중 그에게 일어난 모든 일에 대한 그의 믿음이 밝혀지기 시작할 때, 전환점이 온다. 성城이 그를 환영한다. 그는 그 이유가 자신의 결혼식 때문이라는 것을 알아낸다. 그가 사랑하는 여인이 그를 계속해서 사랑했으며, 그녀가 사실은 백작의 딸이 아니라 백작 부부가 입양한 고아였기 때문에 그녀와 결혼할 수 있게 된 것이다. 무용지물의 여정은 대부분, 그를 집으로 돌아오게 하여 결혼시키기 위해 세심하게 조정된 사건들의 집합이었음이 드러난다. 다음은 그가 성에 다가설 때의 장면이다.

갑자기 덤불에서 북, 트럼펫, 호른, 트럼본이 요란하게 장관을 자아냈다. … 〔관리인은〕 당황했다. '참으로, 세계 끝까지 여행하는 사람은 바보이고, 언제까지나 바보로다!'(LeT 89)

무용지물은 "행운을 붙잡았다." 이제 세계를 돌아다니고, 그의 삶의 양식을 언짢아하는 타인의 경고와 비판을 모면할 필요도 없다. 귀족적인 거주하는-삶이 기다리고 있다. 약혼녀가 그에게 말한다. "저기 달

---

201 여기에서 아이헨도르프는 7마일 장화를 신은 자, 또는 멈춤 없는 방랑자가 인류로부터 분리될 위험에 직면한다는 문제를 제기하는 것으로 보인다.

빛 속에서 빛나고 있는 흰 성, 백작님께서 우리에게 선물해 주신 거예요. 정원과 포도밭도 있지요. 우리는 저기에서 사는 거예요."(LeT 90)[202] 무용지물이 초기에 했던 말, "인간은 난롯가에서 한 번 나와야 모든 것을 경험하지 않겠는가!"와 직접 대조가 되도록, 이제 음악가들이 노래한다. "복 되도다, … 집에 앉아서, 난롯가에 앉아서, 평화를 가지는 자!"(LeT 82)[203] 실제로, 이 책을 출간하고 얼마 지나지 않아 아이헨도르프는 가족과 함께 베를린으로 이사하여 12년 동안 머무른다. 전에 그는 많은 여행을 했다. 프로이센 군대에서 28년을 보내면서 브레슬라우, 단치히, 베를린, 쾨니히스베르크 등 여러 도시에서 살았다.

본향으로의 귀환 불가능성

《무용지물의 삶》의 결말에서 무용지물은 거주하기의 가치에 관해, 그리고 여행의 부정적일 수 있는 면모의 가치에 대해 아버지와 같은 방식으로 생각하게 된다. 그러나 무용지물이 집을 떠나서 여정을 겪지 않았더라면, 이러한 행복한 결말로 끝나지 않았을 것이다. 어떤 면에서 그는 아버지가 바란 대로 "빵을 벌어"들인 것이다. 다만 그러기 위해서 먼 길을 돌았을 뿐이다. 또한, 여행은 이 이야기 너머에서도 그의 삶의 일부로 남아 있다. 그는 거주할 항구적 집이 있으며, 함께 여행한 친구가 있다. 무용지물의 약혼녀는 이렇게 말한다. "결혼식을 하자마

---

202 여기에서도 포도밭 또는 포도를 돌보는 일이 거주하는 삶의 반복적 이상적 이미지로 서 다시 나타난다.
203 Wolfgang Ruff, *Varia Ruffii*, 2012, 〈http://www.pwruff.de/sprachen/latein/dctb.htm〉.

자 우리는 이탈리아로, 로마로 계속 여행해요. 거기에는 아름다운 분수가 있대요. 프라하의 대학생들, 그리고 관리인도 데리고 가요!"(LeT 91)

《무용지물의 삶》을 출간하던 시기에는 예견하지 못했겠지만, 아이헨도르프는 베를린에서 상당히 정착적인 시기를 보낸 후 1844년에 퇴직하여 다시 이동 중의 삶으로 돌아간다. 그는 모라비아에서 빈과 쾨텐, 드레스덴을 지나 베를린으로 돌아온 후, 마지막으로 나이세로 갔고, 그곳에서 죽었다. 나이세는 그의 고향 실레시아에 있었다. 그럼에도 불구하고, 무용지물이 자기 (본래의) 집으로 돌아오지 않았듯이, 아이헨도르프도 루보비츠성으로 다시 돌아가지 않았다.

카디널은 집으로 돌아가기를 꺼리는 이 마음을 이렇게 설명한다. 그는 아이헨도르프의 저작에 있는 강한 향수의 감각을 언급한다. 위에서 보여 주었듯이, 이는 루보비츠성에서 자란 것 등 그의 젊은 시절(또는 군대 이전의 체험)에 관한 기억에 의거한다.

1822년 부모의 죽음 이후 루보비츠 저택이 최종적으로 매각됨으로써, 그의 작품에 있는 향수라는 강한 요소는 확정된다. 직접 느낄 수 있느냐는 관점에서 과거가 회복 불가능하다는 것을 느끼고, 아이헨도르프는 그의 실제 집으로 다시는 돌아가지 않았다. 그의 그리움은 완전히 이상화되었다.[204]

---

204   Cardinal, *German Romantics in Context*, p. 136.

그렇기에, 일반적으로 말하자면, 안장시대 말미와 가까운 시기에 글을 썼던 아이헨도르프는 등장 중인 새로운 모빌리티의 잠재적 이점과 단점을(예를 들어, 사회적 상승, 그리고 인간적 유대의 상실 가능성) 볼 수 있었으면서, 동시에 이전과 같은 거주하는−삶으로는 결코 돌아갈 수 없다는 것을 인지한 것 같다. 거주하는−삶, 더 단순하고 고정된 세계를 향한 아이헨도르프의 향수는 더 이상 없는 것에 대한 향수를 상징한다. 《무용지물의 삶》을 성장소설의 변형으로 생각한다면, 우리는 또한 자기형성이라는 보충적 관념의 전개를 볼 수 있다.[205] 앞서 지적했듯이, 모리츠의 《안톤 라이저》는 부정적 성장소설로 생각될 수 있다. 자기형성의 여정을 떠난 후 안톤이 발견하는 것은, 사회 어디에도 그의 장소가 없다는 것뿐이다. 대조적으로, 괴테의 빌헬름 마이스터는 여행하고, 교육을 받고, 집으로 돌아와 사회 안에서 장소를 발견한다. 무용지물은 또 다르다. 그는 여행을 하고 마침내 사회 안에서 장소도 발견하지만, 안장시대가 끝나 가는 시점에 그가 본래의 집으로 귀환하는 것은 이제는 불가능하다. 본향本鄕 자체가 변화된 마당에, 이제 단수적−모빌리티로 돌아갈 유일한 방법은, 말하자면, 마음이나 상상을 통해서뿐이다.

---

205 메히건은 《무용지물의 삶》에 성장소설이라는 이름표를 붙일 수 있는지 없는지를 두고 다음과 같이 논한다. "여기에서 전개되는 이야기는 축소된 성장소설의 방식으로 젊은 이의 배움을 전하는 단순한 이야기인가? (한 수준에서는 물론 그렇다.) 아니면, 더 자세히, 더 깊이 본다면, 배움에 관한 이 중편소설은 근대가 시작할 때에 일어나고 있던 사회적 변화에 대해 많은 것을 말해 주는가? 이것이 문제다." p. 60.

3.5 결론

노고travail에서 여행travel으로

여행의 개념에 관하여 와스컬과 와스컬은 다음과 같은 관찰을 했다. "여행travel은 프랑스어 travailen(여정을 떠나다)에서 유래하는데, 이 말의 어근은 travail, 즉 '노동하다, 노고를 치르다'이다."[206] 안장시대는 travel 개념의 노고에서 여행으로 이전하는, 토대적 역사적 시기다. 안장시대 작가의 여행 텍스트에 대한 분석에서 나는 여행을 하려는 작가의 담론적 욕망의 초점이, 고정된 근원(즉, 노고라는 의미에서의 여행, 또는 목적을 위한 수단으로서의 여행)으로부터 현재의 여행(여행은 여정, 체험, 자체적 목적이다)으로 옮겨 가는 변화를 어떻게 반영하는지를 보여 주려 했다. 비교를 위해 우리는 단수적-모빌리티의 이른 시기로 돌아가, 《오디세이아》에서 오디세우스의 노고를 관찰할 수 있을 것이다. 그는 이타케의 집으로 귀환하기 위해 그가 할 수 있는 모든 것을 시도하면서 막대한 어려움을 겪는다. 오디세우스의 체험은 안장시대에 일어나는 괴테의 젊은 빌헬름 마이스터의 여행과 강하게 대조된다. 빌헬름이 사회적으로 받아들여지는 것은, 삶의 체험을 획득하기 위해 여정을 떠나는 것에 의존한다. 오디세우스의 체험은 또한 안장시대 여행자의 게오르크 포르스터와 요한 라인홀트 포르스터의 체험과도 극명하게 다르

---

206 Dennis D. Waskul and Michele E. Waskul, "Paddle and Portage: The Travail of BCWA Canoe Travel," *The Cultures of Alternative Mobilities: Routes Less Travelled*, ed. Phillip Vannini (Surrey: Ashgate Publishing, 2009), 21-37, 33.

다. 포르스터 부자는 현장 작업의 형태를 한 여행이 타당한 민족지 문헌을 생산하는 데에 본질적이라는 믿음을 공유했다.

더 넓은 사회적·정치적·역사적 이행의 가늠자로서 의미론적 내용에서의 변화를 살펴보려는 코젤렉의 접근법에 따라, 나는 여기에서 안장시대가 시작할 때에 출간된 영어 어원사전의 항목을 짧게 살펴본 후, 다시 19세기 말의 항목을 짧게 조사해 볼 것이다. 이는 '여행'이라는 용어의 의미 변화에 관한 더 많은 증거를 찾기 위해서이다. 스콧의 1772년《새로운 보편적 영어 어원사전》에서 우리는 노고와 여행의 개념을 의미론적으로 나누라는 요청이 등장한 것을 관찰할 수 있다.[207] 이때에는 두 말이 여전히 통상적으로 동의적 개념으로 간주되었다. travel 항목은 다음과 같이 시작한다. "일반적으로 이 단어는 본래 travail과 같은 것으로 생각되었다. 후자는 일반적인 것이고 전자는 개별적인 것이라는 점만이 달랐다. 어떤 작가들은 이 두 단어를 모든 의미에서 똑같이 쓴다. 그러나 노고를 위해서는 travail이라고 쓰고 여정을 위해서는 travel이라고 쓰는 것이 더 편리하다."[208] "편리"라는 말로 이 사전학자가 뜻한 것은 아마도 세상의 현재 상태를 더 정확히 반영하기 위해서일 것이다. 즉, 여행 체험을 그 자체로 의미 있는 것으로 간주하는 사람들이 생겨나기 시작했다는 것이다. 한 세기 이상 빨리 감아서 스키트의《영어 어원사전》(1882)을 보면, travel 항목에 이런 구절이 있

---

[207] Joseph Nicol Scott, *New Universal Etymological English Dictionary* (London: T. Osborne; J. Buckland, and R. Baldwin; and W. Johnston, 1772).

[208] Scott, *New Universal Etymological English Dictionary*, p. 487.

다. "이 단어는 예전에 여행이 노고를 요구했던 것을 강력히 상기시킨다."[209] 그러므로 스키트의 항목은, 여행은 수고스러운 목적을 성취하기 위해서 반드시 견뎌 내야 할 무엇이라는 관념으로부터 명확히 멀어져 가고 있음을 표현한다. 더 나아가, 1898년에 출간된 데이비슨의 《챔버 영어 사전: 발음, 설명, 어원》에서 travail의 첫 번째 항목은 "과도한 노동: 노고"로 나오지만 travel의 첫 번째 항목은 "걷기, 여행하기, 지나가기, 이동하기"로 나온다.[210] 이 또한 두 단어 사이의 의미에 명확한 분리가 이루어졌음을 시사한다.

등장 중인 모빌리티와 보충물의 생성

이처럼 여러 가지 관점에서 볼 때, 안장시대에 여행은 그 자체로 중요하고 점점 더 사회적으로 수용 가능한 삶의 부분이 되고 있었고, 슐레밀의 결과가 보여 주듯이, 새로운 시대 일의 부분이 되었음을 살펴보았다. 여기에 더하여, 안장시대 작가들의 체험은 보충물을 생산했다. 나는 여기에서 보충물을, 점점 더 이동적이 되어 가는 세계의 맥락 내에서 개념 형성을 추동하는 여행 관념의 상관자라고 상정한다. 이제 이 장에서 논의된 세 가지 핵심 보충물, 즉 테크놀로지(즉, 모빌리티 담론의 물질적 보충물로서, 새로운 여행 테크놀로지라는 보충물), 자기형성 관

209 Walter W. Skeat, *An Etymological Dictionary of the English Language* (Oxford: At the Clarendon Press, 1882), p. 657.
210 Thomas Davidson, ed., *Chambers's English Dictionary: Pronouncing, Explanatory, Etymological* (London: W & R Chambers, 1898), p. 1070.

넘, 그리고 문화 관념을 순서대로 논할 텐데, 그전에 이 세 관념이 말끔하게 분리될 수 없음을 지적해야겠다. 각 보충물이 다른 보충물의 등장, 형성, 그리고 어떤 경우에는 한계에 영향을 끼친다는 것은 명백하다. 예를 들어 어떤 항해 장치의 발전이 없었더라면, 게오르크 포르스터는 세계의 다른 쪽으로 여행할 수 없었을 것이고, 결과적으로 문화의 새로운 관념을 발전시키지 못했을 것이다.

안장시대 테크놀로지의 발전은 사람과 사물의 전대미문의 움직임을 가능하게 해 주었다. 그 결과는 전적으로 새로운 체험(또는 옛 체험에 비해 새로운 관점), 그리고 세계 및 세계 내 개인의 (이동적) 장소를 사고하고 담론적으로 재현하는 새로운 방식이었다. 사물의 움직임과 관계하여, 괴테의《빌헬름 마이스터》와 샤미소의《페터 슐레밀》모두 독자에게 상기시키는 사실이 있다. 국제 교역의 확장으로 이끈 것은 수송 테크놀로지와 통신 체계의 발달, 그리고 외국에서 온 물질적 대상을 향한 욕망이었다는 것이다. 소비자로서, 모든 사람은 등장 중인 새로운 모빌리티에 어떤 방식으로든 연결되어 있다. 테크놀로지의 향상을 사고하는 방식은 또한 정서적 움직임이 물리적 움직임에 연결되는 방식에도 영향을 미쳤다. 이는 클라이스트가 여행 중에 약혼자에게 편지를 보내기 위해 개선된 독일 우편 체계를 이용하는 데에서 드러난다. 그는 약혼녀와 원거리 관계를 유지하는 데에 독일 우편 체계가 근본적이라고 보았고, 독일 우편의 속도와 신뢰성의 증가함에 따라 이에 대한 클라이스트의 의존도 늘어난다. 거꾸로 클라이스트는 또한, 이 체계의 고장이라는 사건이 낳을 수 있는 불리한 정서적 귀결을 두려워했다. 편지가 도착하지 않는다면, 그녀는 그가 신경 써 주지 않는다고 생각할 것이다. 항해 장비와 기술적 노하우에서의 중대한 진보가 가져온 실천적 이익은 게오르크 포르스터의 경우로 예화된다. 태평양과 남극을 향하는 쿡의 두 번째 원정대의 일원으로서 게오르크 포르스터는, 자신이 지구를 세 바퀴 주항할 수 있는 거리를 항해할 수 있었다고 계산했다. 비슷하게, 독일과 스위스를 횡단하는 여정에서, 니콜라이가 미래의 여행자에게 도움이 되도록 이전에 지도로 그려지지 않은 지역을 그릴 수 있었던 것은 자체 제작한 길 측정기 덕분이었다. 이동 중에 그리고, 측정하고, 양화하기 위해 니콜라이는 테크놀로지를 발명하고, 조정하고, 사용했다. 이러한 행위가 가진 추가적인 이점은, 새로운 모빌리티의 불확실성 및 예측불가능성에 어느 정도 대응하는 데에 도움을 준다는 점이었다.

안장시대에, 잘 구축된 수송 수단은 여행을 통해 획득된 사회적 상승의 감정을 더욱 고조시킬 가능성이 있었다. 아이헨도르프의 무용지물, 방앗간 주인의 아들은 빠르고 편안하고 장엄한 여행 마차를 타고서 "장려한 삶"을 엿본다. 니콜라이 또한 여행 마차의 빠른 움직임과 상대적 편안함을 옹호했다. 그는 올바른 종류의 탈것을 선택하는 데에 많은 시간을 들였다. "편안한 여행 마차는 편안한 집〔과 마찬가지다.〕" 그리고 그는 이동 중에 거주하고 글을 쓸 수 있었다. 여정의 말미에, 니콜라이는 그와 그의 여행 동료가 탁월한 여행자라고 암시한다. 이러한 암시에서 능력이 중심적 역할을 했음에는 의심의 여지가 없다. 여정 중에 그들은 다른 사람이 같은 시간 내에 했을 것보다 세 배나 많은 관찰을 했다고 그는 주장한다. 그렇지만, 이동적 테크놀로지 발달과 관련된 가장 흥미로운 생각은 아마도 안장시대 작가들이 스스로 발명한 것과 관계된 생각일 것이다. 그리고 자신의 또는 주인공의 여행 체험에 대한 반성을 이 작가들이 재현하는 방식에 이 발명품이 끼친 영향과 관계된 생각일 것이다. 여기에는 니콜라이가 스스로 발명한 휴대용 다방향 서가와, 샤미소의 상상적 발명품인 7마일 장화가 있다. 이 두 발명품은 특정한 교육적 또는 과학적 목적을 위해 모빌리티를 최대한 활용하고자 고안된 것이다. 서가는 이동 중에 글을 쓰기 위한 것이었다. 이를 통해 니콜라이는 체험의 즉각성을 가장 효과적으로 포착했고, 여행 일지에 허구적 요소가 등장할 가능성을 줄였다. 7마일 장화를 신는 사람은 전 세계의 식물상과 동물상에 대한 과학적 자료를 수집할 증진된 수준의 모빌리티를 얻게 된다. 동시에, 두 발명품은 안장시대에 여행자가 대처할 가능성의 한계 또는 결점의 가능성을 들추어낸다. 니콜라이의 노력은 시간이 체험되는 새로운 방식, 금방 사라져 버린다는 시간의 본성, 그리고 한순간이 상상의 비사실적 허구의 가능성 속으로 사라져 버리기 전에 그것을 글로 정확히 붙잡으려는 노력과 관계한다. 페터 슐레밀이 발견하는 것은, 광대한 거리를 여행하고 연구하는 능력을 획득하는 것은 대체로 인류로부터의 단절을 수반한다는 것이다. 그는 관계의 긴밀성을 다시는 체험할 기회가 없으리라는 것을 인식한 채로 살아야 한다. 일반적으로 말해서, 테크놀로지 보충물을 검토함으로써 우리는 안장시대 작가들이 주변의 테크놀로지적 물건과 상호작용함으로써, 그리고 저 물건들의 발달을 통해 그들의 체험이 어떻게 변용되었는지를 볼 수 있는 효과적인 렌즈를 얻게 된다.

　자기형성의 관념은 그 자체로 복잡한 관념이지만, 여행 또는 여정이 그 자체로 가치 있는 체험이라는 안장시대의 사고를 통해 잘 맥락화될 수 있다. 여기에는 두 가지 주된 이유가 있다. 첫째, 여행은 새로운 지식의 생산 가능성을 열어 준다. 둘째, 여행은 개인의 문화적·사회적 교육과 형성을 가능케 한다. 지식을 생산하는 핵심 수단으로 여행을 바라본 작가의 예로는 니콜라이, 게오르크 포르스터, 요한 라인홀트 포르스터, 샤미소를 들 수 있다. 니콜라이는 글을 통해 여행자가 되고픈 사람을 직접 언급하며, 기록된 지도의 결함을 개선하는 등의 활동에 우위를 둔다. 포르스터 부자와 샤미소는 효과적인 과학적 관찰과 기록을 위해서는 장거리 국제 여행이 꼭 필요하다는 발상을 옹호한다. 그 결과, 우리는 지식 및 정신의 확장은 거주하기만 하는 삶에서는 불가능하다는 인상을 얻게 된다. 이에 따라, 젊은이가 여정을 떠나 거주 권역 너머를 여행함으로써 자기 지평을 확장할 수 있다는 생각으로부터 성장소설이라는 장르가 태동한다. 안톤 라이저, 그리고 (추측컨대) 그의 창조자 카를 필리프 모리츠는 다른 마을로 여행하고 견습생이 됨으로써 젊은 나이에 억압적 가족 삶을 탈출할 수 있다. 안톤은 불행히도 먼 곳을 향한 영구적 갈망으로 고통 받게 된다. 여행을 통해 배움을 얻은 것은 사실이지만, 그는 사회 안에서 만족할 만한 항구적인 장소를 여전히 찾지 못한다. 대조적으로 괴테의 빌헬름 마이스터는 자기 여행과 자기형성의 결과로 사회 내에서 자기 장소를 찾을 수 있다. 어떤 장소에 속해 있다거나, 거기에서 만족한다는 모리츠/안톤의 감정은 언제나 일시적이지만, 괴테는 자기형성을 거주하기와 여행 사이를 매개하는 개념으로 활용한다. 성인으로 행복하게 거주하기 위해서는 우선 젊어서 형성의 여정을 떠날 필요가 있다고 괴테는 추론한다.[211] 안장시대가 끝나 갈 때쯤, 우리는 아이헨도르프의 무용지물이라는 인물을 만난다. 그는 여정을 겪은 후 더 높은 사회적 지위에 있는 집을 찾을 수 있다. 그러나 이는 그의 본래 집은 아니고, 다른 어딘가이다. 아이헨도르프는 등장 중인 새로운 모빌리티의 압도적인 힘으로 인해 이제 거주하기의 본래적 이념으로의 귀환이 사회적으로 불가능해졌다고 암시하는 것 같다. 자기형성이라는 보충적 관념과 관련하여, 여행이 불가피하게 자기형성을 수반한다고, 그리고 여행을 통해서만 획득할 수 있는 자기형성의 핵심 요소들이 있다고 결론내리는 것은 합리적으로 보인다.

게오르크 포르스터의 글은 어떻게 여행, 특히 상호문화적 마주침이 문화에 대한 개인의 관념을 변화시키고 확장할 수 있는지의 명확한 예를 보여 준다. 뉴질랜드 마오리인과 접촉함으로써 포르스터는 소위 "문명화된" 사람들이 "야만인"에 대해 가지는 우월성을 의문시하기 시작하고, 두 집단 사이에 명확한 선이 존재하는지를 의심하기 시작한다. 여정이 끝날 때쯤, 그는 문화적 전망의 문제에서 유럽인들이 교육

---

211 우리는 이것을 거주하기와 모빌리티 사이의 균형을 매개하기 또는 발견하기라는 문제에 대한 절대적 또는 항구적인 해법이라기보다는, 이상이라고 추론할 수 있을 것이다. 이는 위에서 인용했던 구절이 시사한다. "서로 대항하는 힘들 간의 균형의 추구라는 문제에 그(괴테)는 평생 골몰할 것이었다."

을 받을 필요가 있다고 확신했다. 그들은 평등의 휴머니즘적 원리를 인정하고, 남태평양 토착민들이 그들의 형제라는 것을 인정하는 법을 배울 필요가 있다. 이러한 주장을 펴면서 포르스터는 유럽의 문화적 지배라는 전통적 관념에 반대한다. 이 관념은 아버지의 문화적 의견에도 반영되어 있었다. 바다를 건너는 여정은 또한 헤르더로 하여금 전체로서의 인류에 근거한 문화적 정체성을 강조하고, 국가는—국가는 말 그대로 그에게 보이지 않는다—상대적으로 덜 중요하다는 생각이 들게 한다. 어떤 의미에서, 그저 여행을 향한 욕망을 표현함으로써 안장시대 작가들은 모두 문화 관념에 관한 보충적 관념을 생산했다. 그들은 자기 여정, 일상적 체험, 멀리서 가족관계와 연애 관계를 유지하려는 시도와 고난을 이야기함으로써 문화적 모빌리티에 대해 쓴 것이다. 동시에 나는 한 안장시대 작가, 샤미소가 문화 관념에 특히 새로운 관점을 가져다준다고 주장한다. 그는 모빌리티에 대립하는 거주하기의 인간적 체험에 큰 관심을 주었기 때문이다. 페터 슐레밀의 이야기, 그림자의 상실이라는 이미지, 7마일 장화를 통해 샤미소는 원하는 대로 거주할 수도 여행할 수도 없다는 것이 가지는 함축을, 그러한 사람에게 사회가 하는 반응을 통해, 그리고 그러한 증진된 모빌리티의 귀결을 통해 탐사한다. 이런 방식으로 샤미소는 모빌리티/부동성의 문제를 전면에 내놓고, 국민국가를 통해서 정의된 문화가 배경으로 사라지는 것을 가능케 한다.

일반적으로, 안장시대 새로운 모빌리티의 긍정적인 면모 중 하나는, 여행이 사람들의 지식과 세계관을 확장시킨 방식이다. 이동이라는 행위 자체가, 읽기 같은 활동을 실행하는 방식에 변화를 일으켰다. 헤르더는 이동 중의 독서를 통해, 호메로스의《오디세이아》같은 정전 격의 텍스트를 이해하는 완전히 새로운 방식을 발견한다. 노고라는 의미에서의 여행은 고난, 수고, 노동을 수반하며, 목적을 충족하기 위해 견뎌 내야 할 것이었다. 이후 안장시대에 여행은 여행으로서—자체로 의미 있는 것으로서 체험될 수 있게 되었다. 이런 방식으로 개별적 여행자들에게 미리-규정되어 있던 거주하는-삶을 넘어서서 교육, 자기실현, 과학적 발견의 여정을 떠난다는 선택지가 생겼다. 그러자 세계는 유례가 없던 기회와 가능성에 열렸지만, 새로운 위험과 도전에도 열렸다. 테크놀로지, 자기형성, 문화와 관련하여 새로운 관념이 등장했고, 세계는 옛 모습으로는 결코 돌아갈 수 없었다.

∽∾ 3부 ∽∾
새로운 모빌리티의 현대

4장

전환점(1985~1995)

4.1 서론

이 논증은 이제 1770~1830년 시기로부터 현대 시기의 검토로 전진한다. 이는 두 부분으로 되어 있다. 3장 1985~1995년은 1989/90년의 전환점에, 4장은 이러한 변용이 전개되는 1995~2010년에 초점을 맞춘다. 이러한 시간적 도약은 질문을 제기한다. 어째서 안장 시기가 지난 후 한 세기 반이나 지난 후의 모빌리티를 검토하는가? 간단히 말하자면, 여행 관념에, 그리고 모빌리티(부동성)의 일상에 영향을 끼치는 방식에 안장시대 다음으로 가장 극적이며 광범위한 변화가 일어난 시기가 현대이기 때문이다. 현대에 대한 이 첫 번째 장에서는 몇 가지 여행 텍스트를 예로 삼아서, 안장시대로부터 이 더 새로운 모빌리티의 시기로 오면서 여행의 개념과 체험이 어떻게 지속되었는지, 또는 어떻게 변화되었는지를 비교할 것이다.

1989년 11월 4일 알렉산더플라츠에서 일어난 시위에서 50만 명가량의 동독 시위자들이 사회주의국가에 개혁을 요구했다. "무엇보다도, … 외국 여행을 할 제약 없는 권리"를 요구했다.[1] 여행 관념에 일어날 추가적인 중대 변화의 신호탄이 되었다는 점에서, 베를린장벽의 붕괴는 역사적 사건으로서도 은유로서도 매우 중요하다. 그 자체로 의미 있는 체험으로서의 안장시대의 여행 개념이 이제 근본적 인권으로 여

---

[1] Charles S. Maier, *Dissolution: the Crisis of Communism and the End of East Germany* (Princeton: Princeton University Press, 1997), p. 159.

겨지게 되었고, 그렇기에 문화적·개인적 자유 관념과 연결되었다.

장벽 붕괴 이전 시기에 자리 잡은 두 여행 텍스트부터 시작해 보자. 에리히 뢰스트의 소설 《양파꽃 문양》(1985)은 대략 1980년대 초기에서 중기의 사건에 토대를 두고 있다. 프리드리히 크리스티안 델리우스의 중편소설 《로스토크에서 시라쿠사로의 산책》(1995)은 대략 1981~1989년의 사건을 그린다. 이 여행 텍스트 각각의 중심에 있는 동독인 주인공은 벽으로 둘러싸인 국가에 감금되었다고 느끼고, 서구로 여행을 하고 싶다는 압도적인 욕망에 괴로워한다. 이어서 1991/92년의 사건을 기록한 안드레이 우지카의 다큐멘터리영화 〈현재를 벗어나〉(1995)로 눈을 돌릴 것이다. 이 영화는 모빌리티에 대한 1989년 이후의 관점을 전해 주며, 우주여행 형태로 모빌리티가 문자적·인지적으로 지구를 넘어서 확장되는 것을 구체화한다.

여기에서 내가 대답하려는 질문은 두 가지다. 첫째, 어째서 '전환 Wende',[2] 더 넓게는 1989년이 모빌리티에 중대한 (문화적) 전환점인가? 둘째, 안장시대와 비교해 볼 때 '전환'에 이어지는 현대 시기에는 무엇이 변화했고 무엇이 유지되었는가? 그리고 이는 여행 텍스트에 어떻게 재현되었는가? 나는 우선 1989/90년경의 이행 시기에, 특히 독일에서의 '전환'에 초점을 맞추면서, 안장시대와 현대 사이에 여행과 증대된

---

2 전환Wende이라는 용어는 1989/90년경 독일의 사회사, 정치사에서의 일어난 이행을 가리킨다. 이 기간에 베를린장벽은 붕괴되고 사회주의의 지배가 끝났으며, 독일은 통일 절차를 밟았다. [옮긴이주] Wende를 뜻하는 전환과 일반적 의미에서의 전환을 구별하기 위해 본 번역에서는 Wende의 번역어인 '전환'에 작은따옴표를 친다.

모빌리티가 사람들의 삶에 끼친 영향을 비교할 것이다. 이 현대 시기에 대한 기존 분석, 특히 후쿠야마의 논고 〈역사의 종말?〉(1989), 헌팅턴의 논문 〈문명의 충돌?〉(1993)에 등장하는 주장에 대한 비판을 보강하여 제시할 것이다. 이 통사적 접근법은 모빌리티를 역사화하고, 현대 모빌리티를 다룬 기존 연구들에는 부재한 비판적 차원을 제공할 것이다.

4.2 안장시대에서 현대로의 이동

모빌리티의 역사에서 안장시대에서 현대로 전진하는 것은 방법론적으로 유용하다. 이로 인해 여행 체험에 일어난 극적인 변동에 대한 날카로운 비교적 관점을 전개할 기회, 세계화에 관한 현대적 논의라는 더 넓은 주제에 중요한 공헌을 할 기회가 생기기 때문이다. 비교를 해보자면, 시간에 걸친 모빌리티의 강화 및 이 변화의 속도와 방향 상실은 여행자의 인식이나 초점에 변동을 가져왔다. 1장에서는, 안장시대에 여행은 그 본성상 예견적인 방식으로 표현되었다고 주장했다. 여행자들은 "만약 이렇다면 어떨까?"라고 물었다. 그리고 다양한 수단을 통해서, 여행 및 그와 연관된 보충적 관념인 테크놀로지, 자기형성, 문화가 자기 삶에서 또 주인공의 삶에서 무엇을 가능케 하는지를 발견하려고 나섰다. 그렇다면 현대의 작가와 영화감독에 의해 재현된 여행자는 무엇에 관심을 두는가? 그것은, 모빌리티의 압도적인 본성에 어떻게 대처할 것인가, 그리고 그러한 움직임의 힘과 함께, 또는 힘에 대항하여 어떻게 살 것인가 하는 물음으로 보인다. 여기에서는 이러한 추측을 고찰하려 한다. 이 명제가 옳다면, 여행하려는 욕망 그리고 테크놀로지, 자기형성, 문화라는 보충적 관념의 생성에 대해 말하는 것은 안장시대의 분석에 대한 생산적 접근법에는 맞았지만, 현대에는 문제적이라는 결론이 유도된다. 이는 다음과 같은 물음을 제시한다. 여행하려는 담론적 욕망은 지금은 무엇을 뜻하는가? 그것은 여행/모빌리티에 대한 영화와 글에서 어떻게 (재)생산되는가? 문화, 테크놀로지, 자기형성이라는 보충물적 관념은 현대의 여행 체험과 관련해서도 중요성을 유지하는가? 아니면 이제는 상관없어졌거나, 새로운 보충물적 형태에 의해 대체되고 있는가?

어떤 경우, 현대의 모빌리티의 압도적인 본성은 이전 시기로의 귀환을 향한 향수를 자아낸다. 저 시기는 여행이 여전히 통상 이례적인 일이었고, 욕망하기·예견하기·생산하기가 더욱 가능한 시기였다. 이 점은《로스토크에서 시라쿠사로의 산책》에서 드러날 것이다. 그러나 현대의 변화하는 정치적·사회적 여건으로 인해 이전(안장시대)의 여행 체험을 다시─사는 것은 대부분의 경우 불가능해졌다는 점을 이 분석은 보여 줄 것이다. 새로운 모빌리티는 귀환불능점에 도달한 것이다.

4.3 개념틀

여행 텍스트를 분석하기 전에, 최근의 여행 텍스트 분석에 생산적인 모빌리티 개념을 논의함으로써 본 장의 맥락을 제시하려 한다. 그 후 1989/90년 및 새로운 모빌리티 시대로의 이행의 중요성을 개관할 것이다. 여기에 제시된 개념적 틀에 관하여 내가 제시하는 추측은, 새로운 모빌리티의 압축, 복잡성, 네트워크성으로 인하여, 테크놀로지, 자기형성, 문화라는 보충물이 현대에 생성되는 새로운 방식의 가능성을 탐구하는 것만으로는 충분하지 않게 되었다는 것이다. 물론 안장시대 보충물이 어떻게 발달하였느냐는 문제도 중요하긴 하다. 그러나 사람들의 이동 및 여행 체험이 어떻게 매개되고, 손상되고, 상호연결되고, 증진되고, 전 지구적 상황에 처하게 되었는지를 살펴보는 데 필요한 모빌리티 개념들이 여기에 추가되어야 한다. 이를 위해서 나는 세계화,[3] 이동movement, 공화국 탈출Republikflucht, 먼 곳을 향한 갈망Fernweh, 이동적 장소 개념을 도입할 것이다.

세계화

현대 들어 세계가 테크놀로지적으로 보강되고 전 지구적으로 정의되어 점점 더 공간적·시간적으로 "압축"되고 있다는 점을 감안하면, 세계화란 모빌리티에 대한 현대 논의에 핵심적 중요성을 가지는 포괄적 용어다. 세계화 연구자 얀 네데르벤 피터제의 책《세계화와 문화화:

---

3 세계화라는 용어를 통해 내가 의미하는 바는 네데르벤 피터제가 "1970년대 이후의 세계화 과정을 특징짓는, 현대의 가속되고 있는 세계화"라고 묘사한 것이다. Jan Nederveen Pieterse, *Globalisation and Culture: Global Méange* (U.S.A: Rowman & Littlefield Publishers, 2004) p. 16. 강조는 원저자.

전 지구적 혼합》은 세계화라는 용어의 본성이 붙잡기 힘들고 심히 논쟁적임을 강조한다.[4] 그는 다양한 분과 학문적 관점에서 세계화의 정의를 조사한 후 다음과 같은 정의를 통해 체험과 지각을 강조하는 "절충적 입장"을 제안한다.

세계화란 경제적 · 정치적 연결성이 증대되는 객관적 · 경험적 과정이다. 그리고 전 지구적 상호연결이 증가함에 대한 집단적 인지로서, 그리고 전 지구적 조건을 형태 지으려는 일군의 구체적 세계화 프로젝트로서 의식 속에서 전개되는 주관적 과정이다.[5]

모빌리티 관점에서 볼 때, 세계화에 대한 네데르벤 피터제의 정의는 "사람들이 전 지구적 이동을 체험하고, 사고하고, 형태 짓는 방식"이라고 변형하면 유용할 것이다. 이동의 강화는 사람들이 전 세계에 걸쳐 이어져 있다는 느낌을 더 강하게 한다. 세계에 대한 네데르벤 피터제의 이해는 국가가 상상된 공동체라는 베네딕트 앤더슨의 유명한 아이디어의 보강이라고 볼 수 있다.[6] 1991년 앤더슨은 국가가 "상상된 것"

---

4 이 점에 관해 네데르벤 피터제는 이렇게 쓴다."말해지고 있는 것이 어떤 세계화인지가 언제나 명확한 것은 아니다. … 세계화에 대한 근본적 이해에는 폭넓은 불일치가 있다." pp. 17-18. 세계화에 대한 정의의 '신뢰하기 힘든' 본성에 대한 이러한 강조는 얼핏 보면 구체적 분석에 비생산적이라고 보일 수도 있지만, 그는 전 지구적 문제를 고찰하는 접근법에 명확한 틀을 제공한다. 예를 들어, 피터제는 세계화라는 현대적 과정의 시작을 1970년대에, 세계와 문화의 관계에 대한 연구의 시작을 1992년에 둔다. p. 16; p. 1.

5 Nederveen Pieterse, *Globalisation and Culture*, pp. 16-18. 강조는 원저자.

6 Benedict Anderson, *Imagined Communities: Reflections on the Origin and Spread of Nationalism* (London: Verso, 1991).

이라고 결론 내린다. "가장 작은 국가의 구성원조차 동료 구성원 대부분을 결코 알지도 만나지도 들어 보지도 못했을 테지만, 각자의 마음속에는 이들과의 교감에 대한 상이 있기 때문이다."[7] 2004년 네데르벤 피터제는 모빌리티가 증대하면서 국가는 중요성을 잃어, 이제 국가란 "더 깊은 곳에서 진행 중인 인간 이주와 실향의 층위에서 일시적으로 부각되어 온 격자" 정도로 간주될 수 있음을 인정한다.[8] 금융에서 (재)상상되고 있는 것은 세계 규모의 연결이다. 그렇기에 세계화는 "전 지구적 상호연결이 증가함에 대한 집단적 인지로서 … 의식 속에서 전개되는 주관적 과정"으로 볼 수 있다.

여기서 우리는 왜 다양한 이론가들이 세계화 과정을 "전 지구적 상호연결의 증가"로 이해했는지를 물을 수 있을 것이다. 얀 네데르벤 피터제와 로버트 홀턴은 세계화에 대한 세 가지 넓은 사고틀 또는 패러다임을 요약하는데, 그 방식이 매우 유사하다.[9] 나는 이들이 제시한 세 패러다임을, 각각이 모빌리티/부동성에 관해 가지는 전망의 가능적 귀결과 관련하여 표현하려 한다.

첫 번째는 "등질화 테제"(H) 또는 "맥도널드화/문화적 수렴"(NP)이다. 이는 다국적기업의 영향 하에 전 지구적 문화가 서구적 패턴, 특히

---

7 Anderson, *Imagined Communities*, p. 6.

8 Nederveen Pieterse, *Globalisation and Culture*, p. 41;

9 Nederveen Pieterse, *Globalisation and Culture*, pp. 41-58; Robert Holton, "Globalization's Cultural Consequences," *The Annals of the American Academy of Political and Social Science* 570.140 (2000): 140-52, pp. 140-51. 이후 세계화와 관련된 이들의 패러다임을 요약할 때 네데르벤 피터제의 용어에는 괄호 안에 (NP)를 넣고, 로버트 홀턴의 용어는 괄호 안에 (H)를 넣어서 인용할 것이다.

북아메리카적 패턴을 중심으로 표준화 또는 보편화되고 있다는 생각이다. 모빌리티가 증대되면서 세계는 점점 더 문화적으로 균일해지고 있다. 지역적/국가적 문화적 독특성을 강화하고 변화에 저항하기 위해 삶의 방식으로서의 거주하기가 장려되고 있다. 나라 사이에 얼마나 유사성이 많은지를 생각해 보면, 여행은 의미가 없거나 심지어 달갑지 않은 것으로 보일 수도 있다.

두 번째는 "극화極化 테제"(H) 또는 "문명의 충돌/문화적 차이"(NP)다. 이 생각은 대체로 새뮤얼 헌팅턴의 1989년 논고 〈문명의 충돌〉에서 비롯된 것이다. 이 생각에 따르면, 문화적 집단은 강한 전통을 가지고 있으며, 이는 경계를 강화하고, 다른 문명과의 경쟁 관계, 예를 들, 이슬람적 동과 미국적 서 사이의 경쟁 관계를 낳는다. 이러한 테제는 문화가 내재적으로 안정적/정주적이라는 가정에 근거하며, 이에 따라 우리/그들이라는 문화적 이분법을 강화한다. 관광 마케터는 빈번히 극화 담론을 끌어들인다. 예를 들어, 이들은 이국적 타자의 문화를 모험적으로 둘러보고 나서 고정된 집으로 안전하게 돌아올 수 있는 기회로서 여행을 홍보한다.[10]

다음 예에서 보듯이, 장소와 문화가 정적인 것으로 간주되어야 한다는 견해는 종종 비판받는다. "장소가 재발명되면서 관광을 위한 볼거리도 변화한다. 새로운 체험, 신선함, 아름다움, 독특함의 탐색을 정치, 현

---

10 Edward W. Said, *Orientalism* (New York: Pantheon, 1978)를 보라.

재의 소비 양식, 여행 산업이 빚어낸다."[11] 세 번째는 "혼종 테제"(H) 또
는 "진행 중인 문화적 혼합"(NP)이다. 이는 "문화가 서로에게서 요소를
빌리고 통합시켜서 혼종적 또는 혼합적 형태를 낳는다"는 생각이다.[12]
혼종 테제는 문화적 영향력이 다방향적이라고 가정한다. 권력의 면에
서 불균등이 있다고 해도, 그것은 싸잡아서 균일하게 되는 것이 아니
고, 극이 되는 문명들 사이에 명확하게 선이 그어지는 것도 아니다. 네
데르벤 피터제는 혼종 테제가 관점의 변화를 불러일으킬 가능성을 강
조한다. "우리는 문화가 여러 가지 '상상된 공동체'의 영토적 묶음 안
에 있다고"—즉, 거주자와 안정적 내적 문화를 지닌 고정된 국가의 관
점에서—"생각하도록 훈련 받고 주입당해 왔다. 그렇기에, 열린 창 및
혼종이 제기하는 물음을 진지하게 논하기 위해서는 실로 상상의 탈식
민화가 필요하다."[13] 즉, 전 지구적인 규모에서 거리, 변화, 장소 없음을
정상적인 것으로 재상상할 필요가 있다.[14]

그렇기에 세계화의 혼종 테제는 모빌리티 관점에서 여행 텍스트를

11 Graham Huggan, *Extreme Pursuits: Travel/writing in an Age of Globalization* (Ann Arbor:
    University of Michigan Press, 2009), p. 3. 강조는 필자.
12 Holton, "Globalization's Cultural Consequences," p. 140.
13 Nederveen Pieterse, *Globalisation and Culture*, p. 55.
14 Sheller and Urry, "The New Mobilities Paradigm," p. 208. 고정된 장소에 속한다는 개념
    이 어떻게 정상적이거나 자연적인 것으로 강화되었는지는 소위 전문가들의 담론에서
    볼 수 있다. 가령 "국가적 정체성 및 평판의 관리 및 측정의 선두적인 권위자이자 국가
    및 장소 브랜딩 분야의 창시자"(Simon Anholt, *Places: Identity, Image and Reputation*
    (Great Britain: Palgrave Macmillan, 2010), 뒤표지)인 사이먼 앤홀트는 이렇게 쓴다.
    "우리가 살고 있는 장소의 정체성과 이미지는 참으로 우리 자신의 정체성과 이미지로
    부터 단절 없이 확장된 것이다. 사람이 자신을 자기 도시, 지역, 나라와 동일시하는 것
    은 인간의 자연적 경향이다." p. 157.

문화적으로 분석하는 데에 가장 생산적인 전망을 제공한다. 그것은 이동 중에 있는 세계의 실재, 그리고 상호문화적 마주침과 증가하는 상호 인지의 실재를 인정하기 때문이다. 동시에, 이러한 접근법은 가능한 삶의 방식으로서 거주하기를 정상적인 것으로 간주하지도 않고, 폄하하지도 않는다. 그러므로 등질화 테제와 극화 테제를 고려하는 것도 중요하다. 이 관점들은 현대의 새로운 모빌리티를 인정/수용하는 것에 대한 저항의 형태로 간주될 수 있기 때문이다. 예를 들어, 홀턴은 문화의 혼종적 요소가 저항을 받거나 무시되는 이유를 설명한다. "문화적 행위자는 자기 문화의 레퍼토리에 있는 외인外因적 요소의 중요성을 인지하지 못하거나, 인지하지 않으려 한다. 빌려 온 것을 토착화한 것이 더 마음이 편하기 때문이다."[15]

2011년 뉴질랜드 '올해의 차'로 포드 포커스가 선정된 것이 이러한 요점을 예시해 줄 것이다.[16] 뉴질랜드 자동차 작가 길드장 데이비드 링크레이터는 심사자들이 어떻게 이 결정에 이르렀는지를 설명한다. 이 글 내내 그는 이 자동차의 디자인이나 생산회사의 본거지는 언급하지 않고 차량의 겉보기 뉴질랜드다움을 강조한다.

도시에서 달리든 고속도로를 달리든, 시골의 2급 도로를 답파하든, 신차 포커스는 언제나 인상적이다. "올해의 뉴질랜드 차"는 특히 이 점

---

15 Holton, "Globalization's Cultural Consequences," p. 151.
16 "Ford Focus is NZ's Car of the Year," *Taranaki Daily News Online*, 18 Jan. 2012, 〈http://www.stuff.co.nz/taranaki-daily-news/motor/6273622/Ford-Focus-is-NZs-Car-of-the-Year〉.

을 고려했다고 할 수 있다. 전국의 이 분야 전문가들의 의견이 이 점을 말하고 있었기 때문이다. … 승자가 되어야 할 차는 다양한 관점에서, 그리고 키위-특유의 조건에서 뛰어나야 한다.[17]

링크레이터는 포드 포커스, 전 세계에서 달리고 있는 이 자동차가 무언가 독특하게 키위적이라는 담론적 구축을—그가 언급하는 것을 통해, 어쩌면 더욱 중요하게, 그가 언급하지 않는 것을 통해—하고 있다.[18] 2004년 논문 〈자동차와 국가 정체성〉에서 팀 엔더슨은 세계화의 혼종 모델의 측면에서 볼 때 "자동차 문화의 국가적 공명이 집요하게 지속"되고 있음을 논한다.[19] 어떤 모델은 "먼 곳에 기원을 가지는 구성 요소"로 이루어져 있음에도 불구하고 국가적 중요성이 계속해서 부과되어 왔다고 그는 설명한다.[20] 엔더슨의 결론은 이렇다. "세계화가 국

---

17 "Ford Focus."
18 포드 포커스의 이러한 마케팅과 아주 비슷한 예를 〈힐럭스, 키위 차로 받은 30년의 사랑을 기념하다〉라는 제목의 도요타 2012년 공식 발표문에서도 찾아볼 수 있다. "Hilux Celebrates 30 Years as Kiwi Favourite," Toyota New Zealand, 28 Dec. 2011, 〈http://www.toyota.co.nz/AboutUs/Press+Releases/2011/84A6D1F4FA1943BEA8BCC7ABB03EDD8A.htm?category=0〉. 힐럭스는 뉴질랜드 문화사의 중요한 사건들의 맥락에 놓인다. "1982년은 나쁜 해가 아니었습니다. 국가대표팀 올 화이츠가 … 스페인 월드컵에 … 진출했고, 대니얼 카터(뉴질랜드 럭비 선수)가 태어났고, 프린스 투이 테카(뉴질랜드의 마오리인 가수, 배우)의 귀에 감기는 노래 덕분에 파테아(뉴질랜드의 도시)가 지도에 올랐고, 도요타 힐럭스가 처음으로 뉴질랜드 소형 트럭 판매량 1위를 차지했지요." 이어지는 문장도 '외국' 생산물을 토착화하려는 경향을 두드러지게 보여 준다. "힐럭스에 적용된 도요타의 '지역에 최대한 적합하게' 프로그램은 바로, 여기서 판매되는 버전이 키위 운전자에게 딱 맞도록 고안되었음을 뜻합니다."
19 Tim Enderson, "Automobility and National Identity: Representation, Geography and Driving Practice," *Theory, Culture, Society* 21.4/5 (2004): 101-20, p. 103.
20 Enderson, "Automobility and National Identity," p. 118.

가를 가린다는 식으로 이해하기보다는" "세계화라는 수단을 통해 국가
정체성이 재분배된다고 생각할 수 있을 것이다."[21] 새로운 종합 형태의
의의, 그러니까 세계화의 산물은—우리는 포드 포커스를 이 예로 생각
할 수 있다—국가주의적 담론에 의해 "외래의 것을 토착화하려는", 또
는 모빌리티를 일시적으로 억누르려는 본질주의적 수사적 시도로 격
하된다. 세계화에 대한 어떤 이해—등질화, 극화, 혼종화—에 동조하
든 간에 이러한 과정 기저의 핵심적 힘이 이동이라는 것은 부인할 수
는 없다.

이동

현대 세계에서 선책안장시대의 문화적 안정성 또는 거주하는 삶의
매끈한 지속을 상상하는 것은 이동의 중심성을 인정하는 것과 정면으
로 배치된다. 로버슨은 《여행을 정의하기: 다양한 비전》 서론에서 이
점을 강조한다.

여행, 이동, 모빌리티—이것들은 인간 삶의 본질적 활동에 속한다. 외
국으로 여행을 가든, 방을 가로질러 이동하든, 우리는 모두 여정을 떠나
며, 우리의 여정을 통해 우리를 정의한다. … 당신의 눈이 이 서론을 지
나가는 동안, 나의 말이 페이지를 횡단하는 것을 당신이 읽는 동안, 당
신이 얼마나 자주 이 독서로부터 일어나 방을 움직이는지, 그리하여 그

---

21 Enderson, "Automobility and National Identity," p. 118. 강조는 원저자.

러한 이동 없이는 정적일 임무로부터 당신에게 얼마나 자주 생기를 돌려 주는지를 헤아려 보라. 그렇다면 이동, 여정, 여행이 인간의 삶에 얼마나 기본적인지, 그리고 여행에 대한 책이 왜 계속해서 대중적인 문헌 유형에 속하게 되는지를 납득할 수 있을 것이다.[22]

이동 중에 읽음으로써 문학작품의 성격을 더 잘 이해하게 된다는 헤르더의 안장시대 이동적 독서 관념을 로버슨은 해체하면서 동시에 확장하는 것 같다. 현대에 모빌리티/부동성 관념은 우리의 일상적 의미 이해에 너무나 내재적이라서, 꼭 바다로 가거나 서사문학을 읽어서 타인의 말을 듣고 참으로 계몽될 필요조차 없다. 이제 읽기는 내재적으로 이동적인 실천이다. 이러한 과정의 부분으로서 읽기 행위("당신의 눈에 이 서론을 지나가는 동안") 또는 방을 지나 걷는 행위("기본적 이동")은 "여정"을 구성하기에 충분하다. 이는, 얻고자 하는 종류의 정보 또는 체험과 관련하여 사람들이 얼마나 먼 거리를 이동하는지에 관한 현대의 겉보기 역설에 빛을 비춘다. 한편으로, 원격통신 테크놀로지가 촉진한 국제적 정보, 뉴스, 이미지의 가상적 이동 덕분에 이러한 테크놀로지에 접근할 수 있고, 거기에 의지하는 사람은 물리적으로는 더욱 정주적이 될 수 있다.[23] 다른 한편, 전 지구적 문화가 수렴 또는 차이화 과정을 겪고 있다고 해석하는 사람들이 실제로는 문화적으로 독특하

22　Susan L. Roberson, ed., *Defining Travel: Diverse Visions* (Jackson: University of Mississippi, 2001), p. XI.
23　Sheller and Urry, "The New Mobilities Paradigm," p. 221을 보라.

거나 때 묻지 않고 영향 받지 않은 것을 찾아, 또는 소위 이국적 동양이 나 금빛 서양을 체험하고자 더 먼 거리를 여행할 수도 있다. 혼종으로 의 세계화를 강조하는 비판적 모빌리티 관점은 이동과 두 가지 방식으로 관계함으로써 이 역설을 문제화할 수 있다. 정주적 컴퓨터 사용자가 세계의 모습에 접근할 수 있게 해 주는 것으로 생각되는 정보와 이미지 는, 다양한 정도로 이데올로기적으로 선택되고, 제한되고, 지역적으로 통제된 것이다. 예컨대, 중국에서의 가상 정보 검열의 문제를 고찰하면 서 매키넌은 이렇게 지적한다. "중국 정부는 사업, 엔터테인먼트, 교육, 정보 교환 도구로 인터넷의 발달을 지지하면서도, 실행 가능한 정치적 저항을 조직하기 위해 사람들이 인터넷을 사용하는 것은〔지금까지〕성 공적으로 방지해 왔다."[24] 사람의 이동에 관해서라면, 어떤 사람/상황을 더 현실적으로 이해하기 위해서는 여전히 여행을 해야 하고, 소위 세계 의 모습이란 언제나 주관적이고 파편적이라는 것을 받아들여야 한다.[25] 둘째로, 여행하는 동기와 관련해서는, 우리는 정격적 문화의 위치를 확 인하고 이를 체험하기 위해서 떠난다기보다, 문화의 독특하게 섞여 있 는 **혼합물적** 측면을 탐색함으로써 더욱 만족할 수도 있다.

이 마지막 요점은 이동 통제의 문제를 제기한다. 즉, 인간의 근본적 권리로 생각된 여행과, 사람과 정보의 흐름에 대한 통제를 보유하는

---

24 Rebecca MacKinnon, "Flatter World and Thicker Walls?: Blogs, Censorship and Civic Discourse in China," *Public Choice* 134.1-2 (2008): 31-46, p. 31.
25 1.2 〈여행 텍스트 분석에 대한…〉 "모빌리티 연구의 등장" 절에 있는 셸러와 어리의 논 평을 보라. "이러한 새로운 형태의 모빌리티에 발맞추기 위해서는 방법과 이론도 언제 나 이동 중에 있을 필요가 있다."

정부의 능력 사이의 긴장 문제다. 세계화, 관리, 이주를 주제로 글을 쓰면서 타일러는 이렇게 주장한다. "서구 이민 정책의 전 지구적 운용의 목표는, 남반구와 동반구의 난민, 망명 신청자, 경제적이고 '불법적인' 이주자가 서구로 이동하는 것과 정착하는 것을 통제하고 금지하는 것이다."[26] 그러나, 어느 정도까지 정부가 이동에 대한 통제를 실행할 수 있는가? 이 장에서 여행 텍스트를 분석하면서 나는 다음 물음들을 검토하려 한다. 국경 순찰의 한계는 무엇인가? 사람들(여기서는, 주로 동독 국민)이 억제되고 정보가 검열되면 무슨 일이 일어나는가? 이러한 경계를 물리적, 심적으로 넘기 위해 사람들(여기서는 구체적으로 작가와 영화감독)은 어떻게 전략을 개발하는가? 이러한 질문에 답하고 이동을 물리적 · 인지적 횡단으로 생각하기 위해, 나는 모빌리티와 연관된 세 개념을 끌어들일 것이다. 그것은 공화국 탈출, 먼 곳을 향한 갈망, 이동적 장소다.

공화국 탈출

공화국 탈출Republikflucht이란 과거 독일민주공화국(동독)이 사용하던 형법 용어로서, 문자적으로는 "공화국으로부터의 탈주"를 뜻한다.[27] 이 용어는 동독에서 서독으로 불법적으로 탈출하는 행위를 가리킨다. 또

---

[26] Bo Petersson and Katherine Tyler, eds., *Majority Cultures and the Everyday Politics of Ethnic Difference: Whose House is This?* (Great Britain: Palgrave Macmillan, 2008), p. 3.

[27] Robert Major, *Crossing the Line: Republikflucht between Defection and Migration* (Oxford: Oxford University Press, 2009), p. 56.

는 1979년《동독 핸드북》에 설명된 대로, "관청의 허가 없이 독일민주공화국을 떠나는 것"이다.[28] 공화국 탈출 개념은 현대의 여행 개념을 분석하는 데에 유용하다. 그것은 한편으로는 제한 없이 여행하려는 개인의 욕망과 한편으로는 개인의 이동을 통제하는 정부의 권력과 권위의 교차점에 위치하고 있기 때문이다. 이러한 의미에서 공화국 탈출이란, 국가가 부과한 경계를 개인의 여행하려는 의지가 위반할 때 일어난다. 예를 들어 1989년 동독 정부는 마침내 여행하고자 하는 사람들의 요구에 굴복하고 이동 통제를 포기했다. 공화국 탈출은 이 시점에 낡은 것이 되었다. 그러나 공화국 탈출이 반드시 거주하는-삶에 대한 거부를 내포한다고 가정하는 것은 부정확할 것이다. 더 중요한 것은, 이것이 강제된 거주하기, 또는 여행을 선택할 자유가 없음에 대한 거부를 내포한다는 것이다. 이것이 프리드리히 크리스티안 델리우스의 여행 텍스트《로스토크에서 시라쿠사로의 산책》(1995, 이후《산책》)의 주요 주제 중 하나다. 《산책》은 로스토크에 살고 있던 동독 국민 클라우스 밀러(델리우스의 버전에서는 파울 곰피츠라고 불린다)의 실제 여정을 이야기 한다. 밀러/곰피츠는 요트를 타고 불법적으로 동독을 탈출한다. 이는 단순히 세계의 다른 부분을 보기 위해서—"시칠리아섬의 시라쿠사로 여행하기 위해서"—였고 그 후 동독에서의 거주하는 삶으로 돌아오려—"어쨌든 로스토크로 돌아오려"—했다. (SvR 7) 그렇게 하기 위해서,

---

28 Peter Christian Ludz, *DDR Handbuch: Bundesministerium für innerdeutsche Beziehungen* (Köln: Verlag Wissenschaft und Politik, 1979), p. 208

그는 그가 표현한 의도에 반하여 공화국 탈출을 범해야 했다.

이러한 탈출 시도가 가져온 법적 반향은 심각했다. 1961년 8월 이후 동독의 법적 어휘에서, 공화국 탈출 시도는 "테러"의 범주에 포함되었다. 그렇기에 탈출 감행자는 소위 국가의 "적이자 배반자"가 되어 국경 순찰대의 사살이 허용되었다.[29] 시간이 지남에 따라, 동독 정부는 국가를 저버리는 행위에 점점 더 엄격한 조치를 취했다. 예를 들어, 가능한 징역 기간을 최대 8년으로 늘리고, "공화국 탈출 시도와 준비"까지 처벌 가능한 범죄로 포함시켰다. 그 결과, 1961년과 1989년 사이에 수감된 정치범의 절반은 "공화국 탈출범"으로 생각되었다.[30] 이를 염두에 둔다면, 동독을 떠나려는 밀러/곰피츠의 첫 준비는 공화국 탈출 또는 "불법적 월경"에 속하는 법적 틀을 검토하는 것이다.[31] 그는 일종의 구멍을 발견했다. 국경을 손상시키지 않고, 무기를 들지 않고, 가짜 신분증을 쓰지 않고 그 혼자 여행한다면, 그가 받을 수 있는 최악의 형은 2년간의 투옥이었다. 그는 공화국 탈출을 감행함으로써 그가 받을 수 있는 징역형을 여정의 대가로 감당할 만한 위험으로 느꼈다.

먼 곳을 향한 갈망

공화국 탈출 개념이 법률과 물리적 국경을 위협하는 형태로 정부의

---

29 Ludz, *DDR Handbuch*, p. 909.

30 Stefan Stiletto, *Novemberkind: Medienpädagogische Begleitmaterialien* (Berlin: Blond PR 2008), p. 7.

31 "Spaziergang nach Syrakus," *Der Spiegel*, 24 July. 1995, 〈http://www.spiegel.de/spiegel/print/d-9204258.html〉.

통제에 저항하는 물리적 이동 행위와 더 관계한다면, 먼 곳을 향한 갈망Fernweh이라는 개념과 이동적 장소 개념은 공화국 탈출 개념의 인지적 관련어로 이해될 수 있다. 이 개념들은 여행 및 갈망되는 도착지라는 관념을 우리가 어떻게 생각하는지, 그리고 이동적/부동적 체험에 응답하여 우리 자신의 주관성을 어떻게 발달시키는지와 관계한다. 이전 장에서 나는 먼 곳을 향한 갈망 개념을 소개했다. 그것은 다른 곳에 존재하려는, 또는 그곳으로 떠나려는 강한 욕망이다. 나는 이 개념을 카를 모리츠/라이저의 체험을 기술하기 위해 사용했다. 그가 겪는 먼 곳을 향한 갈망은 항구적으로 보인다. 그는 한 장소에서 오래도록 만족하지 못하고, 다음 장소로 강박적으로 이동하기 때문이다.

현대에 이 개념은 두 요점에 비추어 볼 때 더 큰 유관성을 지니게 되었다고 주장할 수 있다. 첫째, 여행이 훨씬 가능하고 일반적이 되었기에 다른 곳에 존재하려는 욕망은 안장시대보다 더욱 유효해졌고, 또는 더욱 손쉽게 실현되게 되었다. 둘째, 세계가 더욱 이동적이 되어서 먼 장소로 여행 가고 싶도록 동기를 부여하는 요인이 더 생겨났다. 관광 담론, 그리고 전 세계에서 텔레비전과 컴퓨터에 비추어지는 이국적 장소에 대한 이미지는, 그것이 없었더라면 낯설었을 장소에 훨씬 더 많이 노출되게 해 주었다. 사람들은 세계화에 보편화 경향이 있음을 인식했다. 이러한 경향이 깨어남으로써 문화가 상실되었다고 느끼는 사람이 있다. 이러한 사람들은 전통적이거나 이국적인 단단한 문화를 가진 장소를 이상화할 수 있다. 도시적 삶의 무한 경쟁에 압도되었다고 느끼는 사람은 더 느린 속도의 사회가 있는 곳, 장엄한 풍광이 있는 곳으로 여행하기를 갈망할 수 있다. 다른 한편, 개발도상 지역의 사람들은 더 많은 기회가 있는 곳으로, 합법적이거나 다른 방법으로 가기를 바랄 수 있다. 전체적으로, 먼 곳을 향한 갈망이라는 감정은 현재 장소의 면모에 대한 부정적 감정의 결과, 그리고 많은 경우에는 모험을 하려는 욕망의 결과로 생긴 상태라고 요약할 수 있다.

안장시대에 집을 떠나고 여정을 떠난다는 개념은 그 자체로 모험적이었다. 그러나 현대의 모험적 여행을 향한 갈망에는 확연한 차이가 있다고 벨과 라이얼은 주장한다. 그것은, 가속이라는 핵심 요소 또는 가속된 세계에서의 여행이다.[32] 벨과 라이얼은 "모험을 즐기는 관광객들이 물리적 환경의 도전에 대항하여 자신의 기량을 시험하는 산지山地"에 대해 고찰하면서 이렇게 논한다.[33]

조용하게 자연을 관찰하는 것은 오늘날의 여행자에게는 불충분한 활동이 된 것으로 보인다. 점점 더 많은 여행자들이 지구를 돌아다님에 따라, 이제 안건은 봄이 아니라 행함이 됐다. 자기 자신을 이 외국의 대지에서 스릴을 찾는 모험 영웅으로 변용시키는 것이다. … "장엄한" 풍광을 보던 위대한 관광객들의 자손들은 더 이상 정처 없이 거닐지 않고, 점점 더 압축되고 극히 각인된 공간을 통해 가속한다. 자연을 수동적으로 보는 것은 이러한 가속된 자연 내에서의 운동적 체험으로 진화했다.

32 Claudia Bell and John Lyall, *The Accelerated Sublime: Landscape, Tourism, and Identity* (United States of America: Praeger Publishers, 2002), p. XII.
33 Bell and Lyall, *The Accelerated Sublime*, p. XII.

… 〔결과적으로〕 급류–번지점프–패러글라이딩 체험을 적절히 부호화할 수 있는 것은 이동식 이미지 장치뿐이다.[34]

벨과 라이얼의 여행자는 가속된 다른 장소, 일상적 자아를 넘어서면서 동시에 그 체험을 기록할 수 있는 장소를 갈망하는 사람의 극단적인 예다. 그러나 이 이미지는 근대 여행자의 가속된 세계로의 이행을 —그것이 욕망된 것이든 불가피한 것이든 간에—설명하는 데에 확실히 도움을 준다. 이러한 이행, 그리고 이와 먼 곳을 향한 갈망 개념의 관계는 두 단계로 설명될 수 있다. 첫째, 안장시대의 여건과 1989년 이전 동독의 맥락을 연결시켜 비교함으로써, 둘째, 1989년 이전 동독의 여건을 '전환' 이후 현대와 비교함으로써 설명될 수 있다.

곰피츠가 시라쿠사로 여행할 영감을 준 것은 안장시대 여행작가 요한 고트프리트 조이메였다. 그는 19세에 조이메의 저작 《1802년 시라쿠사까지의 산책》을 읽었고,[35] 그의 발자취를 따라가려 했다. 뮐러는 이렇게 말한다. "나는 조이메의 여정을 따라 하고 싶었다. 나는 그것을 나의 인권이라고 보았다."[36] 먼 곳을 향한 그의 갈망은 그의 현재 장소의 일면에 대한 부정적 감정으로부터 생겨난다. 그 일면은, 거의 두 세

---

34 368 Bell and Lyall, *The Accelerated Sublime*, p. XII. 스카이다이빙으로 공간 속에서 가속하여 세계 기록까지 세운 펠릭스 바움가르트너에 대한 논의는 5장을 보라(5.6 〈최종성의 공포〉에서 "펠릭스 바움가르트너"를 언급하는 문단).

35 Johann Gottfried Seume, "Spaziergang nach Syrakus im Jahre 1802," *Mein Leben*, ed. Jörg Drews (Frankfurtam Main: Deutscher Klassiker Verlag, 1993).

36 "Spaziergang nach Syrakus."

기 전의 사람들도 할 수 있었던, 여행을 행할 기본적 권리라고 그가 믿은 것이 부인당한다는 것이다. 이는 또한 조이메와 같은 모험을 하고 싶다는 강한 욕망과 짝을 짓는다. 여행 제한에 맞닥뜨린 동독 시민들은 안장시대의 독일 여행자들보다도 못한 특권만을 가진다는 심정은 동독 작가 페터 불카우도 비슷하게 표현한 바 있다.[37] 역사학자 매리 풀브룩은 2006년 다큐멘터리영화 〈장벽 뒤에서: 동독에서의 "완벽하게 정상적인 삶"?〉에서 불카우를 인터뷰했다. 구동독에서의 삶을 정상이라고 정의할 수 있는가 아닌가 하는 물음에 대한 그의 대답은 다음과 같다.

그건 "정상"을 어떻게 정의하느냐에 달렸죠. 비정치적이고, 정부에 비교적 무비판적이고, 어쩌면 그것을 "통치권"이라고 보는 사람을 생각해 보세요. 삶의 존속에 적당한 정규적인 직업을 가지고, 때로 다른 사회주의국가에서 휴가를 보내고, 차를 사려고 10~12년을 기다리는, 수수한 안녕으로 만족하는 사람을요…. 그런 사람이라면 비교적 정상적인 삶을 살 수 있지요. 하지만 그 이상을 원한다면—예를 들어, 학교에서는

---

37 1978년 불카우는 정치적 풍자소설 《아직 아니지만 이미 벌써Noch nicht und doch schon》(1977) 때문에 4년 반의 형을 받았다. 그는 마침내 사면을 받고 서베를린으로 이사한다. 다큐멘터리영화 〈장벽 뒤에서〉에서 불카우는 국경 검문소를 자유롭게 넘을 수 있었던 외교관 친구를 통해 이 소설 사본을 서독으로 밀반입할 계획에 대해 이야기한다. 그러나 이 친구는 소설 사본을 비밀경찰에 넘겼다. *Behind the Wall: 'Perfectly Normal Lives' in the GDR?*, dir. Mary Fulbrook, University College London, 2007. 뮐러/곰피츠와 마찬가지로, 불카우도 서독으로 합법적으로 이동하기 위해 여러 번 신청을 하였다.

괴테의 〔1786~1788년〕《이탈리아 여행기》를 읽으면서 내 짧은 생에 로마나 베니스를 결코 방문할 수 없다는 것이 옳을 리가 없다고 말하는 사람이라면, 뭔가 잘못된 거죠. 이 모순을 억누를 수 있다면, 조용하게 살 수 있어요. 제 생각에는 그렇습니다.[38]

그렇다면 구동독에서 먼 곳을 향한 갈망이란 공화국 탈출 시도로 이루어졌으며, 이를 감행한 시민들은 그들의 거주하는—삶의 상황, 조이메나 괴테 같은 안장시대 작가들이 할 수 있었던 것처럼 모험을 하고 새로운 장소를 체험하지 못하는 것에 불만족했던 것이다. '전환' 이후 모빌리티가 편재하게 되면서, 먼 곳을 향한 갈망은 여전히 다른 곳에 존재하려는 욕망 및 모험 욕구와 강하게 연관되어 있기는 하지만, 또한 현대의 가속화되는 세계화 과정과 얽히게 된다. 여행할 가능성은 정상적이 되고, 그래서 체험으로부터 얻을 수 있을 것에 대한 기대는 강화된다. 벨과 라이얼의 말을 바꾸어 쓰자면, 이제 여행자는 그저 보기만 하는 것이 아니라 행하기를, 관찰하기만 하는 것이 아니라 변용되기를, 단순히 정처 없이 거니는 것만이 아니라 점점 더 압축되고 극히 기입된 공간을 통해 가속하기를 기대한다.[39]

달리 보자면, 거주하는 삶의, 그리고/또는 느린 이동의 옹호자는 가속된 삶의 양식으로의 이행에 저항한다. 이 배후에 있는 추론은, 빠른

---

38   371 *Behind the Wall*, Fulbrook.
39   관찰이 목적이던 초기 여행자들이 어떻게 만족했는지는, 예를 들어 앞서 분석했던 텍스트 《1781년 독일과 스위스 여행의 기록》에 나타난다.

속도로 삶을 사는 것이 물리적·정서적 안녕에도, 환경에도 유해하다는 생각일 것이다. 베스트셀러《느림의 찬양: 어떻게 전 세계적 운동이 속도의 숭배에 저항하고 있는가》(2004)의 저자인 저널리스트 칼 오노레는 이렇게 경고한다. "21세기의 이 초기 시기에 모든 것, 모든 사람은 더 빨리 움직이라는 압박을 받았다. … 가속되어서는 안 되는 것을 가속한다면, 감속하는 법을 잊는다면, 비싼 값을 치러야 할 것이다."[40] 오노레는 다양한 삶의 분야—음식, 마음/신체, 의약품, 섹스, 일, 여가, 아이—에서 어떻게 감속할 것인지 조언을 준다. 비슷하게, 더 전통적이고 느린 이동 방식을 재발견하는 여행자들은 가속된 모빌리티를 가능케 하는 테크놀로지의 일부 또는 전부를 벗어 버린다.[41]

이러한 탈가속된 여행의 예는 뉴질랜드 모험가 로버트 톰슨의 체험에서 찾을 수 있다. 그는 스케이트보드를 타고 가장 긴 여정을 행한 사람으로 기네스 세계 기록을 가지고 있다.(2007~2008년 1만 2,159킬로미터) 왜 그가 더 빠른 수송 양식보다 스케이트보드로 여행했는지를 톰슨은 이렇게 설명한다.

오지의 외딴 장소에서 내가 정말 사랑하는 것은, 나를 둘러싼 것들과의 가공되지 않는 연결이다. 이러한 여정은 그 환경을 체험하는 것이다. 내가 차를 타고 여행한다면, 나는 나를 둘러싼 것으로부터 소외될

---

40 Carl Honoré, *In Praise of Slowness: How a Worldwide Movement is Challenging the Cult of Speed* (San Francisco: Harper, 2004), pp. 3-5.
41 Virilio, *A Landscape of Events*, p. 23; p. 33; p. 44 & p. 160을 보라.

것이다. 기차, 버스, 비행기에서도 〔똑같이 느낀다.〕 그러나 나는 인간을
동력으로 하는 여행을 한다. 인간을 동력으로 하는 탈것의 대부분은 둘
러싼 환경에 열려 있다.[42]

그렇다면 톰슨에게 속도는 체험을 잃게 하는 것, 그가 여행해 가는
환경을 불필요하게 흐리는 것과 같다. 과도한 속도는 놓침과 같다. 톰
슨의 접근법은 조이메의 접근법과 비슷하다. 그는 느린 속도를 길에서
보는 대상을 흡수하고 이해하는 능력의 향상과 연결시킨다. "걸어가는
사람은 타고 가는 사람보다 인간론적 · 우주론적인 면에서 평균적으로
더 많은 것을 본다."[43] 학자 데이비드 비셀과 길리언 풀러는 느림의 옹
호에서 한 발 더 나아간다. 이들은《이동적 세계에서의 정지》라는 텍
스트에서(2011) 정지함 또는 정지의 관념을 전면에 세운다.[44]

어떻게 축적, 강화, 촉진의 **멈춤**을 통해 삶이 등장할 수 있을까? … 정
지는 무언가를 행하는 능력이 있다. 이는 욕망의 형상으로서, **또한** 도덕
적 삶을 위한 명령으로서 정지가 가지는 잠재력을 통해 예시된다. 이 제
시 각각에서, 정지는 해법으로 포장된다. … 간단히 말해서, 여기에서

42 Robert Thomson, *14 Degrees Off the Beaten Track: Settling into an Unsettled Life*, 2005,
〈http://www.14degrees.org/en/?page_id=395〉.
43 Hartmut Steinecke, "Spaziergang mit Seume: Delius' Erzählung Der Spaziergang von
Rostock nach Syrakus," *F.C. Delius: Studien über sein literarisches Werk*, ed. Manfred
Durzak and Hartmut Steinecke (Tübingen: Stauffenburg Verlad, 1997), 2017-218, p. 213
에서 재인용.
44 David Bissell and Gillian Fuller, *Stillness in a Mobile World* (London: Routledge, 2011).

정지는 소비, 이동, 활동의 문제에 대한 해법으로 제시된다. 정지는 환경적 · 경제적 · 정치적 · 윤리적 지속가능성을 위한 강력한 비유로 이름을 올린다.[45]

그렇다면 거주하기, 느린 여행, 정지의 옹호자가 보기에 먼 곳을 향한 갈망은 탈가속화된 다른 어딘가를 향한 욕망 또는 이상화된 과거, 이상화된 장소가 어땠는지를 다시 체험하려는 욕망으로 현시될 수 있다.

이동적 장소

그렇기에, 먼 곳을 향한 갈망 개념은 다양한 시대의 사람들이 어째서 어딘가 다른 곳을 향한 강한 욕망을 가지는지를 이해하는 데 유용하다. 먼 곳을 향한 갈망은 모빌리티의 액체적 형태를 표현하는 개념이다. 그것은, 우리가 두 장소에, 그러니까 현재 장소와 욕망되는 추가적 장소에 동시에 있을 수 있게 하는 인지적 조정을 표현한다. 그래서 장소 자체가 이동적이거나 여행하는 것으로 생각될 수 있다. 이 점에 관해서 셸러와 어리는 이렇게 결론 내린다.

장소는 상대적으로 고정되고, 주어지고, 방문하는 자와 분리된 것으로 여겨진다. 새로운 모빌리티 패러다임은 분리된 "장소"와 "사람"의 이러한 존재론에 반박한다. … 〔그렇지 않고〕 장소는 배처럼 이동한다. 장

---

45 Bissell and Fuller, *Stillness in a Mobile World*, pp. 5-6, 강조는 원작자의 것.

소가 한 위치에 머무를 필요는 없다.[46]

역사가 사이먼 샤마는 같은 생각을 다른 방식으로 전한다. "풍경은 자연이기 이전에 문화다. 나무, 물, 바위로 투사된 상상의 구축물이다."[47] 장소나 풍경을 상이한 사람들이 체험하면서, 장소나 풍경 자체가 이동하고 변화한다. 어떤 경우에는, 장소에 대한 상상, 그리고 그 장소에 있다는 것이 어떤 느낌일지에 대한 기대가 물리적 장소 자체보다 더 중요할 때도 있다. 게르하르트 쾨프의 현대 여행 텍스트 《블러프, 또는 남십자성》의 주인공 유니오의 경우 확실히 그렇다.[48] 쾨프의 이야기에서 뉴질랜드의 개념은 주인공의 개인적 여정에 의해 이동화된다. 그는 독일을 여행하고 있지만, 세계의 다른 편 끝, 뉴질랜드 블러프에 도달하기를 열망한다. 그의 마음은 항상 두 장소 모두에 있다. 이는 다음 예가 보여 준다. "우리의 과대망상적인 나라에는 맹금류가 부리를 구부리고, 파산이 독수리처럼 깃털을 뿌린다. 그러나 뉴질랜드에서는 남십자성이 국장國章에 그려져 있다."[49] 유니오에게 뉴질랜드는 자유와 무한한 가능성을 상징하기에 몹시 갈망되는 목적지인 반면, 독일에서의 삶은 칙칙하고 억압적이다. 그의 상상은 뉴질랜드 풍경의 구축물

---

46 Sheller and Urry, "The New Mobilities Paradigm," p. 214.

47 Simon Schama, Landscape and Memory (New York: Random House, 1995), p. 65. Bell and Lyall, The Accelerated Sublime의 표지에 이 인용문이 전면에 나와 있다.

48 Gerhard Köpf, Bluff oder das Kreuz des Südens (Weinheim und Basel: Beltz Verlag, 1991) 이 텍스트는 허구지만, 작가는 실제로 뉴질랜드에서 오랜 시간을 보냈다. [옮긴 이주] 블러프Bluff는 뉴질랜드 남단의 도시다.

49 Köpf, Bluff oder das Kreuz des Südens, p. 10.

로 가득 차 있다. "뉴질랜드에서는 여전히 강물을 마실 수 있고, 몇 시간 동안 끝없는 해변에 홀로 있을 수 있다."[50]

쾨프의 이야기에서 유니오는 결코 뉴질랜드에 도달하지 못한다. 한 가지 의미에서 이동적 장소의 개념은, 독특하거나 때 묻지 않은 것으로 이상화된 장소에 도착하려는 노력의 헛됨을 가리킨다. 현대의 여행자와 관련하여, 또한 "가속된 숭고"—나는 이 말이 이상화된 풍경을 지나가는 빠른 이동을 뜻한다고 해석한다—와 관련하여 벨과 라이얼도 비슷한 관점을 제시한다.[51] 한편으로, 근대 테크놀로지의 발달에도 불구하고, 여행자는 숭고한 것을 직접적으로만 체험할 수 있다. "숭고를 재현하는 상품은 인터넷으로 소비할 수 있다. 그러나 순전한 광대함과 아름다움을 경외하기 위해서는 거기에 가야 한다."[52] 그러나 역설적으로, 네데르벤 피터제가 "현대의 가속화된 세계화"라고 부르는 과정에서,[53] "참으로 때 묻지 않은 숭고라고 부르는 것은 우리로부터 가속하여 멀어져[가며]" 결코 도달될 수 없다.[54]

이는 다음과 같은 물음을 불러일으킨다. "어디에나 있고 어디에도 없다"는 점에서 이동적 장소는 세계화의 과정과 똑같은가? 아니면, 이동적 장소는 사실은 단 하나뿐인가?[55] 이 점에서 엔더슨은 이렇게 진술

50 Köpf, *Bluff oder das Kreuz des Südens*, p. 8.
51 Bell and Lyall, *The Accelerated Sublime*, p. XII.
52 Bell and Lyall, *The Accelerated Sublime*, p. 199.
53 Nederveen Pieterse, *Globalisation and Culture*, p. 16.
54 Bell and Lyall, *The Accelerated Sublime*, p. 199.
55 Duncan Bell and Anna Wishart, "Introduction: Globalising Ideology?: Between Rhetoric and Reality," *Cambridge Review of International Affairs* 14.1 (2000): 15, p. 15.

한다. "세계가 하나의 장소가, '국경 없는 세계'가 되고 있다고 주장하는 것은 대단한 과장이다."[56] 허건은 실제로 지구촌이 오늘날의 어디에도-없는-장소가 되면 생겨날, 현대 여행문학에 부정적인 결과를 지적한다. "궁극적으로 현대 여행문학은 자신이 뒤늦음을 자기반어적으로 반성하도록 저주받은 운명일 수 있다. 현대 여행문학이 신물 나도록 재상상하는 세계에 혁신의 가능성은 거의 없다시피 하고, 탐험의 기회는 그보다도 적기 때문이다."[57] 다른 한편, 근대적 여행의 손쉬움 그리고 "문화가 서로에게서 요소를 빌리고 통합시켜서 혼종적 또는 혼합적 형태를 낳는다"는 사실을 고려한다면, 오늘날의 문화와 장소를 재미있고 흥미롭고 혁신적인 방식으로 재상상할 기회는 끝이 없어 보인다. 이러한 어디에도-없는-장소/모든-장소 논쟁은 물음을 제기하며, 본 장에서 분석할 여행 텍스트의 작가들은 이를 부분적으로 논한다. 예컨대, 여정이 목적지보다 중요한가? 장소는 어느 정도까지 고정되어 있고, 어느 정도까지 상상적인가? 더 중요한 것은, 오디세우스가 이타케의 집으로 갔던 것처럼 고향으로 가는 것이 지금 실제로 가능한가? 아니면 지구촌의 비고향에서 떠다니는 것으로 만족해야 하는가? 다음 절에서는 1989년의 세계에 일어났던 역사적 사건을 참조하여 이 개념들을 상론할 것이다. 특히 베를린장벽 붕괴가 가져온 문화적 영향에 초점을 맞추려 한다. 이러한 사건들의 원인과 결과를 바라보는 다양한

---

56 Enderson, "Automobility and National Identity," p. 101.
57 Huggan, *Extreme Pursuits*, p. 7.

해석을 살펴볼 것이다. 여기에는 후쿠야마와 헌팅턴의 해석도 있다. 그러고서 모빌리티 관점이 어떻게 대안적 이해를 제공할 수 있는지 제 안할 것이다.

4.4 역사적 맥락

전환점으로서 1989년의 중요성

시민권과 세계화의 관념에 근거하여, 어리는 안장시대의 역사적 사 건과 현대 사이의 일반적 유사성과 일주 차이를 언급한다.[58] 첫째, 인권 향상을 위한 계급투쟁의 반복적 발생이다. "1989년은 여러 가지 의미 에서 파리의 신민들이 시민이 되고자 1789년 가두시위에 나선 지 200 년 후에 찾아온 시민의 해를 상징한다."[59] 그렇기에 두 시대는 각 사건 이 사회적 변화에 갖는 중요성 면에서 연결된다고 볼 수 있다. 과거에 는 프랑스혁명이라는 사건을 통해서, 현대에는 베를린장벽 붕괴 · 소 련의 와해 · 중국 내 자유주의적 민주주의 봉기라는 사건을 통해서다. 어리는 계속해서 1989년에 일어난 현대로의 이행의 본성에 자리한 중 대한 차이 하나를 지적한다. 안장시대에는 문해력이 발달하고 읽을거

---

[58] 내가 이용하는 것과 같은 시대 구분 개념, 예컨대 '안장시대'를 어리도 사용하고 있다는 뜻은 아니다. 그럼에도 불구하고, 시민권 분쟁의 역사적 변화에 관한 그의 비교적 논평 은 본 분석과 유관하다.

[59] John Urry, "Globalization and Citizenship," *Journal of World-Systems Research* 2 (Summer 1999): 311–24, p. 311.

리가 많아짐으로써 지식이 전파되고 중산층이 교육받고 상호적으로 상승하게 되었다. 반면에 현대에는 새로운 미디어와 통신이 세계적 사건을 대하는 즉각적이면서 폭넓게 영향을 미치는 새로운 전망을 촉진한다고 어리는 지적한다.

사람들이 자기가 지구촌에 살고 있다고 느꼈다. 이것이 〔1989년 전후 시기의〕 핵심 요소였다. … 그래서 사람들이 어디에서 살고 있든 간에, 시민권을 위한 투쟁 자체가 즉각적으로, "생생하게" 그들의 집으로 들어왔다. 베를린장벽의 붕괴와 중국 민주화 운동의 진압에서 가장 뚜렷하게 보이는 시민권 투쟁은 점점 더 세계화되었고, 전 지구적 미디어 통신 체계를 통해 즉각적으로 전송되었다.[60]

어리의 진술은 20세기 말에 일어난, 겉보기에는 역설적인 관점 변화를 넌지시 비춘다. 그것은, "세계는 점점 더 수축되고 있지만, 사람들이 세계의 점점 더 먼 부분의 사건을 인식하게 되면서 동시에 확대되고 있다"는 것이다.[61] 이러한 테크놀로지에 접근할 수 있는 현대인에게 거리와 시간의 극복 및 단축은 더 이상 도전이 아니다. 수송 및 통신 테크놀로지가 발달했기 때문이다. 그 덕분에 우리의 조망은 세계로 확장되었고, 세계에서 일어나는 사건을 일어나는 그대로 보는 것으로 확장되었다.

---

60 Urry, "Globalization and Citizenship," p. 311.
61 John May and Nigel Thrift, ed., *TimeSpace: Geographies of Temporality* (London: Routledge, 2001).

데이비드 하비는 1989년《탈근대성의 조건: 문화적 변화의 기원에 관한 탐구》에서[62] 이 과정을 "시공간 압축"이라고 부른다.

나는 이 용어를 통해 어떤 과정을 뜻하려 한다. 그 과정은 시공간의 객관적 성질을 너무나 혁명적으로 바꾸어 놓았기에, 우리가 세계를 재현하는 방식도—때로는 상당히 근본적으로—바꿔야만 하게 되었다. … 세계는 원격통신의 관점에서 '지구촌'으로, 경제적 · 환경적 상호의존성의 관점에서 '우주선 지구호'로〔,〕 … 하나의 점까지 수축되어 거기 있는 모든 것이 현재적이 되는 것 같다. … 그렇다면 우리는 우리의 시공간적 세계가 **압축**되고 있다는 압도적 감각에 대처하는 법을 배워야 한다.[63]

안장시대에 여행자의 세계관은 모빌리티의 증대로 확장되었다. 예를 들어, 바다에서 헤르더는 자기가 국가 없는 공간에 있다고 인식했다. 포르스터는 지구를 세 바퀴 돌 수 있는 만큼의 거리를 여행한 후, 휴머니즘 원리의 측면에서 문화를 재-사고했다. 현대에 여행자의 관점은 (테크놀로지적으로) 국가를 넘어설 뿐 아니라 지구 자체를 넘어설 수 있게 되었다고 주장할 수 있을 것이다. 이런 방식으로, 우선은 예견적인 의미에서 1960년대에 이론화된 **지구촌**이나 **우주선 지구호** 같은 개념이 이제 현대의 새로운 테크놀로지가 시공간을 수축시키는 시대에

---

62 David Harvey, *The Condition of Postmodernity* (Oxford: Basil Blackwell, 1989).
63 Harvey, *The Condition of Postmodernity* , 240, 강조는 원저자.

동원되고 있다.[64] 다른 한편, 이는 세계를 새로운 방식으로 사고할 기회를 열어 준다는 귀결에 이른다. 그러나 하비가 위에서 지적하듯이, "우리의 시공간적 세계가 압축되고 있다는 압도적 감각"으로 인해 여행자는 "모든 것이 현재적이" 된다는, 너무나 많은 잠재성에 노출된다. 심지어 다음에 무엇이 일어날지, 무엇이 가능할지 예견하는 능력을 거의 상실한다. 이러한 다음 또는 이러한 미래가 이미 여기에 있는 것 같기 때문이다. 예를 들어, 장벽 붕괴에 이어 동독 국민들이 이동적이 될 자유를 획득한 일이 꼭 처음에 예측되었던 것처럼 해방적이었던 것만은 아니다. 그것은 그 나름의 복잡한 문제들, 그리고 종종 충족되지 않는 기대들을 가져왔다. 사로트는 간결하게 표현한다. "1989년 11월 9일 베를린장벽이 열렸고 세계는 변화했다."[65] 더 나아가, 맥폴스는 1990년 독일 통일의 신속하고 혼란스러운 성격에 대해 일반적으로 논평한다. "1990년 10월 3일 독일의 통일은 혼란스러운 속도로 왔다. 1년 전만 해도 아무도 이를 기대하지 않았고, 그때 이후로 [맥폴스는 1999년에 쓰고 있다.] 독일인들조차 이 통일이 가져올 귀결이 어떨지 확신하지 못하고 있다."[66]

---

64 "지구촌"이라는 용어의 사용에 관해서는 Marshall McLuhan, *Understanding Media: the Extensions of Man* (London: Routledge, 1967)을 보라. "우주선 지구호"라는 용어의 사용은 Kenneth Boulding, "The Economics of the Coming Spaceship Earth," *Environmental Quality in a Growing Economy*, ed. H Jarrett (Baltimore: John Hopkins University Press, 1966), pp. 3-14를 보라.

65 Mary Elise Sarotte, *1989: The Struggle to Create post-Cold War Europe* (Princeton: Princeton University Press, 2009), p. 1.

66 Laurence McFalls, "Shock Therapy and Mental Walls: East Germany as a Model for Post-Communist Political Culture?," *After the Wall: Eastern Germany Since 1989*, ed.

그렇기에 1989년을 전후한 시기는 이행의 시기로 볼 수 있다. 이 시기의 강화되고 이동화된 체험 덕에 우리의 관점은 지구를 지나고 지구를 넘어서 확장되었으나, 현재 사건에 주요하게 대처하는 우리의 관점이 약화될 가능성도 동시에 생겼다. 국제관계 전문가 매리 엘리스 사로트는 이 시기에 대해 이렇게 쓴다. "역사에는 단 한 해에 국제관계의 전면적 변용이 일어나는 독특한 시기가 있다. 1989년이 그러한 결정적인 분수령이었다."[67]

후쿠야마와 헌팅턴: 역사는 끝나고 문명은 충돌하는가?

그렇다면, 1989년 전후 시기의 역사적 사건이 전 세계 국가들에게 중대한 반향을 남겼음에는 의심의 여지가 없다. 그러나 이 시기에 대한 많은 분석들이 이 시대를 전환점으로 보고 있기는 해도, 이러한 대규모 사회정치적 변용의 이동화 면모를 설명하는 데에는 실패한다. 즉, 이 분석들은 문화 이동에 대한 고려를 결여한다. 이러한 사고 노선의 결과 중 하나는, 제약적인 공산주의 정책으로부터 민주주의적 이상에 근거한 더 투명한 자유주의 정책으로의 이행을 보편적 직선적 과정으로, 개별적 인간 체험과 분리된 것으로 보았다는 것이다. 이 지점에서, 비판적 모빌리티 관점은 여행과 모빌리티의 영향력을 재강조함으로써 통찰을 더해 줄 수 있다.

Patricia J. Smith (Boulder: Westview Pess,1999), 143-60, p. 145.

[67] Sarotte, *1989*, 책 표지.

이러한 관점에서 프랜시스 후쿠야마의 잘 알려진 논문〈역사의 종말〉을 재고할 수 있다. 이 논문은 1989년 여름에 작성되어 저널《국익 이해The National Interest》에 실렸다. 이 논문에서 후쿠야마가 제시하는 주장은 다음과 같다. "우리가 목격하고 있는 것은 그저 냉전의 종말이나 전후戰後 역사의 지나가는 한 시기에 불과한 것이 아니다. 그것은 역사 자체의 종말이다. 인간의 이데올로기적 진화의 종점, 그리고 인간 정부의 최종 형태로서 서구 자유민주주의의 보편화."[68] 출간 당시 후쿠야마의 논문은 중대한 논쟁에 불을 붙였다. 그는 1992년 텍스트《역사의 종말과 최후의 인간》서문에서 이렇게 논했다. "많은 사람들은 '역사'라는 단어를 내가 사용하는 방법을 혼동했다. … 그리고 내가 끝났다고 제안한 것은 사건의 발생이 아니다. … 모든 시대 모든 사람의 체험을 고려에 넣은 하나의 일관되고 진화적인 과정으로 이해된 역사다."[69] 후쿠야마의 주장에 가장 격렬히 도전한 사람 중 하나인 문학이론가 테리 이글턴은 이 변론을 받아들이지 않았다. 이글턴은 서구 자유민주주의의 보편화라는 후쿠야마의 개념 배후에 있는 사고 과정을 특히 문제 삼았다.

현재 보편성이란 것은 어떠한 실정적인 의미에서도 존재하지 않는다. 그것은 반대로 기술記述적인 의미나 이데올로기적인 의미에서만 존

---

68 Fukuyama, "The End of History?," p. 107.
69 Francis Fukuyama, *The End of History and the Last Man* (London: Penguin, 1992), pp. XI-XII.

재한다. 아직 모두가 자유 · 행복 · 정의를 누리게는 되지 않았다. 이러한 일이 일어나지 못한 이유 중 하나는 정확히 저 잘못된 보편주의다. 이 주의에 따르면, 인류의 특정한 한 부분, 거칠게 말해서 서구 남성의 가치와 자유를 전 지구로 확장하면 저러한 일이 성취될 수 있다. '역사의 종말'이라는 신화는 이러한 일이 지금 일어났거나 일어나는 중이라는 자기만족적인 믿음이다.[70]

후쿠야마의 말을 빌리자면, 우리가 어떻게 "모든 시대 모든 사람의 체험"을 고려할 수 있겠는가?

새뮤얼 P. 헌팅턴의 1993년 에세이 〈문명의 충돌?〉은 후쿠야마의 논문 〈역사의 종말?〉에 대한 응답이었다. 얼핏 보면, 이 에세이는 그럴듯한 대안을 제공하는 것 같다. 헌팅턴은 냉전 후의 세계를 논하면서 문화의 중요성을 강조한다.

> 이 새로운 세계에서 분쟁의 근본적 원천은 일차적으로 개인적인 것도 경제적인 것도 아니라는 것이 내 가설이다. 인류를 크게 나누는 것, 분쟁의 지배적인 원천이 되는 것은 문화일 것이다. 세계적인 문제에서 민족국가는 여전히 강력한 행위자로 남아 있을 것이나, 전 지구적 정치의 주요한 분쟁은 상이한 문명의 민족과 집단 사이에서 일어날 것이다.[71]

---

70 Terry Eagleton, *The Illusions of Postmodernism* (Oxford: Blackwell Publishers, 1996), p. 118, 강조는 원저자.
71 Huntington, "The Clash of Civilizations?," p. 22.

헌팅턴의 이론은 문화에 대한 고정적 관점을 취하고 있다고 비판받아 왔다. 단순하게 표현하자면, 그는 여행이라는 것이 일어나지 않는 양 세계를 바라본다. 예를 들어, 그는 이렇게 진술한다. "문명은 문화적 존재자다. … 남부 이탈리아 마을의 문화는 북부 이탈리아의 문화와 다를 수 있지만, 둘 다 공통된 이탈리아 문화를 공유할 것이며, 이것이 이곳을 독일 마을과 구별시켜 줄 것이다."[72] 나는 이렇게 반박할 것이다. 누가 마을을 떠난 적은 없는가? 마을 밖의 삶에 영향을 받은 사람은 없는가? 저명한 문학이론가이자, 〈문명의 충돌〉에서 제시된 주장의 맹렬한 반대자인 에드워드 사이드는 〈무지의 충돌〉이라는 제목의 답변에서(2001) 헌팅턴에 반론을 편다.[73] 사이드는 자신을 "평생을 두 문화〔아랍 문화와 북아메리카 문화〕 사이에서 살아온 사람"이라고 묘사한다.[74] 그는 헌팅턴의 접근법이 가진 고정성에 대해 다음과 같이 반론한다.

헌팅턴은 이데올로기 신봉자로서, "문명"과 "정체성"을 그것이 아닌 다른 것으로, 그러니까 폐쇄되어 있고 봉인된 존재자로 만들고자 한다. 이 존재자에서는 무수히 많은 흐름과 반대 흐름이 숙청되어 버렸다. 그러나 인류사에 생기를 불어넣은 것은 이 흐름들이었다. 그리고 오랜 세기에 걸쳐 역사가 종교전쟁과 제국주의적 정복의 전쟁뿐 아니라 교환,

---

[72] Huntington, "The Clash of Civilizations?," p. 24.
[73] Edward W. Said, "Clash of Ignorance," *The Nation*, October 22 (2001): 11-13.
[74] Edward W. Said, *From Oslo to Iraq and the Road Map: Essays* (U.S.A: Patheon Books, 2004), p. 226.

교차수정, 공유의 전쟁도 포함할 수 있게끔 한 것도 이 흐름들이었다.[75]

여기에서 사이드는 1989년 전환점에서 여행에 대한 문화적 모빌리티 분석의 몇 가지 핵심 문제에 도달한다. 헌팅턴은 사람들을 폐쇄되거나 봉인된 것으로 만들려 하지만, 일반적으로 사람들은 그러지 않았다. 오히려 모빌리티에 열려 있고 (과하게) 노출되어 있다. 안장시대 이후로는 훨씬 더 그렇다. 베를린장벽의 붕괴는 이 지점의 이상적 예시다. 같은 맥락에서, 헌팅턴의 접근법은 안정성을 정상적인 것, 거의 보편적인 것으로 다룬다.[76] 그렇기에 거주하기를 정치적 저항의 한 형태로 보는 관점, 또는 반대로 정치적 억압으로 보는 관점을 허락하지 않는다. 거주 장소라는 하이데거의 이상화된 관념과 문명이라는 헌팅턴의 이상화된 관념을 비교해 볼 수 있을 것이다. 연구자는 시간에 걸친 모빌리티의 강화 과정을 후쿠야마 식으로 직선적거나 보편적인 것, "모든 시대의 모든 사람"에게 같은 정도로 영향을 끼치는 과정으로 다루지 않도록 주의해야 한다. 셸러와 어리는 〈새로운 모빌리티 패러다임〉에서 이 주장을 강조한다.

---

[75] Said, "Clash of Ignorance," p. 12.

[76] 나는 여기에서 헌팅턴의 "문명" 개념과 관련하여 "거의"라는 제한하는 표현을 사용했다. 사람이 자기 문화적 정체성을 바꿀 능력이 있음은 헌팅턴도 인정하기 때문이다. 이는 다음 인용이 시사한다. "사람들은 자기 정체성을 재정의할 수 있으며, 재정의한다. 그 결과로, 문명의 구성과 경계가 변화한다.", 1993, p. 24. 그러나 나는 여전히 헌팅턴이 거주하기를 이상적 상태로 받아들이는 입장을 취하고 있다고 본다. 그는 다음 예에서 "거주민resident"라는 용어를 사용한다. "로마의 거주민은 자기를 로마인, 이탈리아인, 가톨릭교도, 기독교도, 유럽인, 서구인 등 다양한 강도로 자신을 정의할 수 있다." 1993, p. 24.

다변적이지만 상호교차하는 모빌리티들은, 전 지구에 걸쳐 있는 빠른 차선이나 느린 차선에 위치하고 있는 상이한 사람과 장소에게 여러 가지 귀결을 가진다. 어떤 사람과 장소의 모빌리티는 증진시키면서 타자의 부동성은 강화하는 새로운 장소와 테크놀로지도 있다. 특히, 타자가 국경을 넘으려 할 때 그렇다.[77]

헌팅턴과 후쿠야마의 주장은 이 점을 간과하고 있는 것 같다. 이는 이들이 전 지구 사회를 기술할 때 사용하는 용어를 비교해 볼 때 드러난다. 헌팅턴은 문화적 이동을 말할 때 "무수히 많은 흐름과 반대 흐름"(Said)이라거나 "전 지구에 걸쳐 있는 빠른 차선이나 느린 차선"(Sheller and Urry, "The New Mobilities Paradigm")이라고 말하지 않고, "문명 사이의 단층선이 미래의 전선戰線이 된다"고 말하고, "이 선이 … 날카로운 경우는 잘 없다 해도, 이는 실재적"이라고 덧붙인다.[78] 같은 맥락에서 후쿠야마는 이렇게 쓴다. "역사의 종말에 등장하는 상태는, 인간의 자유로울 보편적 권리를 인지하고 법체계를 통해 보호하는 한에서 자유주의적이다."[79] 사이드는 다음과 같이 주장하며 반박 주장을 요약한다. "광대

---

77 Sheller and Urry, "The New Mobilities Paradigm," p. 207. 챔버스도 런던과 라고스(19세기에 영국의 지배를 받은 나이지리아 최대의 도시)를 비교 관찰하면서 비슷한 논평을 남긴다. "이들은 어떤 상품, 습관, 양식, 언어를 공유한다. … 그러나 경제적으로는 날카롭게 분화되어 있다. 그럼에도 불구하고, 이러한 차이가 언제나 불가피하게 분리와 장벽의 사례가 되는 것은 아니다. 이는 증가하는 전 지구적 교통량 속에서 문을 닫기도 하고 또한 열기도 하는 경첩 역할을 할 수도 있다." Iain Chambers, *Migrancy, Culture, Identity* (London: Routledge, 1994), p. 2.
78 Huntington, "The Clash of Civilizations?," p. 22; p. 24.
79 Fukuyama, "The End of History?," p. 108.

한 추상을 찾아서 떠도는 것보다 … 권력 있는 공동체와 권력 없는 공동체[예를 들어, 더 이동적인 공동체와 덜 이동적인 공동체]의 측면에서 생각하는 것이 낫다. 광대한 추상은 일시적인 만족은 줄 수 있을지 몰라도, 자기 인식이나 정보에 근거한 분석은 거의 주지 못한다."[80]

여행 텍스트와 '전환' 체험

"권력 없는 공동체"로 보이는 것, 즉 장벽 붕괴 이전 동독에서의 시민체험을 다루는 여행 텍스트를 살펴봄으로써 이 주장을 맥락화할 수 있을 것이다. 이는 다음 절에서 다룰 첫 두 여행 텍스트, 에리히 뢰스트의 《양파꽃 문양》과 프리드리히 크리스티안 델리우스의 《로스토크에서 시라쿠사로의 산책》 분석에 맥락을 제공한다. 논문 〈동시대 독일 문학의 거울에 비추어 본 독일의 '전환'〉에서 한스 게오르크 졸다트의 주장은, 많은 독일 작가들이 작품의 주제로 이 이행 시기를 다루기로 했던 주된 이유가 "그들이 이 '전환'에 실존적으로 영향을 받았기 때문"이라는 것이다.[81] 일반적으로 말해서, 동독에서 28년간의 부동성을 강제한 후에 하룻밤 새에 장벽이 붕괴한 것이 모든 동독인과 일부 서독인의 삶에 지대한 귀결을 가졌다는 것, 그리고 문학을 생산하기에 풍부한 재료를 제공했다는 것은 부인할 수 없다. 그러나 동시에, 보편적 접근법을 피하기 위해 우리는 이러한 이행 시기에 대한 각 인물의 특정

---

80 Said, "Clash of Ignorance," p. 13.
81 Hans-Georg Soldat, "Die Wende in Deutschland im Spiegel der zeitgenössischen deutschen Literatur," *German Life and Letters* 50.2 (1997): 133–54, p. 133.

한 기억이 이들의 개인적 체험을 통해, 그리고 이러한 지각된 문화적 기억을 통해 개별적으로 정의된다는 것 또한 고려해야 한다. 졸다트는 이렇게 설명한다.

더 정확하게 본다면, 더 나아가 이러한 '전환'은 대부분의 경우에 정확하게 위치를 확정하거나 정밀하게 시간적으로 정의될 수 있는 사건으로서 지각되지 않았다는 것, 적어도 그렇게 제시되지는 않았다는 것이 드러난다. 문헌들을 살펴보면, '전환'이라는 것은 광대한 범위를 가진다. 내가 보기에는 '전환'을 점적인 것이라기보다는 과정으로 느꼈다고 결론 내려도 무방해 보인다.[82]

모빌리티 관점에서 여행 텍스트를 분석하는 것은 이러한 '전환' 체험의 강조에 빛을 비추어 줄 가장 생산적인 방식에 속한다고 우리는 주장할 수 있을 것이다. 슈타이네케의 견해가 이러한 접근법을 지지한다. "몰락해 가는 동독의 역사에 대해 우리가 아는 것은 회의록, 서류, 역사책이 말해 준다. 사람들이 무엇을 생각하고 느꼈는지, 꿈꿨는지, 두려워했는지는 문학이 보여 준다."[83] 뢰스트와 델리우스가 전하는 구동독에서의 삶의 두 극단적 사례—한 작가는 부동성을 선언하고 한 작가는 이례적인 여행 체험을 전한다—를 살펴봄으로써, 나는 두 가지

---

82 Soldat, "Die Wende in Deutschland im Spiegel der zeitgenössischen deutschen Literatur," pp. 133–4.
83 Steinecke, "Spaziergang mit Seume," p. 217.

목표를 이루려 한다. 첫째, 두 독특한 개별 이야기에 관해 뉘앙스 있는 관점을 제공하면서, 동시에 벽에 갇힌 이러한 사회적 상황에 처한 사람들이 직면한 도전들과 연결될 수 있는 일반적 발상도 그려 내고 싶다. 둘째, 1980년대가 어째서 불만족의 시기, 중대한 변동으로 이끄는 이행적 시기였는지 설명하고자 한다. 이때 등장한 새로운 패러다임을 새로운 모빌리티라고 부를 수 있다.

4.5 여행문학 분석: 전환점 서사

4.5.1 에리히 뢰스트,《양파꽃 문양》

여행과 글쓰기에 대한 제약

작가 에리히 뢰스트의 삶은 자유롭게 글을 쓰고 싶은 욕망과, 독일민주공화국 정부가 그의 작품 내용과 이동의 자유 양쪽 모두에 가한 제약 사이의 긴장에 의해 조건 지어졌다. 그의 체험은 장벽 붕괴 이전에 동독에서 살았던 많은 작가, 지식인, 예술가의 체험과 비슷하다. 이들은 (국가가 부과한 망명에 대립하는) 여행의 제약 및 엄격한 검열 제한과 투쟁했다. 동독 내 여행에 관한 전문가인 하이케 볼터는 뢰스트의 여행 텍스트《양파꽃 문양》과, 여행의 관념과 자유의 상실에 맞추어진 뢰스트의 초점에 대해 논한다. "결국 여행이란, 어떠한 규정된 목표에도 고정되어서는 안 되는 주제이기도 했다. 여행은 동독이 불허했던 자유의 감각을 상징할 수 있었다. 예를 들어 에리히 뢰스트의 소설《양파꽃 문양》도 그렇게 이해될 수 있다.[84] 주인공이 실제로는 전혀 여행을 하지 못하는 소설을 여행 텍스트라고 부르는 것은 첫눈에는 잘못된 것으로 보일 수 있지만, 다음 분석은 이러한 명명이 정당함을 보여 줄 것이다. 상상적 여행과 먼 곳을 향한 갈망은 동독 사람들의 삶에 매우 중요했기 때문이다. 카볼은 이 점에 관해 다음과 같이 부연한다.

이 소설은 결코 시작되지 않는 여행을 중심으로 돈다. 바로 이 점이 '동독에서의 여행'이라는 주제와 관련하여 이 소설을 흥미롭게 만드는 지점이다. 많은 서방 여행이 머릿속에서만 일어날 수 있었고, 모든 동독 시민에게는 실제로 실행한 여행보다 숙고하고 계획한 여행이 더 많았음이 확실하기 때문이다.[85]

더 나아가,《양파꽃 문양》이 출간되던 당시 뢰스트가 서방 세계에 살고 있기는 했지만, 그의 삶의 세부를 보면 그가 "'내부로부터의' 관점"을 아주 설득력 있게 전달해 줄 수 있음을 알 수 있다.[86]

전문 작가로서 뢰스트의 이력은 1947년 그의 나이 21세 때 시작되었다. 그는《라이프치거 폴크스차이퉁》의 저널리스트로 고용되었다.

---

84 Heike Wolter, *"Ich harre aus im Land und geh, ihm fremd": Die Geschichte des Tourismus in der DDR* (Frankfurt am Main: Campus Verlag, 2009), p. 344.

85 Birgit Kawohl, *"Besser hier ist es überall": Reisen im Spiegel der DDR-Literatur* (Marburg: Tectum Verlag, 2000), p. 64.

86 Wolter, *"Ich harre aus im Land und geh, ihm fremd,"* p. 344.

1950년부터 그는 프리랜서 작가이자 문학 연구자로 일했다. 이 시기에 그는 엄격한 검열 제한 내에서 글을 쓰고자 고투했다.[87] 당대는 작가와 공연자에게 위태로운 시대였다. 이들은 작품을 통해 의견, 감정, 사회 정치적 비판을 표현하려는 내적 충동과 경제적으로 살아남을 필요 사이에서 줄타기를 해야 했다. 뢰스트와 직접 연결된 것은 아니지만, 볼프 비어만의 경우가 잘 기록된 사례일 것이다. 그는 뢰스트와 동시대인으로서, 노래 가사와 시를 통해 국가를 공개적으로 비판했다는 이유로 처벌을 받았다.[88] 비어만은 시민권 박탈Ausbürgerung이라는 벌을 받았다. 그는 1976년 서독을 여행하던 중에 동독 시민권을 빼앗겼다. 비어만의 국외추방은 저명 작가 12인이 서명하여 에리히 호네커[89]에게 보낸 편지를 통해 강한 반발을 샀고, 국제 미디어에서 맹비난을 받았다.[90] 이는

---

87 여기에서 에리히 뢰스트의 삶에 관한 생애사적 세부는 독일문화원에 게재된 생애사 요약을 재정리한 것이다. Goethe-Institut, *Erich Loest: Biography*, 2012, Goethe-Institut, 〈http://www.goethe.de/kue/lit/prj/dle/lei/loe/bio/enindex.htm〉.

88 Birgit Adolf, "Wolf Biermann: Germany's Controversial Coeval," *Deutsche Welle*, 16 Nov. 2006, 〈http://www.dw.de/wolf-biermann-germanys-controversial-coeval/a-2240251〉를 보라. 검열과 예술적 자유가 팽팽히 대립한 것에 대해서, 특히 비어만의 국외추방 이후의 다양한 반응이 있었음을 볼터는 지적한다. "수많은 사람들이 독일연방공화국으로 이사를 갔다. 다른 사람들은, 국가가 수립하는 조건(검열과 자기검열)에 적응하여 계속해서 글을 썼다. … 어떤 사람들은 … 체제 전복적 문학계에서 움직였다." p. 337.

89 [옮긴이주] Erich Honecker(1912~1994). 1971~1989년에 동독 공산당 서기장을 지낸, 당시 동독 최고의 권력자였다.

90 볼프 비어만이 동독으로부터 국외로 추방당함으로써 미디어에서 대규모의 반응이 일어났는데도 뢰스트는 직접적으로 가담하지 않았음을 미첼은 지적한다. "저명 작가 12인이 에리히 호네커에게 탄원서를 썼고, 그 복사본을 《노이에스 도이칠란트》([옮긴이주] 동독의 집권당이었던 독일 사회주의통일당의 기관지)뿐 아니라 프랑스 뉴스 매체에도 보내어 이 사건이 서방 미디어에도 전해지도록 하였다. 수십 명의 예술가가 저항에 목소리를 더했으며, 다음 당회의에서는 동요가 일어나 당 서열자의 축출, 이전투구, 고발, 대항고발이 일어나기도 했다. 뢰스트는 라이프치히에 머물면서 이 소요에 휘말

서독으로 가는 동독 작가들의 수도 급증시켰다. 《양파꽃 문양》에는 이렇게 묘사된다. "50년대에는 똑똑 떨어지는 듯했고, 장벽 건설 후에는 거의 말랐다가, 1976년 후에는 샘솟듯이 흘렀다."(ZM 111) 뢰스트 자신도 체제 하에서 비슷하게 고통 받았다. 1957년에 그는 탈脫스탈린화를 논의한 반혁명 집단을 결성했다는 혐의로 7년 반 징역형을 받았다.[91] 투옥되어 있던 동안에는 집필금지형Schreibverbot을 받았다. 자서전에서 뢰스트는 이 형벌에 저항했던 무익한 노력에 대해 논했다. 여기에서 그는 자신을 삼인칭으로 언급한다. "매년 여름 그는 검사장에게 집필 허가 신청서를 냈다. 이에 대해 그는 약간의 희망조차 가지지 않았다."[92]

먼 곳을 향한 갈망은 정서를 소모한다

그러나 집필 금지도 글을 쓰려는 그의 열정을 억제하지는 못했다. 1975년 감옥에서 풀려날 때, 뢰스트는 풀려나고 싶은 장소로 "라이프치히"를, 원하는 직업으로 "작가"를 썼다.[93] 그는 즉시 다시 글을 쓰기

<hr />

리지 않은 것에 안도하고 있었다. 그는 비어만을 만나지 않았고, 누구도 그에게 와서 논쟁의 이쪽이나 저쪽에 서라고 부탁하지 않았다.", Ian Mitchell, "Erich Loest and the 'Fourth Censor," *East Central Europe* 14-15 (1987): 381-424, p. 395.

91 그는 《양파꽃 문양》에서 허구의 작가 지그마르 한트를 통해 이 체험을 전한다. ZM 111.

92 Erich Loest, *Durch die Erde ein Riss: Ein Lebenslauf* (Hamburg: Hoffman und Campe Verlag, 1981), p. 400. 뢰스트는 자서전 내내 자신을 삼인칭으로 지칭한다. 이러한 전술 덕에 뢰스트는 "자신의 행위와 대응을 비판적으로, 심지어 아이러니하게 검토할 수 있는 기회"를 가지게 되었다고 말한다. p. 385.

93 Loest, *Durch die Erde ein Riss*, p. 412. 아이러니하게도, 뢰스트가 "자유롭게" 서방에서 살게 되었을 때 그는 감옥에 있었을 때와 비슷하게 라이프치히에 대한 향수를 느꼈다. 이 점을 미첼은 이렇게 쓴다. "뢰스트는 사랑했던 라이프치히의 상실을 고통스럽게 느꼈다. 이 점은 1981년 이후 그의 작품에서 뚜렷하게 드러난다.", p. 422.

시작했다. "글을 쓸 수 있음에 그는 맹렬히 기뻐했다. 다음 날 그는 실제로 아침 5시에 자판 앞에 앉았다."[94] 문학 생산으로 돌아오면서, 뢰스트는 여행을 하고 싶다는 강렬한 욕구를 느꼈다. 뢰스트에게 문학 검열과 여행 제한이 여전히 있던 동독 사회로 돌아간다는 것은, 어떤 의미에서는 약간 다른, 부드러운 형태의 감금이었을 것이다. 미첼은 뢰스트의 삶의 이 시기와 그의 소설 《양파꽃 문양》이 다루는 소재 사이의 연결을 지적한다.

몇 년 동안 뢰스트는 서독 여행 신청을 반복했다. 그는 이 신청을 뒷받침할 만한 설득력 있는 논증을 찾고 있었다. 그러나 언제나 소용이 없었다. 그런데 갑자기 (1976년) 1월 23일에, 프랑크푸르트로 올 수 있느냐는 연락이 베를린으로부터 왔다. 결정은 그날 바로 내려야 했다. 이러한 일에 결부된 이 모든 고통스러운 관료주의적 절차는 뢰스트의 소설 《양파꽃 문양》에 생생하게 묘사되어 있다.[95]

이를 염두에 둔다면, 뢰스트의 삶의 체험과 그의 여행 텍스트 《양파꽃 문양》의 주인공 한스 게오르크 사이를 연결지어 볼 수 있다. 한스 게오르크는 동독 역사가이자 작가로서 결혼했고, 성장한 두 아이가 있다. 이야기 내내 그는 더 먼 곳을 향한 갈망, 동독 국경 너머로 여행 가

---

94 Loest, *Durch die Erde ein Riss*, p. 414.
95 Mitchell, "Erich Loest and the 'Fourth Censor,'" p. 392. 미첼은 이렇게 덧붙인다. "이 작품의 중심인물과 달리, 뢰스트는 24일에 5일간의 여행을 떠나는 데에 성공한다." p. 392.

려는 욕구에 점점 더 사로잡힌다. 동독을 꼭 영원히 떠나고 싶어 하는 것은 아니다. 그는 그저 어떻게든 나가고 싶고, 서방 세계 어딘가를 여행하고 싶다는 욕구에 압도당했을 따름이다. 그는 극히 제한된 법적 틀 내에서 그렇게 하려고 다양한 방법을 계속해서 실험해 본다. "그는 서방 외국으로 배 여행을 하고 싶었다. 더 구체적인 소망은 가질 수 없었기 때문이다."(ZM 11) 여행 허가를 시도하고 얻기 위해 그는 뢰스트처럼 여러 번 신청을 한다. 근해 연구가 필요한, 그러므로 그와 아내에게 여행 비자가 필요한 출판물을 기획해 다양한 제안서를 준비한다. 그는 이것을 국가가 받아들일 것이라고 생각한다. "그는 '식민지적 지배 해체 후의 민족 형성에 관하여'라는 제안서를 제출했다. … 그가 지중해로 바꿔야 했을 때, 그는 1920년대 리프카빌레인스의[96] 저항을 주제로 제출하려 했다."(ZM 11) 하스는 공화국 탈출의 가능성은 고려하지 않는 것 같다. 그는 동독을 저버리고 서방으로 떠난 동독 작가들의 수가 많은 것에 "놀란다."(ZM 111) 그리고 어떤 형태의 공적 저항에도 참여하지 않는다. "나는 결코 저항에 임한 적이 없고, 종이에 서명을 해 본 적이 없고, … 연단이나 바리케이드에 서 본 적도 없다."(ZM 112) 그러나 그는 서방 세계 일반의 다른 어딘가에 홀려 있었고, 그의 글쓰기 기술이 어떻게든 그를 그리로 데려가 줄 거라고 확신했다.

---

96   [옮긴이주] Rifkabylen. 모로코에 사는 부족의 하나.

고향에서의 감금

작가 귄터 쿠네르트는 볼프 비어만의 시민권 박탈에 반대하는 탄원서에 서명한 지 3년 후인 1979년에 동독을 떠났다. 그는 뢰스트가 가진 먼 곳에 대한 갈망이라는 정서와 그의 물리적/지리적 감금을 연결하는 고리를 설명한다. "누군가가 자기 나라로부터 외국으로 여행하는 것이 금지된다면, 결코 볼 수 없는 그 세계가 그에게는 갈망의 목표로 탈바꿈한다. 이 갈망의 목표는 그를 결코 쉽게 놓아두지 않는다."[97] 쿠네르트는 이어서, 감금된 개인의 좌절을 오류 가능성을 지닌 정치 체계의 맥락에 위치시킨다. 이 체계는 시민들이 부동적이면서 만족할 수 있다는 잘못된 가정을 한다.

인간이 관상용 식물과 같은 실존을 영위하는 것에 익숙하다고 가정하는 오류가 통용되고 있다. 우리가 어딘가에 확고히 뿌리내린 것처럼 보인다고 해도, 우리는 그렇게 만들어져 있지 않다. … 고향Heimat. 단기적으로든 장기적으로든 고향을 떠나지 못한다는 것은 고향을 비고향으로, 고향 같지 않은 곳Unheimatlichen을 넘어 불쾌한 곳, 섬뜩한 곳 Unheimlichen으로까지 만든다. 고향에 감금된 자는 고향이 그를 둘러싸고 있음에도 불구하고 고향을 낯설게 느낀다. 이것은 수없이 많은 사람들이 너무나 잘 알고 있는 심리적 · 병리학적 과정이다. 에리히 뢰스트의

---

97 Günter Kunert, "Einführung," Erich Loest, *Saison in Key West: Reisebilder* (Albert Knaus Verlag, 1986), 7-12, p. 7.

여행 텍스트도 이 과정에 대해 나름의 방식으로 증언을 한다.[98]

쿠네르트는, 떠날 수 없다는 밀실공포증적 감정은 시간에 따라 강해지며, 편안한 거주하기를 불가능하게 한다고 시사한다. 그것은 (위의 말을 바꾸어 표현하자면) "인간"이 "감금된 자"가 되기 때문이고, 한때는 "고향"으로 생각되었던 장소가 탈출 불가능한 "고향 같지 않은 곳"이 되기 때문이다. 페터 불카우의 말을 끌어 오자면, 학교에서 배운 안장시대 텍스트에서 읽은 장소에 방문할 희망을 품을 수 없다는 모순을 억제하지 못하는 사람에게, 동독은 일종의 부동적 장소로 체험되었다고 말할 수 있다. 《양파꽃 문양》의 서술자는 이렇게 말한다. "벽은 22년간 서 있었다. 그리고 영원토록, 적어도 그들이 살아 있는 동안에는, 유지될 것이었다." 이 글을 쓰던 당시에 뢰스트 자신이 이렇게 믿었으리라고 생각할 수 있다. (ZM 36) 쿠네르트가 여기에서 시사하는 바에 따르면, 자기 나라에 갇혀 있다는 좌절, 뢰스트가 하스라는 인물을 통해 전할 수 있었던 감각을 느낀 사람은 수없이 많다. 비슷하게, 볼터는 《양파꽃 문양》을 언급하며, "이 작품의 풍부한 세부로 인해 독자는 한스 게오르크 하스의 감금되었다는 느낌, 그리고 먼 곳을 향한 갈망에 공감할 수 있다."[99] 더 일반적으로 말해서, "뢰스트는 동독 사람들의 삶에 작용하던 직접적인 영향뿐 아니라 간접적인 영향의 총합도 포착하

---

98 Kunert, "Einführung," p. 7.
99 Wolter, *"Ich harre aus im Land und geh, ihm fremd,"* p. 345.

는 데에 성공한다"고 브란트는 주장한다.[100]

가족과 교섭하기, 여행하려는 욕망

동시에, 여행의 자유를 가지고 싶어 하는 이 감정이 동독인에게 다양한 정도로 영향을 끼쳤다는 점도 뢰스트가 《양파꽃 문양》에서 암암리에 강조하고 있는 것으로 보인다. 사로잡힘 또는 강제된 부동성의 체험은 흔하지만, 획일적이지는 않다. 하스는 먼 곳을 향한 갈망에—계속해서 바뀌는 여행 목적지 위시리스트에, 비자 신청과 집필 계획서가 계속해서 거절당하는 데에서 오는 실망에—전적으로 빠져 있는데, 이러한 방식은 그가 가족 구성원 및 친구와 관계하는 방식과 다르기도 하고, 거기에 영향을 끼치기도 한다. 뢰스트는 이를 보여 줌으로써 여행하려는 욕망의 비획일성에 빛을 비추려 한다. 하스의 딸인 학생 마리온과 백화점장인 그의 아내 클래레는, 하스의 여행 가능성을 긍정적으로 말하는 것이 남편의 기분을 고양시키고 부부 연대감도 쌓는 길임을 안다. 이러한 일이 일어나는 시시하면서도 강력한 예는, 이들 셋이 저녁을 먹는 장면이다. 식사 전에 가족들은 여행 목적지 후보를 논하고 있었다. 분위기는 명랑하다. "그들은 … 이날 저녁 모든 것을 제대로 했다. 하스는 지금, 진지함과 진심과 기쁨이 적절하게 섞여 있다는 것을 발견했다."(ZM 12) 마리온은 이 기회를 이용하여 축배를 제안한다. "아빠, 건배! 중요한 건, 아빠가 여행 가는 거죠! 아빠, 엄마가 말이

---

100 Kawohl, *"Besser hier ist es überall,"* p. 64에서 재인용.

죠!"(ZM 12) 이야기의 다른 지점에서 클래레는 지킬 수 없는 약속을 남편에게 함으로써 그와 연결되고자 한다. 그가 제안한 여정이 승인될 거라고 그를 안심시키는 것이다. 클래레는 이렇게 말한다. "배 여행은 잘 될 거라고 나는 거의 확신해."(ZM 54) 그녀는 자기의 확신을 계속해서 강조한다. 그녀는 여정에서 함께 마주치게 될 이국적 자연을 시각적으로 생생하게 묘사함으로써 그의 작가적 상상력에 호소한다. "지브롤터의 바위가 제대로 보여. 그 위에 있는 원숭이 한 마리 한 마리까지."(ZM 54) 이 지점에서, 하스는 아내가 있음에 성적으로 자극받는다. 그렇기에, 하스의 꿈의 약속이 아내의 말을 통해 실현되는 것과 아내를 향한 그의 성적 욕망 사이에는 직접적 연관이 있다. 하스와 클래레 관계의 역동을 통해 뢰스트가 보여 주는 것은, 합법적 수단으로든 다른 방식으로든 동독 국경을 넘으려 시도한 사람은, 그 주변 사람에게―그들이 탈출에 그다지 흥미가 없다 해도―영향을 줄 수밖에 없었다는 것이다.

클래레는 종종 순종하는 역할을 한다. 하스를 잃을까 봐 두렵기 때문이다. 그녀는 하스의 먼 곳을 향한 갈망이 그들을 갈라 놓을까 두려워한다. "그리스 프로젝트에 그녀는 관여하지 않을 것이었다. … 한스 게오르크가 어쩌면 다른 여자를 만날 기대에 부풀지 않을까 의문스러웠다."(ZM 53) 하스는 계속해서 주위 사람에게 자신의 여행 계획을 이야기하는 반면, 클래레는 자기의 이상적 여행 체험이 덜 야심차다는 것을 그에게 숨긴다. 그녀가 말하는 지브롤터의 이국적 자연과 대조되게, 그녀가 내적으로 꿈꾸는 여행은 소련의 제약 없는 지역으로 여행을 떠나는 것이다. 이는 그녀가 일하면서 꾸는 백일몽에서 드러난다.

그녀는 창가에 섰다. 아래에서는 노면전차와 자동차가 시끄러웠다. 늘 그랬다. 그녀를 감동시키지 못하는 움직임. … 때가 결코 오지 않는, 긴 휴양, 한스 게오르크와의 여행, 여기 있는 평범한 사람에게 가능한, 모든 여행 중의 여행. 중앙아시아, 바이칼호, 사마르칸트, 알마 아타.[101] 그란조프에서의 여름. 한스 게오르크와 손을 잡고 연구하러 가고, 타자를 치고, 그의 조그만 일을 덜어 주고. 도움이 되는, 전면에는 나서지 않는 작가 아내가 되고.(ZM 69-70)

이 문장은 하스는 대체로 눈치채지 못하거나, 하스에게 공표되지 않는 클래레의 사적인 생각에 관한 세 가지 요점을 드러내 준다. 첫째, 우리는 그녀가 움직임의 관념과 정서적으로 연결되어 있지 않다고 말할 수 있다("그녀를 감동시키지 못하는 움직임."). 둘째, 평범한 지역민에게 부과된 여행 제약이 그녀에게는 큰 문제가 되지 않으며, 그녀는 단순히 허가된 소비에트 블록 목적지에 여행 가는 것으로 만족하고자 한다("여기 있는 평범한 사람에게 가능한"). 셋째, 그녀는 눈에 띄지 않는 작가의 아내로서 퇴직 후에 조용하고 행복한 시간을 보내고 싶어 한다("도움이 되는, 전면에는 나서지 않는 작가 아내"). 한 마디로, 그녀는 동독에서의 예사로운 거주하는 삶에 은밀히 만족하고 있지만, 하스와 물리적·정서적으로 연결되어 있고자 하스의 실현 불가능해 보이는 모빌리티의 꿈을 살아야 한다. 그녀는 문화부 비서관 슈닙첸 박사에게 고백한

---

101 [옮긴이주] Alma Ata. 카자흐스탄의 옛 수도.

다. "그건 나한테는 별로 상관없는 일이야. 하지만 한스 게오르크에게는 자기존중의 문제가 돼."(ZM 42)[102]

도자기 은유

《양파꽃 문양》은 뢰스트가 텍스트 내내 끌어 오는, 어쩌면 예상치 못한 은유를 가리킨다. 양파꽃 문양은 영어로는 푸른 양파blue onion로 알려져 있다. 이것은 동독 마이센 공장에서 1739년에 만들어진 도자기 디자인 패턴이다. 넓게 말하자면, 사회적인 수준에서 《양파꽃 문양》은 동독의 거주하는 삶의 상징 역할을 한다. 그것은 외적인 피상성, 그리고 내적인 유약성 양쪽에 의해 특징지어진다. 이러한 양날의 이미지는 마이센 공장의 상징, 교차된 쌍검에 의해 강화된다. 하스는 "좋은 쌍검-도자기"라고 부른다.(ZM 30) 더 구체적으로, 양파꽃 문양은 강제된 거주하는-삶을 받아들이는 클래레와 동독을 나가는 데에 몰입한 하스 사이의 차이를 (재)강조한다. 구 독일민주공화국에서 마이센 도자 공장은 높이 평가된 국영기업V. E. B., Volkseigener Betrieb이었고, 양파꽃 문양 도자기 세트를 가진 것은 부 또는 지위의 전통적 기호였다.[103] 소설

---

102 뢰스트 자신이 문화부를 많이 접촉해야 했다고 미첼은 지적한다. 문화부가 인쇄물 허가권을 가지고 있었기 때문이다. Mitchell, "Erich Loest and the 'Fourth Censor,'" p. 386.

103 Meissen, *Meissen Manufaktur*, 2012, 〈http://www.meissen.com/en〉. 지멘은 당시에 마이센이 명성이 높았던 이유를 설명한다. "마이센은 비슷한 도자기 생산 공장 중에서도 유럽에서 가장 큰 곳이었다. 마이센은 동독의 다른 회사들과 달리, 이미 'SED-체제'([옮긴이주] SED는 동독의 집권당 독일 사회주의통일당의 줄임말)에서부터 이익을 냈다.", Wilhelm Siemen, "Porzellanmanufaktur Heute: Versuch einer Charakterisierung," *Zeitschrift fü öffentliche und gemeinwirtschaftliche Unternehmen* 15.3 (1992): 278-97, p. 293. 그렇기에 양파꽃 문양은 사회적 성공의 외적 기호였다.

의 서두에서 독자는 클래레가 그녀의 양파꽃 문양 컬렉션을 특히 좋아한다는 것을 알게 된다.[104]

탁자는 클래레 하스가 원했던 그대로였다. 마이센의 양파꽃 문양을 보면 그녀는 매번 축제 같은 기분이 되었다. 그녀를 감동시킨 것은 저 수프 그릇이나 각 접시의 값어치가 아니라 아름다움과 재질이었다고 그녀는 생각했다. … 마이센 도자기는 손에 들면 뭔가 달랐다. (ZM 5)

클래레에게 양파꽃 문양은 기쁨, 아름다움, 특권의 느낌을 불러일으킨다. 그러나 다른 관점에서 보자면, 즉 모든 인물의 사고를 알고 있고 이 소설이 근거한 세세한 역사적 맥락도 아는 편재적 독자의 관점에서 보자면, 양파꽃 문양 도자기는 동시에 부서지기 쉽다는 이미지도 환기한다. 이 은유를 동독 사회와 연관시킨다면, 체제가 성공하고 있다는 외적인 이미지에도 불구하고, 내적으로는 많은 사람들이―예를 들어, 하스가 소설에서 그러듯이―먼 곳을 향한 실현할 수 없는 갈망으로 고통받고 있고, 다양한 정도로 심리적으로 부서져 있음이 명확하다. 실제로 하스에게 양파꽃 문양 도자기가 가진 지배적인 함의는 부정적이다. 친구 소냐 슐체의 집에서 식사를 하는 장면에는 이 점은 명백해진다.

소야 슐체는 핸드백을 사고 싶었지만, 알맞은 것을 찾지 못했다. 그

---

104 이는 위에서 언급한, 움직임의 장면과 그녀가 정서적으로 분리되어 있음과 직접적으로 대립한다.

녀가 오고서 30분 후 그들은 소시지와 빵을 차린 부엌에 앉아, 그릇에서 바로 고기 샐러드를 먹었다. 여기에는 사치가 없었다. 양파꽃 문양과 반대로. 그러나 진심이 있었다. (ZM 30)

여성과의 관계 및 최대의 특권

그렇기에 양파꽃 문양이 하스에게 상기시키는 것은, 그의 삶에서 그와 가장 가까운 두 여인, 클래레와 소냐 간의 차이다. 마이센 도자기를 수집하려는 클래레의 욕망은 외양을 돌보고 남의 기분에 맞추려는 목표에 고정되어 있음을 시사한다. 이 점은 그녀가 하스의 여행 신청을 계속해서 지지하는 데에서 드러난다. 소냐의 성격은 아주 다르다. ("여기에는 사치가 없었다." 위에서 인용) 서술자는 이렇게 설명한다. "그녀가 하스에게 매력적이었던 것은, 그녀의 경우 많은 것이 명백하게 드러나 있었다는 점이었다." (ZM 31)[105] 어쩌면 하스는 소냐의 태평하고 개방적인 성격을 장벽 너머로의 여행의 자유와 무의식 중에 연관 지은 것인지도 모른다. 반면에 클래레는 그가 갇혀 있는, 억압적이지만 외적으로는 사회적으로 수용 가능한 부동적 장소와 연결시킨다. 다음 예가 이 주장을 뒷받침할 것이다. 하스는 마이센 도자기의 역사와 생산에 관한 책을 써 보겠냐는 제안을 받는다. (ZM 29) 클래레는 그가 이 기회를 잡도록 종용한다. 그러면 값진 양파꽃 문양 식기를 더 얻을 수도 있기 때

---

105 하스와 소냐가 3년 전에 즉흥적으로 입을 맞추었다는 사실이 드러난다. "산책을 하다가, 미리 준비하지도 않고, 미리 알리지도 않고 … 그들은 이 갑작스러운 일에 둘 다 놀랐지만, 그들을 더욱 놀라게 한 것은, 이 일이 그들에게 준 따뜻한 느낌이었다.", ZM 30.

문이다. "작가가 마이센 도자기에 대해 글을 쓴다면, 그가 칭찬한 도자기를 그가 전혀 가지지 못하게 하지는 않을 것"이라고 그녀가 추론했다.(ZM 29) 그는 아내의 제안을 고려한다. "그는 작센주에[106] 머무르고 있었고 성실하게 생계를 유지하고 있었다. 좋은 쌍검-도자기가 이렇게 가까이 있는데 왜 먼 곳으로 방황을 하겠는가?"(ZM 30) 그러나 이 문장에서 가장 함의가 풍부한 부분은 물음표다. 이 물음표가 암시하는 것은, 두둑한 보수를 받아서 경제적으로 안정된 거주하는-삶을 살 기회를 제공하는 일을 하스가 일시적으로 고려하고 있기는 하지만, 궁극적으로는 이것이 그가 원하는 것인지 의심한다는 점이다. 클래레의 관점에서 동독이 제공해야 할 특권의 최대 기호 중 하나가 마이센 도자기다. 이와 대조적으로 하스에게는 "이 국가가 수여해야 할 … 최대의 특권은 … 서방으로의 여행〔이다.〕"(ZM 32-33)

여행하지 않는 작가의 문제

《양파꽃 문양》에서 뢰스트가 초점을 맞추는 또 다른 중요한 부분은, 순응과 거주는 용인하고 창조와 모빌리티는 억압하는 사회에서 자신의 중요성을 느끼려고 고투하는 작가의 일상적 문제이다.[107] 《양파꽃 문양》에는 여행하지 못함이 끼치는 영향을 그려 내는 두 가지 명시적

---

106 [옮긴이주] 마이센 도자기가 있는 도시 마이센과 하스가 사는 도시 라이프치히는 모두 작센주에 있다.
107 페터 불카우가 위에서 말하듯이, 동독에서는 일반적으로 자동차를 가지려면 10~12년을 기다려야 했고, 동독 국경을 넘는 것은 국가가 승인한 여행사에 의해 엄격하게 통제되었다.

인 예가 있다. 첫째는 한스 게오르크 하스의 글 쓰는 능력이고, 둘째는 개인적·직업적 수준에서 그가 느끼는 자기 가치다. 그는 연구를 하려면 외국 여행이 필요하다는 것을 보여 주고자 이야기의 배경을 외국으로 하려고 애쓴다. 예를 들어, 하스는 그리스의 니코스라는 사람의 이야기를 전개해 보려 하지만, 이 상상된 배경의 특정한 언어적 세부를 알지 못하기 때문에 금방 난관에 빠진다.

그는 종이를 높이 들어 읽어 보았다. 배경은 아테네다. 이 이야기는 아테네에서 일어날 것이다. "술집"이라는 단어를 쓰면 어떤가? 그리스에서 아니면 이탈리아에서, 아니면 스페인에서도 이렇게 부르는가? 또 그랬다. 단어는 거의 자명한 듯이 만들어져야 했다. 그는 그리스 어촌의 항구 선술집에 앉아 봐야만 할 것이었다. 앞에 종이를 잔뜩 쌓아 두고 써야 할 것이었다. 가게 주인이 그에게 한 잔 건네야 할 것이었다. 그런데 어떻게 건넬 것인가?(ZM 56-57)[108]

비슷하게, 통상적 지역의 관습을 문화적으로 언급해야 하거나 알아야 할 때 하스는 난처해진다. "그리스의 감옥 섬에서는 무엇을 마실까? 식초물. 하지만 어쩌면 거기에서는 포도주보다 식초가 더 비싸지는 않을까? 어쨌든 와인은 아니겠지. 그러면 물."(ZM 59) 하스가 느끼기에, 국

---

[108] 하스는 여행을 많이 한 친구에게 이 딜레마에 도움을 줄 수 있는지 물어보려 한다. 그러나 그녀 역시 그리스에는 가 보지 않았기에 도움이 되지 않는다.

경을 넘을 수 없다는 측면에서 그에게 가해진 물리적 제약이 심적 감금으로 이끄는 것 같다—그는 상상에서조차 그 장소에 갈 수가 없다. 이러한 강렬한 좌절로 인해 그의 안에서는 악순환이 일어나기까지 하는 것 같다. 그를 흥분시키고 관심을 끄는, 그가 쓸 수 있을 법한 무엇을 찾으려 탐색하지만, 매번마다 매 새로운 생각마다 그는 차단된다. 이야기는 이렇게 계속된다.

작은 다리 위에서, … 소설 속의 소설을 쓰자는 발상이 하스에게 떠올랐다. 그것은 한 작가가, 그러니까 하스가, 자신을 꼭 여행으로 떠나 보내기 위해 이국적인 소재를 시험해 보는 소설이었다. 그러니까 니코스의 이야기를 하스의 이야기로 포장하고, 마지막에는 둘 다 좌절하는 것이다. 이것은 문학적으로 매혹적이었으나, 당연히 동독 출판사에서는 채택되지 않을 이야기였다. 문화부가 개입할 필요조차 없이, 이러한 이야기는 출판사 책상에서 이미 좌초되기 때문이다. (ZM 61)

이 구절은 세 가지 주요 관점에서, 그러니까 주인공의 관점, 작가의 관점, 독자의 관점에서 이해될 수 있다. 이것은 이야기 안에 이야기를, 현실 안에 현실을 끼워 넣는 복잡한 층위들을 드러낸다. 우선 하스, 동독의 작가가 있다. 그는 여행 허가를 받아 보려고 그리스인을 주인공으로 한 이야기를 쓰는 동독 작가에 대한 이야기를 상상한다. 그가 보기에, 여기에서 예견할 수 있는 결과는 완전한 실패이다("좌초"). 그리고 에리히 뢰스트가 있다. 그는 작가에 대한 소설을 쓰고 있다. 그것은

"뢰스트의 이야기를 하스의 이야기로 포장"한 것으로서, 결코 동독 출판사에서 출간되지 않으리라는 것을 뢰스트도 알고 있다고 말할 수 있을 것이다.[109] 이런 방식으로 이 구절은, 검열되고 물리적·심적으로 감금된 작가인 뢰스트 자신이 느끼는 좌절의 심부에 이른다. 마지막으로, 독자의 관점이 있다. 짐작컨대, 독자는 글을 쓸 수 없는 하스의 좌절에 동감할 것이다. 그가 제출한 모든 신청서는 마지막 순간에 거절되고, 텍스트가 진행되면서 독자도 그의 여행하려는 꿈이 실현되리라는 희망을 포기하게 된다.

인정받지 못하는 동독 작가로서 하스가 느낀 좌절을 보여 주려는 뢰스트가 제시한 두 번째 주된 예는, 모빌리티가 지닌 사회를 계층화하는 힘과 관계가 있다. 동독에서 모빌리티/부동성의 명백한 역설 중 하나는, 작가가 때로는 인텔리겐치아라고 불린 사회계급에 속하고 검열과 여행 제약에 큰 영향을 받지만, 일반적으로는 다른 노동계급 시민들보다는 여행 허가를 받기가 훨씬 쉬웠다는 것이다.[110] 이러한 작가로서의 정체성을 고려할 때, 하스는 여행 자격의 감각을 가지고 있지만 이것이 항상적으로 도전받는다. 그는 다른 동독 작가들이 서방으로, 합법적으로나 불법적으로나 여행을 떠났음을 안다. 그리고 여전히 동독에 머무르는 중요한 작가도 있다는 것을 안다. 이 점은 서독의 방송

109　뢰스트는 결국 자신의 출판사를 열었다. 이 회사는 1989년에 라이프치히로 이사했다.
110　물론, 장벽 붕괴 후에 또는 이들이 서방으로 이주했을 때 이들의 투쟁에 대한 재현이 등장했고, 이 속에서 이들의 투쟁이 다른 사회집단보다 훨씬 더 잘 눈에 띄었던 뿐이라고 반론할 수도 있다.

인 라디오 RIAS 베를린의 쇼를 듣는 장면이 보여 준다. 이 쇼의 제목은 "떠난 사람, 남은 사람—동독 내의 작가와 동독 밖의 작가"였다.(ZM 111)[111] 그리고 중요한 작가의 명단이 방송된다. "30명의 작가가 있었고, 하스는 없었다."(ZM 113) 다른 지점에서, 그는 지인인 작가 크롤호프트가 다시 막 서방에 갔다 왔다는 사실을 알고 분노한다.

어린이 도서, 청소년 도서 작가 크롤호프트는 어떻게 그가 최소한 세 번은 서베를린에 있었는지 말을 더했다. 두 번은 하루, 한 번은 사흘간 있었다. 그는 샬로텐부르크성에 있는 카탈로그가 볼 가치가 있다고 말했다. … 사실 그는 장모의 이사를 도운 것이었다. … 스스럼없이, 라고 그는 강조했다. 국경 수비대가 스스럼없이 그를 도왔다고. … 하스는 조용히 앉아서, 그의 마음속에서 질투가 솟아나는 것을 관찰했다. 그것은 국가가 수여한 최대의 특권, 서방으로의 여행을 향유한 누군가에 대한, 그를 집어삼키는 악한 질투였다.(ZM 32-33)

하스는 그가 성취하지 못하는 한 가지를 크롤호프트가 쉽사리 성취해 낸 것에("스스럼없이, 라고 그는 강조했다") 질투한다. 하스에게 서방으로의 여행은 동독 시민에서 수여될 수 있는 최대의 특권이다("가장

---

[111] RIAS(Radio in the American Sector)는 1946년 2월 7일 미국이 베를린에 설립한 라디오방송국이었다. *History and Purpose of RIAS Berlin and the RIAS Berlin Comission*, 2012, Rias Berlin Comission, 〈http://www.riasberlin.de/rias-hist/rius-hist-history.html〉 여기에서 뢰스트는, 공중파를 통해 서독에서 전달되는 정보의 흐름을 동독 정부가 통제하지 못한다는 점을 은연중에 강조한다.

위대한 특권, 서방으로의 여행"). 그러나 크롤호프트는 별 고투도 없이 여행을 한 것으로 보인다. 크롤호프트는 이 위대한 특권을 별 상관없다는 태도로 대함으로써 하스의 질투에 불을 붙인다. 그는 연구 목적으로도 아니고, 시시하고 중요치 않은 일로 여행의 기회를 이용하는 것이다("장모의 이사를 도운").

산산조각

남편의 심적 상태가 점점 악화되면서 클래레는 걱정한다. 하스는 부동성으로 인해 2등급 시민이 되었다는 생각에 실의에 빠진다. 클래레는 하스가 여행 허가를 받기 위해 무엇을 할 수 있을지 고민하며 이를 슈닙첸에게 토로한다. "작가가 여행을 하는 것은 요사이 거의 예사가 되었다고 하잖아. 어떤 사람은 거의 매년 여행을 간대. … 그런데 한스 게오르크는 매년 집에 붙어 있어. 그가 점점 자신을 2등급 인간으로 느끼는 게 이해가 가?"(ZM 42-43) 나중에 하스는 여행할 권리를 받은 동독인, 즉 공무 여행자Reisekader가 되려는 생각을 일시적으로 버리고 평범한 부동적 시민으로서의 정체성을 받아들인다. "그가 믿었던 것은 다 지나갔다. 알아야 했다. … 한스 게오르크 하스 박사는 공무 여행자가 아니었다. 평범한 시민에 불과했다. 봉헌 받지도, 축복 받지도 않았다."(ZM 266) 이 예에서 뢰스트가 드러내는 것은, 동독 국가가 부과한 이러한 고도로 부동적인 맥락에서조차 특권적 여행자가 존재한다는, 그리고 모빌리티에 근거한 사회적 계층화는 더 많은 모빌리티를 촉진하는 나라에서보다 사실상 더욱 강력할 수 있다는 어쩌면 예상치 못한 현실이다.[112] 여행을 떠나려는 하스의 동기와 관련하여 카볼은 이렇게 주장한다. "그에게 중요한 것은 낯선 나라를 체험하는 것이었지만, 그의 주된 동기는 더욱 원리적인 것이었다. 그에게 중요한 것은 마침내 나라의 특권층이 되는 것, 공무 여행자가 되는 것이었다."[113] 내가 주장하고 싶은 것은, 하스가 장기간 초점을 맞추는 구체적인 목적지는 없고, 먼 곳을 향한 그의 갈망의 대상은 그저 다른 어딘가로 가는 것이라는 점이다. 그는 일차적으로 여행 관념 자체에 사로잡혀 있다. 타인이 그의 모빌리티를 사회적 특권의 한 형태로 지각한다는 점은 덜 중요하다.

《양파꽃 문양》의 이야기가 계속되면서, 하스와 클래레의 상황은 점점 더 절망적이 되어 간다. 어떤 기회에 이들은 동독을 떠나는 데에 한 발 다가가지만, 다른 많은 경우와 마찬가지로 마지막에 거절당한다. 이러한 오르내림의 과정은 정서적·심리적으로 소모되는 과정이다. 절망스러운 지점에서 클래레는 끝까지 남편의 여행을 도우려는 마음과, 동시에 그들이 분별력을 잃고 있음에 대한 걱정 사이에서 괴로워한다. "이 모든 것이 미친 것은 아닐까? 이건 미쳐 버리는 일이 아닐까?"(ZM 176) 하스의 경우, 여행이라는 생각이 완전히 그를 지배하면서 글쓰기의 중요성과 작가로서의 정체성은 중요성을 잃고 만다. 클래레는 이렇게 설명한다. "남편은, … 우리에게 일차적으로 중요한 것이 목

---

112 그렇지만, 《양파꽃 문양》의 전체적인 초점은 사회적 특권의 형태로서 모빌리티가 가질 수 있는 효과보다는, 여행에 사로잡히는 마음이 강렬하다는 점, 그리고 이것이 다른 사람과의 관계에 알아차리지 못하거나 의도치 않은 결과를 가져온다는 점에 있다고 나는 주장한다.

113 Kawohl, *"Besser hier ist es überall"*, p. 70.

적지가 아니라 여행이라고 생각한다. 여행 자체다."(ZM 176) 함부르크로 항해하는 할버슈타트라는 배에 그와 클래레가 자리를 얻었다는 소식을 듣고 하스는 들뜬다. "그가 여행에 대해 글을 쓰는지 아닌지는 결국은 상관없는 일이다. 한 번 서방 여행을 한 사람은, 두 번, 세 번도 가는 것이다. 이제 그는 공무 여행자다."(ZM 129) 그러나 두 사람이 로스토크에서 배를 탈 준비를 할 때, 두 시간 차로 이 배를 놓쳤다는 실망스러운 현실에 직면한다. 하스는 정서적으로 산산조각 나고 만다. 최근에 겪은 모든 좌절이 하나의 견딜 수 없는 사건에 집약된 것 같다.

그가 지난 몇 달간 생각하고 행했던 모든 것이 한 점으로 몰려들어, 이제는 한 순간이 다음 순간과 전혀 합치하지 않게 되었다. … 뒤죽박죽이 된 다른 의식층을 통해 한 소망이 몰려왔다. 앉아서, 사람들을, 몇 시간이고, 하루 종일, 바라보기만 하는 것이다. 그들이 그를 미쳤다고 생각해도 좋다. … 정신병원으로, 부탁해요.(ZM 172)

하스는 심적 고통을 더 견디지 못하고, 불행히도 이 구절은 그의 비참한 숙명을 예견한다.

외국 트라우마?

하스는 마침내 짧은 뮌헨 여행 비자를 받는다. 그러나 그는 기차가 떠나려는 참에 신경쇠약으로 쓰러져 의식을 잃는다. 그는 기차에 타지 못한다.(ZM 277) 슈닙첸 박사는 하스가 어떻게 된 것인지를 설명한다.

의사의 말로는, … 외국 트라우마로 추정된다. 그를 아내와 함께 불가리아로 휴양 보내야 한다는 생각이 들었다. 이는 가능할 것이었다. 하스의 동반자도, 그에게 이런 이야기는 언급하지 말라는 의견이었다. 여권, 비자, 배 좌석, 심지어 기차표 같은 개념은 우선은 그의 개념 세계에서 치워야 했다.(ZM 283-284)

이는 다음과 같은 물음을 불러일으킨다. 하스의 최종 상태("끝내 좌초한다")의 원인이 된 것은 누구 또는 무엇인가? 그것은 동독 너머의 외국 세계인가, 동독의 정치가와 입법자인가? 하스 개인인가? 의사와 국회의원의 관점에서, 하스가 무력해진 이유로 비난받아야 할 것은 위험한 바깥 세계 또는 마침내 알지 못하는 낯선 서방으로 간다는 것의 현실이었다. 한 마디로, 그의 "외국 트라우마Auslandstrauma"였다. 하스의 회복을 도우려는 생각에서 비롯되었다고 하는 저 접근법은 전형적인 동독의 검열 실천이다. 여행에 관한 모든 단어를 그의 개념적 세계에서 제거하는 것이다.[114] 하스의 직업이 작가라는 것을 고려할 때, 이는 특히 부동화하는 접근법이다.[115] 다시, 하스의 산산조각 난 정신의 원인은 일차적으로 내적인 것이거나 국가가 일으킨 것이라고 주장할 수 있다. 강요된 부동성으로 인해 그는 너무나 지쳐서, 결국 여정을 떠날 심

---

[114] Patricia A. Herminghouse, "Literature As "Ersatzöffentlichkeit"?: Censorship and the Displacement of Public Discourse in the GDR," *German Studies Review* 17.Fall (1994): 85-99를 보라.

[115] 또다시 우리는 뢰스트가 받았던 집필금지형을 상기하게 된다. 이로 인해 그는 말까지 빼앗긴다.

적 지구력이 남지 않았던 것이다. 위에서 인용한 쿠네르트의 논평도 이 주장을 뒷받침한다. 사람들을 자기 나라에 가두어 놓으면 "수많은 사람이 정확히 알고 있는" "심리병리적 과정"이 일어난다는 것이다.[116] 또다시, 어쩌면 하스는 그 자신의 실패를 미리 결정했을 수도 있다. 이야기의 앞부분에서 그는 자신의 개인적 이야기("하스의 이야기")를 쓰는데, 이는 자신의 좌절로 끝난다("끝내는 좌초한다"). 이러한 다양한 가능성은 다음과 같은 물음을 제기한다. 좀 더 이른 단계에서 여행 허가를 받았더라면, 이러한 결과는 피할 수 있었을까?

카볼은, 하스의 파국이 누구의 잘못인지를 독자가 생각하게 될 때 생기는 이러한 종류의 애매한 해석이 바로 뢰스트가 의도한 것이라고 시사한다. 바로 국가와 개인의 관계이다.

《양파꽃 문양》에서 뢰스트는—이전의 소설과 이야기에서 이미 그랬듯이—동독의 많은 점을 비판하고, 이 국가가 한 사람을 곧바로 정신착란으로 몰아넣을 수 있음을 명확하게 보여 준다. 그럼에도 불구하고 뢰스트가 동독을 냉대하지는 않는다는 인상이 있다. 소설 결말에 나오는 회피술이 근거가 될 수 있다. 국가 편에서 볼 때 한스 게오르크 하스는 뮌헨으로 갈 허가를 받았고, 본인이 무너짐으로써 이 가능성을 그르친 것이다.[117]

---

116   Kunert, "Einführung," p. 7.
117   Kawohl, *"Besser hier ist es überall"*, p. 71.

그러므로, 일반적인 고통을 묘사함으로써 뢰스트는 동독의 체험이 가지는 미묘함, 복잡성, 애매성을 서구 독자에게 어느 정도 전달한다.[118] 예를 들어 릴 하이제는 뢰스트를 "독일인 전체의 작가"라고 칭한다. "에리히 뢰스트만큼 우리나라를 근거 있게 잘 알게 된 작가는 많지 않다. … 그와 같은 사람들은 우리 모두의 지평을 넓혀 주었다. 예컨대 바이에른에서 지평은 아주 아름다운 청–백이지만, 종종 조금 좁기도 하다."[119] 이러한 소통 능력에도 불구하고, 뢰스트 자신이 하스의 말을 통해 암시하는 바는, 일반적으로 말해 동독의 삶은 그것을 직접 체험하지 않으면 그 누구도 결코 완전히 이해할 수 없다는 점이다.

여기에서 그에게, 그들에게 일어난 일을 독일연방공화국이나 스웨덴이나 프랑스 사람이 이해할 수 있을까. 전 국민이 우울증으로 내몰리고, 사람들은 달려가다 머리를 부딪히거나, 머리를 조아렸다. 어느 쪽이 나쁜지는 말하기 힘들었다. (ZM 178)

쿠네르트는 하스와 달리 서방으로 여행을 갈 수 있었던 동독인에게도 이 원리가 적용된다고 주장한다. "동독을 떠나 오랫동안 금지되었던 먼 곳에 가 본 작가는, 국가로 인해 여행을 가 보지 못한 사람과 전

---

118 Kawohl, *"Besser hier ist es überall"*, p. 71.
119 Herbert Riehl-Heyse, "Erich Loest-ein gesamtdeutscher Schriftsteller," *Träumereien eines Grenzgängers*, by Erich Loest, (Stuttgart: Hohenheim Verlag, 2001) p. 11; p. 15.

혀 다른 방식으로 이 먼 곳을 경험한다.”[120] 서쪽으로 이동했음에도 불구하고, 뢰스트의 마음은 동쪽에 남아 있었던 것으로 보인다. 자유에 대한 그의 감각은 그가 남겨 둔 사람에 대한 상실감 및 죄책감과 섞였다. 그에 따라 1987년에 미첼은 뢰스트를 이렇게 묘사한다.

지난 5년 간 그는 상상했던 어디라도 여행할 수 있었다. 이에 관해 그는 자신의 안도감과 자유감만을 의식하지 않는다. 그는 이러한 여행 가능성, 그리고 다른 많은 것이 그에게 금지되었던 55년간이 가져다준 상실감도 의식한다. 마지막으로, 그는 다른 사람들, 세계로부터의 고립을 공유했지만 이러한 해방의 결과로 오는 체험을 공유할 수는 없는 사람들에 대한 슬픔도 의식한다.[121]

그렇기에, 뢰스트가 《양파꽃 문양》에서 전할 수 있었던 가장 중요한 것 중 하나는, 동독에서 여행 자체 관념이 지닌 큰 중요성, 먼 곳을 향한 결코 실현되지 않을 갈망 또는 상상적 여행의 큰 중요성, 그리고 체제 하에서 강제된 부동성으로 고통받은 사람들이 겪은 측량하기 힘든 귀결의 큰 중요성이다.

---

120 Kunert, "Einführung," p. 8.
121 Mitchell, "Erich Loest and the 'Fourth Censor," p. 423.

4.5.2 프리드리히 크리스티안 델리우스,
《로스토크에서 시라쿠사로의 산책》(1995)

1802년에 시작하는 여정, 1981년에 시작하는 여정

프리드리히 크리스티안 델리우스의 《로스토크에서 시라쿠사로의 산책》의 이야기는 약 8년간에 걸쳐 있다. 이 이야기는 1981년 여름에 시작한다. 이때 주인공인 웨이터 파울 곰피츠(실제 삶에서는, 클라우스 뮐러)는 내가 안장시대라고 부르는 시대의 작가 요한 고트프리트 조이메의 1802년 여정을 따라 로스토크에서 시라쿠사로 여행하기로 한다. 다른 의미에서, 이 여행 이야기는 실제로는 1802년 조이메의 모험과 함께 시작한다고 생각할 수도 있다. 이러한 대안적 관점을 고려하면, 독일-시라쿠사 여정이 다양한 여행자/작가에 따라—이 중에는 현대의 사회정치적 모빌리티 맥락 내에 있는 여행 텍스트 작가도 있다—재해석되는 방식에 대한 분석이 가능해진다. 그렇기에 우리는 안장시대 조이메의 여행 체험의 면모를, '전환'까지 이르는 시대 곰피츠의 여행 체험의 면모와 비교할 수 있다. 둘 다 같은 여행 목적지를 가지고 있지만, 모빌리티의 면에서 그들이 살고 있는 시대의 여건으로 인해 그들의 여정은 같은 방식으로 실행되지 못한다. 비슷하게, 이전 장에 비추어 볼 때 우리는 뢰스트의 주인공 하스와 델리우스의 주인공 곰피츠를 비교해 볼 수 있다. 둘 다 국가가 부과한 여행 제한에 불만족하는 인물이지만, 이 강제된 부동성에 대한 이들의 반응은 극명히 대조된다.

그렇기에 우리는 여행 텍스트 《산책》을 모빌리티에 대한 분석적 잣

대로 간주할 수 있다.《산책》이 열어 주는 비교적 관점이 동독에서의 여행 관념을 조명해 줄 수 있기 때문이다. 더욱이, 이 여행 텍스트의 서사는 장벽 붕괴까지 이어지는 동독의 맥락을 이해하는 데에 중요한 세부를 제공한다. 곰피츠가 동독 탈출을 면밀히 준비하면서(그리고 이 계획을 슈타지, 즉 비밀경찰에게서 숨기면서) 보내는 7년도 여기에 속한다. 탈출은 1988년 7월에 이루어진다. 그는 외국을 체험하고, 탈출하고 대략 넉 달 후 동독으로 돌아오며, 이후 동독 사회에 재통합되기를 시도한다.

균형을 추구하는 여행 기록자

《산책》은 실제 사건을 다시 이야기한 것이다. 그렇기에, 글 쓰는 과정의 흥미로운 면모 중 하나는 이 여행자의 주관의 형성이다. 그리고 특히, 작가 프리드리히 크리스티안 델리우스가 클라우스 뮐러의 체험을 재현하면서 자기의 역할로 본 것과 저 주관의 형성이 맺는 관계다. 델리우스는 서독에서 성장했고, 때때로 여행 텍스트 기록자로서 자기의 위치를 변호해야 했다. 그가 이 텍스트의 적절한 작가가 되는 것이 정당한지에 관한 질문이 제기된다고 주장할 수도 있다. 진실성의 이념은 종종 거주하는-삶의 이상화와 묶여 있기 때문이다. 이탈리아에서 태어난 서독인 델리우스가 그의 배경에도 불구하고 동독인의 이야기를 쓰게 된 동기는 무엇인가?《라이니셰 포스트》의 서평에서 발췌한 다음 인용문은 배후에 이 물음을 함축하는 것 같다.[122]

---

122 델리우스가《산책》을 쓴 동기에 관하여 슈타이네케는 이렇게 쓴다. "'동기'를 아

어쨌든 델리우스는 최근작 《로스토크에서 시라쿠사로의 산책》에서 어느 동독 시민의 이야기를 믿을 만하게, 흥미롭게 독자에게 이야기하는 데에 성공했다. 그래서 누구도 작가에게 신분증명서를 요구하지 않을 것이다. 사실 신분증명서에 따르면 문학적 국경경비대를 격앙시킬 수도 있을 테지만, 출생지는 로마다.[123]

이 서평자가 보기에 이 여행 텍스트의 진실성 또는 정당성은, 아이러니하게도 작가가 이 소설의 배경에서 거주하는-삶을 살았다고 독자가 착각할 수도 있으리라는 가정에 있다.[124] 델리우스는 이러한 특별한 도전, 더 일반적으로는 타인의 이야기를 정당하고 설득력 있게 전달하는 어려움을 다음과 같이 언급한다. "이는 연대기 기록자처럼 가까움과 멂의 균형을 잡는 어려움이다. … 정서적 부인이 터져나올 때, 이에 의기양양하게 맞서지도 참회하듯이 맞서지도 않는〔어려움이다.〕"[125]

는 것은 작품을 이해하는 데에 큰 기여가 되지 않는다.", Steinecke, "Spaziergang mit Seume," p. 208. 그러나 나는 이에 동의하지 않는다. 델리우스가 이 이야기와 마주친 맥락, 그리고 그가 이 글을 쓰고 싶어 한 이유에 대한 타인의 인식을 분석하는 것은 모빌리티에 대한 다양한 믿음을 드러내고, 또한 이 믿음이 어떻게 여행 텍스트의 개시 · 생산 · 소비와 관계하는지를 드러내기 때문이다.

123 Jürgen P. Wallman, *Rostock – Syrakus und zurück: Erzählung von Christian Friedrich Delius über eine unwahrscheinliche Reise*, 29 Oct. 1995, Friedrich Christian Delius, 〈http://www.fcdeliu.de/buecher/spaziergang.html〉.

124 달리 말하자면, 어떤 장소(그리고 시간)을 사실적으로 재현하기 위해서는 그 안에서 살아야 한다고 사람들이 믿는 경우가 있다. 서독이 그런 경우라는 것을 델리우스는 발견했다. "나는 서독에서만 이런 질문을 받는다. 서독인으로서 어떻게 이런 이야기를 쓰게 되었는지요?" *Gespräh mit Friedrich Christian Delius über* Der Spaziergang von Rostock nach Syrakus, 2006, Zum-Wiki.

125 Friedrich Christian Delius, *Die Verlockungen der Wörter, oder, Warum ich immer noch kein Zyniker bin* (Berlin: Transit, 1996), p. 69.

4장 전환점(1985~1995) **299**

슈타이네케는《산책》에 대한 상세한 분석을 제공하며, 가까움과 멂 사이의 위태로운 균형을 획득하려는 델리우스의 방법 중 하나를 이야기의 첫 줄에서 발견한다. 서술자의 목소리는 말한다. "오늘은 그저 이 야기를 해야겠다. 대강."(SvR 7) 슈타이네케는 이 첫 줄을 이렇게 분석한 다. "이를 통해, 이 이야기가 '대강'의 이야기라는 점, 그러므로 들은 것을 '회의록처럼' 재생한 것이 아니라는 것을 분명히 한다."[126] 이런 방식으로 델리우스는 이야기를 시작하기도 전에, 진실성에 대한 책임은 지지 않는다는 일종의 책임 부인을 제공한다고 슈타이네케는 암시한다. 비슷하게, 많은 인터뷰에서 델리우스는 방어적·부인적인 입장을 취할 필요를 느낀다. 그리고 이 이야기에 자기 의견을 가미했다는 혐의로부터 재빨리 거리를 둔다. "나는 당연히 곰피츠가 아니죠! 나는 동독 문화에 대한 내 관점을 … 그에게 씌울 수는 없었어요! … 그저, 클라우스 뮐러가 저에게 보고한 것이 좋은 책이 된 것이죠. 그 이상은 아니에요."[127]

델리우스의 국경 넘기 체험

뮐러의 이야기를 쓰는 비동독 거주자로서 델리우스의 권위에 의문을 제기하는 것보다 더 생산적인 것은, 여행자로서 그리고 작가로서 그의 체험과 흥미가 텍스트가 쓰인 방식에 어떻게 영향을 주었는지를, 적어도《산책》에 대한 그의 흥미를 처음에 어떻게 자극했는지를 모빌

---

126 Steinecke, "Spaziergang mit Seume," p. 210.
127 Heribert Vogt, "Es gibt nichts Spannenderes als die Gegenwart," *Rhein-Neckar-Zeitung*, 25 Feb. 2006, 〈http://www.fcdelius.de/gespraeche/rhein_neckar_zeitung.html〉.

리티 관점에서 관찰하는 것이다. 모빌리티 연구자들은 위 물음을 다른 형태로 바꾸어 이렇게 물을 수 있을 것이다. 이탈리아에서 태어난 서독인 델리우스가 그의 이동적 배경으로 인하여 동독인의 이야기를 쓰게 된 동기는 무엇인가? 주인공 파울 곰피츠처럼, 델리우스도 살아 있는 동안 지리적 경계가 그의 여행을 가로막도록 놓아두지 않은 것으로 보인다. 델리우스는 1943년에 이탈리아에서 태어났으나 구서독에서 자라났고, 현재 베를린과 로마에서 살고 있다. 서독 시민임에도 불구하고, 델리우스는 분단된 독일에 그리고 국경을 넘어 동독으로 가는 체험에 강하게 동감하는 것으로 보인다.

국경이 사라진 지 10년이 지난 지금도 경계는 아직 구성원들의 의중에 박혀 있다. … 오늘날에도 내가 이 한때 국경이었던 곳에서 느끼는 가장 강한 감정은 안도감이다. 사람들이 여기에서 억류되고, 통제되고, 괴롭힘 당하던 그 시대가 지나갔다는 안도감이다. … 이 국경은 사반세기 동안 나를 주조했고, 내 정신을 차지했고, 나를 방해했다.[128]

1963년에서 1989년 사이, 델리우스는 동독 친구를 방문하느라 국경을 "대략 360번" 넘은 것으로 추산한다.[129] 이러한 체험의 결과로, 전환기에 이르는 독일의 역사적 시기를 이해하는 데에 가장 유용한 것

---

[128] Friedrich Christian Delius, *Transit Westberlin: Erlebnisse im Zwischenraum* (Berlin: Christoph Links Verlag, 1999), p. 9.

[129] Delius, *Transit Westberlin*, p. 9.

은 일반적 추상적 관념이 아니라 개별적 이야기라고 믿게 되었다. "나는 이야기를 쓰죠. 이때 나는 '내적 통일성' 같은 개념은 생각하지 않아요."[130] 그가 이 점을 자기 체험과 관계하여 밝히는 것을 다음 인터뷰 발췌문에서 볼 수 있다.

내 흥미를 끄는 것은 물론 추상적인 동-서-문제가 아니라, 사람들, 이야기들입니다. 나는 60년대 초부터 서베를린에 있었죠. 하지만 사실 처음부터 언제나 벽 저편에 친구가 있었습니다. 저편에 사는 사람도 더 정확히 알아야 한다는 것, 그들의 사정을 이해해야 한다는 것이 나에게는 언제나 당연한 일이었어요. … 나는 그들을 간단히, 다른 사회에서 자라난 사람들로 봅니다. … 그리고 이는 작가에게는 언제나 놀라운 주제지요.[131]

비슷한 맥락에서, 특히 《산책》을 지칭하면서, 델리우스는 글 쓰는 과정에서 그가 마주친 가장 큰 발견 중 하나는 다음과 같다고 쓴다. "그것은 단순한 동서 이야기가 아니라 그 이상이다. 그것은 괴짜의 이야기, 이탈리아를 여행한 최후의 고전적 독일인의 동서 이야기다."[132] 이 마지막 진술에는 뮐러의 몹시 중요한 이야기를 기록해야 할 긴급함의 감각이 있다. 델리우스가 여기에서 시사하는 것은, 독일-시라쿠사 여

---

130 Vogt, "Es gibt nichts Spannenderes als die Gegenwart."
131 Sylvie Reichel, "Differenzen zwischen Ost und West auch nach 15 Jahren noch Thema: Interview mit dem Schriftsteller Friedrich Christian Delius," Deutschlandradio, 3 Oct. 2004, 〈http://www.dradio.de/dlf/sendungen/interview_dlf/308796/〉.
132 Delius, Die Verlockungen der Wörter, p. 69.

정을 실행하기 위해서는 극심한 장애물을 극복할 필요가 있었고 이는 위험과 모험을 수반했지만, 이 위험과 모험은 1989년 이후 모빌리티에 대한 접근이 증대되면서 존재하지 않게 되었다는 것이다.

여행 체험 번역하기: 파울 곰피츠로부터 클라우스 뮐러에게로

델리우스가 클라우스 뮐러를 알게 된 것은 독일의 재통일 후였다. 1992년 부활절 휴가 기간에 뤼겐섬에서 뮐러의 주목할 만한 이야기를 세세하게 전하는《오스트제 차이퉁》의 기사와 마주쳤고, 이를 (다시) 이야기해야 할 의무를 느꼈다. 그는 이를 다음과 같이 묘사한다. "신문의 그 면을 들고 계속해서 다시 보았다. 그것은 하나의 이야기이다. 나는 이것을 다른 사람에게 이야기해야겠다. 이 이야기가 내 머릿속에 확고히 자리 잡은 것을 느낀다. 이 이야기는 신문 더미 맨 위에 있다. 그것은 나로부터 무언가를 원한다."[133]

이야기를 만들어내기보다, 다시 말해야 할 이야기와 마주치는 것은 델리우스에게 전형적인 일이었다. 슈타이네케는 이렇게 지적한다. "델리우스의 작업 테크닉을 아는 사람은, 그가 이야기를 만드는 일은 별로 없고 대부분 발견한다는 것을 알 것이다."[134] 우리는 이 테크닉을 이야기 이동화하기라고 개념화할 수도 있을 것이다. 델리우스는 중요하다고 느끼는 이야기와 마주치고, 그것이 특정 청중에게 더욱 접근 가능

---

133 Delius, *Die Verlockungen der Wörter*, p. 69, 강조는 원저자.
134 Steinecke, "Spaziergang mit Seume," p. 207.

한 방식으로 다시 이야기한다(이 경우에는 서독의 독자로 보인다. 아래에 나올 뮐러의 말이 이를 시사한다). 그 기사를 읽은 지 거의 1년 반 후, 델리우스는 로스토크에 있는 뮐러의 아파트에서 뮐러와 함께 앉았다. 뮐러의 동독 탈출에 관해 광범위한 인터뷰를 진행하기 위해서였다. 델리우스가 다음에 해야 했던 도전은, 그의 인터뷰 대상자 클라우스 뮐러의 체험을 뮐러에 대한 문화적 해석, 파울 곰피츠로 번역하는 것이었다. 2006년 《슈타트블라트 하이델베르크》에 실린 기사는 뮐러와 곰피츠라는 인물 사이의 애매성을 당황스러운 문장으로 강조한다. "클라우스 뮐러는 파울 곰피츠다. 그러나 그렇지 않다."[135] 인터뷰 담당자는 뮐러에게 이 문제를 명확히 해 달라고 부탁한다.

슈타트블라트: 파울 곰피츠와 클라우스 뮐러의 차이는 어디에 있지요?
뮐러: 이름에, 그리고 개인적 관계에 있죠. 나는 내 삶의 동반자를 이야기에서 완전히 빼고 싶었어요. 하지만 델리우스는 생각했죠. '서독에서는 연애사가 있어야 해요. 안 그러면 팔리지 않아요.' 이야기에 있는 다른 모든 것은 진실이에요. 축약되긴 했지만요.[136]

뮐러의 배우자는 의사이고 이야기 속 곰피츠의 배우자 "헬가"는 사서司書다. 서독 독자들이 텍스트의 내용에 반응할 것이라고 예상된 방

---

135 "Nicht zurückkehren? Niemals!," *Stadtblatt Heidelberg*, 15 Mar. 2006, 〈http://ww2.
     heidelberg.de/stadtblattonline/index.php?artikel_id=515&bf=〉.
136 "Nicht zurückkehren?"

식 또한 텍스트가 이야기되는 방식에 영향을 끼쳤다고 뮐러는 지적한다. 그러나 델리우스의 개인적 모빌리티 및 분단된 독일의 개별적 이야기와의 교류에도 불구하고, 또는 그로 인해서 그는 여행자인 뮐러 자신이 대체로 진실이라고 여기는 여행 이야기를 써 냈다.

곰피츠에게 영감을 준 안장시대 여행

《산책》의 생산과 수용 면에서 델리우스와 밀러의 관계를 검토하는 데에 더하여, 곰피츠와 요한 고트프리트 조이메의 연결을 고찰하는 것도 유용할 것이다. 그렇게 함으로써 우리는 저 안장시대 여행자의 체험 중 어떤 점이 곰피츠에게 동기가 되었는지 또는 매력적이었는지를 밝히고, 그리하여 왜 그가 공화국 탈출로 투옥될 위험에도 불구하고 그것을 모방하고자 했는지를 밝혀 볼 수 있다. 곰피츠는 이 범죄의 위험성을 이렇게 숙고한다. "공화국 탈출. … 누구라도 눈에 띄면, 그가 도망치려 한다는 의심을 받는다. 슈타지들은 그 이상으로 생각하지 않고, 반국가범죄 제1번, 국경침범만을 본다."(SvR 27) 델리우스는 곰피츠가 조이메에게 끌리는 것을 동독에서의 삶의 정치적 제한이라는 맥락에서 설명한다.

정당 교조주의에 대한 면역을 얻기 위해 동독 사람들은 흔히 고전을 돌아보았어요. 국가가 또한 괴테에 의거하였기에, 이 점에서는 사람들에게 자유가 약간 있었죠. 그리고 이 모든 것을 혼자서 꾀한 곰피츠에게

는 현실의 모범이 필요했어요. 그것이 그의 작센 동향인 조이메였죠.[137]

동독 시민들은 안장시대 즈음의 문학을 일상의 제약에 대한 일시적 해독제, 안락의자 여행이라는 정당한 형태로 읽었다고 델리우스는 주장한다. 그러나 대부분의 사람들과 다르게, 곰피츠는 여기서 한 발 더 나아가서, 그가 실제로 모방할 수 있다고 생각한 문헌의 인물을 우상화했다("현실의 모범"). 《산책》의 다음 구절에서 델리우스는 홀로 시라쿠사에 가려는 곰피츠의 결정을 강조한다.

벽은 20년간 서 있었고, 20년은 더 서 있을 것이다. 세계가 너를 괴롭힐 것이다. 서독 텔레비전이, 책이, 어린이의 꿈이. 이들은 더 이상은 나를 힘들게 하지 못하리라. 나는 내 길을 혼자 가리라, 그곳, 내가 언제나 가고 싶었던 그곳으로, 조이메처럼 시라쿠사로. 이것은 아무도, 심지어 헬가도 알아서는 안 된다! … 목표는 멀리, 말도 안 되게 멀리 있어야 한다, 조이메는 올바른 모범이다. (SvR 12)[138]

에리히 뢰스트의 주인공 하스와 비슷한 방식으로, 우리는 곰피츠의 여행의 두 가지 동기를 추론할 수 있다. 첫째, 베를린장벽이 무너지지

137　Vogt, "Es gibt nichts Spannenderes als die Gegenwart."
138　이 중편소설을 쓸 준비를 하면서 델리우스가 에리히 뢰스트의 《양파꽃 문양》을 읽었으리라고 생각해 볼 수 있다. 특히 이 인용문과 위의 뢰스트의 인용문 간 유사성을 고려해 보면 그렇다. "벽은 22년간 서 있었다. 그리고 영원토록, 적어도 그들이 살아 있는 동안에는, 유지될 것이었다."

않으리라는(그렇기에 그가 영원히 동독에 갇혀 있으리라는) 믿음, 둘째, 원격통신을 통한(하스의 경우엔 RIAS 라디오를 통해서, 곰피츠의 경우엔 서독 텔레비전을 통해서) 흥미진진 서방과의 접촉이다. 그러나 하스와 대조적으로 곰피츠는 여행하려는 자기 의사를 비밀로 유지하기로 한다. 비밀경찰에게 발각되는 것, 그리고 다른 사람을 범죄에 연루시키는 것을 피하기 위해서다. 하스의 여행 목적지는 항상 변화하지만, 곰피츠는 조이메의 발자취를 따르는 것에 계속 고정된다. 이 점은 두 가지 물음을 제기한다. 조이메의 성격과 여정의 어떤 면이 곰피츠를 흥분시키는가? 두 여행자의 여정은 얼마나 비슷하고 얼마나 다른가?

1763년에 태어난 조이메는 안장시대 작가의 전형이라고 볼 수 있는 인물이다. 그 시대에 대한 그의 체험과 관점 면에서 볼 때 그는 앞 장에서 논의한 작가들과 공유하는 면이 있기 때문이다. 젊어서부터 조이메는 독립적으로 여행하려는 강한 욕망이 있었다. 그는 파리로 가려는 마음에 라이프치히대학에서 하던 신학 공부를 그만두었다. 그는 이 결정을 많은 사람들이 탐탁지 않게 여긴다고 생각했다. "18세 청소년으로서 내가 … 세계 속으로 달려 들어갔을 때, 사람들은 내가 멀어지려는 이유를 전혀 발견하지 못했고 내가 우울함에 빠져 길을 잃었다고 생각했다."[139] 이 체험에서 조이메는 모리츠의 안톤 라이저나 아이헨도르프의 무용지물 같은 안장시대 작가와 공유하는 것이 있다. 그것은 모험에 대한 들뜬 감각, 그리고 거주하는–삶이 여전히 지배적이던 이

---

[139] Seume, "Spaziergang nach Syrakus im Jahre 1802," p. 159.

시대에 이동적 생활양식을 택하려는 결심을 한 결과로 갖게 된 사회적 반감이었다. 이 부분에서 조이메는 "사람들은 내가 불안정하고 성급하다고 나무랐다. 그들은 나를 부당하게 대했다."라는 사실에 회한을 느낀다.[140] 다른 사례에서 조이메는 이탈리아의 등기소에서 대화할 때 자기 여정의 진짜 목적을 숨겨야 함을 깨닫는다. "나는 그저 숨을 크게 쉬기 위해 산책을 하고 싶었을 뿐이라는 순수한 진실을 그에게 말했더라면, … 그는 틀림없이 이해하지 못했을 것이고, 뭔가 말썽을 일으키고 도망쳤다고 생각했을 것이다."[141]

여행 맥락 비교하기: 안장시대의 조이메, 동독의 곰피츠

여기에서 조이메의 체험과 곰피츠의 체험은 두 가지 상호연관된 요점과 관련하여 연결해 볼 수 있다. 첫째는 여행에 관계된 모험의 감각이고, 둘째는 이 여행자가 살고 있는 시대의 맥락 내에서, 변화하는 모빌리티에 대한 지배적 사회적 응답에 대한 반대다. 위에서 언급했듯이, 곰피츠는 모험을 하기 위해서 공화국 탈출을 꾀했다는 점에서 동독 사회의 다른 구성원과 구별된다. 이러한 면에서 조이메는 노련한 여행자의 궁극적 모델이다. "곰피츠는 조이메가 두려움을 모르는 데에서 용기를 얻었다. 조이메는 아메리카, 러시아에 걸친 큰 여행을 앞두고 있었고, 러시아 공무원으로서 폴란드에 있었다. 이 영리한 모험가

---

140 Seume, "Spaziergang nach Syrakus im Jahre 1802," p. 160.
141 Seume, "Spaziergang nach Syrakus im Jahre 1802," p. 196.

는 많은 경험을 쌓아 왔고, 이를 파울은 잘 활용하려 했다."(SvR 16) 조이메와 마찬가지로, 곰피츠/뮐러는 용감한 모험을 감행했다는 점에서 이례적인 사회 구성원으로 간주될 수 있다. 다음 인용에서《슈피겔》지誌는 이렇게 보고한다. "54세의 뮐러는 그의 많은 지인들은 감히 꿈꾸지도 못했던 꿈을 현실로 만든 모험가다."[142] 더욱이, 대부분의 동독 시민은 불법 월경을 시도하지 않았고, 월경을 시도한 시민들은 서방에서 새로운 삶을 시작하기 위함이었지만, 곰피츠의 바람은 그저 짧은 기간 여행하는 것이었고 실제로 동독으로 귀환했다. 떠나가 전에 그는 이렇게 말한다. "나는 여기에서 살 것이다! 그러나 언제나 갇혀 있지는 않을 것이다!"(SvR 70) 그러나 일단 서방으로 나온 다음에는 집으로 귀환하지 못할까 봐 두려워한다. "48시간 후 그는 서둘러 귀환 준비를 마쳤다. … 최악의 경우, 동독 국경경비원이 '곰피츠, 당신은 시민권을 잃었습니다'라고 말할 것도 대비해야 했다. 이러한 불안이 그의 안에서 휘몰아쳤고, 그를 국경으로 몰아댔다."(SvR 139) "세계에서 가장 높고 가장 불쾌한 국경", 그를 가둔다는 구체적 목적에 맞게 고안된 국경에 서둘러 다가가는 사람의 이미지를 생각해 보면, 어느 정도 역설적이다.(SvR 7)

곰피츠가 조이메를 우상화하고 그를 모방하려는 또 다른 이유는, 여행의 결과로 그 또한 배움을 얻고 사회적으로 존중받을 수 있으리라는 믿음이다. 이는 곰피츠의 여정을 "자기형성과 순례의 여행"이란 말로 표현하는 데에서 명백하다. 동독 서기장 에곤 크렌츠에게 보내는 편

---

[142] "Spaziergang nach Syrakus."

지에서 뮐러는 정확히 이 용어를 사용하며, 델리우스도《산책》에서 이를 이용했다.[143]《시라쿠사로의 산책》에서 조이메는 세계를 배움과 여행 사이의 연결로 논한다. "옷장 안에서만 인류에 대해 숙고해 온 철학자들"을(위에서 인용) 비판한 게오르크 포르스터와 요한 라인홀트 포르스터의 정서가 조이메의 말에서 메아리친다. 조이메는 이렇게 말한다. "내가 정말 많이 글을 쓰고 싶었다면, 안락의자에 앉아 있는 것으로 충분했을 것이다."[144] 거의 두 세기 후에 곰피츠는 그가 일하는 식당에 온 선원들의 이야기를 들으며 질투를 느낀다. "이 이야기에서 곰피츠는 그의 나라에서 가질 수 있는 최대의 자랑거리를 언제나 또다시 듣는다. 우리는 이런 것을 체험했다, 우리는 저 밖에 나가 봤다! 그는 이야기할 것이 없었다."(SvR 8-9) 조이메처럼 세계로 나가서 경험을 얻을 기회가 금지되어 있음에 곰피츠는 좌절한다. 여행할 수 없다는 그의 좌절은 뢰스트의 주인공 하스가 표현하는 감정과 비슷하다. 이는 곰피츠의 다음 말에서 명백해진다.

그래, 다 견딜 수 있다, 텅 빈 가게, 망가진 지붕, 더러운 철로, 사회주의의 악취. 그러나 네가 견딜 수 없는 것은, 그들이 너를 영원히 가두고 있다는 것, 너는 결코 세계를 보지 못한다는 것이다. 너는 이 짐 아래에

---

143 "Spaziergang nach Syrakus."와 SvR 17을 보라.
144 Seume, "Spaziergang nach Syrakus im Jahre 1802," p. 179. 이는 그의 과작寡作에 대한 변론의 맥락에서 하는 말이다. 말하자면, 현장에 나가지 않는 과학자와 철학자를 포르스터가 비판하는 위의 인용문과 이 인용문 사이의 유사성을 고려할 때, 포르스터 부자의 저작에 조이메가 영향 받았을 가능성도 생각해 볼 수 있다.

서는 살 수 없다.(SvR 79)

조이메의 발자취를 좇아가는 데에 방해가 되는 것

동독 밖으로 여행할 수 있으리라는 강한 신념에도 불구하고 곰피츠
는 극히 정치적인 상황에 살고 있다. 그가 의도하는 식으로 "동향인 조
이메의 발자취를 따라 이탈리아로 자기형성과 순례의 여행"(SvR 17)을 실
행할 수 있을지를 의심케 하는 세 가지 상호연관된 중요한 요인이 있
다. 이 요소는 곰피츠가 여행하겠다는 중요한 결심("결단")을 내리는 맥
락, 조이메의 발자취를 따를 수 있는 그의 능력, 그가 여행하는 속도 및
이 속도가 그가 여행에서 배우는 것을 조건 짓는 방식이다. 개인의 모
빌리티와 관계하여 자기결정—사회적·정치적 장애물에도 불구하고
여행할 수 있음—은 여정을 떠나려는 조이메와 곰피츠의 첫 결정 모두
에 중요하다. 조이메의 1802년의 보고 중 특히 한 줄에 곰피츠는 강하
게 동감한다.

나의 대부분의 운명은 내 삶에 있던 관계에 놓여 있었다. 시칠리아로
마지막으로 떠난 것은 어느 정도 중요한 결단 중에서는 처음으로 완전
히 자유롭게 내린 결단이었다.[145]

파리로 가는 길에 조이메는 군대에 모집되어 캐나다로 가게 된다.

---

[145] Seume, "Spaziergang nach Syrakus im Jahre 1802," p. 160.

독일에 돌아와서 그는 1787년 풀려나기 전에 군대를 떠나려는 시도를 두 번 한다.[146] 조이메에게 그의 중요한 결심, "처음으로 완전히 자유롭게 내린 결단"—1802년에 9개월간의 도보 여행을 떠나기로 한 것—이란 그 자신의 모빌리티 조건을 결정함을 뜻한다. 조이메를 읽고 자극을 받아 곰피츠도 중요한 결심, "결단"을 한다. 이 결단에는 자유롭게 여행하려는 조이메의 결정이 메아리친다.

구름 없는 8월의 저녁, "알벡 해수욕장"에 있는 볼가스트 항구에서, 유람선에 탄 채, 먼 곳을 향한 갈망에 끝내 굴복하겠다는 결단, 이 나라에 계속 머무르기 위해 한 번은 떠나야겠다는 결단을 내린다.(SvR 7)

조이메와 곰피츠의 중요한 결심을 대조해 보면, 궁극적으로 조이메에게 여행의 의미는 여정 자체 그리고 여정에서 배울 수 있는 것에 있음을 알 수 있다. 이는 안장시대 동안 여행 관념이 그 자체로 가치 있는 것으로 받아들여졌다는, 앞서 언급했던 주장과 연결된다. 그러나 곰피츠에게 여행의 의미는 개인의 자유와 국가가 부과한 부동성을 화해시키는 데에 있다. 이는 '전환'에 이르는 시기에 여행이 인간의 근본적 권리로 여겨지게 되었다는 더 일반적 생각과 관계된다. 뮐러는 "나는 그것을 따라 하고 싶었다, 나는 그것을 내 인권으로 보았다."라고 관찰한

---

146 Seume, "Spaziergang nach Syrakus im Jahre 1802," p. 159를 보라.

다.[147] 곰피츠는 조이메에게 영감을 받았다는 의미에서 순례 여행을 떠난 것이지만, 그의 배후 동기는 곰피츠가 살고 있던 대조적인 역사적 여건에 의해 형태 지어졌다.[148]

《산책》의 한 지점에서 곰피츠는 조이메의 1802년 여행 텍스트를 다시 읽으면서, "처음으로 완전히 자유롭게 내린 결단"에 관한 위의 구절을 강조한다. 이 단순한 행위를 통해 곰피츠는 조이메의 여정의 은유적 자취를 따르겠다는 결심과, 여행하려는 자기 의사의 문자적 자취를 남긴다는 것 사이에서 교섭을 해야 한다. 그의 자취는 비밀경찰이 발견하거나 신고가 들어갈 수 있고, 이는 심각한 귀결을 가질 것이다. 델리우스는 이때 곰피츠의 사고 과정을 상세히 전한다. "조심스레 그는, 이것이 자취라고 생각하고서, 그은 선을 지우고, 자기가 겁쟁이 같아서 부끄럽고, 잠시 생각한 후 연필을 다시 들어, 그 장소에 다시 표시를 한다. … 그렇다, 이를 그들은 소리 없이 알 것이다, 내 계략을 알아낼 수도 있다, 저런 자들은."(SvR 16) 이야기 뒷부분에서 곰피츠는, 동독 및 합법적으로 허용된 소비에트 국가들을 여행하면서 조이메의 자취를 좇을 시도를 한다. "1983년 3월에 그는 헬가에게, 다음 주에 조이메의 자취를 좇아 동독과 소련을 여행할 것이라고 말한다. … 그리마에서[149] 〔그는〕 언제나 가능한 한 조이메의 자취 가까이 〔머무른다.〕"(SvR 32-3) 그러

---

147 "Spaziergang nach Syrakus."
148 곰피츠/뮐러는 동독인의 여행할 권리의 알려지지 않은 선구자로 생각될 수 있을 것이다. 물론 그의 이야기는 장벽 붕괴 이전에는 알려지지 않았다.
149 〔옮긴이주〕 Grimma. 라이프치히 근처의 도시.

는 와중에 그는 서독 관광객을 설득하여 국경을 넘어 돈을 밀반입하려 하지만 성공하지 못한다. 그의 여행은 조이메의 정확한 경로를 따르는 것이라기보다는, 동독을 떠나는 방법을 찾는 것이라는 점이 곧 명백해진다. "서독인을 한 명도 만나지 못한 채로 이틀을 더 떠돈 후에, 그는 자기가 잘못된 길에 있음을 깨달았다. 너무 밀착해서 조이메를 고집하려 하면, 결코 서방으로, 결코 시라쿠사로 가지 못할 것이다."(SvR 37)

슈타이네케의《산책》연구 또한, 조이메와 반대로 곰피츠의 순례가 지닌 의미는 실제 여행 자체보다는 동독을 탈출할 방식을 찾는 것이 되어 간다고 말한다. 각 텍스트가 이탈리아에서의 체험을 기술하는 데에 할애하는 분량이 얼마나 되는지를 보면 명백하다. 조이메의 경우 3분의 2이고, 델리우스의 경우에는 6분의 1이다.[150] 더 나아가 슈타이네케는 "조이메에서는 잘 관찰되었고, 시간을 많이 들였고, 당대에 흔치 않은 이탈리아의 이미지가 그려지지만, 델리우스에서 이탈리아의 이미지는 말하자면 무채색이고 관습적"이라고 지적한다.[151] 곰피츠가 미래를 향한 목표를 가지고 있기는 하지만, 그의 삶을 일반적으로 지배하는 것은 현재의 계획 순간이다. 이는 텍스트의 분량에, 그리고 그것이 현재 시제로 쓰였다는 점에 반영된다. 전체적으로, 곰피츠의 여행이 조이메의 발자취를 좇는 것보다는 점점 더 자취 없이 동독을 떠나는 것이 되어 간다고 결론 내려도 합당할 것이다.

---

150   Steinecke, "Spaziergang mit Seume," p. 212.
151   Steinecke, "Spaziergang mit Seume," p. 213.

세 번째로, 조이메의 안장시대 여정을 다시 살겠다는 곰피츠의 시도를 의심스럽게 만드는 아마도 더욱 중요한 지표는, 각 여행자의 체험의 재현을 이동의 상이한 양상과 속도의 면에서, 즉 "전진의 방식 Fortbewegungsart"의 면에서 볼 때 드러난다.[152] 한편으로, 그는 상상했던 조이메의 꿈을 생생한 체험으로 옮기는 야망을 어느 정도는 실현해 냈다. "상상에서 직시로, 드레스덴에서 로마로, 과거에서 현재로, 자랑스러운 네 마디 말 속에서 떠올랐다. 나는! 지금! 여기! 있다!"(SvR 119) 다른 한편, 곰피츠는 일반적으로 조이메와는 비슷하지도 않은 빠른 속도로 움직인다. 다음 발췌문에서, 빠르고 편안한 기차 여행으로 곰피츠가 완수하는 여정 한 부분은 같은 거리를 발로 답파하는 조이메의 여정과 대조된다.

1802년 1월 빈에서 동알프스를 지나 트리에스트로[153] 가는 길에는 24일이 다 필요했다. 곰피츠는 편안히 앉아서, 8시간 반 만에 첫 목표지에 도착한 것이 거의 부끄럽기까지 하다. 그는 혼자 중얼거린다. 조이메, 너는 알겠지, 기차가 구름을 지나 제메링[154]에 오르는 동안, 나도 너처럼 걷고 싶었어, 2년이 지났고 돈도 썼지만….(SvR 112)

여기에서 곰피츠는 자신이 조이메의 발걸음을 문자적으로 따라 걷

---

152 Steinecke, "Spaziergang mit Seume," p. 213.
153 [옮긴이주] Triest. 이탈리아 북부의 항구도시.
154 [옮긴이주] Semmering. 오스트리아 지방 알프스에 있는 고개.

는 체험을 희생하면서도 더 빨리 이동하기 위해 새로운 모빌리티를 이용하고 있음을 안다. 조이메와 극명히 대조되게도, 그는 이탈리아 여행 부분에 가능한 한 빨리 이르고자 하는 압박을 느낀다. 이는 그가 확실히 동독으로, 걱정할 헬가에게로 돌아가기 위해서다. 동시에 곰피츠는 순례를 공간적·시간적으로 압축한 것에 죄책감이나 후회를 깊이 느끼는 것으로는 보이지 않는다. 이는 "그는 … 거의 부끄럽기까지 하다"(강조는 필자)라는 문장에서 암시된다. 어쩌면 델리우스는 여기에서, 곰피츠가 여전히 조이메의 놀라운 여행의 상상에 심적으로 몰두하고 있기는 하지만, 서방의 테크놀로지적으로 진보된 가속적 방식을 받아들였고 그럼으로써 순례의 옛 이동적 요소를 희생했다고 시사하는 것일지도 모른다. 아이러니하게도, 그는 거주하는-삶으로 돌아가기 위해 서두른다.

이를 염두에 두면 이렇게 물을 수 있다. 그의 여행에서 자기형성 여행의 요소는 무엇인가? 곰피츠가 이 여행을 통해 배울 수, "자기형성할 gebildet" 수 있는가? 슈타이네케는 1805년에 조이메가 쓴 말에서 대답을 발견한다. "걸어가는 사람은 타고 가는 사람보다 인간론적·우주론적인 면에서 평균적으로 더 많은 것을 본다."(위에서 인용)

조이메에게 산책이란 이동 방식만을 〔뜻하지〕 않는다. 오히려 이를 통해 조건 지어진, … 인간과 … 세계를 지각하는 방식을 〔뜻하기도 한다.〕 곰피츠는 이탈리아에서 이 모든 것을 부차적인 것으로 여길 수 있다. 그는 산책하지 않고, 서둘러 가기 때문이다. 그는 집에 있는 아내에게 이렇게 편지를 쓴다. 이탈리아를 조이메처럼 지각하기 위해서는 "시간과 완전히 안정된 마음이 필요한데, 둘 다 나에게는 없어."[155]

위에서 언급했듯이, 조이메는 길을 따라가며 보게 되는 대상을 흡수하고 이해하는(달리 말하자면, "이탈리아를 지각하기 위해" "산책"하는) 향상된 능력을 느린 속도와 연관시킨다. 그렇기에 안장시대 조이메에게 걸어서 가는 자기결정적 여행은 배우는 체험이었지만, 1980년대 말 곰피츠는 이를 모방할 수 없었다고 결론내릴 수 있다. 조이메의 이야기는 그의 여행의 추진력이지만, 일단 서방에 이른 후에 그는 자신이 동독이 부과한 거주하는-삶으로 서둘러 돌아가야 함을 깨닫는다. 그곳에서 그는 심적 안정을 가능케 하는 느린 시간을 찾을 수 있을 것이다 ("시간과 완전히 안정된 마음").

곰피츠의 귀환, 그리고 '전환'의 상대적 사소함

동독으로 돌아온 곰피츠는, 공화국 탈출에 관한 법률에 대해 미리 교묘히 생각해 둔 덕분에 단 몇 주 구금된 후 집으로 돌아와 헬가와 재결합할 수 있었다. 어느 정도, 그는 희망했던 대로 이 여행 덕분에 남에게 할 이야기를 가지게 되었음을 깨닫는다. "가까운 친구들은 그를 영웅으로 추어올린다."(SvR 154) 그러나 대부분의 경우, 그는 주변 사람들이 그를 질투하고 그의 모험에 의혹을 가짐을 깨닫는다.

---

[155] Steinecke, "Spaziergang mit Seume," p. 213.

며칠 후에 그는, 시라쿠사 여행으로 인해 로스토크에서 그가 맺고 있던 모든 관계가 변화하기 시작하는 것을 느낀다. … 비슷하게 여행을 소망했지만 감히 일상의 물레방아를 부수고 나오지 못한 사람들은 그를 질투한다. 지인들 대부분이 불신하며, 이것이 그가 슈타지와 함께 꾸며낸 이야기가 아닌지 의심한다.(SvR 154)

더 나아가, 헬가와 그의 관계 역시 심각한 손상을 입는다. "고향에 돌아온 그를 헬가는 눈물과 침묵으로 맞이한다. 그녀는 금방 위로를 받으려 하지 않는다. 이탈리아에서 부친 편지가 도착했지만, 그가 전화도 많이 했지만, 이는 7월의 충격을 치료할 수 없었다."(SvR 154) 그에게 강제된 부동성을 탈출하려는 기발하고 실제적인 계획을 실행함으로써, 그는 말하자면 따돌림 받는 사람이 되고, 동독에서 그의 개인적 관계는 심각한 손상을 입는다. 동시에, 지난 후에 돌아보는 입장을 이용하자면, 우리는 곰피츠를 일종의 선구자로 볼 수 있다. 곰피츠는 여행을 인권으로 보고 이 권리를 행사하기 위해 먼 길을 갔는데, 이 생각이 1989년 이후에는 일반적으로 받아들여졌기 때문이다. 그렇기에, 많은 사람들이 '전환'을 여행할 권리와 관련하여 중대한 전환점으로 체험하였지만, 곰피츠(이 인용에서는, 뮐러)에게는 큰 영향을 끼치지 않았다.

'전환'은 뮐러에게, 그리고 같은 국민들에게 일반적 여행의 자유를 선사했지만, 그는 '전환'을 침착하게 맞이했다. 말하자면 그는 뒤늦은 벌충을 할 필요가 없었고, 보트를 타고 몇 번 북유럽을 돌아보았을 뿐이다.

특별한 것이 아니었다. 특별한 것을 그는 이미 체험했다. 클라우스 뮐러는 간명하게 말한다. "이탈리아는 이제 체크했죠."[156]

조이메의 1802년 여정은 곰피츠 여정의 주된 추진력이었지만, 그가 처해 있던 정치적 시공간으로 인해 그는 그가 예견했던 것과 같은 방식으로 "자기형성과 순례의 여행"을 실행할 수 없었다. 귀환 후 그는 기대했던 사회적 환호를 받지 못했다. 그러나 그는, 극히 실용적이고 겸손한 방식으로 극단적 정치 체계에 도전하고, 동독 주민을 가두기 위해 인류 역사상 최고로 복잡하게 설계된 국가장치 중 하나를 우회할 방법을 찾아냄으로써, 자신의 방식으로 사회적 변화를 예견했다. 뮐러의 이야기를 다시 말함으로써 델리우스는 이례적인 동독인의 여행 보고를, 이러한 정치적 상황에 처한 삶의 극단적 사례를, 전혀 여행하지 못한 사람도 이해할 수 있는 무엇으로 번역했다. 그렇게 함으로써, 그는 "그는 이야기할 것이 없다"(위에서 인용)는 곰피츠의 주장을 무효화했다.

4.5.3 안드레이 우지카, 〈현재를 벗어나〉(1995)

돌아갈 길은 없다

아이헨도르프의 《무용지물의 삶》에 대한 분석에서 나는, 안장시대의 끝에 와서 무용지물이 원래 집으로 돌아가는 것은 불가능했다고 결

---

156 "Spaziergang nach Syrakus."

론 내렸다. 본향 자체가 변화했기 때문이다. 실상, 선별된 여행 텍스트를 모빌리티 관점에서 살펴본다면, 귀환불능점이라는 주도 동기가 등장하며 이것이 '전환' 이후의 현대 시기에 강화되는 것으로 보인다. 새로운 모빌리티는 여기에 머무를 것이었다—저항의 형태는 존재하지만, 거주 또는 단수적-모빌리티라는 본원적 상태로 돌아갈 수는 없다. 클라우스 뮐러의 이야기가 보여 주듯이, 동독 시민들 같은 큰 집단의 사람들을 부동화하려는 시도는 결코 완전할 수 없다. 인간의 모빌리티는 결코 무기한으로 억제될 수 없다.[157]

베를린장벽이 붕괴한 다음 날, 서독의 전 수상(1969~1974) 빌리 브란트는 쉰베르크 시청 밖에서 연설을 했다. 여기에서 그는 이 역사적 사건을 귀환불능점이라고 부른다.

독일이 함께 더 다가가고 있다는 사실은, 대부분의 국민이 기대했던 것과 다른 방식으로 일어나고 있습니다. … 확실한 것은, 독일의 다른 부분(동독)에 있던 어떤 것도 예전과 같지 않으리라는 것입니다. … 국민들 자신이 말을 했고, 변화를, 특히 정확한 정보, 자유로운 여행, 자유로운 조직 수립의 권리를 요구했습니다. … 다시 한 번, 어떤 것도 예전

---

157 비슷하게, 2009년에는 5만 명 이상이 북한을 탈출하여 중국에 살고 있고, 더 많은 수의 사람들이 새로운 시작을 위해 남한으로 위태로운 여정을 떠났다는 보고가 있다. Tom O'Neill, "Escape From North Korea," *National Geographic* 2009: 74-99. 최근 지도자가 교체되고 모빌리티의 힘이 증가하는 상황에서 북한이 정치체제와 여행 제한을 유지할 수 있을지를 지켜보는 것은 흥미로울 것이다.

과 같지 않을 것입니다.[158]

브란트는 '전환'을 중요한 전환점, 대체로 자유롭게 여행하려는 욕망에 의해 특징지어지는 발전을 따르는 패러다임 변동으로 요약한다. 이 요약을 받아들인다면, 복잡한 일군의 물음이 제기된다. 첫째, 현대에서 모빌리티는 여행자를 어디까지 데려갔는가? 둘째, 새로운 여행 체험이 여행자에게 끼치는 영향/효과는 무엇인가? 셋째, 이러한 새로운 존재 방식에 대해 여행자는 어떻게 적응/응답/방향 재정립을 하려 하는가?

우주비행사의 관점을 지상으로 가져오기

루마니아 출생의 실험적 다큐멘터리 작가 안드레이 우지카가 감독한 다큐멘터리영화 〈현재를 벗어나〉는 1991년 5월 18일부터 1992년 3월 25일에 걸친 시기를 다룬다. 이 시기에 (곧 러시아인이 될) 소비에트인 우주비행사 세르게이 크리칼료프는, 지상 400킬로미터에 있는 러시아 우주정거장 MIR에서 살고 일하던 체험을 공유한다.[159] 이 영화 작품을 통해 연구자는 위에서 제기된 세 물음에 대한 대답을 찾는 데에 도움을 받을 수 있다. 이 세 물음은 첫째, 거리(예컨대, 우주라는 새로

---

158 Willy Brandt, "Berlin City Hall Speech, 10 November, 1989," *When the Wall Came Down: Reactions to German Unification*, ed. Harold James and Marla Stone (New York: Routledge, 1992), pp. 42–45.

159 Sergei Krikalev and Andrei Ujica, "Toward the End of Gravity I," *Grey Room 10*. Winter 2003 (2003): 46–57, p. 53.

운 프런티어frontier와 확장된 세계관을 체험한다), 둘째, 영향(예컨대, 우주여 행자의 자기 정체성), 셋째, 적응(예컨대, 지구에서-거주하기와 우주에서 이 동적으로-거주하기 사이의 분리를 화해시키기)에 관한 것이다. 우지카 자 신은 우주로 가지 않지만, 그는 우주비행사들이 자기 체험을 촬영하도 록 주선하였다.[160] 그의 접근법은 **이야기 이동화하기**, 그리고 이것을 더 넓은 청자에게 접근 가능하게 하기라는 델리우스의 다시 이야기하기 테크닉과 유사하다. 영화를 텍스트 매체로 이용함으로써 우지카는 더 큰 수준의 이동화를 끌어들인다. 그는 영화 테크놀로지를 이용하여 그 의 여행 서사를 시각성의 영역에 끌어들인다. 이를 통해 관객들은 여 행하는 주체의 생생한 체험에, 텍스트 재현을 통해 가능한 것보다 더 가까이 다가가게 된다.

우지카는 삶의 첫 부분을 루마니아에서 보내다가 1981년에 독일로 이동하여 하이델베르크에서 문학과 미디어 이론을 연구한다. 그는 공 산당의 지도자 니콜라에 차우셰스쿠가 타도되었던 1989년에 루마니아 로 돌아간다. 이 여정은 결국 독일 감독 하룬 파로키와의 협업을 통해, 특기할 만한 1990년 영화인 아방가르드 다큐멘터리 〈혁명의 비디오그 램〉을 만들어 낸다.[161] 〈현재를 벗어나〉 그리고 〈니콜라에 차우셰스쿠 의 자서전〉(2010)[162]과 함께 이 영화는 1989년 소련의 해체와 관련된 역

---

160 이 영화의 뒷부분에서 크리칼료프가 볼리코프에게 하는 말은, 그가 촬영 기획의 가치 를 인정했음을 시사한다. "카메라 조심해서 다뤄."(OoP 1:06.48)

161 *Videograms of a Revolution*, dir. Harun Farocki and Andrei Ujica, Bremer Institut Film & Fernsehen, 1990.

162 *The Autobiography of Nicolae Ceaucescu*, dir. Andrei Ujica, ICON Production; Centrul

사적 사건들에 관한 삼부작 영화를 이룬다. 특히 〈현재를 벗어나〉는 여러 면에서 획기적인 이야기를 기록한다. 크리칼료프는 결국 기록을 갱신하며 310일간 우주에서 살게 된다. 여행 연구자 헬렌 샤먼은 이 중 8일간 이 우주비행사와 동행했다. 그녀는 최초로 우주에 간 영국인이었다.[163] 그렇지만 크리칼료프의 체험이 지닌 가장 중요한 면모 중 하나는 사실, 그가 소비에트연방 최후의 시민이었다는 것이다. 그가 지구로 돌아왔을 때, 발사 당시 소련이었던 고국은 러시아가 되어 있었다. 하버드영화보관소도 비슷한 관찰을 한다. "우지카가 이 다큐멘터리에서 상세하게 묘사하듯이 〔우주에 장기간 머무른다는 크리칼료프의〕 성취는 그 자체로 특기할 만하다. 그러나 더 나아가 이 위업을 지구에서 벌어지고 있던 기념비적 사건과 병치시킴으로써, 〈현재를 벗어나〉는 크리칼료프의 여정을 우주 시대의 종말이자 이데올로기의 종말에 관한 숨 막히는 비가悲歌로 만든다."[164]

National al Cinematografiei, 2010.

[163] 흥미롭게도, 샤먼은 꽤 우연히 우주비행사가 되었다. 그녀는 이렇게 설명한다. "나는 우주비행사가 될 생각은 없었어요. 일하고 집으로 돌아오다가 자동차 라디오에서 그런 기회에 관해 들었을 때까지는요. 영국은 당시에도 지금도 우주비행사 프로그램을 가지고 있지 않죠. 그래서 우주로 간다는 발상을 품어 본 적이 없어요. 그런데 어떤 회사가, 영국인을 처음으로 우주에 보내겠다는 소련과의 우주 계획을 관리하게 된 거예요. 이 광고를 들었을 때 나는 깨달았죠. 이 일은 외국어 학습 및 신체 단련을 과학과 결합시켜 주고, 이건 내 꿈의 실현이라는 걸요. 우주로 날아가고 무중력을 느낄 기회가 있다니까 이 일은 더 좋게 느껴졌죠. 그래서 지원했어요." Spacelink Learning Foundation, *Interview with Helen Sharman*, 2012, Spacelink Learning Foundation, 〈http://www.spacelink.org/helen-sharmanprogramme/people-zone/interview-with-helen-sharman〉.

[164] Harvard Film Archive, *Andrei Ujica and the Montage of History*, 2011, 〈http://hcl.harvard.edu/hfa/films/2011octdec/ujica.html〉.

그렇기에, 제목이 시사하듯이 〈현재를 벗어나〉는 새로운 모빌리티로의 거시적 전 지구적 이행을 기술하는 은유로 사용될 수 있다. 그것은 즉, 지구에서의 일상적 삶의 현재적 체험으로부터, 우주여행자가 세계를 단 92분 만에 돌면서 창에서 지구를 볼 수 있는 외계 여행으로의 이행이다. 그러므로 이 영화는 운동의 확장, 가능적 세계관의 확장, 그리고 이러한 변화를 미적·비판적으로 소통하는 영화적 가능성의 확장과 관련하여 귀환불능점을 그려 낸다.

인간의 가능성 재고하기

〈현재를 벗어나〉를 통해 우지카는 페터 슬로터다이크와 폴 비릴리오에게 극찬을 받았다. 둘 다 이 영화를 혁명적이라고 보았지만, 그 이유는 달랐다. 슬로터다이크는 이 영화가, 특히 우주를 여행하면서 공간을 구축하고 체험하는 새로운 방식의 측면에서 제공하는 철학적 통찰을 칭찬했다.

우지카는 우주여행을 존재론적으로 진지하게 파악한 소수의 동시대인 중 하나입니다. 내 생각에 그는, 현재의 중요한 영화작가들 중에서 유일하게 이 주제를 과학-픽션-졸작과 거리를 두고 다루었던 큐브릭에 견줄 만합니다. 우지카의 영화는 90년대 영화계의 위대한 다큐멘터리 중 하나입니다.[165]

165 Marius Meller, "Wohnen im Raum: Interview mit Peter Sloterdijk," *Der Tagesspiegel*, 17 June. 2003, 〈http://www.tagesspiegel.de/kultur/wohnen-im-raum/423534.html〉.

우주정거장을 일종의 거품으로 볼 수 있다는 관점에서, 우지카의 영화는 슬로터다이크의 구球 이론과[166] 연결될 수 있다. 한편으로 그것은, 가령 산소 조절을 통해서 외부 세계에 대한 면역을 제공한다. 그러나 동시에, 관통될 위험이나 사람을 위기에 처하게 할 위험도 갖고 있다. 이는 내레이터와 우주비행사 아나톨리 아르체바르스키가 우주유영에 대해 말하는 대목에서 암시된다. "6시간 동안 일한 후에 우주복의 냉각 시스템이 고장 났다. 그렇게 나는 인간의 가능성을 재고하게 되었다." (OoP 33.25) 더 일반적으로 말해서, 슬로터다이크가 이 영화의 힘이라고 보는 것은 우주정거장을 소우주로 보는 발상을 예화하는 능력에 있다. 소우주란 일종의 자기충족적이며 떠다니는 외계 거주지이고, 슬로터다이크의 표현으로는, "세계의 모델로서의 유인도有人島"이다.[167] 그는 이렇게 설명한다.

생명 유지의 최소 조건이 충족되자마자, 충분히 완전한 세계가 존재한다고 말할 수 있다. 생명 유지life support란 정확히, 인간의 한 생활세계가 절대적 섬으로서 일시적으로 가동되도록 유지될 수 있는 조건의 목록을 처리함을 뜻한다.[168]

---

166 슬로터다이크의 구 이론은 1999년에서 2004년 사이에 출간된 세 권의 책으로 정리되어 있다. 이 이론은 하이데거에 깊이 근거하며, 그의 거주하기 개념을 갱신하려 시도한다.

167 Sloterdijk, *Sphären III*, p. 331.

168 Sloterdijk, *Sphären III*, p. 331, 강조는 원저자.

이러한 사고 노선은 모빌리티 분석에 두 가지 중요한 결과를 가진다. 첫째, 인간이 지구 대기 너머의 이러한 일시적으로 거주 가능한 섬에서 상당한 기간을 살아 낼 수 있다고 한다면, 지구에 구속된 이상적 거주하기라는 하이데거의 이해는 낡은 것이 되며, 거주하기와 모빌리티를 개념화하는 새로운 방식이 필요해진다(이 점은 슬로터다이크가 "우지카는 우주여행을 존재론적으로 진지하게 파악"했다고 말할 때에도 암시된다). 둘째, 〈현재를 벗어나〉에서 보이는 우주정거장 MIR이라는 이동적 거품 속에서의 삶은 지구에서의 삶과의 뚜렷한 단절을 암시한다. 그렇기에 우주비행사가 우주에서의 삶의 체험에 근거한 지구 외적 주관성을 창조할 기회가 열린다.[169]

우지카가 행한 인터뷰에서 크리칼료프는 모빌리티의 새로운 형태, 그리고 우주여행자의 독특한 정체성이라는 두 지점에 빛을 비춘다. 그는 우주여행의 현실과 생명 유지 시스템에 대한 말한다. 이는 "아주 간소한, 시간이 흐른 후에는 제약적으로 느껴지는 삶의 공간에 의존"함을 뜻한다.[170] 이 폐소공포증적 이미지는 우주여행과 흔히 연관되는 다른 생각, 예를 들어 새로운 프런티어로 광대한 거리를 여행한다는 생각과 배치된다. 크리칼료프는 우주여행의 이러한 모순적인 면모에 대해 말한다.

---

169 이렇게 생각해 볼 수도 있다. 이동이라는 것이 한쪽 끝에는 이상적 거주하기가, 다른 쪽 끝에는 극단적 모빌리티가 있는 연속체 위에 있다면, 이 영화는 연속체의 모빌리티 쪽 끝을 확장시키는 능력이 있다.

170 Krikalev and Ujica, "Toward the End of Gravity I," p. 47.

내가 점심을 먹는 동안에 우주정거장은 수천 킬로미터를 갑니다. 나는 온종일 단 몇 미터만을 왔다 갔다 하지요. 지상에서의 나의 삶과 비교했을 때 가장 큰 차이는 이것입니다. 우리의 거주지 전체는 엄청난 거리를 지나지만, 현실을 보면 우리는 언제나 같은 장소에 있는 거지요.[171]

이처럼 가속되지만 여전히 정주적인 상태의 현대적 전개를 우리는 곰피츠의 감각과 연관시킬 수 있다. 그는 동알프스를 지나 고속열차에 편안히 앉아 있는데, 이는 같은 길을 가기 위해 24일을 걸어야 했던 조이메와 대조된다. 또는 저 전개는, 사람들이 책상에 가만히 앉아 인터넷서핑을 하면서 세계의 다른 곳으로 가상 여행을 하는 경향이 증가하는 것과도 관계할 수 있다. 그렇지만, 크리칼료프는 우주 속의 제한된 공간에서 가속된 모빌리티를 겪는다는 독특한 체험을 한 세계에서 몇 안 되는 사람이다. 그는 또한 무중력의 감각이라는, 부러워할 만한 감각을 체험한 몇 안 되는 사람이기도 하다. 우주여행자들은 흔히 이 감각에 큰 중요성을 부여한다. 예를 들어, 크리칼료프는 이렇게 쓴다. "결국, 저기〔우주〕에서의 삶은 무중력에 의해 … 특징지어진다."[172] 샤먼도 비슷한 말을 한다. "무중력을 느끼면서 떠다니는 느낌을 나는 결코 잊고 싶지 않다. … 그것은 내가 생각할 수 있는 한 가장 자연스럽고 휴식이 되는 느낌이다."[173] 이러한 이유로 우지카는 사람이 이러한 특

---

171 Krikalev and Ujica, "Toward the End of Gravity I," pp. 54-5.
172 Krikalev and Ujica, "Toward the End of Gravity I," pp. 47-8.
173 Spacelink Learning Foundation, *Interview with Helen Sharman*. 동시에, 샤먼과 반대로

권적 형태의 모빌리티 체험을 했느냐에 따라 구분될 수 있다고 생각한다. 이는 그가 크리칼표프에게 이렇게 말할 때 드러난다. "그렇지만 우리 사이의 결정적 차이는 똑같이 남아 있죠. 당신은 우주에 있어 봤고, 저는 그렇지 않죠."[174] 노련한 우주여행자로서 크리칼표프는 지구인이기도 했고 외계인이기도 한 것이 어떤 느낌인지를 안다.

역사와 시간에 대한 새로운 관점

폴 비릴리오가 보기에 〈현재를 벗어나〉가 던진 가장 충격적인 두 가지는, 첫째, 이 영화가 세계사에 관한 새로운 관점을 열어 준다는 것, 둘째, 이 점이 우주여행자의 시간 체험과 관계한다는 점이다.

〈현재를 벗어나〉는 또한 첫 번째 영화다. 세계 너머에서 온 첫 번째 영화, 그리고 (나는 이렇게 표현하고 싶다) 질주경적인[175] 새로운 영상주의의 첫 번째 영화. 이 영화는, 기차에 앉아 있을 때에 지나가는 풍경 같은 이미지의 연속과는 더 이상 관계하지 않는다. 땅을 지나 이동하는 속도와 연관된 시야와는 관계하지 않는다. 〈현재를 벗어나〉는 역사적 시

크리칼표프는 무중력을 "짐"이라고 묘사한다. "무중력은, 그게 무엇이든 간에, 일종의 짐이다. 그것은 우리를 물리적으로 변화시킨다. 피가 머리로 몰리기 때문에 얼굴이 붓고, 혈관 자체도 팽창한다. 비행 내내 이러한 상태가 계속된다. 여기에 익숙해지려면 어느 정도 시간이 필요하며, 그런다고 편안해지는 것은 아니다." Krikalev and Ujica, "Toward the End of Gravity I," p. 48.

174 Krikalev and Ujica, "Toward the End of Gravity I," p. 47.
175 [옮긴이주] dromoscopy. 비릴리오의 신조어로, "경주"를 뜻하는 그리스어 dromos를 어원으로 하여, 정지적이 아니라 이동적인 역동적 시야를 뜻한다. 비릴리오는 속도에 대한 학문적 연구인 질주학dromology을 주창하기도 했다.

간, 전 지구적 시간에 관한 혁명적 시야를 제공한다. 우리는 크리칼료프와 함께 저 시간으로 뛰어든다.[176]

이 영화를 만들기 전에도 사람들은 우주에 있었고 자기 체험을 기록했지만, 〈현재를 벗어나〉는 지구 너머의 삶에 대한 전례 없는 시야를 제공한다. 이 시야 자체가, 새로운 역사적 관점을 제공함으로써 역사를 바꾼다. 우리는 더 이상 직선적인 방식으로 사건의 연속을 보지 않는다. 우리는 시공간을 체험하는 새로운 확장된 방식을 접한다. 이러한 새로운 시선을 가능케 하는 것은 이동적 이미지 테크놀로지다. 하버드영화보관소는 우지카의 영화 삼부작을 이렇게 논평한다. "20세기 역사가 영화적·텔레비전적 이미지로 전환되었다는 점에, 그리고 이러한 이미지가 현재 및 역사 자체에 대한 우리의 서사를 결정했다는 점에 우지카는 면밀한 관심을 가졌다. 이 점이 그의 영화를 특징짓는다." 사실, 〈현재를 벗어나〉는 우주비행사 자신이 우주에서의 시간 체험을 보는 시야까지 변화시켰다. 이는 크리칼료프에게 우지카가 이렇게 물을 때에 드러난다. "당신은 우주를 직접 체험했지요. 당신에게 우주는 실제 세계예요. 저 위에서 산다는 것은 궁극적으로 무엇을 뜻하나요?"[177] 이에 크리칼료프는 이렇게 대답한다.

---

176 Andrei Ujica and Paul Virlio, "Toward the End of Gravity II," *Grey Room 10*.Winter 2003 (2003): 58-75, p. 69. 비릴리오의 "질주경" 개념에 대한 더 자세한 정보는 Paul Virlio, *Negative Horizon*, trans. Michael Degener (London: Continuum, 2005), pp. 105-19 참조.

177 Krikalev and Ujica, "Toward the End of Gravity I," p. 47.

지상으로 돌아오면, 저 비행은 순간적이고 즉각적이에요. 하지만 동시에, 그것은 비실재적인 것으로 느껴지기 시작하죠. 모든 세부를 정확히 기억한다는 바로 그 이유로 인해, 거기에서 실제로 시간을 보냈다는 것이 더 믿기 힘들어져요. 저에게, 당신의 영화는 저 비행에 대한 일종의 강제적 상기예요. 나중에 보게 되는 휴가 영상 같은 거지요. 이러한 영상은 심지어 화면에 보이지 않는 모든 여분의 이미지까지도 환기시켜 줘요. 제가 이 영화를 볼 때 그런 느낌이었어요. 이 점을 빼고는, 늘 똑같아요. 어느 정도 시간이 지나고 나면, 모든 여정은 비현실적이 되는 것 같아요. 허구를 닮아 가기 시작하죠. 그래서 제가 이 모험이나 저 모험을 직접 체험했다는 것을 납득하기가 종종 어려운 거예요.[178]

MIR에서 보내는 시간이 지상에서의 일상적 삶과 너무나 강하게 구분되기 때문에, 우주비행사가 착륙하자마자 겪게 되는 가장 쉬운 대처 메커니즘은 저 체험을 허구적인 것으로 또는 현실과 분리된 것으로 생각하는 것 같다. 그러나 크리칼료프의 경우에는 〈현재를 벗어나〉로 인해, 그가 실재 체험으로 기억하는 것에 대한 시야를 우주여행까지 포함할 정도로 확장하도록 강제된다. "강제적 상기"인 것이다. 동시에 크리칼료프는 이 영화를 아주 독특한 방식으로 본다. 이 영화가 "심지어 화면에 보이지 않는 모든 여분의 이미지까지도 환기시켜" 주는 사람은 이 세상에 오직 그뿐이기 때문이다.

---

[178] Krikalev and Ujica, "Toward the End of Gravity I," p. 47.

더 나아가, 비릴리오가 위에서 강조하듯이, 크리칼료프의 복잡한 시간 체험, 즉 "전 지구적 시간"은 이 영화가 가진 서사-결정적 이미지에 불가결한 요소다. 우리는 이러한 전 지구적 시간이라는 현상을 체험의 두 가지 상이한 구역을 통해 지칭할 수 있을 것이다. 그것은 내가 여기에서 지상의 맥락이라고 부를 것, 즉 지상에서 일어나는 일(이 영화에서 주요 기준점은 소련이다), 그리고 MIR 맥락(우주정거장에서 일어나는 일)이다.[179] 두 개의 이질적 체험 상황, 지상 맥락과 MIR 맥락의 매개는 모스크바 표준시를 통한 공통적 측정으로 이루어진다. 공식적으로 하루 8시간 일을 하고 주말에 쉬는 정거장 승무원의 일상 루틴을 규제하는 것은 모스크바 시간이다.[180] 전 지구적 시간과 더불어 지상 맥락과 MIR 맥락을 매개하는 것은 또한 (가족, 미디어, 정치가, 관제센터와의) 원격통신이라고 우리는 주장할 수 있을 것이다. 이를 통하여 각 맥락에서 무엇이 일어나고 있는지에 관한 정보를 교환함으로써, 일종의 사회적 연결성 감각이 이론적으로 가능해진다.[181] 마지막으로, 세계와 우주정거장이 연결되는 세 번째 방식은, 소련의, 이후에는 러시아의 국제 협력적 공간으로 MIR의 정체성을 구축하는 것이다. 그러니까 세 가지 능력이 있다. 첫째, 시간에 대한 인위적 규제, 둘째, 원격소통, 셋째,

---

179 또한 우지카는 이 두 맥락 사이에 있는 문턱 공간, 즉 우주비행사를 우주정거장으로 쏘아 올리는 로켓 및 정거장 도킹 과정에 관객을 노출시킨다.

180 Krikalev and Ujica, "Toward the End of Gravity I," p. 54.

181 우지카는 우주정거장 MIR에서의 시간 체험을 이해하는 또 다른 방법도 제공한다. "정거장에서 우리는 두 가지 근본적 시간 범주를 동시에 지각할 수 있다. 한 창문을 통해서는 별을, 영원을-즉 우주적 시간을 볼 수 있다. 다른 창문, 지구를 향한 창문을 통해서는 지상의 시간의 압축을 체험할 수 있다."

우주비행사가 MIR의 맥락을 지상 맥락의 확장처럼 느끼게 하기 위한 문화적 환경의 재창조다. 그러나 이어지는 분석은 이 능력들에 한계가 있음을 보여 줄 것이다.

특권적 여행자로서 우주비행사, 테크놀로지의 희생자로서 우주비행사

이 여행 텍스트에서 우지카는, 우주정거장에서의 인위적 시간 체험이 어째서 우주비행사에게 고향 또는 지상의 현재와 연결되어 있다는 느낌을 늘 주지 못하는지, 오히려 단절의 감각을 주는지를 설명해 낸다. 그는 영화 관객에게 이러한 시간적 요소를 (어쩌면 무의식적으로) 전달하기 위해 편집 테크닉을 이용한다.

> MIR 정거장은 우리 행성 주위로 92분 만에 완전한 원을 그린다. 이는 〈현재를 넘어서〉의 길이와 정확히 일치한다. 이 92분 동안, 지상 시간의 모든 기본적 주기―낮과 밤, 사계절―가 지나간다. 한 바퀴 동안 우주여행자는 하루 전체를 본다. 이는 또한 1년에 상응한다. 이 모든 것이 평범한 영화보다 길지 않은 시간에 일어난다.[182]

우주여행자가 아닌 사람이라면, 비행기에서 장거리 여정을 하게 됨으로써 외부 세계의 시간대와 계절에 대립되어 부과되는 인위적 시간 창조가 어떤 감각인지를 조금 느낄 수 있을 것이다. 전 지구적 시간

---

[182] Ujica and Virlio, "Toward the End of Gravity II," p. 68.

에 대한 이러한 체험에서는 1년과 1일이 본질적으로 92분으로 압축된다. 이는 말하자면, 게오르크 포르스터의 안장시대 체험으로부터의 거대한 도약이다. 당시 그와 승무원들은 세계를 세 번 일주할 수 있는 거리를 항해하는 데에 3년 16일이 걸렸다. 비릴리오는 이렇게 설명한다. "우주여행을 통해, 우리는 지리학적 공간 여행—예를 들어 마르코 폴로나 크리스토퍼 콜럼버스—에서 시간 여행으로 넘어간다."[183] 이어서 비릴리오는 이러한 이행의 의의를 묘사한다. "이는, 말 그대로 역사적 혁명이다. 이것은 정치적인 것은 아니지만, 비할 데 없는 역사적 혁명이다. 후쿠야마의 '역사의 종말'이 아니라 역사의 혁명이다. 혁명이라는 말의 본래 의미에서 그렇다. 하루가 1년에 상응하는 것이다!" 그렇다면, 비릴리오가 보기에 새로운 모빌리티의 우주여행이라는 일면은 후쿠야마의 역사의 종말 테제를 무의미하게 만든다. 이는 하이데거의 이상화된 거주에 관한 지상에 구속된 개념이 더 이상 유효하거나 유의미한 개념적 도구로 유지될 수 없음과 마찬가지다.

동시에 우지카는 초기 해상 모험가에 비교했을 때에 우주비행사의 성취가 장엄하다는 감각을 재빨리 약화시키려 한다.[184]

183　Ujica and Virilio, "Toward the End of Gravity II," p. 67.
184　다른 한편, 크리칼료프가 우주비행사를 해상 탐험가와 비슷하게 보는 것도 흥미롭다. "우리 우주비행사들은 뱃사람과 비슷해요. 뱃사람은 먼 바다를 갈망하지요. 그리고 발 아래에 단단한 땅을 두자마자, 벌써 다시 바다로 나갈 꿈을 꾸고 있죠.", Krikalev and Ujica, "Toward the End of Gravity I," p. 50. 그러므로 두 집단 사이에는, 모험의 감각과 방랑벽이 똑같다는 의미에서 일치의 감각이 있다고 주장할 수 있을 것이다.

마젤란이나 콜럼버스와 현재의 우주여행자의 차이는 극복할 수 없는 거리에 있다. 지구상의 여행자와 대조되게, 우주여행자—우리의 너무나 변변찮은 테크놀로지의 희생자—가 진정 새로운 해안에 닿을 기회는 조금도 없다. 발견자로서가 아니라 그저 관찰자로서 여행을 하고 있다는 것을 그들은 잘 알고 있다.[185]

우지카가 우주여행자를 이동적 상위 계급의 특권적이고 차별화된 구성원으로 보면서, 동시에 테크놀로지로 인해—어떤 의미에서—아무데도 갈 수 없는 테크놀로지의 희생자로 본다는 점은 흥미롭다. 크리칼료프는 위에서, "현실적인 의미에서 우리는 언제나 같은 곳에 있다"고 말한다. 그렇다면 우주정거장 MIR는 역설적으로 어디에나 있으면서 동시에 어디에도 있지 않은 이동적 장소로 생각될 수 있다. 어쩌면 새로이 발견될 것은 없다. 우지카의 관점에서, 인류가 다른 행성에 착륙할 정도로 테크놀로지가 발달하기 전까지는, 도달해야 할 "진정 새로운 해안"은 없다. 우주비행사는 또 다른 의미에서 희생자로 생각될 수 있다. 원격통신은 지상에 남아 있는 사람과의 관계를 충분히 대체하지 못하기 때문이다. 어쩌면 지상-거주와 이동적 우주-거주의 분리를 정의할 수 있을 두 핵심 순간이 이 다큐멘터리영화에 있다. 첫 번째 사례는 사령관 아나톨리 아르체바르스키와 아들 타라스의 대화이고, 두 번째 것은 크리칼료프와 리포터와의 대화이다.

---

[185] Krikalev and Ujica, "Toward the End of Gravity I," p. 68.

지상-거주와 우주-거주 사이의 단절

첫 번째 상황에서 아르체바르스키는 (10살쯤 되어 보이는) 타라스에게 화상통화를 연결한다.[186] 관객은 아르체바르스키가 입에 마이크를 대고 우주정거장에서 떠다니는 것을 본다. 아들은 통화실에 앉아 날씨에 대해, 여름휴가 때 무엇을 했는지에 대해 이야기한다. 아르체바르스키는 우주정거장에 있는 세로로 된 타원형 격실을 가리키며, 아들에게 말한다. "타라스, 내가 어디에서 자는지 보이니?"(OoP 35:19). 타라스는 그가 한 말을 이해하지 못한 것 같고, 아르체바르스키는 아들을 감탄시키려던 시도가 의도한 대로 되지 않은 것에 실망한 것으로 보인다. 타라스는 감탄하지 않고 이렇게 말한다. "아빠, 새 가구가 생겼어요." 아르체바르스키는 이렇게 대답한다. "잘됐구나. 맘에 드니?" 자신이 이용하는 테크놀로지에 타라스가 놀랄 것이라고 믿고, 아르체바르스키는 이런 방식으로 아들과 연결되려는 시도를 다시 한 번 한다.(OoP 36:21)

아르체바르스키〔타라스의 화면 이미지 주위로 팔을 두르며〕: 타라스, 내가 보이니?

타라스: 뭐라고요?

아르체바르스키〔화면을 가리키며〕: 화면에 네가 나온 게 보여?

타라스: 네, 아빠가 보여요.

---

186 영화가 시작될 때에도 타라스가 잡힌 장면이 있다. 그는 이렇게 말한다. "아빠, 뭘 해도 성공하길 빌게요. 아빠는 할 일이 많지요. 여름에 여기에 없을 거라니 안 됐어요." OoP 8:05.

아르체바르스키: 네가 보이지는 않나?

타라스: 〔웃으며 손을 흔든다〕

이 예는 MIR 맥락과 지상 맥락을 넘어서 긴밀한 부자 관계를 유지하려는 시도의 어려움을 보여 준다. 타라스는 새로운 가구 같은 전형적인 거주하는―삶에 몰입해 있고, 우주에서 아버지를 둘러싸고 있는 환경과 연결하지 못하는 것으로 보인다. 아르체바르스키에게, 그가 들고 있는 화면의 이미지는 아들에 대한 일종의 대체물이다. 흥미롭게도, 타라스는 우주에 있는 자기 자신의 이미지를 이해하지 못하는 것처럼 보인다. 또는 투사된 이미지를 통해 두 장소에 동시에 존재할 수 있다는 생각을 이해하지 못하는 것처럼 보인다. 아이가 웃으며 손을 흔들 때, 이것이 아버지에 대한 애정을 다시 한 번 보여 주는 것인지, 아버지가 이끈 대로 마침내 자기 이미지를 인식한 신호인지 관객은 여전히 확신할 수 없다. 영화의 후반부에, 아르체바르스키가 지상으로 돌아온 후에 우주에서의 삶과 지상에서의 삶 사이의 단절 감각이 지속되고 있었음을 관객은 보게 된다. 다음 장면에서 그는 우주비행사로서의, 그리고 지상 거주자로서의 두 경쟁하는 정체성 사이에서 교섭하고 있는 것으로 보인다. (OoP 1:27:23)

아르체바르스키 〔목소리〕: 세르게이는 1992년 3월 25일 봄에 착륙했다. 이제야 내 비행은 끝난 것이다.

…

리포터〔화면 없음〕: 아나톨리 씨, 착륙할 때 꼭 여기 와 있겠다고 하신 이유가 뭔가요?

아르체바르스키〔화면에 등장, 리포터와 인터뷰 중〕: 저 자신에게는 그 질문을 던져 본 적이 없네요. 저는 언제나, 우리가 강제로 떨어지게 되었다는 느낌이 들었습니다. 저는 여기 아래에서 세르게이를 언제나 그리워해 왔습니다.

리포터: 우주비행사가 진정으로 고향에 다시 오게 되는 건 언제죠? 착륙 직후인가요, 나중인가요?

아르체바르스키: 해치가 열리고 지구의 공기를 숨 쉬자마자요. 지구의 냄새죠. 그것이 고향으로 돌아왔다는 느낌이에요.

한편으로, 아르체바르스키는 지상에 착륙한 후, 즉각 고향에 온 것처럼 느낀다. 이는 그의 감각을 통해("지구의 냄새"), 신체 기능을 통해("지구의 공기를 숨〔쉬기〕") 정의되는 체험, 지상에서만 가능한 체험이다. 헬렌 샤먼과 알렉산더 볼코프가 착륙한 지 얼마 지나지 않아 했던 비슷한 진술을 통해 볼 때, 이러한 체험은 우주비행사들에게 공통적인 것으로 보인다. 간호사가 샤먼에게 꽃다발을 건네주자, 그녀는 꽃의 향기에 대해 말한다("이 향기!", OoP 28:05). 볼코프는 차를 받은 후, 그 놀라운 맛에 감격한다("사랑스러운 차예요. 정말 좋군요!", OoP 1:26:51).

우주비행사의 귀환에 감각적 체험이 어째서 그처럼 큰 영향력을 가지는지, 비릴리오는 한 가지 설명을 제공한다. 우주 공간에서는 시각 또는 그가 "시야"라고 부르는 것이 가장 많이 이용되고 중요한 감각이며, 이에 따라 다른 감각은 중요성을 잃는다는 사실과 관계가 있다. 비릴리오는 이렇게 말한다. "시야는 가장 본질적인 것을 들추어낸다. 시야 이외에 물리적·생리적 접촉은 없다. 청각도 없고, 물질을 만진다는 의미에서 촉각도 없다. 실제 달 착륙만이 예외다."[187] 그렇지만, 볼코프의 한 마디는 시야가 가지는 물리적 능력보다는 정서적·인간적 면모에 강조점을 둔다. 전 우주비행사 비탈리 세바스티야노프는 원격통신 연결을 통해 볼코프에게 이렇게 묻는다. "그 위에서 볼 때, 지상에서 가장 좋은 것은 무엇인가요?" 그는 이렇게 대답한다. "여기에서 볼 수 없는 것 대부분―사람이요."(OoP 1:13:09). 같은 맥락에서, 아르체바르스키가 지상에서의 거주하는―삶과 물리적으로 재-연결된 것으로 보이는 동안에도("여기 아래에서"), 정서적으로 말하자면, 크리칼료프가 돌아올 때까지 그는 착륙하지 않은 것이다("이제야 내 비행은 끝난 것이다."). MIR를 떠날 때에 그는 "세르게이와 헤어지는 것이 가장 힘든 일"이라고 말하며(OoP 58:24), 세르게이가 착륙할 때 그 자리에 있는 것은 그에게 아주 중요하다("저 자신에게 그 질문을 던져 본 적이 없네요"). "저는 언제나, 우리가 강제로 떨어지게 되었다는 느낌이 들었습니다"라는 진술에서 아르체바르스키가 사용하는 힘〔강제〕이라는 말은 다르게 해석될 수 있다.[188] 그것은 중력 같은 힘을 지칭하는 것일 수 있다. 이러한

---

187 Ujica and Virlio, "Toward the End of Gravity II," p. 64.
188 나는 이 번역을 오타고대학의 제이컵 에드먼드 박사에게 확인했다. 그는 아르체바르스키의 말로 영화 자막으로 번역된 영어 표현에 대해, 다음과 같은 대안적 번역을 제시할 수 있다고 했다. "내가 알아들을 수 있는 한, 그 대사는 이렇게 된다. 'я почувствовал что нас с Сережкой разделили' 번역하면 이렇게 된다. '세르게이(사

관점은, 무중력 체험과 관련하여 크리칼료프가 했던 말의 맥락에서 이해될 수 있다. "개인적으로, 제게는 이후 중력에 다시 적응하는 것보다 무중력에 적응하는 것이 쉬워요."[189] 또는, 크리칼료프가 우주에 본래 계획보다 더 오래 우주에 머무르도록 강제한 정치적 상황을 아르체바르스키가 가리키고 있을 수도 있다. 또한, 이 둘 모두를 뜻할 수도 있다. 우주에서의 삶을 체험한 사람으로서의 자기 정체성을 이해하는 세계의 몇 안 되는 사람들 중 하나와 강제로 떨어지게 되었다는 의미에서 그렇다.

지상에서의 삶과 우주에서의 삶 사이의 연결 실패를 볼 수 있는 세 번째이자 아마도 가장 중요한 방식은, 소련이 정치적으로 해체됨을 통해, 그리고 이로 인해 소련 주도의 MIR 계획의 담론과 기표가 낡은 것이 됨을 통해서이다. 〈현재를 벗어나〉에는 우지카가 이미지를 병치함으로써 이 변화를 보여 주는 두 장면이 있다.

첫 번째 장면은 크리칼료프의 이륙과 착륙 전후 장면에서 볼 수 있다. 영화 시작 근처에, MIR를 발사시키려는 승무원들이 미디어에 공개 방송되는 장면이 있다. 샤먼이 가운데, 옆에는 크리칼료프와 아르체바르스키가 있고 그들 뒤에는 커다란 영국과 소련 국기가 있다. 이

실은 세레쥬카, 즉 세르게이의 애칭 형태이다)와 내가 분리된 것처럼, 그저 분리된 것처럼 느껴졌다.'" "Translation from 'Out of the Present'", *Message to Anita Perkins*, Email. 실제로 "힘[강제]"이라는 말이 이 다큐멘터리영화의 자막 번역자가 더한 말이고 아르체바르스키가 쓴 용어는 아니라고 해도, 그의 분리 감각은 중력에 의해서, 그리고 친구 크리칼료프와 그를 떨어뜨려 놓은 정치적 상황에 의해서—그는 계획보다 오래 우주에 머물러야 했다—더 고조되었다고 주장할 수 있을 것이다.

189 Krikalev and Ujica, "Toward the End of Gravity I," p. 48.

는 소련이 촉진한 범례적 국제관계의 상징이다. 크리칼료프는 이렇게 소개된다. "제1엔지니어: 소련의 영웅, 세르게이 콘스탄티노비치 크리칼료프."(OoP 9:47) 이 장면은 크리칼료프가 착륙하는 영화 마지막 장면과 극명하게 대비된다. 그는 극히 창백하고 갈피를 못 잡는 듯이 보이며, 우주복 측면에 달린 소련기는 그의 쓸모없어진 모습을 더욱 강화할 뿐이다.

두 번째 장면은 1991년 8월, MIR 맥락에서 일어나는 일과 지상 맥락에서 일어나는 일 사이의 대조되는 이미지다. 아르체바르스키는 8월 16일에 승무원들이 커다란 풍선을 공기로 채우려 한다는 내레이션을 한다. 이 실험은 실패하지만, 커다란 은색 풍선이 공기로 채워져 마치 일종의 숭고한 테크노 해파리처럼, 마치 외계인처럼 우주를 떠다니는 이미지는 꽤 평화롭다.(OoP 37:19). 그러나 고작 2분 후, 이 사건은 모스크바에서 일어난 혼란을 보여 주는 군용 트럭, 탱크의 전진, 폭발, 두려워하며 히스테리에 빠진 사람의 이미지에 의해 단절된다.(OoP 39:43) 우지카는 영상에 날짜를 남겨, 이 일이 1991년 8월 21일에 일어났음을 보여 준다. 모스크바에서 일어나고 있는 소요 상황을 MIR 승무원들이 알고 있었음을, 그러나 그들에게는 이것이 평소 같은 일이었음을 아르체바르스키가 관객에게 알려 준다.(OoP 41:54) 이러한 영상적 병치는 우리에게 우주에서의 삶이 고향에서의 삶보다 훨씬 더 좋다는 느낌을 준다.[190] 그렇기에, 이러한 병치를 통해 〈현재를 벗어나〉의 관객은 일종의 무

---

[190] 풍선이 폭발한 것은 실험의 실패라는 사실에도 불구하고 그렇다.

소불위한 관점을 얻는다. 관객은 지상과 MIR의 불합치하는 맥락에서 무슨 일이 일어나고 있는지를 볼 수 있기 때문이다.

그럼에도 불구하고, MIR 승무원들이 지상의 정치적 상황에 영향 받지 않고 있었다고는 말할 수는 없다. 사실, 크리칼료프는 바로 이 맥락으로 인해 계획보다 거의 두 배나 오래 우주에 머물러야 했다. 아르체바르스키는 설명한다. "바이코누르 발사장은 카자흐스탄에 있다. 카자흐스탄인을 제2 연구자로 〔MIR에〕 보내려는 정치적 결정은 이 임무의 계획을 복잡하게 했다. 그래서 세르게이 크리칼료프는 6개월 더 우주에 머물러야 했다. 비행 엔지니어 없이 볼코프는 올라가고 나는 내려 와야 했다."(OoP 55:10) 이 새 승무원이 도착한 후, 통상 우주정거장 장면의 배경에 걸려 있던 소련 국기가 러시아 국기로 교체되었음을 알아볼 수 있다. 우리는 이 일이, 엔더슨이 혼종화 맥락과 자동차 생산의 맥락에서 일컫는 바의 극단적인 사례 역할을 한다는 것을 알 수 있다. 즉, "〔그러기〕보다는 〔…〕 수단을 통해 국가 정체성이 〔우주에서〕 재분배된다고 생각할 수 있을 것이다."[191] 〈현재를 벗어나〉의 가장 중추적인 순간이 이 지점에서, 크리칼료프가 미디어와 인터뷰할 때 온다.(OoP 1:20:13)

리포터: 당신이 이륙할 때에는 아직 소련이 있었고 고르바초프가 권력을 쥐고 있었지요. 당신의 출생지는 레닌그라드라고 불렸지만, 이제는 상트페테르부르크입니다. 이러한 변화 중 가장 인상적이었던 것

---

191   Enderson, "Automobility and National Identity", p. 118.

은 무엇인가요?

크리칼료프: 무슨 질문인지 모르겠군요.

리포터: 당신이 이륙할 때에는 아직 소련이 있었고, 레닌그라드였지 상
트페테르부르크가 아니었지요. 고르바초프가 권력을 쥐고 있었는데
이제는 옐친이죠. 이 중 당신에게 가장 중요한 변화는 무엇인가요?
당신을 가장 놀라게 한 것은 무엇인가요?

크리칼료프: 대답하기 어렵네요. 정말 많은 일이 일어났죠. 하지만 나
를 가장 놀라게 한 것은 아마 이것이겠네요. 지금은 밤이에요. 그 전
에는 밝았고, 계절이 달려서 지나가죠. 이게 이 위에서 볼 수 있는 가
장 인상적인 것이에요.

여기에서 우리는 아르체바르스키와 타라스의 대화와 비슷한 방식
으로(그러나 반대 방향으로) 리포터와 크리칼료프 사이에 단절이 있음
을 볼 수 있다. 이 점은 크리칼료프가 "무슨 질문인지 모르겠군요"라고
말할 때 드러난다. 질문을 반복하였음에도 불구하고, 그는 구소련에서
일어난 사건과 관계된 답을 하지 못한다.[192] 대신에 그는 전 지구적 시

---

192 1989년 12월 3일 몰타 정상회담에서 고르바초프와 미국 대통령 조지 부시는 지속적
인 평화와 동서 관계의 변혁에 관한 중추적 발표를 했다. 이 사건이 냉전의 종식을 가
리킨다고 보는 학자도 있다. 이와 달리, 1991년 소비에트연방의 해체가 냉전의 종식
을 가리킨다고 보는 학자도 있다. Joseph Nye, "Who Caused the End of the Cold War,"
The Huffington Post, 9 Nov. 2009, 〈http://www.huffingtonpost.com/joseph-nye/who-
caused-the-end-of-the_b_350595.html〉을 보라. 이러한 역사적 사건을 분석하는 나의
접근법은, 사건의 변화로 이끈 담론적 욕구를 탐색하는 배첸의 방법을 따르며 개별
여행자들의 다양한 체험을 고려한다. 이 접근법은 특정한 역사적 변동에 유일하게 중
요한 단수적인 정확한 날짜를 집어내려 하지 않는다. 예를 들어 여기에서, 크리칼료프

간과 현상적으로 확장된 세계관의 체험을 언급한다.

가치 변동

일반적으로 말해서, 〈현재를 벗어나〉에서 우리가 볼 수 있는 것은, 새로운 형태의 모빌리티와 관계된 가치들에 잠재되어 있는 변동이다. 무언가를 잃어버렸다—지상 맥락에서처럼 가족과 관계할 수 없게 된 시대가 있다. 한편, 다른 무언가를 얻었다—우주비행사는 자기 체험을 통해 독특한 종류의 우주여행자 정체성을 획득할 특권이 있다. 오스트리아인 우주비행사 프란츠 피뵈크(최초의 오스트리아 우주비행사이다. 그는 1991년 10월 2일 지구를 떠나 MIR의 승무원이 되었다.)에게, 우주에 들어설 기회는 중대한 가족사보다 더 가치 있게 여겨진다. 이 점은 이륙 전에 그가 이렇게 말할 때에 드러난다. "내 딸이 좋은 삶을 시작하길 바라요."(OoP 49:50) 비슷하게, 비릴리오와의 인터뷰 후기에서 우지카는 1999년 인터뷰 이후로 우주여행의 영역에서 일어난 추가적 변화를 언급한다.

후기. 이 대화가 일어난 지 거의 4년이 지났고, MIR 정거장은 폐기되었다. 새로운 국제 우주정거장이 건설되고 있다. 이를 통해 인류는 우주에 영구적 전초기지를 만들 수 있을 것이다. 우리는 서서히 지구를 버릴 준비를 하고 있다. 다른 방식으로 말하자면, 우리는 어쩌면 중력과

가 MIR 우주정거장에 있는 동안 소비에트연방의 붕괴는 일종의 사소한, 동떨어진 관념으로 체험되었음을 고려할 때, 모빌리티 관점은 뉘앙스 있는 관점을 제공한다.

무중력 사이를 영원히 오갈 것이다. 이러한 방식으로 역사는 중력에서만 일어나기를 멈출 것이다. 이것은 중력중심주의의 종말이다. 이것은 중력의 종말이다. ─ 안드레이 우지카, 베를린, 2002[193]

　2012년으로 시간을 돌려 보자. 10년 전에 우지카가 했던 발언이 실현되고 있는 것으로 보인다. 2013년에 할리우드의 유명인 애쉬턴 커처가, 영국 버진그룹 리처드 브랜슨 회장의 '버진 은하 우주 노선'을 타고 우주를 여행하기 위해 20만 달러를 지불한 500번째 손님이 되었다는 발표가 있었다.[194] 중력의 종말은, 누가 극단적 모빌리티 비용을 감당할 수 있느냐는, 문화에 기반한 사회적 계층화의 새로운 시대를 표시한다. 부유한 구매자들이 "지금까지는 우주비행사만이 체험할 수 있던 무중력과 지구의 전망을 5분간 체험할 수 있는 2시간 반의 비행"에 탑승하는 것이 어떤 귀결을 가져올지는 상상해 볼 수밖에 없다.[195] 1970년에 저널리스트 J. R. L. 앤더슨이 쓴 예측이 지금보다 더 가까웠던 적은 없어 보인다. "어쩌면 다음 세기에는 무중력이 일반적인 체험이 되어, 이륙 시에 승객에게 나누어 주는 캔디처럼 공중 여행에서 겪을 수 있는 한 가지 일로 받아들여질 것이다."[196]

193　Ujica and Virilio, "Toward the End of Gravity II," p. 74.
194　"Kutcher Becomes 500th Virgin Galactic Customer," *New Zealand Herald*, 20 Mar. 2012, 〈http://www.nzherald.co.nz/entertainment/news/article.cfm?c_id=1501119&objectid=10793342〉.
195　"Galactic Customer."
196　John Richard Lane Anderson, *The Ulysses Factor: the Exploring Instinct in Man* (London: Hodder & Stoughton, 1970), 77.

〈현대를 벗어나〉의 결말 근처에 등장하는 장면은 앤더슨이 언급한 이러한 이행을 집약하고 있다.(OoP 1:22:35) 이 장면은 다음과 같이 진행된다. 첫째, 상공에서 지구를—풍경, 바다, 구름을—찍은 일련의 장면이 보인다. 이는 이 다큐멘터리영화 내내 반복되는 모티브다. 둘째, 크리칼료프와 다른 승무원이 우주정거장 창 너머의 지구를 보면서 전망을 촬영하는 것이 보인다. 아마도 우지카가 제공한 비디오카메라일 것이다.(OoP 1:24:16) 이어서, 안드레이 타르코프스키 감독의 1972년 SF영화 〈솔라리스〉의 마지막 신에서 가져온 장면이 보인다.(OoP 1:24:29)[197] 카메라는 주인공의 집을 조감하며 보여 주다가 지구 대기권을 통해 올라간다. 마침내 이 집이 우주에 있는 신비로운 행성 "솔라리스"에 자리 잡고 있음이 밝혀진다. 그리고 마우주정거장 MIR의 우주비행사 중 한 명이 이렇게 말하는 것이 들린다. "우리는 지구를 지켜본다."(OoP 1:25:23) 우지카가 1995년 영화에 1972년 영화의 단편을 삽입한 것, 그리고 새로운 외계의 시간을 강조한 것은, 앙겔로풀로스가 "과거와 현재, 실재와 허구로 이루어져 있고, 이 모든 것이 하나로 섞여" 들어 이루지는 "순간"이라고 부르는 것의 한 사례로 볼 수 있다. ('솔라리스'에서 온) 미래에 대한 상상된 영화적 시야가 현재의 다큐멘터리(〈현재를 벗어나〉)로 거의 마찰 없이 섞여 든다. 장면들의 이러한 결합, 그리고 시선에 대한 강조는 특권적이라고, 경외를 불러일으킨다고, 압도적이라고, 심지

---

[197] *Solaris*, dir. Andrei Tarkovsky, Connoisseur Video, 1972. 이 영화는 이전에 발표된 소설 Stanisław Lem, *Solaris*. 1961, trans. Steve Cox and Joanna Kilmartin (New York: Hartcourt Brace, 1970)에 기반한다.

어 공포스럽다고 동시에 묘사될 수 있다. 모빌리티의 현대에 있는 이러한 애매성에 어떻게 대처할 것인지에 관한 다양한 응답은 다음 장에서 검토할 것이다.

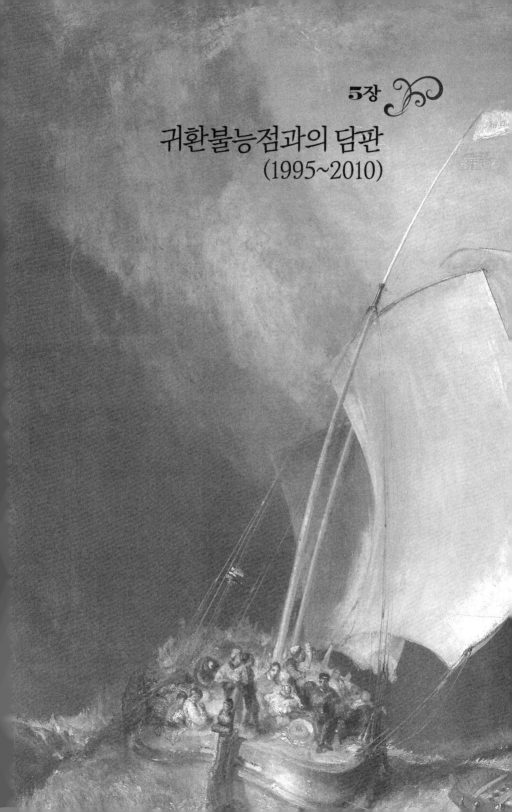

5장

귀환불능점과의 담판
(1995~2010)

5.1 서론

뢰스트, 델리우스, 우지카의 여행 텍스트에 대한 분석은 1989/90년을 전후한 시기에 패러다임 전환이 일어난 몇 가지 방식을 보여 주었다. 이 전환은 세계, 역사, 문화에 대한 새로운 또는 대안적 관점과 체험을 제공했다. 나는, 현대에 여행은 인권으로 보인다고 주장했다. 이러한 단언의 귀결은 무엇인가? 여행이 얼마나 일어나야 하는지에 관한 정치적·경제적·환경적 한계가 있어야 하는가? 이 모든 여행이 문화적으로 우리에게 좋은가? 여행자들은 자신이 하는 일에 대해 비판적으로 생각하고 있는가?

여행의 관점에서 우리는 안장시대와 현대 사이의 차이를 식별할 수 있다. 이 차이는 각각의 맥락에서 흔히 정상적인 것으로 생각되는 실천 내에 있다. 넓게 말하자면, 이전 시기 여행자들은 거주하는-삶으로부터 뛰쳐나와, 그들의 삶에서 모빌리티가 가능케 해 줄 것이 무엇인지를 보려고 했다. 이와 달리 현대에는 새로운 모빌리티를 이용할 수 있지만 그러지 않고 덜 여행하거나 전혀 여행하지 않기를 선택하는 사람들이 있다. 이들은, 어떻게 한 장소에 머무르는 것이 자기 삶에 가치를 더해 줄 수 있고 더 넓은 인도주의적·환경적 관건에 공헌할 수 있는지를 탐색한다. 그래서 예전에는 여행이 사회적 저항의 형태로 보였다면, 지금은 여행하지 않음이 사회적 저항의 형태로 보인다.[1]

---

1 첨언하자면, 여행하지 않음은 사회적 불평등이나 불이익의 징표로도 볼 수 있다. 그러나

현재의 세계화 과정 기저에 있는 가정들을 비판적으로 검토하려고 하는 이들이 있음은 명백하다. 예를 들어 독일 작가 잉고 슐체의 단순하지만 도발적인 질문, "누구에게 유용한가?"와 "누가 이득을 보는가?"는 유로존 위기의 맥락에서만이 아니라, 현대의 모빌리티와 관계해서도 적절한 질문이다.[2] 더 일반적으로 말해서 내가 주장하는 것은, 이제 여행 텍스트가 어떤 공간을 제공하는 역할을 하고 있다는 것이다. 그것은 현행 가정에 의문을 제기하고 새로운 모빌리티를 대안적 방식으로 사고할 수 있는 공간이다.

5.2 분석의 개요

본 장에서는 1995년에서 2010년 사이에 출간된 여행 텍스트 중 선별된 일부를 검토할 것이다. 본 절의 분석적 구조는 호메로스의《오디세이아》에 대한 현대적 반복을 출발점으로 삼고, 앙겔로풀로스의〈율리시즈의 시선〉(1995)을 연결선으로 삼는 개념적 여정에 입각한다. 여기에서 검토할 추가적 텍스트에는 크리스토프 란스마이어의《오디세우스, 범죄자》(2010), 그리고 다시 한 번 안드레이 우지카의〈현재를 벗어

여기에서 주된 초점은 이동적이 될 선택지가 있는 사람이다.

2 Thomas Bille, "Das FIGARO-Café mit Peter Schneider und Ingo Schulze," 19 Feb. 2012, *Mitteldeutscher Rundfunk*, 〈http://www.mdr.de/mdr-figaro/podcast/radiocafe/audio182072. html〉.

나〉(1995)가 있다.

이 분석적 여정의 첫 부분은 호메로스의 《오디세이아》와 〈율리시즈의 시선〉을 비교하는 것으로 시작한다. 이 영화는 어떤 점에서 저 서사시의 반복으로 간주될 수 있는가? 두 텍스트 사이의 불일치가 모빌리티의 현대에 관해 드러내는 것은 무엇인가? 나는 이러한 물음을 '오디세이아와의 결별: 이타케에서 사라예보로'라는 주제적 표제 하에서 고찰할 것이다. 이는 이행의 중요한 점들을 부각시킨다. 현대 텍스트에서 이상理想으로서의 이타케는 이동적 시선이 되었고, 율리시즈의 최종 도착지는 사라예보라는 디스토피아적 현장이다. 앙겔로풀로스의 말에 따르면, 모빌리티의 증가가 뜻하는 바는 텍스트적으로 말해서 현재 맥락에서 오디세우스를 모방하는 것이 불가능하다는 점이다. 대신에, 재기입再記入은 각색의 과정을 필요로 한다.

그 후에 '영화, 시선, 도착'이라는 표제 하에 시선의 개념을 적용하여, 앙겔로풀로스가 자신의 여행 서사를 소통하는 방식을 더 자세히 들여다볼 것이다. 시선이라는 것은, 감독이 영화라는 매체의 이점을 활용하는 방식의 관점에서, 그가 관객에게 전송하는 감각적 체험의 관점에서 생각될 수 있다. 또한, 시선은 이 영화 주인공의 다양하고 복합적인 관점, 관객의 조망과 감독의 조망을 나타내기도 한다. 이는 영화이론가 프란체스코 카세티가 계발한 접근법과 비슷하다. 그는 논문 〈시선 안에서: 허구 영화와 그 관람자〉에서 "어떻게 영화가 관람자를 구성하는지, 관람자에게 장소를〔또는 여기서는 어쩌면 장소 없음의 감각을〕 주는지,

관람자를 어떤 경로 위에 두는지"를 고찰한다.[3]

마지막으로는, '자기형성의 종말'이라는 주제를 논할 것이다. 앙겔로 풀로스는 20세기 초와 말에 사라예보에서 일어난 전쟁과 관련된 역사적 사건들을 언급하면서, 사라예보를 좌절된 희망의 상징으로 언급한다. 이 점이 가리키는 것은 인간의 사회적 발달의 부족, 그리고 여행이 안장시대에 그랬듯이 교육적 · 형성적 잠재력의 측면에서 이용되지 못했다는 생각이다.

다음으로 '현대 청중과 마주하기'라는 표제 하에 크리스토프 란스마이어의 희곡《오디세우스, 범죄자》로 넘어갈 것이다. 란스마이어는 현재 세계의 상태를 심각하게 염려하고 있다. 여기에는 환경 파괴와 전쟁의 확산이 포함된다. 그는 아주 알아보기 쉬운 오디세우스 같은 인물을 택하여 영웅을 범죄자로 노출시키는 희곡이, 인간이 일으킨 파괴의 현실을 사람들이 대면할 수 있게 하는 잠재력을 갖고 있다고 여긴다.

그 다음 절에서는 우선 '공간적 단절, 시간적 통일'이라는 표제 하에 1995년이라는 같은 해에 공개된 두 영화, 〈율리시즈의 시선〉과 〈현재를 벗어나〉 사이의 유사성과 차이를 살펴볼 것이다. 〈율리시즈의 시선〉에서 전쟁으로 찢어진 발칸 위기의 디스토피아를 가로지르는 주인공 'A'는 지상에-구속된, 차단된 시선을 가지고 있다. 이와 대조적으로, 〈현재를 벗어나〉의 우주비행사 크리칼료프는 우주에서 보는 제

---

3 Francescco Casetti, *Inside the Gaze: The Fiction Film and Its Spectator* (Bloomington: Indiana University Press, 1998), p. 14.

약 없는 유토피아적 시선을 즐긴다. 그와 동시에, 두 인물은 한 가지 약점을 공유한다. 이 약점은 현재 순간에 대처하는 인간의 약함을 가리킨다. 'A'는 그를 둘러싼 전쟁에 참여하는 것처럼 보이지 않고, 상실된 한 묶음의 영화 릴의 시선을 회복하는 데에 초점을 맞춘다. 비슷한 맥락에서, 크리칼료프는 러시아의 고향에서 일어나는 사건, 그러니까 소련의 해체와 정서적으로 연결되지 못한다. 여기에서 나는 현재극복 Gegenwartsbewältigung이라는 용어를 제안한다. 이는 자기형성의 현대적 기능과 관계된 의식적 반성이다. 이는 작가와 영화감독이 인간에게 던지는, 현대의 모빌리티의 귀결에 대처하는 법을 배우라는 요구다. 예를 들어, 테크놀로지적 혁신은 모빌리티를 증대시키거나 보강하지만, 그것은 또한 파괴적인 전쟁과 환경 피해를 가능케 하기도 한다. 어떤 경우, 증가된 여행은 문화적 기억의 삭제와 고향의 상실, 또는 자신을 특정 장소와 강하게 동일시할 가능성의 상실로 이끌기도 한다.

다음으로, '사회주의여 안녕—완전한 종말?'이라는 표제 하에 〈율리시즈의 시선〉의 한 장면을 면밀히 검토할 것이다. 여기서 'A'는 사지가 잘린 거대한 레닌 동상이 끈으로 묶여 있는 바지선을 탄다. 나는 이 장면을 앙겔로풀로스가 체험한 역사적 사건, 그의 세대가 처한 위기라는 관념, 사회주의가 고무한 미래를 향한 희망의 이데올로기의 종말과 연관해서 고찰할 것이다. 이어지는 절 '역사의 종말 너머'는 이러한 현대의 여정의 디스토피아적 이미지를 받아들일 때, 미래를 향한 희망이 있느냐는 문제를 고찰한다.

이런 방식으로, 현대 모빌리티의 상태에 대한 비판적 재고 기능을 하는 것으로 간주된 자기형성에는 긴급함의 감각이 생긴다. 그래서 여행 텍스트는 여행, 여행의 이점 및 난점과 재교섭할 잠재력을 가진 발판으로서 그 중요성이 커진다. 여기에서 현재 순간 및 미래에 대처하는 다양한 방식을 바라보는 한 가지 접근법으로 내가 제안하는 것은, 선별된 영화와 그 밖의 여행 텍스트의 마지막 장면을 분석하는 것이다. 그것은 작가나 영화감독이 독자/청중에게 소통하는 최종적 메시지다. 흥미롭게도, 이러한 종결부 중 다수는 호메로스의 《오디세이아》에 나온 오디세우스의 여정의 마지막 부분, 즉 오디세우스가 이타케로 귀향하는 것을 어떤 형태로든 재기입한다. 그리고 종종 간과되었던 한 지점을 반성한다. 호메로스가 들려주는 오디세우스의 체험은 이상적 귀향의 이미지로 간주될 수 있지만, 앞서 2장에서 제시했듯이, 사실 그의 여정은 오디세우스 이야기의 종점 너머로 계속될 운명이다. 그렇기에, 호메로스의 《오디세이아》를 이상적이고 완전한 것으로 읽는 통상적인 독해에 반대하며 이를 논쟁적이며 일시적인 것으로 다시 읽으려는 시도가 있다.

 '여정은 계속된다'라는 표제로는 희곡 《오디세우스, 범죄자》의 결말을 논한다. 이 마지막 장면에서 란스마이어는 종종 간과되어 왔던 중요한 몇 가지 요점을 암암리에 제시한다. 예를 들어 귀향이라는 것이 만약 가능하다면, 그것은 귀환하는 여행자가 남겨져 있던 사람들에게 받아들여지는 것을 필요로 한다. 그리고 남겨져 있던 사람, 주로 여성은 여행자가 겪는 종류의 문화적 기억상실을 그다지 겪지 않는다. 소설 속 여행자는 귀환할 때 그 장소와 자신이 남겨 둔 사람들이 똑같이 유지되기를 기대한다. 오디세우스의 아내 페넬로페는 이타케가 변화했다는 점, 오디세우스가 자기 가족에게, 특히 아들에게 손실을 초래했다는 점을 깨닫게 하려고 한다. 이를 위해 그녀는 호메로스의 《오디세이아》 담론을 끌어 온다. 그러나 현재의 실재와 대면하지 못하는 오디세우스는 이타케를 떠나고 여행을 계속하는 데에 마지막 희망을 건다.

마지막으로, '내가 돌아올 때'라는 표제에서는 〈율리시즈의 시선〉의 마지막 장면을 다시 재고할 것이다. 이 장면에서 관객은, 마침내 마나키 형제의 영상을 보는 것이 'A'에게 어떤 영향을 끼치는지를 보게 된다. 그가 열망했던 시선을 보는 데에 전적으로 만족하지 못한 채 'A'는 일종의 카타르시스를 느낀다. 그리고 크레디트가 올라가는 동안, 관객은 미래를 향한 희망의 감각을 느낀다. 끝내는 전 지구적 사회의 상태에 전복이 일어날 것이며, 우리는 경제적·문화적 위기라는 현 상황을 다양한 방식으로 개선할 수 있을 것이라고 앙겔로풀로스는 말한다. 여기에는 균형 잡힌(과도한 비관주의도, 과도한 낙관주의도 아닌) 문화적 공간의 탐색, 고향을 고정된 지리학적 위치가 아니라 정서적 상태로 인정하는 것, 불확실한 여정이 계속될 것임을 받아들이는 것이 포함된다. 마지막으로, 이 장면에서, 특히 대화에서, 앙겔로풀로스는 호메로스의 《오디세이아》 서사를 지속적인 문화적 혼종 대상으로 만든 일부 핵심 요소를 식별해 내고 있다고 나는 생각한다.

이 여행 텍스트 분석은 '최종성의 공포'라는 제목의 논의로 끝맺는다. 나는 〈율리시즈의 시선〉의 주연배우가 영화를 끝내는 데에서 겪는 공포를, 현재와 미래 모빌리티의 불확실성에 대처하지 못한다는 더 넓은 무능력의 맥락에서 논한다. 이에 대한 앙겔로풀로스의 응답은, 공포를 놓아주고, 어느 정도의 불확실성은 받아들이고, 거주하기의 새로운 가능성을 고찰하는 것이다. 나는 이 응답을 다룰 것이다. 이어서 이 점을 매체 기사, 가령 마야 달력에 대한 특정한 해석이 예언하는 바로 생각되는 세계 종말에 대한 다양한 반응을 다룬 기사에 대한 짧은 조사와 연관시킬 것이다. 카타르시스라는 정서적 지점에 도달하는 것, 그리고 여정의 종말을 희망하는 것이 가능한지를 물을 것이다.

넓게 말해서, 본 장에서는 현대의 모빌리티 논리와 비판적으로 씨름하는 여행 텍스트 작가 및 영화감독에게서 두드러지는 몇몇 주제 의식을 식별할 것이다. 즉, 여행의 문화적 체험 관념을 이들이 식별하고, 의문시하고, 재정식화하는 방식을 살펴볼 것이다. 그러면서 논할 질문들은 다음과 같다. 이 텍스트들에서 자기형성, 문화, 테크놀로지의 현대적 역할은 무엇인가? 호메로스의《오디세이아》는 왜 어떻게 현대에 반복되는가? 마지막으로, 미래에 대한 희망이 있는가 또는 모빌리티는 너무 멀리 갔는가? 이러한 텍스트 분석 이전에, 나는 현대에 유의미한 전 지구적 역사적 사건에 대해, 그리고 이것이 선별된 여행 텍스트와의 관계에 대해 개관할 것이다.

5.3 '전환'-이후:
전 지구적 위기와 작가·영화감독의 역할 변화

우리는 서론에서 괴테의 〈행운의 돌〉이 겉보기에 대립하는 것으로 보이는 거주하기와 여행 사이에서 삶의 이상적 균형을 찾으려는 괴테의 욕망의 미학적 현시임을 살펴보았다. 거주하는-삶으로의 귀환이 이제 거의 불가능해졌다는 의미에서 세계가 귀환불능점을 지나 버린 현대에, 사람들이 더 먼 거리를 더 빠른 속도로 더 빈번히 여행하면서 실존적 균형의 탐색은 점점 더 복잡해져 왔다. 복잡한 모빌리티 세계에서의 대량 이주, 테러리스트의 습격, 전 지구적 금융위기 같은 극단적 사태들을 이해하고 거기에 응답하는 일을 어떻게 시작할 수 있을까?

나는 이 물음을 세 가지 관점에서 고찰한다. 첫째, 정치학자 헌팅턴과 후쿠야마의 저작을 다시 살펴본다. 이들은 미국을 출발점으로 하여 현대가 처한 문화적 딜레마에 대해 정주주의에 영향 받은 대답을 제시한다. 둘째, 정치학자 슈테판 아우어와 경제학자 찬드란 나이어의 대립적 접근법을 제시한다. 두 학자 모두 유럽과 아시아라는 각자의 지역에서 최근의 경제위기 맥락을 포착하여 전진할 방법을 검토하는데, 규모와 속도 면에서 모빌리티의 현 상태를 제한해야 한다고 주장한다. 셋째, 새로운 모빌리티에 대한 비판적 반성에서 어떻게 여행 텍스트 작가와 영화감독이 현대에 핵심적인 역할을 하는지를 숙고한다. 잉고 슐체를 예로 삼아 내가 주장하려는 바는, 여행 텍스트에는 현대의 세계화 관점에 대한 대안적 시각 또는 비판적 관점을 제공하는 공간을 열어 주는 능력이—작가와 영화감독의 일차적 목표는 아닐지라도—있으며, 이 능력이 정치적 기능, 또한 잠재적으로 교육적 기능을 갖는다는 점이다.

일반적으로 말해서, 헌팅턴과 후쿠야마 둘 다 1989/1990년의 시기를 세계사에서 중요한 전환점으로 식별한다. 그러나 이 극적인 변화에 대한 그들의 설명은 이미 철 지난 것이라고 볼 수 있다. 그들의 접근법은 보편주의적이고 본질주의적인 관점을 인간 집단 전체에 극화極化시켜 적용하기 때문이다. 그들은 마치 모빌리티와 문화적 다변성 및 복수성이 위협적인 것, 바람직하지 못한 것, 궁극적으로는 존재하지 않는 것인 양 한다. 이러한 사고 노선은 집요하게, 특히 헌팅턴의 이후 저작에서 계속 이어진다. 예를 들어, 그의 2004년 저작 《우리는 누구인가: 미국의 국가 정체성에 대한 도전》에서 헌팅턴은 이민과 초국가주의를 통해 위협받아 온 "앵글로-개신교적 문화, 전통, 가치에 미국인들이 다시 헌신하라"고 요청한다.[4]

이 문화의 핵심과 실체는 … 라틴아메리카와 아시아에서 온 이민자들의 새로운 물결로 인해, 다문화주의와 다양성의 교리를 지닌 지적 · 정치적 집단의 인기로 인해, 제2국어로서 스페인어의 확산과 미국 사회의 히스패닉화 경향으로 인해, … 엘리트층이 세계시민적 · 초국가적 정체성에 점점 더 헌신함으로써 도전[받아 왔다.][5]

헌팅턴이 일반적으로 권장하는 것은 다음과 같이 요약할 수 있을 것이다. 미국은 이민자 유입을 막아야 하고, 영어로만 말해야 하고, 앵글로-개신교적 이상에 순응시키거나 동화시키거나 복귀시켜야 한다. 헌

---

4 Samuel P. Huntington, *Who Are We?: the Challenges to America's National Identity* (New York: Simon & Schuster, 2004), p. XVII.
5 Huntington, *Who Are We?*, p. XVII.

팅턴은 "앵글로적–개신교적 국민의 중요성이 아니라 앵글로–개신교적 문화의 중요성을 지지"하는 것이라는 온순한 주장으로 인종적·민족적 차별이라는 비난을 피하려 한다.[6] 그는 이러한 상상된 이상과 고정–문화에 대한 위협의 감각을 지각한다. 북아메리카 사회를 문화적으로 동질화하고, 시민과 이주자의 모빌리티를 제한하려는 시도는 이러한 감각에 응대하는 방법이라고 추론할 수 있다. 그러나 앞 장에서 논했던 동독의 역사는 이러한 접근법이 긍정적 결과를 성취하기 힘들다는 것을 보여 주었다.

더 나아가, 2001년 9월 11일의 공격과 관련하여 헌팅턴은 이렇게 쓴다. "미국인들이 자기 나라가 위험에 처한 것을 보는 한, 미국인들은 쉽게 나라와 자신을 동일시하는 강한 감각을 가질 것이다."[7] 공포를 낳는 이러한 담론을 거꾸로 이용하는 것에는 명백한 위험이 있다. 단일문화적으로 정의된 강렬한 애국주의적 목적에 대한 지지를 얻기 위해, 경우에 따라서는 이주와 문화적 다양성과 변화의 형태로 나타나는 문화적 모빌리티에 대한 반감을 일으키기 위해, 사람들이 정서적으로 취약해져 있는 극단적 상황을 이용하는 것이다.[8] 또한, 이러한 관점은 고정된 문화적 이상에, 또는 "구속되어 있고 진정한 … 국가를 인간 정체성

---

6 Huntington, *Who Are We?*, p. XVII.
7 Huntington, *Who Are We?*, p. XV.
8 항구적 예외 상태를 기입하기 위해 신자유주의 정부가 사용하는 경제적·정치적 충격 전술에 대한 상세한 분석은 Naomi Klein, *The Shock Doctrine: the Rise of Disaster Capitalism* (New York: Metropolitan Books, 2007)을 참조하라.

의 근본적 토대로 파악하는" 관점에 근거한다.[9] 한 수준에서, 현대 모빌리티의 강력함으로 인해 세계는—안장시대에 비하자면—이미 항구적인 극단 상태에 있다고 반론할 수 있을 것이다. 어느 쪽이든 간에, 여행 텍스트는 문화에 대한 대조적 입장들의 공존을 식별하는 데에 유용하게 쓰일 수 있다. 개인적 · 국가적 이익을 위해서 극단적 상황을 이용할 수 있다고 믿는 사람들부터, 불확실하고 변화하는 세계 속에서 균형과 정상성을 찾으려는 사람들에 이르기까지 이 입장들은 다양하다.

그러면 또다시, 예외적 상황이 극단적 응답을 요구하는 경우가 실제로 있는가?[10] 안정적인 국경과 국가 정체성의 재수립, 그리고 어떤 형태의 문화적 모빌리티의 억제를 정당화하는 헌팅턴의 관점에 장점이 있는가? 확실히, 2008년의 전 지구적 금융위기 및 뒤이은 2009년에서 2012년까지의 유로존 위기 이후 모빌리티 대 거주하기, 초국가적 또는 세계시민적 정체성 대 국가적 정체성 문제와 관련된 물음은 학문적 · 정치적 · 매체 담론에서 점점 더 일상적이 되어 왔다. 세계가 모빌리

---

9 Sheller and Urry, "The New Mobilities Paradigm," p. 208-9.
10 예를 들어, 다음 장에서 논의할 슐링크의 귀향은 극단적 상황에서 오는 공포가 사람들의 참된 속성을 들추어낸다는 명제의 예시를 독자에게 제공한다. 주인공의 아버지 존 드 바워는 위에서 제시한 헌팅턴 식 관점의 면모들을 표현한다. 예를 들어, 그가 가르치는 학생들에게 다음과 같이 충고한다. "쉽게 믿지 마라! … 좋은 것도, 정상인 것도 믿지 마라! 진리는 악을 접할 때, 위기의 순간에야 현현한다."(HK 306) 소설의 이후 시점에서 드 바워는 학생의 반응을 시험하기 위해 극적인 시나리오를 설정한다. 학생들이 외딴 오두막으로 여행을 가는데, 테러리스트 같은 납치자 집단이 그곳을 장악하고 학생들을 위협한다.(HK 327-357) 드 바워는 이를 비밀 카메라로 지켜본다. 그의 동기는 나중에 밝혀진다. "이것은 예외상황의 진리와 관계한다. 모든 것이 정상적으로 흘러갈 때 우리는 우리가 누구인지를 배우지 못한다. 우리는 우리 자신이 속게 놓아두고, 우리 자신을 속인다. 예외상황에서만 우리에게 … 진리가 일어난다."(HK 360)

티와 관련하여 이제 귀환불능점을 지난 것으로 보인다는 점을 고려한다면, 정주적인 단일문화적 민족국가에만 근거한 문화적 이상으로 복귀하는 것은 의심스러운 선택지다. 그러나 동시에, 1989년을 전후하여 독려되고 해답으로 간주되었던 이동화에 근거한 방식 또는 서구 자유민주주의의 확장과 전 지구적 자본주의의 성장은 여러 가지 방식으로 전 세계를 최근의 위기로 인도했던 것 같다. 아우어는 2011년 논문〈유럽의 자기파괴적 신조〉에서 이 점을 묘사한다.[11] 그의 논증은, 세계가 "인간의 이데올로기적 진화의 종점, 그리고 정부의 최종 형태로서 서구 자유민주주의의 보편화"에 도달했다는 후쿠야마의 주장에 의심을 표한다. 독일과 유로존에 대해 아우어는 이렇게 쓴다.

2010~2011년의 경제위기는 또한 유럽 민주주의의 위기로서 현현했다. 유로라는 공유 통화를 가진 금전적 연합을 만든다는 것은 여러 면에서 1989~1990년에 일어난 사건들에서 생겨난 프로젝트다. 특히, 재통일된 독일이 더욱 단단히 유럽 안에 닻을 내릴 필요가 있다는 인식에서 생겨난 것이었다. 공통의 통화란 언제나, 교환을 위한 초국가적 수단 그 이상이었다. 시작한 그 순간부터 그것은 통일 유럽의 탁월한 상징으로 의도되었다. 이는 성취되지 못했고, 유로존의 위기는 유럽 국가 간에 잠재적으로 있던 적대감까지는 아닐지라도 의혹을 강화했다.[12]

---

11 Stefan Auer, "Europe's Self-destructive Article of Faith," *Eurozine* (2011), 3 Oct. 2012 〈http://www.eurozine.com/articles/2011-12-01-auer-en.html〉.
12 Auer, "Europe's Self-destructive Article of Faith," p. 1.

경제 침체 앞에서, 유럽 공통 통화의 존재는 초국가적 문화적 정체성 감각을 유지하는 데에 실패했다. '전환'은 대체로 유럽, 그리고 유럽의 국가적·경제적·문화적 경계를 개방할 기회로 인식되었다. 그러나 재정적 긴급구제를 제공하는 다른 나라(가령 독일)가 일부 국가에(가령 그리스) 부과하는 재정적 제약은 최근 들어 국가 간 적대감의 재부상을 낳았다. 이에 따라, 게로는 모빌리티와 금융위기에 관한 두 가지 중요한 질문을 제기한다. 첫 번째는 독일의 문화적 정체성 대 유럽의 문화적 정체성에 관계된 것이고, 두 번째는 유로존에서 독일의 지도적 역할에 관한 것이다.

21세기의 새로운 "독일 문제"가 지평선 위로 나타났다. 오늘날의 독일은 얼마나 유럽적인가? 그리고 유럽의 통합을 독일이 여전히 관리 가능하다면, 어느 정도로 그러한가? … 독일이 원하는 것이, 유럽연합 이상으로 성장해서 혼자서 세계적이 되는 것인지, 아니면 21세기에 유럽 전체를 새로운 세계적 역할로 이끄는 데에 주요 행위자—그리고 주요 승자—가 되는 것인지 독일은 결정해야 한다.[13]

물론, 경제적·사회적 과정의 재고를 시도하고 있는 세계 지역은 유럽만이 아니다. 홍콩 기반의 환경 컨설턴트 찬드란 나이어는 2011년의

---

13 Ulrike Guérot, "How European is the new Germany?: Reflections on Germany's Role in Today's Europe," *Social Europe Journal* (2010): 1-4, p. 1; p. 3.

저서 《소비경제: 자본주의를 재편하고 지구를 구하는 데에서 아시아의 역할》에서 서구의 소비중심적 자본주의를 아시아 주도적으로 재고할 것을 요청한다.[14] 나이어는 후쿠야마가 "미국 예외론에 대한 내재적 믿음에 바탕을 둔 이상한 세계관"을 가지고 있다고 비판한다.[15] 그러나 또한, 첫눈에 보기에, 나이어가 제안하는 접근법은 거주하는-삶의 이상에 암암리에 근거하고 있다고 우리는 주장할 수 있을 것이다. 첫째, 그는 지역화된 정치적 사고를 주창한다. "아시아와 아프리카의 우리는 〔이 질문을〕 재정의하기 시작해야 합니다. 권리라는 말이 첫 번째로 뜻하는 것은 무엇인가? 민주주의가 실제로 뜻하는 것은 무엇인가?"[16] 둘째, 자동차 모빌리티의 맥락에서 그는 여행이 인권이라는 발상을 문제화한다. "예컨대, 저는 자동차의 소유는 인권이 아니라고 주장했습니다." 그러면서 동시에 "전기가 공급되는 안전한 집"이라는 "기본적 〔거주하기의〕 권리"를 우선시할 것을 주장한다.[17] 셋째, 나이어는 문화에 고유한(비서구적인, 국가적으로-정의된) 접근법의 계발을 용납한다. "개발도상 세계의 체험에서 권리란 아주 다른 질문이 됩니다. 그러나 모든 서

14 Chandran Nair, *Consumptionomics : Asia's role in reshaping capitalism and saving the planet* (Singapore: John Wiley & Sons, 2011).

15 "Growing Consumption a Bane for India: Chandran Nair," *The Economic Times*, 16 May. 2011, 〈http://articles.economictimes.indiatimes.com/2011-05-16/news/29548529_1_natural-resources-new-modelcapitalism〉.

16 Kim Hill, *Interview with Chandran Nair: Consumption and Asia*, 28 Apr. 2012, Radio New Zealand, 〈http://www.radionz.co.nz/national/programmes/saturday/audio/2517123/chandran-nair-consumption-andasia〉.

17 Hill, *Interview with Chandran Nair*.

사는 서구의 렌즈를 통해 정의되어 왔지요."[18] 인터뷰 담당자는 "국가-간 협력은 줄이고 국가-수준의 행위는 늘리는" 것이 요구된다고 나이어의 관점을 요약한다.[19] 그러나 나이어는 동과 서 사이에서 사람과 상품의 전 지구적 교환을 전적으로 중지하자고 요구하는 것은 아니다. 그보다는 일종의 국가재정의 균형, 또는 그가 "제한된 자본주의"라고 부르는 것을 요청한다.[20] 현재 서구의 개발 모델은 "한계라는 것이 있다는 점을 믿지 않으며, 이는 단순히 거짓말이거나, 부드럽게 표현하자면 부정되고 있다."[21] 나이어는 그가 서구 패러다임이라고 부르는 것과 독립적으로 개발되고 있는 아시아 지역 국가들에 초점을 맞춘다. 그렇지만 아우어는 이와 비교할 만한, 지역에 초점을 덜 맞추는 관점에 기초하여 유럽 맥락에 다가갈 수 있는 접근법을 옹호한다. 이는 의미심장하다.

개별 회원국 사람들은 자기네 정치인이 국가주권을 되찾도록 강제할 수도 있다. … 이는, 적어도 유로존의 일부 국가에서는 자국 통화의 재도입을 포함한 것이다. 질서 있게, 그리고 잘 관리되는 방식으로 추구된다면 이것이 거의 최고의 선택지임은 확실하다. … 독일이 자국의 이익을 추구하면서 유로존으로부터 질서 있게 탈퇴한다면, 이것이 유럽에 더 이바지하는 길이다.[22]

---

18 Hill, *Interview with Chandran Nair*.
19 Hill, *Interview with Chandran Nair*.
20 "Growing Consumption."
21 "Growing Consumption."
22 Auer, "Europe's Self-destructive Article of Faith," p. 8.

동시에, 아우어는, 이러한 제안이 "진지하게 고려된 적조차 없〔음〕"
을 인정한다.[23] 일반적으로 말하자면, 나이어와 아우어는 역사의 역행
을 촉구하는 것이 아니다. 이동화와 세계화가 아니라 감속과 축소의
측면에서 정치경제학의 물음을 재고하기를 촉구하는 것이다.

또다시, 문화적 모빌리티와 금융위기가 존재하는 현재 세계 상황에
대한 대안적 관점을 찾는 데 작가와 영화감독을 참조하는 것은 유용하
다. 예를 들어, 라이프치히 도서박람회의 일부로 행해졌던 2012년 라
디오 인터뷰에서 독일 작가 잉고 슐체와 페터 슈나이더는 유로존 위기
에 대한 의견을 묻는 질문, 그리고 더 넓은 질문, "민주주의적 공동체
를 위해 참으로 좋은 것은 무엇인가? 사람인가, 시장인가?"라는 질문
을 받았다.[24] 슐체는 현재의 정치적·경제적 상황 및 현재의 위기에 대
한 대안적 해법을 비판적으로 바라보도록 대중에게, 정치적 지도자들
에게 호소한다. '전환'이 시작될 시기에서 유래한 만연한 무사안일주의
의 등장이라는 요인이 이 위기에 기여했다는 것이 그의 주장이다. "'우
리는 지금 대안 없는 세계에 살고 있다. … 우리는 모두 한배에 타고 있
다'는 사람들의 말은 이미 89/90년과 연관되어 있습니다. 제 생각에, 이
건 틀린 단초입니다. 이 나라 안에는 물론 아주아주 큰 차이가 있기 때
문입니다."[25] 이미 지적했듯이, 베를린장벽이 무너지기 전 동독에서는
저항이 만연했다. 동독 시민들은, 여행할 권리를 포함하여 서독과 같

---

23 Auer, "Europe's Self-destructive Article of Faith," p. 8.
24 Bille, "Das FIGARO-Café mit Peter Schneider und Ingo Schulze."
25 Bille, "Das FIGARO-Café mit Peter Schneider und Ingo Schulze."

은 권리를 요구했다. 그러나 '전환'-이후 시대에 1990년 독일 통일의 정
치적 · 경제적 연장(즉, 동독을 서독의 정치적 · 경제적 체계에 통합하는 것)
과 관련한 논쟁, 그리고 이후 1999년에 유로존을 수립하고 유로화를
도입하는 데에 대한 논쟁은 비교적 적었다. 달리 말하자면, 안일주의
는 2009년 말에서 2012년까지의 유로존 위기에 확실히 기여했다. 게로
의 평가도 이 점을 지지한다. "오늘날, 독일은 … 과도한 짐을 지고 있
고 유럽연합을 주도하는 데에 지쳤다. 독일의 대중은 유럽 통합에 대
한 열망을 잃었다."[26]

슐체는 국민에게는 스스로를 믿고 무슨 일이 일어나고 있는지 질문
할 것을, 지도자 및 고위 의사결정자에게는 일상적 시민을 더 많이 참
조할 것을 요청한다. 나이어 및 아우어와 비슷한 맥락에서, 그는 국가
안에서 작업하는 것과 시민을 참조하는 것의 중요성을 강조한다. 이
과정에 핵심적인 것은 현대에 대체로 무시되어 온 기본적 물음, "누구
에게 유용한가?"와 "누가 이득을 보는가?" 같은 물음이어야 한다고 슐
체는 말한다.

저는 저 자신을 이 나라의 시민으로 느낍니다. … 타인에 대해 우리
[슈나이더와 나]가 가지는 가능성은 단순히, 말하는 것입니다. 우리의 작

---

26 Guérot, "How European is the new Germany?", p. 2. 동시에, 그녀는 금융위기와 관련하
여 비난받아야 할 EU 국가가 독일만은 아니라고 생각한다. "확실한 것은, EU의 현 상
태에 책임이 있는 것이 독일만이 아니라는 것이다.", Guérot, "How European is the new
Germany?," p. 2.

품을 통해, 읽기 등을 통해 우리는 수많은 사람들과 접촉하게 됩니다. 우리는 더욱이 우리가 하는 말의 소재가 되는 사람들과 어떤 방식으로 일상적 관계를 가지게 된다고 믿습니다. 제가 생각하기에, 전문가와의 관계는 이와 반대입니다. 그들은 이 점을 너무나 축소시키기 때문에, 결정적인 것이 이때 결여되고 맙니다.[27]

그래서, 현대의 작가(그리고 영화감독도)는 예리한 문화적 의식을 통해, 일상적 시민과의 강렬한 접촉을 통해, 방대한 독서를 추구하는 경향을 통해, 비판적 사고를 다시 활성화하고 지배적 엘리트에 대립하는 보통 시민의 관심사에 목소리를 주는 데에 도움을 줄 수 있는 위치에 있다. 여기에 시간의 흐름에 따라 자기형성 개념의 기능에 일어난 변화가 있다. 안장시대의 작가에게 자기형성 개념이 활용된 것은, 여행을 통해 배울 가능성, 그리하여 더 높은 사회적 지위를 얻을 가능성과 관련이 있었다. 그렇지 않고, 새로운 모빌리티가 문화에 끼치는 영향에 대한 비판적 반성을 제공하고, 여행이 사람들의 삶에 끼치는 긍정적·부정적 귀결을 탐구함으로써 사회적 책임의 조치를 취하는 것이 작가와 영화감독이라면, 자기형성 개념은 변한다. 다음 분석에서는 호메로스의《오디세이아》의 현대적 반복과 관계하여 이 명제를 검토할 것이다.

---

27 Bille, "Das FIGARO-Café mit Peter Schneider und Ingo Schulze."

5.4 여행문학 분석: 현대의 오디세이

5.4.1 《오디세이아》와의 결별: 이타케에서 사라예보로

호메로스의 《오디세이아》와 앙겔로풀로스의 〈율리시즈의 시선〉

그리스 영화감독 테오도로스 앙겔로풀로스의 영화 〈율리시즈의 시선〉은 단순히 'A'라고만 알려진 주인공의 여정을 따라간다. 그는 그리스 아테네로부터 보스니아 사라예보까지, 전쟁으로 황폐해진 발칸반도의 일곱 나라를 횡단한다. 하비 카이텔이 연기하는 'A'는 30년이 지나 미국에서 돌아온 그리스 영화감독이다. 그는 마나키 형제, 야나키스 마나키와 밀토스 마나키가 촬영한, 분실된 세 권의 필름을 찾고 있다. 마나키 형제는 역사적으로 중요하다. 'A'가 내레이션을 통해 관객에게 알려 주듯이, 그들은 그리스 · 발칸반도 최초의 영상을 촬영했기 때문이다. 그 영상은 마나키 형제의 고향 마을 아드벨라에서 1905년에 촬영된 것으로, 옷감을 짜고 있는 여성을 담은 짧은 영상이다. (UG 0:00:16) 'A'의 여정의 동기가 되는 것은, 그것이 마나키 형제의 첫 번째 영상이 아니라는 생각이다. 그는 더 이전의 시선이 있다고 확신한다. 한 인터뷰에서 앙겔로풀로스는 어떻게 이토록 다양한 주제와 영향이 합쳐져서 이 영화의 발상을 이루게 되었는지를 회상한다.

저는 《오디세이아》와 어떻게든 관계된 영화를 찍고 싶었습니다. 그리고 제 공동작가 토니노 궤라를 방문했을 때 … 우리는 그것이 어떤 종류의 여행일지 이야기했지요. 다음으로 우리는 발칸반도에서 일어난 민족분쟁에 대해 논하기 시작했습니다. 우리가 이야기하고 있을 때 어떤 젊은 여성이 도착했어요. 이탈리아 조각가 자코모 만주의 딸이 토니노에게 줄 선물을 들려서 보낸 것이었지요. 거기에는 만주의 딸이 쓴 편지가 있었습니다. 거기에는, 여행 중에 모든 인간적 모험을 본 율리시즈의 시선에 대한 고정관념을 그가 가지고 있었다고 씌어 있었지요. 이를 통해 우리 영화의 제목에 이르게 된 겁니다.[28]

위의 말과 제목이 시사하듯이, 〈율리시즈의 시선〉에 영감을 준 것은 호메로스의《오디세이아》였다. 그리고 이러한 연결은 이 서사의 주인공들을 비교해 볼 것을 요청한다.[29] 호메로스의《오디세이아》의 여정과 앙겔로풀로스의 'A'의 여정 사이의 차이와 유사성을 식별하기 위해서, 우리는 이들 각자의 여행 동기를 살펴보는 것으로 시작할 수 있다. 오디세우스는 고정된 고향 이타케를 갈망하고 마침내 거기에 도달하게 되지만, 'A'는 현상되지 않은 필름 릴에 대한 동경을 품고 있다. 1995년에 행해진 앤드류 호턴과의 인터뷰에서 앙겔로풀로스는 오디세우스와 'A'의 관계, 그리고 각각의 주인공이 강렬하게 열망하는 대상에 대하여 질문을 받았다.

---

28 Geoff Andrew, "Homer's Where the Heart Is: Ulysses' Gaze," *Theo Angelopoulos: Interviews*, ed. Dan Fainaru (U.S.A.: University Press of Mississippi, 2001), pp. 90-1.
29 Fainaru, "The Human Experience in One Gaze," p. 94.

저는 오디세우스를 … [‘A’를 위한] "기준점"으로 봅니다. … 제가 하는 것이 모방이 아니라 각색이라고 합시다. 그러니까, 제 오디세우스가 호메로스의 인물이 처한 상황과 비슷한 상황에 처한다는 의미에서, 비유적 "상응"이 있다는 것이지요. 그러나 차이점이 있습니다. 그것은 아직 현상되지 않은 잃어버린 필름이 제 인물의 이타케가 되었다는 점이지요. 그것이 이 영화에서의 이타케입니다. 실로, 고대의 오디세우스처럼, 이 현대의 인물은 여행을 성공적으로 완수하기 위해 다양한 기량을 이용해야 합니다. 여정은 그가 극복해야 할 장애물을 만들기 때문입니다.[30]

일반적으로 말해서, 앙겔로풀로스의 말이 함축하는 것은, 여정이라는 기본적 인간적 실천은 시간이 지나도 제자리에 있다는 것이다. 오디세우스를 ‘A’와 연결하는 주된 요인은 이것이다. 두 주인공 모두, 특정 기량을 계발하여 장애를 극복해야 하며, 모티브로서 여행하기는 현대에도 강한 의의를 유지하고 있다. 앙겔로풀로스는 다른 인터뷰에서 이러한 점을 강화한다. "제가 보기에 영원히 탐색하고 여행하는 신화는, 오늘날에 대해서[도] 이야기하기 위한 놀라운 전제가 됩니다."[31] 그러나 동시에, 새로운 모빌리티의 현대 시기는 우리가 귀환불능점을 지났음을 뜻한다. 이러한 이유로 ‘A’는 모방이라기보다는 각색이다. 근대

---

30 Horton, ""What Do our Souls Seek?": an Interview with Theo Angelopoulos," p. 99.

31 Katharina Dockhorn, ""Freiheit muß man erst lernen": Theo Angelopoulos über enttäuschte Hoffnungen," *Berliner Zeitung*, 30 Nov. 1995, 〈http://www.berliner-zeitung.de/archiv/theo-angelopoulos-ueber-enttaeuschte-hoffnungen--freiheit-muss-man-erst-lernen-,10810590,9045564.html〉.

시기의 조건은 오디세우스를 정확히 복사하는 것을 불가능하게 한다. 증대된 모빌리티는 고향 또는 귀향의 관념 자체를 변화시키며, 그러므로 "여행을 성공적으로 완수[함]"(도착함)의 의미 및 이를 위해 필요한 "다양한 기량"도 변화하기 때문이다.

5.4.2 영화, 시선, 도착

〈율리시즈의 시선〉

앙겔로풀로스는 관객의 정신과 감각을 비판적으로 사로잡을 영화의 잠재력을 이동화하는 데에 탁월하다. 이 점에서 〈율리시즈의 시선〉을 가리키며 러더퍼드는 말한다. "이 영화적 지성의 특별한 우수함은 … 체험의 감각적 강화에 대한 이해력이라고 요약할 수 있을 것이다. … [바로 이] 수단을 이용하여 정서적 전하電荷가 영화감독에게서 청중으로 전달된다."[32] 이 서사에서 교섭되는 중요한 생각, 가령 'A'의 오디세이가 오디세우스의 근원여정의 각색이라는 생각을 전하는 데에서 재현 방식이 다르다는 점은 아마도 덜 중요했을 것이다. 러더퍼드가 언급하는 정서적 전하는 주로 시각을 통해서 영화감독에게서 청중으로 이동한다. 이러한 과정, 그리고 이 영화가 전달하는 여타 발상들은 시선이라는 개념을 통해 상징화될 수 있다. 우리는 시선이 영화의 수단, 감각적 체험,

---

[32] Anne Rutherford, "Precarious Boundaries: Affect, Mise-en-scèe, and the Senses in Theodorus Angelopoulos' Balkan Epic," *Text & Image: Art and the Performance of Memory*, ed. Richard Cádida Smith (U.S.A: Routledge, 2002), p. 65.

다중적이고 복합적인 관점―앙겔로풀로스, 'A', 마나키 형제, 관람자의 관점―에 대한 생각들을 시각으로 통합한다고 말할 수 있다. 예를 들어, 이 영화에서 일반적으로 'A'가 여행해 가는 곳의 어두운 색조, 박무의 지속적인 그림자, 안개, 어디에나 있는 눈, 회색 구름, 퇴락해 가는 건물, 폭탄의 폭발 때문에 관객은 마치 자신이 시력의 일부를 잃거나 혼란에 빠진 것처럼 느끼게 된다. 다시, 시선은 하나의 이상으로, 마나키 형제의 잃어버린 영상에 요약된 시선으로 이해될 수 있다. 이 경우, 이 시선은 'A'의 여행에 동기를 부여하는 것이 된다. 시선의 이러한 면은 복합적이다. 이상적 이타케의 이미지인 마나키 형제의 시선은, 정신적으로는 여행할 수 있지만 신체적으로 꼭 도달하리라고 볼 수 없는 이동적 목적지이기 때문이다. 영화적 순간에 어떻게 강조가 되는지에 따라, 그것은 과거와의 연결이 되기도 하고 단절이 되기도 한다.

더 나아가, 우리는 앙겔로풀로스의 시선이 일종의 영화적 시공간 압축을 낳는다고까지 말할 수 있을 것이다. 이 영화감독의 시선은 스크린의 이미지로 투사되어 공간을 차지하는 것으로 보이고, 이 과정에서 시간을 흐리는 것으로 보인다. 이러한 점에 대해 그는 이렇게 지적한다. "내가 보기에, 나의 스타일은 시간과 공간을 동화시켜서 공간이 시간의 흐름이 되도록 하는 방식이다."[33] 앙겔로풀로스는 〈율리시즈의 시선〉의 한 장면을 예로 든다. 이 장면에서 한 방에서 짧은 왈츠를 추는 동안, 한 가족의 역사, 루마니아의 역사, 유럽 역사 속의 5년이 지나

---

[33] Andrew, "Homer's Where the Heart Is," p. 92.

간다.[34] 부분적으로 이는, "모든 순간은 과거와 현재, 실재와 허구로 이루어져 있고, 이 모든 것이 하나로 섞여 든다"는[35] 앙겔로풀로스의 일반적 신념을 반영한다. 이 영화를 전체적으로 고찰하자면, 이 시선이 가진 통시적이고 시간압축적인 면모가 관객에게 보여 주는 것은, 시간이 흘러갔음에도—아래에서 설명할 것인데, 한 세기의 사건들이 흘러간다—불구하고, 발달의 측면에서 고찰하자면, 시간이 전혀 흘러가지 않은 것일 수도 있다는 점이다. 인간 서로 간의 관계에서는 별 진전이 없었기 때문이다. 시선과 이러한 영화적 이미지를 통해 앙겔로풀로스는 관객에게, 정신이 번쩍 들게 하는 오늘날의 현실과 담판을 짓도록 촉구한다. 그 현실이란, 단수적-모빌리티라는 전통적 의미에서 이타케, 거주하는-삶, 귀향—이러한 예전의 이상은 이제 신화가 되었다는 것이다. 관객에게 시각적 장애를 강제한다는 점도, 단수적 모빌리티의 시선을 영원히 잃어버렸음을 강조한다. 이러한 관념은 이제 상상된 과거의 흐릿한 나라에 속하며, 이는 부분적으로는 인류 탓이다.

또다시, 호메로스의 오디세우스 여정과 'A'의 여정을 비교해 봄으로써, 도착에 대한 각자의 상을 비교해 봄으로써 우리는 이 점을 더욱 정확하게 예시할 수 있다. 오디세우스에게 이타케 도착은 실현 가능한, 현실성 있는 실재다. 때때로 위협받기도 하지만, 대부분의 경우 이타케는 압도적으로 긍정적인 연상을 지닌 기억에 근거한, 생생하고 선명한

---

34 Andrew, "Homer's Where the Heart Is," p. 92.
35 Fainaru, "The Human Experience in One Gaze," p. 98.

이미지로 남아 있다. 이 점은 앞서 인용했던《오디세이아》의 다음 구절이 잘 보여 준다. "자기 자신의 장소를 보자 오디세우스는 너무나도 기쁜 나머지, 엎드려 너그러운 흙에 입 맞추고, 두 팔을 뻗어 뇜페를 불렀다." 오디세우스처럼 'A'의 여정도 이상적 이미지가 동기부여한 것이다. 그러나 이것의 토대는 자기가 생생하게 체험한 기억이 아니라 강한 상상에, 그리고 잃어버린 영화에 압축된 역사적 상을 회복하려는 열망에 근거한다. 'A'는 오디세우스가 본 것, 즉 율리시즈의 시선을 열망하지만, 그 방식은 다르다. 'A'에게 그것은 영상에 의해 스크린에 표현된 것이다. 제작 기법을 통해서 앙겔로풀로스는, 'A'가 호메로스의 오디세우스와 같은 방식으로 율리시즈의 시선을 볼 수 없다는 점을 관객에게 전한다. "상, 시선 자체는 항상 소리에 의해 약화되거나, 예조되거나, 대체된다. … 그리고 마침내 사라예보에서 붕괴된다"고 러더퍼드는 쓴다.[36] 러더퍼드가 언급하는 붕괴는 다음과 같은 것으로 생각할 수 있다. 'A'는 사라예보에서 마침내 마나키 형제의 릴과 마주치고, 그것을 본다. 그러나 이러한 도착은 오디세우스의 도착과 달리 'A'를 정서적으로 충족시켜 주지 못한다. 아마도 마나키 형제의 영상을 엿볼 수 있으리라고 기대했을 관객 또한 충족되지 못한다. 영화 스크린에서 우리가 볼 수 있는 것은 비어 있는, 반짝이는 흰 면뿐이다. 이 점에 대해 앙겔로풀로스는 이렇게 지적한다. "중요한 것은 도착이 아니라 여정 자체다." 이

---

36 Rutherford, "Precarious Boundaries," p. 73.

영화의 결말에 대한 이어지는 논의에서 이 점을 상세히 논할 것이다.[37]

5.4.3 자기형성의 종말?

〈율리시즈의 시선〉

그럼에도 불구하고, 오디세우스 여정의 종착점 이타케와 'A' 여정의 종착점 사라예보를 비교해 보면 이 여행 서사들 사이에 얼마나 큰 거리가 있는지를 알 수 있다. 호메로스와 앙겔로풀로스가 이타케와 사라예보를 재현하는 방식은 이보다 대립적일 수 없을 정도다. 이타케의 자기 집으로 돌아오는 오디세우스가 "자기 자신의 장소를 보자" 압도적으로 "기쁜" 것과는 극적으로 대조되게, 앙겔로풀로스에게 사라예보는 "깨진 희망의 상징"이다.[38] 왜 영화가 사라예보에서 끝나느냐는 물음에 앙겔로풀로스는 사라예보가 역사적 현장으로서 지닌 중요성을 지적한다. "우리는 한 세기의 말에 서 있어요. 이 세기는 사라예보에서의 암살 및 제1차 세계대전과 함께 시작했고, 여기에서 다시 끝나지요."[39] 그렇기에, 사라예보는 두 번의 유혈사태로 특징지어지는 디스토피아의 상징인 것이다. 즉, 제1차 세계대전의 원인이 되는 사건으로 널리 간주되는 1914년 6월 28일 오스트리아의 대공 프란츠 페르디난트 암살 사건이 있었고, 또 1992~1996년에 이 도시는 보스니아전쟁의

---

37 Andrew, "Homer's Where the Heart Is," p. 90.
38 Dockhorn, "Freiheit muß man erst lernen."
39 Dockhorn, "Freiheit muß man erst lernen."

주된 현장이었다. "이는, 우리 모두가 어느 정도 실패했음을 증명합니다." 앙겔로풀로스는 다른 인터뷰에서 이렇게 덧붙인다.[40]

다음과 같이 묻는 사람이 있을 수도 있겠다. 어떻게 인류는, 앙겔로풀로스가 암시하듯이, 역사적으로는 전진했지만 여러 가지 면에서 사회적으로는 정적인 시점, 귀향은 신화적이 되고 여정에서는 이타케처럼 명확히 보이거나 구체적으로 느껴지는 종점이 없는 시점에 이르게 되었는가? 〈율리시즈의 시선〉의 대본을 준비하는 동안, 앙겔로풀로스는 과거와 관련하여 오늘날의 사회를 평가함으로써 그가 디스토피아적 전망을 가지게 되었음을 깨달았다. 《베를리너 차이퉁》에 실린 1995년 인터뷰에서 그는 인류가 역사로부터 무엇을 배웠다고 느끼느냐는 질문을 받았다.

〔영화를〕 준비하면서 다시 한 번 펠로폰네소스전쟁에 대해 읽었습니다. 여기에서 마치 오늘날의 전쟁 연대기를 읽는 것 같은 인상을 받았어요. 세계는 그로부터 어떤 것도 배우지 못한 것처럼 보입니다. 테크닉적인 면에서는 지난 수세기 동안 많은 것을 이루었지만, 인류는 본질적으로 전혀 발전하지 않았어요. 역사는 우리에게 배우라고 강요하지만 우리는 배우지 않았습니다. … 저는 무력감을 느껴요. 아무것도 바뀌지 않으리라는 느낌이요.[41]

---

40 Fainaru, "The Human Experience in One Gaze," p. 100.
41 Dockhorn, "Freiheit muß man erst lernen."

앙겔로풀로스의 말에서 우리는 다음과 같이 추론할 수 있다. 대략 안장시대 시작부터 현재까지("지난 수세기 동안") 자기형성("세계는 그로부터 어떤 것도 배우지 못한 것처럼 보입니다") 및 문화("인류는 본질적으로 전혀 발전하지 않았어요")의 영역에서 전 지구적 발전은 테크놀로지의 발전에 보조를 맞추지 못했다("테크닉적인 면에서는 지난 수세기 동안 많은 것을 이루었지만"). 비릴리오도 테크놀로지의 발전이 사고의 증가—부상, 사망, 재난—와 불가피하게 함께 간다는 종종 간과되는 일면을 강조하면서 비슷한 결론에 도달한다.[42] 비슷하게, 앙겔로풀로스가 여기에서 암시하는 것은, 물리적으로 우리의 여행을 가능하게 해 준 테크놀로지가 그것이 가진 배움의 잠재력 측면에서는 이용되지 못해 왔다는 것이다. 예를 들어 발칸반도의 맥락에서, 군사 테크놀로지는 대량 살상을 자행하기 위해 동원되었다. 앙겔로풀로스는 많은 희망을 잃었고, 〈율리시즈의 시선〉의 흐릿한 장면을 보는 관객이 체험하는 시각 상실의 감각과 비슷한 무력감을 느낀다. 그렇다면 이 영화의 궁극적 귀결은, 어쩌면 현대의 파괴적인 힘에 대한 맹목적 수용이 인간 고통의 끈질긴 지속과 관계하여 불러들인 절망의 감각을 관객에게 대면시키는 감독의 마지막 기회로 이해될 수 있을 것이다.

그렇다면, 사라예보로 떠나는 'A'의 여행의 의미는 무엇인가? 현상된 마나키 형제의 릴을 보는, 최종적이고 차단된 것으로 보이는 영화적 시선으로부터 관람자가 얻어 내야 할 결론은 무엇인가? 이 질문에 대

---

[42] Virlio, *A Landscape of Events*를 보라.

한 답을 발견하기 위해서는, 호메로스의 《오디세이아》에 토대를 둔 여타 현대 여행 텍스트와 관련지어 〈율리시즈의 시선〉을 상세하게 횡단면분석해 볼 필요가 있다. 이러한 접근법은 예외 없이, 앙겔로풀로스의 영화 〈율리시즈의 시선〉의 주요한 주제적 관심사로 돌아간다. 그것은 귀환 여정, 그리고 현대의 귀향 가능성에 대한 관심이다.

5.4.4 현대 청중에게 대면시키기

《오디세우스, 범죄자》와 〈율리시즈의 시선〉

1991년에 현대 오스트리아 소설가이자 극작가 크리스토프 란스마이어는, 청중에게 힘든 진리를 대면하게 할 수 있는 문학 형태로서 희곡의 잠재력을 강조했다. 인류가 초래한 현대의 바람직하지 않은 현실―가령 오염, 전쟁, 문화적 기억의 상실, 이해불가능성―을 연극 공연을 통해 폭로하는 것이 오늘날 작가에게 주어진 도덕적 명령이라는 것이다.

이야기를 통해, 무대 위에서 행해질 수 있는 일 중에서 인류가 자신에게 그리고 남에게 저지른 일을 상기시키는 것, 행복과 불행에서 인류가 할 수 있는 일이 무엇인지 그리고 미래에 무엇이 인류에게 손짓을 하거나 인류를 위협할지를 상기시키는 것보다 더 위대한 일이 있을까?[43]

2010년에 그는 《오디세이아》의 개작을 이러한 목적을 획득하는 데에

---

[43] Catrína Leahy, "The Question of the Contemporary in the Work of Christoph Ransmayr, 2000-2010," *Austrian Studies: Modern Humanities Research Association* 19 (2011): 200-16, p. 215에서 재인용.

효과적인 수단으로 식별했다. 란스마이어는 2010년에 희곡《오디세우스, 범죄자: 귀향의 극》을 통해 스스로의 도전에 응했다. 이 희곡은 오디세우스라는 인물, 그리고 그의 여정의 하이라이트가 되어야 할 귀향 장면을 개조하여 유토피아적 방식을 디스토피아적 방식으로 전복시킨다. 그러면서 란스마이어는 현대의 단수적-모빌리티 관념을, 또는 호메로스의《오디세이아》에 있는 전통적 의미에서의 귀향 관념을 말소한다.[44] 란스마이어판《오디세이아》에서 오디세우스는 영웅이 아니라 가족과 집을 저버린 피에 굶주린 전쟁광으로 보인다. 호메로스판에서 여신 아테네는 오디세우스 편에 서서 제우스에게 열정적으로 호소한다. "오디세우스로 인해 제 마음은 무겁습니다. 기민하고도 불운한, 바다의 배에 난 얼룩 하나에 불과한 섬에서 길고 비참한 유배에 묶여 있는 오디세우스 말입니다." 란스마이어의《오디세우스, 범죄자》에도 이와 비교할 만한 장면이 있는데, 이 장면은 저 장면과 극명히 대조된다. 오디세우스가 이타케로 돌아온 후 얼마 지나지 않아, 아테네는 그에게 현실을 마주하라고 촉구한다. 그것은, 오디세우스가 부재하는 동안 그가 좋지 못한 평가를 받았다는 현실이다. "도시 파괴자! 사람들은 아침 소식과 저녁 소

---

44 예컨대, 앤더슨은 오디세우스와 비슷한 소질을 가진 모험가를 예시한다. 말하자면, 그는 "용기, 이기심, 신체적 힘과 유능함, 상상력, 자기절제, 인내력, 경쟁력"(겉표지 내부)을 가지고 있다. 그의 생각에 따르면, 이러한 소질이 끊어지지 않게 하는 것은 "인류의 미래를 위한 중대한 희망"(겉표지 내부)이 될 것이다. 간략한 조사만 해 보아도, (여전히) 현대의 오디세이 개념은 모험과 모빌리티에 관한 긍정적 연상을 환기시키는 미디어 및 광고 담론에서 사용되고 있음을 알 수 있다. 1994년 자동차회사 혼다는 "오디세이"라는 이름의 밴을 출시했다. 티마루 헤럴드[뉴질랜드의 지역 신문]의 한 뉴스 기사 제목은 〈악명 높은 랜드마크를 향한 용감한 오디세이〉이다. 오디세우스를 범죄자로 칭함으로써 란스마이어는 이러한 담론을 폭력적으로 교란시킨다.

식에서 그대를 도시 파괴자라고 부른다."(OV 16) 더욱이 아테네는 그의 여정을 "트로이를 향한 그대의 피 묻은 순례"라고 일컫는다.(OV 19)

란스마이어는 이 행성에 가해지는 인간의 파괴를 무대에 올린다. 이를 위한 눈에 띄는 방식 중 하나는, 이타케의 유토피아 이미지를 깨뜨리는 것이다. "자기 자신의 장소를 보[는]" "기쁜" 마음을 체험하고 "너그러운 흙에 입 맞[추는]" 대신, 란스마이어의 오디세우스는 그가 알아보지 못하는(또는 알아보려 하지 않는) 일종의 오염된 디스토피아로서의 이타케와 마주친다. 아테네는 그의 고향이 어떤 모습이 되었는지 그 지독한 현실을 대면하도록 그를 설득한다. "저 쓰레기의 산이 보이는가? 저것은 그저 폐기물에 지나지 않는다. 해안으로 떠밀려 온 이 모든 과잉의 물건들에는 쓰레기가 너무나 많아서, 여기에서 탑처럼 높은 봉화를 영원히 태울 수 있을 정도다."(OV 15) 그러나 아테네의 호소에도 불구하고, 오디세우스는 이 장소를 그의 이타케로 받아들이기를 거부한다. 이는 다음 부분에서 드러난다.

오디세우스: 이타케는 그리움으로서, 제가 장화를 딛는 어디에나 있었습니다. 트로이 벽의 잔해에서도 제 땅에 대한 기억은 우뚝 솟았습니다. 이 연기 나는 황무지가 이타케라는 이름을 가져야 한다면, 저는 더 이상 오디세우스가 아닙니다.

아테네: 그렇다면 그대는 그대의 이름을 잊어야 한다.(OV 20)

위 인용에서 우리는 이동적 장소 개념에 관한 흥미로운 역설을 관찰할 수 있다. 오디세우스에게 여정을 계속할 동기를 주는 것은, 오디세우스의 상상 속 이타케의 이미지다. 그러나 끝에 가서 그를—적어도 심리적으로—부동화하는 것도, 그의 마음속에서 그와 여행하던 이타케라는 이동적 장소다. 여행 중에 그가 마음에 품고 있던 이타케의 이미지는 도착한 장소와 화해될 수 없다. 그의 마음속의 이동적 장소가 그의 주변의 변화된 물리적 풍경과 합치하지 않을 때, 그는 현실과 연결될 수 없다. 위의 인용문 바로 앞에 나오는, 오디세우스의 물리적 움직임을 지시하는 지문이 이 점을 강화한다. *"무릎을 꿇고 조약돌을 집어, 마치 검사라도 하는 듯이 높이 든다〔.〕 … 오디세우스는 이제 양손으로 모래를 파헤친다."*(OV 20. 이탤릭체 강조는 원저자) 여기에서 오디세우스는 그의 고향의 땅, 돌, 모래를 물리적으로 붙잡아서, 감각적 체험을 통해 이것들과 정서적으로 재연결될 방법을 찾으려 하지만, 실패한다. 여기에서 앙겔로풀로스와 란스마이어 모두, 각자의 주인공이 감각을 통한 안정된 집과의 연결을 상실했다는 생각을 전한다고 결론내릴 수 있을 것이다. 앙겔로풀로스가 일차적으로 시선에 주목하는 반면, 란스마이어가 강조하는 감각은 촉각이다.

우리 세계의 숭고하지 못한 요소, 가령 진행 중인 전쟁과 분쟁, 그리고 인간이 일으킨 심각한 환경 피해를 인정하기를 거부하려는 일은 흔하다. 란스마이어는 이러한 종류의 거부가 현대사회에서 특별히 위험하다고 본다. 이 점은 한 인터뷰에서 드러난다. "오디세우스는 실제 대신에 자기의 향수 이미지를 기꺼이 가지고 있으려 합니다. 이를 통해 그는 우리 모두가 가진 특성을 비극적 형태로 가지고 있습니다."[45] 현재 순간의 실재 너머를 볼 수 있는 정도, 또는 이제는 더 이상 가능하지 않은 거주하는―삶을 향한 향수를 자신에게 허용할 수 있는 정도에는 한계가 있음이 틀림없다. 고향이 불안정한 개념이라는 현재의 현실, 그리고 모빌리티는 환경 피해, 현재 진행 중인 학살, 개인의 부자연스러운 내적 관계의 측면에서 파괴적인 힘이라는 현재의 현실을 사람들 대부분은 대면하지 않으려 한다. 이 희곡의 비극적 토대, 더 일반적으로는 인간 사회의 현 상태의 비극적 토대는 이러한 사실에 있다고 란스마이어는 암시한다.

5.4.5 공간적 단절, 시간적 통일

〈현재를 벗어나〉와 〈율리시즈의 시선〉

〈율리시즈의 시선〉과 〈현재를 벗어나〉는 둘 다 1995년에 공개되었으며, 둘 다 새로운 모빌리티의 현대를 비판적으로 다룬다. 이러한 유사성을 고려하면 다음과 같은 물음이 제기된다. 〈현재를 벗어나〉의 밝고 선명한 시선과 비교해 볼 때, 〈율리시즈의 시선〉의 시선과 정서는 어째서 이렇게도 탁하고 디스토피아적인가? 표면적으로 볼 때, 한 가지 가능한 대답은, 각 영화감독이 자신의 모빌리티 체험에 영향을 받

---

45 Stefan Gmünder, "Odysseus trägt Züge von uns allen," *derStandard.at*, 26 Feb. 2010, 〈http://derstandard.at/1267131905992/Odysseus-traegt-Zuege-von-uns-allen〉.

아 남다른 방식으로 여행자의 체험을 표현했다는 것이다. 이러한 관찰에도 불구하고, 각 영화의 맥락을 공간적 선에 따라 비교할 때 더 깊고 더 뉘앙스 있는 대답이 등장한다. 공간적 선이라는 말로 내가 뜻하는 것은, 감상자가 자신의 입점에서 볼 수 있는 관점, 그가 볼 수 있는 방향, 그가 볼 수 있는 거리에 가해지는 제한, 이 시선이 그에게 끼칠 수 있는 잠재적·정서적 효과다. 이러한 접근법은 텍스트 서사의 내적·외적 개념 세계와 생산/수용의 내적·외적 개념 세계를 대비시킨다. 그리고 다시, 시선이라는 주제, 그리고 여행자 및 관객의 관점 변화라는 두드러진 주제를 끌어들인다.

〈율리시즈의 시선〉에서 'A'는 아래에서의 관점, 지상에 묶인 차단된 시선을 가지고 있다. 'A'는 중력과 시간에 의해, 전쟁으로 파괴된 디스토피아의 현장에 묶여 있다. 그는 새로운 관점을 찾아 여기에서 탈출하려 한다. 이와 대조적으로, 〈현재를 벗어나〉에서 크리칼료프는 위에서의 관점을 가지고 있다. 그는 시공간을 가로질러 무중력 여행을 하며, 그의 관점은 외적으로 제약되어 있지 않다. 그는 여전히 놀라움과 가능성으로 차 있는 숭고한 지구를 내려다본다. 앞에서 논했듯이, 크리칼료프의 시선은 한 가지 의미에서 해방적이지만, 이 시선은 그를 지상에서 일어나는 일로부터 정서적으로 단절시킨다는 단점으로 인해 고통 받는다. 동시에 우지카는 감상자에게 두 관점을 제공한다. 하나는 우주비행사의 우주에서의 관점이고, 다른 하나는 모스크바 보행자의 지상적 관점이다. 이는 모스크바에 탱크가 떠돌고 사람들이 심히 괴로워하는 모습을 담은 무장해제 장면을 포함시킴으로써 이루어진다. 우리는 〈율리시즈의 시선〉을, 불안한 디스토피아적 지상 장면을 담은 짧은 영상들의 일종의 확장, 가령 〈현재를 벗어나〉에 담긴 사라예보 총격 영상의 확장이라고 볼 수 있다. 그렇기에, 두 영화를 모두 고려함으로써 우리는 현대의 모빌리티 체험에 대한 지상적 관점, 그리고 그에 대비되는 외계적 관점의 대비에 접근할 수 있다.

덧붙이자면, 'A'의 관점과 크리칼료프의 관점 사이의 광대한 공간적 거리에도 불구하고, 두 여행자가 가진 시간적으로 유사한 체험 사이에는 현저한 유사성도 있다. 〈율리시즈의 시선〉과 〈현재를 벗어나〉 양쪽 다, 현재 순간의 중요한 면모에 대처하지 못하는 인간의 무능력을 강조한다. 두 경우 모두, 이는 마르크스주의-레닌주의적 이상의 붕괴와의 담판(짓지 못함)과 결부된다. 일어나는 일을 직시하지 않고, 'A'는 자기만의 이타케 판본을 찾아, 또는 1905년 이전의 마나키 형제의 필름을 찾아 시간적으로 되돌아본다. 크리칼료프는 소련을 넘어 지구-외적 시간의 흐름을 본다("지금은 밤이에요. 그 전에는 밝았고, 계절이 달러서 지나가죠"). 역설적이게도, 'A'에게 결국 허용된 시선은 그를 충족시키지 못하는 것으로 보이고, 관객의 시선은 차단된다. 크리칼료프가 우주에 있을 때 모스크바에서 일어나는 사건은 그의 시각장에서도, 그의 이해에서도 단절된 것으로 보인다. 이러한 방식으로 앙겔로풀로스와 우지카 모두, 지구의 현재 순간에 일어나고 있는 일을 직시하고 비판적으로 고찰하기를 관객에게 간청한다. 이러한 관찰을 염두에 둔다면, 전후 독일의 과거극복Vergangenheitsbewältigung이라는[46] 개념과 실천, 또는 과거와 담판을 지으려는 노력을 수정하여 현재극복 Gegenwartsbewältigung, 즉 현재와 담판을 지으려는 1989년 이후 현대의 전 세계적 노력에 적용할 수 있으리라고까지 우리는 주장할 수 있다.

〈현재를 벗어나〉와〈율리시즈의 시선〉의 두 주인공 모두 어느 정도는 현재극복 과정에 사로잡혀 있다는 입장을 뒷받침하는 사례가 두 개 더 있다. 앞서 언급했듯이,〈현재를 벗어나〉에서는 소련 해체라는 사건에 관한 크리칼료프의 의견을 끌어내려는 리포터 질문의 초점과 크리칼료프의 대답 사이에는 현저한 단절이 생긴다. 이는 크리칼료프의 동료 우주비행사 아르체바르스키가 아들 타라스에게 자기의 우주 체험에 대해 소통하려고 애쓰는 사례와 비교될 수 있다. 이것이, 현재 가장 시급한 이슈가 되어야 할 것은 현재의 지정학적 변동이라고, 또한 모빌리티의 디스토피아적 형태 배후에 있는 행위자라고 결론을 내리기에 적절한 증거가 되어 주는가?

5.4.6 사회주의여 안녕 - 완전한 종말?

〈율리시즈의 시선〉

앞서 제시한 현재극복 개념에 비추어 비슷하게 고찰될 수 있는 또

---

46 [옮긴이주] Vergangenheitsbewältigung은 Vergangenheit(과거)와 Bewältigung(극복, 해결)의 합성어로, 나치 등 20세기 전반 독일의 과거사가 남긴 문제들을 극복하려는 전후 독일의 노력과 시도를 가리키는 말이다. 흔히 과거 극복 또는 과거 청산으로 번역된다.

다른 맥락이 〈율리시즈의 시선〉에 있다. 사지가 잘린 거대한 레닌 동상이 묶여 있는 바지선에 'A'가 얻어 타는, 특히 가슴 저미는 장면이다.(UG 1:15:00) 'A'는 마나키 형제의 필름 릴이 어디 있는지 알아내어 현상한다는 자기의 탐색 과제에 너무나 몰두한 나머지, 주변 발칸반도의 사람들에게 일어나고 있는 일의 어마어마한 정서적 의의를 망각하고 그로부터 단절된 것 같다.[47] 이 장면은 다음과 같이 진행된다.[48] 바지선이 천천히 강을 따라 올라가고, 'A'가 바지선 맨 앞에 서서 앞을 바라보는 것이 보인다.(UG 1:16:31) 이어서 카메라가 강둑으로 옮겨 간다. 여기에서 수십 명의 사람들이 달려오더니, 레닌이 표류하며 사라져 가는 광경을 얼어붙은 듯이 지켜본다. 무릎을 꿇고 십자가를 그리는 사람도 있다.(UG 1:17:33) 해가 지고 하늘에 분홍빛이 퍼진다. 이 영화의 몇 안 되는 색채 있는 장면이다. 몇 분 동안 대화가 없다. 강을 따라 표류하는 난도질된 과거의 막대한 이미지, 그리고 감정을 자극하는 관현악은 대화의 공간을 허용하지 않는 것처럼 보인다. 그 다음, 밤에—아마도 한

---

47 처음에 관객은 'A'와 선장 사이의 대화를 본다. 후자는 그 바지선이 오데사를 지나 콘스탄차를 향하고, 이어서 다뉴브 강을 지나 독일로 향한다고 'A'에게 알려준다. (UG 1:11:22) 그 후 선장은 'A'에게 묻는다. "도대체 어디로 가려는 겁니까? 거기에서 전쟁이 한창이란 걸 모르세요?" 그리고 'A'는 동요하지 않는 것 같고, 선장은 그의 대답을 기다리지 않는다.

48 한 인터뷰에서 앙겔로풀로스는 영화의 이 장면에 영감을 준 실제 체험을 묘사한다. "사람들이 이 거대한 동상을 해체해서 배에 실으려는 실제 장면을 제가 목격한 적이 있어요. 이 에피소드는 저 장면에서 유래한 거지요. 한 쌍의 남녀가 탄 작은 배가 흑해에 있는 루마니아의 항구인 콘스탄차 항을 지나고 있었어요. 남자는 거대한 레닌 상이 있는 것을 알아채더니, 일어나서 말문이 막힌 듯이 바라보았지요. 여자는 손으로 그의 눈을 가리고 가슴에 십자를 그렸습니다. 그러나 잊지 말아야 할 것은, 어떤 의미에서 이것은 장례식이기도 하다는 것, 그리고 이러한 상황에서 사람이 십자가를 그리는 것은 관례라는 것입니다." Fainaru, "The Human Experience in One Gaze," p. 97-8.

두 시간 후—'A'가 레닌 동상의 어깨 부분에 걸터앉아, 마나키 형제 중한 명의 일기를 소리 높여 읽는 것이 보인다.(UG 1:19:52) 그는 과거의 이야기에 완전히 몰두하여, 쓸모없어진 콘크리트 레닌이 그를 감싸 주고 있는 것 같은 이 장면의 현재 순간이 가진 기이함을 망각하고 있는 것으로 보인다. 러더퍼드는 이 장면에서 일어나는 일을 애도의 과정으로 분석한다. 그녀는 이를 "레닌을 위한 확장된 추도사"라고 일컫는다. 여기에서는 "포부와 충성의 중대한 역사, 공산주의 유럽 전체의 종언과 모순이 장엄한 부고 속에서 미끄러져 간다."[49] 비슷한 맥락에서 앙겔로풀로스도 "어떤 의미에서 이것은 장례식이기도 하다"고 말한다.[50]

이 영화를 "모든 순간은 과거와 현재, 실재와 허구로 이루어져 있고, 이 모든 것이 하나로 섞여 든다"는 앙겔로풀로스의 일반적 신념의 측면에서 읽는 것이 가능할까? 앙겔로풀로스의 삶, 그리고 그리스의 사회적-역사적 상황에 대한 응답으로 영화를 만드는 체험을 간단히 살펴보는 것이 이 영화적 순간의 의의를 해석하는 데에 도움이 될 것이다. 1936년 아테네에서 태어난 앙겔로풀로스의 삶은 제2차 세계대전(1939~1945)과 그리스 내전(1946~1949)을 거쳤다. 30세에 그는 마르크스-레닌주의의 이상에 촉발되어, 사회의 미래는 정치적 좌파에게 있다고 믿는 청년운동에 참여했다. 1966년에 좌파 신문《디모크라티 알라키》에서 일하기 시작했고,〈유랑극단〉[51] 같은 1970년대 말 그의 영화들

---

49 Rutherford, "Precarious Boundaries," pp. 71-2.
50 Fainaru, "The Human Experience in One Gaze," p. 97-8.
51 *The Travelling Players*, dir. Theodoros Angelopoulos, Papalios Productions, 1975.

은 "그리스인들이 이전에는 스크린에서 보지 못했던, 좌파가 본 역사"를 들추어 내었다.[52] 그러나 1980년대 초, 좌파 이데올로기의 최종적 승리에 대한 희망은 상실되었다. 이 상실은 그리스에서 진행되던 정치적 소요, 발칸 위기의 등장, 그리고 더 일반적으로 말해서 앙겔로풀로스가 보기에는 20세기에 있었던 역사적 과오에 대한 회고적 반복—이는 사라예보에서 일어난 악명 높은 역사적 사건으로 실체화되었다—의 한가운데에서 일어났다.[53] 《베를리너 차이퉁》에 실린 인터뷰에서 앙겔로풀로스는 이 점을 짧은 문장으로 요약한다. "우리 세대는 사람이 세계를 바꿀 수 있다고 믿었지요. 지금 저는 좌절과 실망을 겪고 있습니다."[54] 'A'를 앙겔로풀로스 자신의 영화적 자화상으로 다루는 것은 조심해야 하지만, 앤드류는 이 영화가 "정신적으로 자전적"임을 앙겔로풀

---

52 Horton, ""What Do our Souls Seek?": an Interview with Theo Angelopoulos," p. 5. 1967-1974년 군사독재 붕괴 후 앙겔로풀로스는 그리스에서 좌파적 관점의 중요한 옹호자였다고 파파도기아니스는 지적한다. 그는 이렇게 쓴다. "민주주의로의 이행의 맥락에서, 냉전 후기의 맥락에서 사회·정치적 변용에 관한 경쟁하는 모델들이 끊임없이 싸우고 있을 때, 영화는 중요한 전장이 되었다." Nikolaos Papadogiannis, "Between Angelopoulos and the Battleship Potemkin: Cinema and the Making of Young Communists in Greece in the Initial Post-dictatorship Period (1974 – 81)," *European History Quarterly* 42.2 (2012): 286-398, p. 287.

53 파이나루는 앙겔로풀로스의 삶의 이러한 이행기를 다음과 같이 묘사한다. "시간이 지나가고, 그의 나라와 온 유럽의 정치적 조건이 변화하고, 선 대 악, 옳음과 그름의 선명한 개념에 광대한 회색 영역이 침입함에 따라, 앙겔로풀로스는 권력이 우파만이 아니라 좌파도 부패시킨다는 것을 받아들이게 되었다. … 1991년에 그는 에드나 파이나루에게 이렇게 말했다. '아주 오랫동안 우리는 정치가 직업이 아니라는 꿈을 꾸곤 했습니다. 그것은 신조, 신념, 이상이었습니다. 그러나 최근 들어서는, 정치는 직업일 뿐, 그 이상이 아니라는 것을 확신하게 되었습니다.'", Dan Fainaru, "Introduction," *Theo Angelopoulos: Interviews*, ed. Dan Fainaru (U.S.A.: University Press of Mississippi, 2001(a)), VII-XVII, p. IX.

54 Dockhorn "Freiheit muß man erst lernen."

로스 본인도 인정한다고 지적한다. "이것은 제 생각에 관한 영화, 발칸 반도 · 영화 · 인간의 조건에 대해 제가 던졌던 질문에 대한 영화입니다."[55] 다른 인터뷰에서 그는 이렇게 첨언한다. "'A'는 위기—그만의 위기가 아니라 한 세대 전체의 위기—로부터 빠져나오는 길을 모색하고 있습니다. … 상당한 정도로, 그의 위기는 제 위기이기도 합니다."[56]

이러한 말을 바탕으로, 앙겔로풀로스와의 인터뷰에서 호턴은 이 장면이 그럼에도 불구하고 지니는 놀랍도록 가슴 저미는, 부드러운 느낌에 대해 감독에게 묻는다.

> 호턴: 이 장면에서 당신은 카메라가 레닌의 머리 주위를 천천히 돌도록 했지요. 이 장면은 거의 사랑하는, 또는 어루만지는 행위입니다.
>
> 앙겔로풀로스: 이것은 한 시대와의 작별입니다. 저는 또한 저에게, 아니면 제 유년기와 청년기에 속하던 모든 것에 작별하고 있는 거지요. 이 부서진 동상은 종말을 표현합니다. 완전한 종말이요.[57]

여기에서 우리는 귀환불능점이라는 주도 동기, 그러니까 "완전한 종말"이라는 생각의 반복을 본다. 앙겔로풀로스는 레닌의 부서진 상으로 실체화되어 있던 희망을 아주 정감 있게 바라본다. 그리고 현재의 희망 없음이라는 맥락에서 이 과거에 작별을 고한다. 그렇기에 이 장면

---

55 Andrew, "Homer's Where the Heart Is," p. 91. 강조는 원저자.
56 Fainaru, "The Human Experience in One Gaze," p. 94.
57 Horton, "'What Do our Souls Seek?'": an Interview with Theo Angelopoulos," p. 104-5.

은 감독의 개인적인 삶에서 또는 믿음 체계에서, 그의 영화 이력에서의 눈에 띄는 전환점을 표현하며, 그리고 더 넓은 의미에서는 어떤 사회적-정치적 희망이 존재하고 있던, 되찾을 수 없는 과거로부터의 역사적 단절을 표현한다.[58] 그럼에도 불구하고, 앙겔로풀로스의 꽤 부정적인 전망은 세계사에 있었던 가장 극적이고 유혈 낭자한 사건 중 일부에 너무나 얽혀 있었던 결과라고 우리는 말할 수 있을까? 반대로, 2009년에 출간된 인터뷰에서 앙겔로풀로스는 희망을 잃은 세계의 문제에 대한 입장을 발칸 위기가 끝난 후에도 바꾸지 않은 것으로 보인다. 전 지구적 위기는 그저 새로운 경제적 형태를 가지게 되었을 따름이다. 그는 이렇게 말한다.

우리는 그리스의 사회적 · 정치적 삶에서 어떤 종점에 도달했습니다. 여기에다 경제위기를 더한다면, 우리는 서로 중첩된 세 가지 평행 위기, 사회적 · 정치적 · 경제적 위기를 발견하게 되지요. 이는 아주 심각한 상황입니다. 이로 인해 고통 받는 것은 누구지요? 물론 사회적 · 경제적으로 가장 취약한 계급이겠지만, 다른 집단도 있습니다. 누구일까요? 젊은 층입니다. 그들 앞에 있는 것은 닫힌 지평선이고, 기준점도, 미래의 전망도 없습니다.[59]

---

58 이는 영화 〈굿바이, 레닌〉의 한 장면과도 비슷하다. 여기에서는 동독인의 어머니가 동독에서 사회주의의 종말 및 베를린장벽의 붕괴를 직면하는 동안, 레닌 동상이 헬리콥터로 철거된다.

59 Jane Gabriel, "Theo Angelopoulos: 'I am standing by you'" *Open Democracy*, 7 Jan. 2009, 〈http://www.opendemocracy.net/article/a-closed-horizon〉. 이 인용문은 이렇게 계

21세기의 시작은 희망과 정치적 의식의 종말을 표시하는가? 모빌리티에 결부된 이상과 목표는 우리를 우리 자신으로부터 너무 멀리 끌고왔는가?

5.4.7 (역사의) 종말 너머?

《오디세우스, 범죄자》

지금까지 현대 여행 텍스트 분석은 대체로 세계에 대한 디스토피아적인 상을 그렸다. 이 세계에서 모빌리티는 너무 멀리까지 갔고, 여행자는 인간이 일으킨 문제로부터 시선을 돌린다. 불편하거나 괴로운 문제를 직시하지 않고, 주인공은 이동화하여 유토피아를 다른 곳에서 탐색하곤 한다. 이타케로 돌아온 란스마이어의 오디세우스는 부인하는상태에 빠지고, 그를 둘러싼 풍경과 사람들의 실재보다 상상 속의 이동적 장소/고향을 선호한다. 앙겔로풀로스의 'A'는 역사적 시선을 회복하려는 탐색 과제에 너무나 몰입한 나머지, 그가 거쳐 가는 발칸 위기의 압도적인 공포에 그다지 정서적 영향을 받지 않는 것처럼 보인다. 우지카의 다큐멘터리영화 속에서 지구 주위를 도는 정거장 MIR에서 우주비행사는 우주에서, 무중력 속에서 유토피아, 특권적 시선, 지

속된다. "공적 삶에 대해 우리가 듣는 것이라곤 스캔들, 부패, 위기, 약점, 타협뿐인 세계에게 그들은 살고 있습니다. 젊은 층은 이 이야기에 얽혀 있습니다. 그들은 이 이야기의 엄청난 부담과 무게를 느끼고 있지요. 그 결과로서, 그들은 벌어지고 있는 일을완전히 의식하고 있지는 않지만 이 껍질을 깨고 나와야 할 심대한 욕구를 가지게 되었고, 거리로 나서게 된 것입니다."

상의 정치적 격변과의 단절을 발견하는 것 같다. 그러나 작가나 영화 감독이 청중에게 남겨 놓으려 하는 종점이 이것인가? 희망이 있는가? 고대할 만한 체험이 있는가? 아니면, 에리히 뢰스트, 클라우스 뮐러, 그리고 외국 여행을 할 방해 받지 않는 권리를 위해 저항했던 동독인들이 열망했던, 자유로운 모빌리티가 있는 세계를 향한 1989년 이전의 희망은 공허하고 궁극적으로 헛된 것인가?

다른 가능성이 있다. 모빌리티가 주는 영향과 비판적으로 씨름할 것을 청중들에게 요구하는 이러한 여행 텍스트의 명령은 여전히, 긍정적 기회와 대안적 대답과 이해를 너무 늦기 전에 발견할 기회를 제공한다. 너무 늦기 전이라는 것은, 모빌리티가 과도해져서 세계가 완전히 디스토피아적인 사회적·정치적·문화적 공간이 되기 전을 뜻한다. 다음 물음이 남아 있다. 새로운 시작이 있을 수 있는가? 또는, 앙겔로풀로스가 "완전한 종말"이라고 일컫는 것 너머에 삶에 대한 긍정적 인정이 있을 수 있는가? 이는 아마도, 안장시대에서 모빌리티의 현대로 오면서 자기형성 기능에 생긴 변동에 근거할 것이다. 이는, 현재의 조건에 대한 도전을 함축하는 변화다. 그것은, 새로운 형태의 문화적 기억과 동일시 공간을 담론적으로 재구축하거나 만들어 낼 수 있도록, 이동화 테크놀로지의 발달과 사용에 물음을 제기한다는 도전이다. 이렇게 정의한다면, 이런 방식으로 자기형성 개념은 일종의 긴급함과 권위를 얻어 문화와 테크놀로지를 재평가하는 비판적 렌즈가 된다.

이 새로운 형태의 자기형성에 있는 이러한 잠재적 기능이 실현되는 공간을 여행 텍스트가 열어 준다고 나는 제안한다. 예를 들어, 프레드

릭 제임슨은 앙겔로풀로스의 독특한 영화적 시선이 다음 기회를 제공한다고 본다.

현재의 "역사의 종말" 너머, 세계 시장에의 항복을 통한 행위의 마비너머의 새로운 정치를 발명하는 데에 기여[할 기회.] … [앙겔로풀로스의작품은] 미래의 서사적 형태를 엿볼 예상치 못한 기회를 준다. 그것은 세계화와 초국가적 소통, 그리고 전 세계 대중문화의 시대에 와야 할, 생각조차 불가능한 순수예술이다.[60]

인간으로서 우리가 "인류의 이데올로기적 진화의 종점"에 도달했다는 후쿠야마의 주장과 반대로, 작가와 영화감독들이 지적하듯이, 새로운 모빌리티의 현재에 문화적 이동의 문제, 그리고 거주하는-삶과 모빌리티를 교섭하는 문제에 관해서는 아직 생각해야 할 것이 많다. '전환'이라는 거대 규모의 이행과 극적인 역사적 사건을 넘어서도 삶은계속된다. "평행 위기, 사회적·정치적·경제적 위기"에 관한, 그리고"닫힌 지평", "기준점도 없고", "미래의 전망도 [없음]"을 통해 표시되는,도래할 시기에 관한 앙겔로풀로스의 수사가 경각심을 불러일으키기는한다. 그럼에도 불구하고, 〈율리시즈의 시선〉의 마지막 장면에서 그는 또한 미래를 향한 대안적 전망을 암시한다. 이 점을 아래에서 제시

---

60 Fredric Jameson, "Theo Angelopoulos: The Past as History, the Future as Form," *The Last Modernist: the Films of Theo Angelopoulos*, ed. Andrew Horton (Great Britain: Bookcraft, 1997), 78-95, p. 94.

할 것이다. 이는 완전한 종점, 과거와의 진정한 단절에 도달했다는 점을 우선 받아들이고, 귀환불능점을 인정하고, 그 후에는―이 점이 더욱 중요하다―생겨날 수 있는 새로운 기회를 의식적으로 알아차린다는 어려운 과제를 포함한다.

　분석의 이 지점에서, 선별된 영화와 여행문학의 마지막 장면을 검토함으로써, 현재 순간과 미래에 대처하는 상이한 접근법을 바라보는 것이 적절할 것이다. 선별된 여행 텍스트의 결말에서 교섭되는 여행 개념은 어떠한가? 그것이 지금 의미하는 것은 무엇이고, 미래에는 무엇을 의미할 수 있을까? 이렇게 함으로써 우리는 작가나 감독이 청중에게 남겨 두고자 한 메시지를, 그리고 이 다채로운 최종 메시지 사이의 대조점과 합치점을 이해하기를 희망할 수 있다. 흥미롭게도,《오디세이아》에서 오디세우스 여정의 최종 단계, 즉 이타케로의 귀향을 어떤 형태로 재기입함으로써 자기의 서사를 끝맺는 현대 작가와 영화감독들이 있다.[61] 이러한 텍스트들은 공통적으로, 종종 간과되었던 어떤 점에 대해 반성한다. 그것은, 호메로스의 신화 원작에서 오디세우스의 귀향은 이상적이고 완성된 귀환으로 보일 수 있지만, 근대에 그의 여정은《오디세이아》의 서사적 결말 너머로 계속될 운명으로 보인다는 점이다.

　앞서 언급했듯이, 호메로스의《오디세이아》에서 오디세우스는 하

61　위에서 언급했듯이, 오디세우스의 귀향은 란스마이어 희곡 전체의 관심사다. 그러나 이어지는 부분에서는 이 귀향의 마지막 장면에만 초점을 맞출 것이다.

데스에 있던 중에, 그의 노고가 아직 끝나지 않았다고 테이레시아스의 유령에게 경고를 받는다.[62] 그렇기에, 이타케에서 페넬로페와 재결합했을 때 그는 "미리 처방된 막대한 수고"가 남아 있다는 메시지를 그녀에게 전한다.(OD. 23: V.246-50):

〔테이레시아스의 유령이〕 나에게 이렇게 말했습니다. 나는 내 근사한 노를 쥐고 사람이 사는 많은 장소를 떠돌아야 하고, 그리하여 바다를 알지 못하고, 소금으로 맛을 내지 않은 양식을 먹는 민족을 찾아야 합니다. … 또 다른 방랑자가 나를 지나가면서, 내 튼튼한 어깨 위에 있는 것을 키질하는 부채로 알 때, 나는 노를 땅에 던지고, 친절한 포세이돈에게 숫양, 황소, 날뛰는 수퇘지라는 풍성한 제물을 바칠 것입니다. 다음으로 나는 집으로 돌아와, 100마리 제물로 높은 하늘에 계신 신들을 찬양할 것입니다. 다른 모든 것도 질서에 맞게 할 것입니다.(OD. 23: V. 267-81)

그렇다면 어떤 의미에서 오디세우스의 귀향은 한 여정의 끝일 뿐 아니라, 다른 여정을 시작할 기회이기도 하다. 호메로스의《오디세이아》가 귀향 신화의 원형으로—이상적인 단수적-모빌리티 여정으로—유지되기 위해서는 오디세우스가 이타케 너머로, 서사의 결말 너머로 여행할 운명이라는 사실을 사소하게 여기거나 무시해야 한다. 호메로스의《오디세이아》 독자에게 텍스트는 기본적인 줄거리를 주지만, 오디

---

62 2장을 보라(2.6 〈이타케로의 이상적…〉 두 번째 문단부터 해당 절 끝까지).

세우스 여정의 이 부분이 정확히 어떻게 실행될지는 모른다. 우리는 이러한 불확실성에 대처하지 않고, 이 여정이 이타케에서 끝나는 것으로―영웅이 귀환하여 여생을 고향에서 보내는 것으로 재상상하려 한다. 다음 절에서 분석하는 작품의 작가들은 결말의 미지의 지점 너머로 여정이 계속됨을 (강조라는 의미에서, 또한 재창조라는 의미에서) 반복한다.

5.5 여행 텍스트 분석: 귀향 너머

5.5.1 여정은 계속된다

《오디세우스, 범죄자》

란스마이어의 《오디세우스, 범죄자》의 결말은 오디세우스의 여정이 텍스트의 서사 너머로 계속될 운명이라는 생각을 반추한다. 우리는 주인공이 이타케로 돌아왔지만 고향으로는 결코 돌아오지 않았다고 말할 수 있을 것이다. 페넬로페의 말을 빌자면, 오디세우스는 "그저 고향에 표착한 것이 아니라, 고향에 … 참으로 돌아오기 위해" 그에게 요구되는 것과 담판을 짓지 못한다.(OV 114) 그는 이타케로부터 탈구됨으로써, 사랑하는 사람 및 현재 순간의 현실과의 연결을 잃음으로써 귀향이 불가능해진다. 란스마이어는 이 점을 다음 인터뷰에서 부연한다.

트로이로의 길, 전쟁으로의 길을 오디세우스는 스스로 선택했습니다. 이 길은 돌이켜 보면 방황으로 밝혀지지요. 결국 이타케조차 그에게는 방황의 한 지점에 불과하게 됩니다. 거기에서 그는, 그가 꿈꿨던 고향이 더 이상 존재하지 않고, 어쩌면 결코 존재하지 않았음을 인식해야 하기 때문이지요. 그래서 그에게는, 아마도 진짜로 유토피아적 꿈의 세계에서 현실로 돌아오기 위해 다시 한 번 여행을 떠나는 것이 유일한 희망으로 남습니다.[63]

여기에서 우리는 란스마이어의 여행 텍스트에서 이타케가 일종의 최종적 휴식처라기보다는 단기 체류, 또는 중계점에 불과했음을 본다. 그 주된 이유는, 오디세우스가 자기를 둘러싼 디스토피아적 장소와 그의 마음속 이상적 이미지를 조화시키지 못하기 때문이다. 그렇기에 그가 할 수 있는 것은, 그가 현재와 담판을 지을 수 있을 때까지, 또는 자신의 유토피아 꿈나라로부터 현실로 돌아올 수 있을 때까지 떠도는 것뿐이다. 그러나 이는 오디세우스 자신의 행위자성이 가지는, 자신의 모빌리티에 관해 의사결정을 할 잠재력을 부인하는 것은 아니다. 란스마이어가 보여 주듯이, 시작에서 오디세우스가 트로이로 여행을 떠난 것은 자신의 결정이었고, 마찬가지로 마지막에도 그는 여전히 "현실로 돌아올" 선택지를 가지고 있다. 서사의 내적 세계에서도, 독자의 외적 세계에서도 란스마이어는 오디세우스의 결정 능력을 강조한다.

---

63 Gmünder, "Odysseus trägt Züge von uns allen."

그것은 그가 처해 있는 어려운 여건에도 불구하고 결정을 내릴 능력이다. 희곡의 마지막 장면에서 페넬로페는 오디세우스에게 이렇게 말한다. "그대를 바꾼 것은 시간이 아닙니다. 그대 자신이지요. 그대가 스스로를 조난자로, 자기 고향에 난파된 조난자로 만든 것입니다."(OV 113) 페넬로페에 따르면, 오디세우스는 스스로를, 이타케를 떠나고 트로이 전쟁에 참여한다는 자신의 결정이 가져온 결과에 대해 책임을 지지 못하는 일종의 조난자로 만듦으로써, 자신의 귀향을 불가능하게 만든 것으로 보인다. 한 인터뷰에서 란스마이어는 이 점을 반복한다. "오디세우스는 언제나 선택지를 가지고 있습니다. 외부 상황에 의한 강제조차도, 활동의 여지는 남겨 두지요."[64]

모빌리티와 살인을 향한 오디세우스의 가정된 (스스로 가정한) 권리에 의문을 던짐으로써, 동시에 란스마이어는 그의 결정이 두 집단에 끼친 영향에 빛을 비춘다. 이 집단은 여행에 대한 비판적 분석에서 종종 간과되어 왔다. 이 서로 중첩되는 두 집단은 그가 "버려진 자"나 "뒤에 남은 자"라고 지칭하는 인물들, 그리고 여성 인물들이다. 전자는 머무르고 있거나 뒤에 남겨진 자를 뜻하며, 텔레마코스와 페넬로페가 포함된다. 후자에는 아테네와 페넬로페가 포함된다.[65] 예를 들어, 란스마이어의 오디세우스가 안장시대 여행자, 가령 클라이스트나 괴테의 빌헬름 마이스터와 똑같은 판단 오류를 범한다는 것은 흥미롭다. 이들은

---

64 Gmünder, "Odysseus trägt Züge von uns allen."
65 Gmünder, "Odysseus trägt Züge von uns allen."

자신이 여행하는 동안 각자가 사랑하는 사람이 집에 거주하면서 그들을 기다려 줄 거라 기대한다. 란스마이어는 다음과 같이 설명한다.

> 오디세우스는 버려진 자의 고통은 아랑곳하지 않고 자신의 사람을 떠납니다. 그러면서도 뒤에 남은 자들이, 아무리 긴 시간이 지나더라도 늘 그를 만날 준비를 하고 있기를, 그리고 무엇보다도, 그가 귀환할 날까지 변하지 않기를 기대합니다. 그러니까 그 자신은 모든 자유를 누리면서, 그가 사랑하는 사람, 그가 버린 모든 세계는 이상적 이미지로 동결되는 것입니다.[66]

뒤에 남겨진 자들이 물리적으로 똑같은 장소에 남아 있고 정서적으로 똑같이 남아 있을 것이라고("늘 그를 만날 준비를 하고 있기를"), 즉 오디세우스가 얼마나 오래 떠나 있든 간에("아무리 긴 시간이 지나더라도") 그들은 똑같고, 알아볼 수 있고, 애정을 가진 사람으로 있을 것이라고, 사랑하는 사람의 귀환을 위해 준비된 채로 있을 것이라고 오디세우스는 가정한다.

더 나아가, 극의 결말에서 오디세우스와 페넬로페의 관계가 무너질 때, 우리는 여행자와 머무르는 자 사이에 있는 (오디세우스의) 기대와 (현재 이타케의) 현실 사이에 있는 심연을 명확히 식별할 수 있다. 이 점은 페넬로페의 다음 표현이 전형적으로 보여 준다. "나는 당신을 알아

---

66 Gmünder, "Odysseus trägt Züge von uns allen."

보지 못해요." 오디세우스가 아들 텔레마코스를 개혁가들과의 피비린내 나는 전투에 참여하도록 끌어들인 것에 대해 페넬로페는 오디세우스를 질책하고, 그 후 저 말을 한다.(OV 111) 이 지점에서 남편과 아내는 다음과 같은 말을 주고받는다.

> 오디세우스: 내 사랑이여……. 내겐 선택지가 없어요. 나는 그들에게 이타케에 금을 입히자고 제안했고, 이 귀향한 주인 아래에서 이 땅을 섬기라고 제안했어요. 페넬로페여, 우리의 고향을 섬기라고 말입니다! 그러나 그들은 내 말을 듣지 않았어요. 그들은 귀향한 주인을 다시 알아보려 하지 않았어요.
>
> 페넬로페: 당신 말을 듣지 않은 모든 사람을 죽일 셈인가요? 그리고 당신을 알아보지 못하는 모든 사람을? 그렇다면 당신은 나도 죽여야 해요. 나는 당신을 알아보지 못해요.
>
> 오디세우스: 페넬로페, 무슨 소리예요. 내 사랑, 나는 당신을 한시도 사랑하지 않은 적이 없어요.

여기에서 우리는 살인을 하려는 그의 결정 너머를("내겐 선택지가 없어요"), 그리고 그가 사랑하는 사람들을 남겨 둔 행위의 귀결을 볼 능력이 없음을 알 수 있다("무슨 소리예요〔?〕"). 동시에, 자기도 오디세우스를 알아보지 못한다는 페넬로페의 항의는 어쩌면 부분적으로는, 그가 이타케로 돌아온 후에 어떻게 처신할지에 대한 그녀 자신의 잘못된 기대 때문이라고도 주장할 수 있을 것이다. 그럼에도 불구하고, 이 마지막 부분에서 페넬로페는 오디세우스가 자신의 행위를 비판적 관점에서 재고하게끔 하려고 노력한다. 이는 이 희곡의 시작 부분에서 아테네가 했던 것과 비슷한 방식이다. 페넬로페가 남편에게 말하는 경각심 드는 명령, "그렇다면 당신은 나도 죽여야 해요"라는 말은, 동료 여성 인물 아테네가 앞서 말했던 다음 말을 더 강화한 것이라고 이해할 수 있다. "그렇다면 그대는 그대의 이름을 잊어야 한다."

오디세우스가 현재 이타케의 현실을 보지도, 듣지도, 이해하지도 않고 있음을 오디세우스에게 설득하려는 두 여성 인물의 최선의 노력에도 불구하고, 오디세우스는 자신의 세계관으로 돌아가기만 한다("나는 당신을 한시도 사랑하지 않은 적이 없어요"). 이 세계관은, 위에서 란스마이어가 제시했듯이, 이상화된 이미지의 집합으로 화석화된 것이다("이상적 이미지로 동결되는", "이타케에 금을 입히자고"). 일반적으로 말해서, 이 희곡에서 란스마이어가 시사하는 것은, 세계의 미래를 향한 희망이 여성의 행위와 말에 있다는 점이다. "우리 남자들에게 … 여성들은 우리 삶의 모든 층위에서—버려짐과 죽음에 대한 우리의 불안에서 … 우리의 동경에서 … 최대의, 그리고 종종 유일한 희망입니다."[67] 같은 맥락에서 란스마이어는, 극단적 모빌리티의 디스토피아적 결과에 책임이 있는 자는 대체로 남성이라고 주장한다. 이러한 의미에서, 부동적

---

[67] Gmünder, "Odysseus trägt Züge von uns allen." 비슷한 맥락에서 앙겔로풀로스는 "저는 여성이 남성보다 강하다고 믿습니다! 영화에서만이 아니라 삶에서도요. 제 어머니로부터 시작해서, 저는 강한 여성들을 알아 왔습니다.", Horton, ""What Do our Souls Seek?": an Interview with Theo Angelopoulos," p. 107.

이 된다는 것에, 또는 뒤에 남겨진 자―주로 여성―가 된다는 것에 어떤 이점, 그러니까 거주하는-삶에 대비되는 모빌리티의 장점과 단점을 다르게 볼 어떤 이점이 있는가?

이 희곡을 쓰던 시기의 란스마이어의 삶을 고려한다면, 그가 자기 나름의 방식으로 귀향을 하고, 고향 나라로 귀환하고, 뒤에 남겨진 자 또는 머무르는 자의 잠재적 통찰로부터 배우려는 소망이 있었으리라고 추측할 수 있다. 베버는 란스마이어의 문학작품에 이러한 삶의 변화가 끼친 영향에 대해 쓴다.

> 란스마이어 스스로가 자신의 오디세이의 끝을 찾으려 했고 고향으로 돌아갔다는 점은 그의 작품의 전환점이 된다. … 〔그는〕 몇 년 전에 고향으로 돌아가는 길을 밟았다. 오랫동안 아일랜드의 웨스트 코크에 지낸 후, 이제 그는 아내 유디트와 함께 빈에 살고 있다. 《오디세우스, 범죄자》가 동시에 '귀향'의 아포리아와 대결하는 데에 바쳐진 첫 번째 작품이 된 것은 지극히 일관되어 보인다.[68]

《오디세우스, 범죄자》의 마지막 네 페이지에서 귀향 개념에 있는 아포리아와 란스마이어의 싸움은 정점에 오른다. 이는 궁극적으로, 호메로스의 《오디세이아》의 귀향 신화가 그 자신의 체험을 통해 알게 된

---

[68] Philipp Weber, "Ein Resisender in der 'Geschichte-ten Welt': Schlaglichter auf das neuere Schaffenswerk des österreichischen Autors Christoph Ransmayr," *Kritische Ausgabe* 19 (2010): 59-62, 61; 62.

모빌리티의 현대와 어떻게 상충하는지에 대한 란스마이어의 집요한 탐구의 절정이다. 그렇지만 이 희곡의 결말은 열려 있다. 결말은 어떤 해결에도 이르지 않고, 성공적인 귀향이 가능하냐는 물음에 대해 더 고심할 것을 고무한다. 특히 란스마이어의 교훈적 의욕에 비추어 볼 때, 나는 이 점이 란스마이어의 의식적인 의도라고 추측한다. "이야기를 통해, 무대 위에서 … 인류가 자신에게 그리고 남에게 저지른 일을 상기시키는 것 … 미래에 무엇이 인류에게 손짓을 하거나 인류를 위협할지를 상기시키는 것."

이러한 대결Auseinandersetzung 또는 호메로스의 《오디세이아》와 란스마이어의 《오디세우스, 범죄자》 사이의 상충 작업은 다음과 같이 진행된다. 호메로스의 《오디세이아》에서 오디세우스가 여전히 방랑할 운명이라고 페넬로페에게 알려 주는 것은 오디세우스이다. 대조적으로 《오디세우스, 범죄자》에서 오디세우스가 이타케를 떠나 여정을 계속하도록 설득하는 것은 페넬로페다. 이러한 최후의 교류에서 이 한 쌍은, 오디세우스가 트로이로 떠나기 전 어린 텔레마코스가 그에게 보여 주었던 인형극에 대해 이야기한다. 이 인형극은 호메로스의 《오디세이아》 속 사건에 대한 텍스트 내적 참조로 보인다. 란스마이어의 페넬로페는 여전히 "영웅주의와 고향의 무시간적 서사"의 이미지에 매료된, 또는 단수적-모빌리티 공간에 정서적으로 사로잡혀 있는 남편과 소통하기 위해 호메로스의 서사를 끌어들인다.[69] 그녀는 그가 여정을

---

69 Leahy, "The Question of the Contemporary in the Work of Christoph Ransmayr, 2000-

계속하도록 고무한다.

> 오디세우스: 이 항해자는 다시 길을 떠났군요 ….
>
> 페넬로페: 그저 고향에 난파되지 않고, 언젠가는 귀향하기 위해서죠.
>
> 오디세우스: 그러고는? 그는 다시 돌아왔나요? …
>
> 페넬로페: 이 항해자는 그에게 영원한 귀향을 약속한 예언을 따랐어요. 그는 노를 어깨에 올리고, 이 노를 지고, 지고, 지고 가다가, 노를 삽인 줄 아는 사람들, 바다를 모르는 사람, 이 항해자가 온 생에 거쳐 항해하게 했고—길을 잃게 했던 저 바다를 모르는 사람들을 만날 것이고, 그때 귀향하게 될 거라는 예언이었지요. …
>
> 오디세우스: 그러니까 그런 바보들의 나라로부터 비로소 그는 끝내 귀향할 수 있고—머무를 수 있다는 건가요?
>
> 페넬로페: 바보들의 나라로부터라고요? 아, 오디세우스 … 낙원으로부터예요.
>
> *짊어진 짐에 눌려 몸을 앞으로 구부린 채로, 오디세우스는 길을 떠난다.* (OV 114-5)

여기에서 페넬로페의 행위에 대해서는 다양한 해석이 가능하다. 혹자는 페넬로페가 오디세우스를 단순히 포기하고 그를 보내는 것이라고 본다. 다른 한편, 페넬로페가 미래에 귀향할 가능성을 그에게 건네

2010," p. 213.

주고 있다고 주장할 수도 있다. 호메로스의《오디세이아》담론을 통해 그와 소통함으로써, 즉 테이레시아스의 예언을 재해석함으로써, 그녀는 그가 길을 떠나도록 고무할 수 있다. 이때 그녀는 언젠가 그가 새로운 관점을 가지고, 그리고 이타케가 어떻게 되었는지에 관한 진실을 가지고 귀환하리라는 희망을 가지고 있다. 페넬로페의 행위에 대한 독자의 이해는 대체로 독자 자신의 모빌리티 체험에 의해 결정될 것이다. 예를 들어, 란스마이어의 마지막 말 "낙원"을 통해 독자는 오디세우스가 현재와 담판을 짓게 될 것인지, 손에 넣을 수 없는 이타케의 이상적 이미지에 의해 시야가 영원히 가려져 있을 것인지를 묻게 된다. "그가 꿈꿨던 고향이 더 이상 존재하지 않고, 어쩌면 결코 존재하지 않았음."(위에서 인용)

전체적으로, 귀향 개념과 관련하여 란스마이어가 독자에게 주는 메시지는 무엇이라고 생각할 수 있을까? 나는 다음과 같은 독해를 제안한다. 모빌리티의 현재에 귀향이라는 것이 도대체 가능하다면, 그것은 뒤에 남은 자들이 여행자를 받아들일 것을 요구한다는 것이다. 이러한 접근법은 더 큰 모빌리티와 더 높은 사회적 이점 사이의 연관을 문제시한다. 뒤에 남겨진 자가 여행자를 받아들일 가능성은, (고정된 장소가 아니라) 이동적 장소 관념을 받아들임으로써 증진될 수 있다. 이는, 고향이 여행 이전과 같은 방식으로 체험되지 않을 수 있다는 것, 그리고 남아 있는 사람들이 변했을 수 있다는 것, 둘 다를 받아들임을 뜻한다. 더욱이, 란스마이어는 귀향이 그 본성상 일시적일 수밖에 없다고 암시하는 것으로 보인다. 같은 장소에 머무른다는 의미에서 영구적인 귀향은, 이제 새로운 모빌리티에 대한 저항이라는 부정적 행위가 될 것이다. 귀향 관념에 있는 복잡성에 대한 이러한 생각들은 란스마이어의 아테네가 한 다음 말에 아마도 가장 잘 표현되어 있을 것이다. "귀향? 전쟁으로부터, 트로이의 영웅으로부터, 도시 파괴자로부터 귀향한 자는 아직 없다. 어쨌든, 그의 과거 모습으로 귀향한 자는 없다. 이타케에 온 것을 환영한다."(OV 28)

5.5.2 내가 돌아올 때…

〈율리시즈의 시선〉

란스마이어의 《오디세우스, 범죄자》처럼 〈율리시즈의 시선〉의 결말도 고향과 귀향 이념의 복잡성을 다룬다. 두 텍스트 사이의 다른 연결점에는, 서사 너머까지 율리시즈/오디세우스의 여정이 계속된다는 점, 다채로운 해석을 향해 잠재적으로 열려 있다는 점이 있다. 앙겔로풀로스 영화에 대한 지금까지의 분석에서 나는 대체로, 20세기 동안 인류가 그다지 많이 진보하지 못했고 현재 순간에 대처하지 못하는 무능력이 남아 있다는 염려가 가진 디스토피아적 면모에 초점을 맞추었다. 1996년 인터뷰에서 앙겔로풀로스는 현대의 도전을 (재)강조한다.

최근에 … 저는 망명과 여정을 사고하는 데에 사로잡혀 있습니다. 외적인 것과 내적인 것 양쪽 다요. 그리고 꿈이 부재한 이러한 세기말 세계에서 꿈을 꿀 가능성에도 사로잡혀 있지요. 이제, 우리는 그날그날을

살아갈 뿐인 것 같고, 무엇을 참으로 믿는 것은 어려워 보입니다.[70]

그렇지만 이러한 우울한 전망에도 불구하고, 2009년 인터뷰에서 앙겔로풀로스는 사실상 미래를 향한 희망이 있다는 생각을 전한다. 이는 그저 시간문제일 뿐이다.

새로운 세계에 대해 꿈을 꿀 뿐 아니라 꿈을 현실로 바꾸는 것도 가능하다고 우리 세대는 믿었지요. 그런 일은 일어나지 않았어요. 우리 모두는 실망과 실패의 그림자를 지고 있다고 저는 생각합니다. 그렇지만 그럼에도 불구하고, 저는 역사가 구불구불하게 움직인다고 믿어요. 때로는 올라가고, 때로는 내려가죠. 지금 우리는 하강에 있지만, 끝내는 상승이 있을 겁니다.[71]

이러한 상승을 촉발하는 한 가지 방법으로 앙겔로풀로스가 은연중에 제안하는 것이 있다. 개방적인 마음으로 하는 발상 및 영화적 여행 텍스트를 통해, 새로운 관점을 계발하는 데 필요한 발판을 얻을 수 있다는 것이다. 우리가 대안을 숙고하고자 한다면 그렇다. 그가 〈율리시즈의 시선〉의 관객에게 전해졌으리라고 희망한 메시지는, 우리가 유토피아/디스토피아 또는 낙관주의/비관주의라는 과도하게 단순화된

---

[70] Andrew, "Homer's Where the Heart Is," p. 90.
[71] Gabriel, "Theo Angelopoulos."

이분법이 아니라 다중적 관점의 측면에서, 끝이 열려 있는 과정의 측
면에서 사고해야 한다는 것이다.

저는 이 영화가 낙관적이지도 비관적이지도 않고, 그저 우리 시대에
대한 충실한 이미지이기를 희망합니다. 낙관주의자들은 흔히 현실에
등을 돌립니다. 그들은 상황이 개선되어야 한다고 믿을 틀린 이유를 고
안하지요. 다른 한편, 비관주의자가 받아들일 수 있는 결론은 다 그만
두고 자살하는 것뿐입니다. 제 영화의 결말에서 저의 인물들은 "여정
이 계속된다"는 것을 함축합니다. 그것은, 고향 탐색이 계속되리라는 것
[입니다.] … 고향이란, 우리가 마침내 우리 자신과 그리고 세계와 평화
롭게 지낼 수 있는 특권적 장소입니다. 탐색은 끝나지 않았고, 영화도
끝나지 않았습니다. 아마도 최고의 현대 스웨덴 소설가일 라스 구스타
프손의 말을 빌자면, "우리는 굴복하지 않는다, 우리는 계속 가야 한다"
는 겁니다.[72]

이 진술에서 앙겔로풀로스는 청중의 반응과 관련하여, 그리고 새로
운 모빌리티의 현대에 고향 이념과 관련하여 중요한 점을 전한다. 전
지구적 위기와 이동적 극단의 세계에 대한 극단적 반응은, 낙관적이든
비관적이든 간에 극화하는 것이고, 그러므로 현재와 담판을 짓는 생산
적 방식이 아님을 그는 시사한다. 청중이 비판적으로 사고하게끔 자극

---

72 Fainaru, "The Human Experience in One Gaze," p. 100.

하는 란스마이어의 접근법이 대결적인 성격을 가진다면, 앙겔로풀로스는 여정을 계속할 균형 잡힌 문화적 공간을 탐색하는 데에 더 초점을 맞추고 있다고 우리는 말할 수 있다. 받아들여짐은 현재 진행 중인 과정 속에서 발견될 수 있다고 앙겔로풀로스는 강조한다. 부인否認과 최종성에 사로잡혀 있다면, 고향을, "우리가 마침내 우리 자신과 그리고 세계와 평화롭게 지낼 수 있는 특권적 장소"를 찾아낸다는 결과에 이르기 어렵다.

앙겔로풀로스 제안의 기저에는 두 가지 근본적 가정이 있다. 첫째, 고향 관념은 특정 장소에 묶여 있는 구체적인 것이라기보다는 정서적인 성질 또는 개념이다. 앙겔로풀로스의 말로 하자면, "〔고향이〕 반드시 여기나 저기에 있는 현실적 장소인 것은 아니다."[73] 그는 관념으로서 그리스의 예를 든다.

저는 그리스가 지리적 위치에 지나지 않는다고 생각하지 않습니다. … 그리스는 실제 경계를 훨씬 넘어서까지 확장되죠. 고향과 마찬가지로, 그리스도 우리가 탐색하는 곳이기 때문이에요. … 제 마음속에 있는 이 그리스가 제가 고향이라고 부르는 그리스지, 제가 앉아 있는 아테네의 이 사무실 또는 이 장소가 아닙니다.[74]

---

73 Horton, ""What Do our Souls Seek?": an Interview with Theo Angelopoulos," p. 106.
74 Horton, ""What Do our Souls Seek?": an Interview with Theo Angelopoulos," p. 106.

고향이 정주적 연관을 가진 것이 아니라("내가 앉아 있는 ⋯ 이 장소") 여행자의 마음속에서 여행자와 함께 움직이는 것이라면, 귀향이란 특정 위치에 도착하여 거기에 있게 되는 것이 아니라, 자기 자신 및 타자와 평화롭게 되는 것이라는 점이 따라 나온다. 이는 두 번째 가정, 말하자면 고향은 이동 중에 발견될 수 있다는 가정으로 이끈다. 예를 들어, 앙겔로풀로스는 "저에게 '고향'이란 내 집이 아니라, 조화 속에 있다고 느낄 수 있는 장소입니다—제 경우에는 풍경을 지나가는 자동차 안이죠."[75] 고향의 느낌이 실로 움직이는 자동차 안에서 발견될 수 있다면, 어쩌면 모빌리티의 미래를 향한 희망이 있을 수 있다.

그렇다면 앙겔로풀로스는 〈율리시즈의 시선〉의 마지막 장면에서 어떻게 이러한 생각을 전하는가? 그리고 이는 어느 정도로 호메로스의 《오디세이아》의 반복으로 보일 수 있는가? 이 장면은 다음과 같이 진행된다. 반짝거리는 스크린, 그리고 'A'가 사라예보의 폭격당한 영화관에 홀로 앉아 있는 것이 보인다.(UG 2:44:27) 그는 마나키 형제의 필름 릴, 그가 그렇게 갈망해 온 시선을 갓 현상한 것을 본 직후 격하게 흐느낀다. 다음으로 'A'는 아래의 운문을 낭독하기 시작한다. 첫째 줄을 읊은 후 그는 눈물 젖은 눈으로 올려다보고, 손을 가슴께에 대고 계속 읊는다. 그러는 동안 카메라는 뒤로 가서, 'A'를 클로즈업했다가 폭격당한 장소라는 더 넓은 맥락에 그를 위치시키는 쪽으로 움직인다. 'A'가 말을 끝낼 때에 그의 얼굴은 지쳐 보이지만, 만족과 받아들임의 감정

---

75 Andrew, "Homer's Where the Heart Is," p. 90.

을 전한다. 그러나 행복까지는 아니다. 그는 크레디트가 오르기 전까지 잠시 카메라를 쳐다본다.(UG 2:46:25) 이 장면 전체와 크레디트 롤 내내 관객은 영사기가 내는 부드럽게 달그락거리는 소리를 듣는다. 이 부드러운 소리는, 리듬감 있게 진행하는 걸음, 또는 심장박동, 여정의 계속, 삶의 계속을 암시한다. 그리고 어떻게 여행이 관객의 삶에 삽입될 수 있는지를 보여 준다. 즉, 영화는 관객 자신의 체험 또는 이동적 궤적에 속하게 된다("탐색은 끝나지 않았고, 영화도 끝나지 않았습니다"). 이 장면은 여러 다양한 방식으로 해석할 수 있지만, 여기에서는 세 가지 주요 측면에 초점을 맞출 것이다. 그것은 마나키 형제의 영상을 보는 행위, 'A'가 낭독하는 운문, 이 결말에 대한 'A'의 정서적 반응이다.

본래 각본에서 앙겔로풀로스는 'A'가 보는 마나키 형제의 영상을 관람자도 보아야 한다고 계획했다. 여기에서는 "한 배우가 바다에서 기어올라와 카메라를 쳐다보는 오디세우스를 연기"할 것이었다.[76] 아마도 이 장면에서 앙겔로풀로스의 의도는 율리시즈의 시선을 함축하는 강한 영화적 이미지를 만들어, 호메로스의 오디세우스 및 'A'의 여정을 마나키 형제의 영상에서 탐색된 본래적 시선 관념과 개념적으로 통일시키는 데에 있었을 것이다. 이 장면에서 오디세우스라는 인물은 이제 "인류 전체의 모험" 또는 여정을 대표할 것이었다. 'A'(그리고 'A'를 보는 관객)는 그의 오디세이가 실제로는 그 자신을 향한 탐색이었음을 발견한다. 그러나 앙겔로풀로스는 후에 이 장면을 제거하기로 결정한다.

---

[76] Horton, ""What Do our Souls Seek?": an Interview with Theo Angelopoulos," p. 105.

"이는 너무 구체적"이라고 느꼈기 때문이다.[77] 이 영화에 여정의-끝이라는 구체적 이미지를 만드는 것은 "여정은 계속된다"는, 그리고 "고향의 탐색은 계속될 것"이라는 생각을 약화시킨다. 앙겔로풀로스는 계속한다. "기본적으로, 영화를 현상하는 것으로 'A'는 목표에 도달한 것이지요." 그리고 다른 인터뷰에서 덧붙인다. "영상을 보는 것은 중요하지 않아요. 더 중요한 것은, 그것이 하비 카이텔에게 끼치는 영향을 보는 것이지요."[78] 그렇기에 이 장면을 제거함으로써, 자기 목표에 도달한 'A'의 정서적 반응에 더 집중함으로써, 관람자는 'A'의 여정을 자기 여정과 관련시키도록 고무된다. 관객은 자신의 이미지를 마나키 형제의 영상에 투사하고, 그럼으로써 고향에 대한 자신의 개인적 감각을 이루는 것이 무엇인지를 발견하도록 초대받는다.

〈율리시즈의 시선〉의 이 마지막 장면에서 'A'의 대화는 또한 다중적이고 때로는 모순적인 해석의 공간을 열어 준다. 그가 읊는 말은 다음과 같다.

내가 돌아올 때 나는 다른 사람의 옷을 입고 / 다른 사람의 이름을 하고 있을 거예요 / 내가 오는 것은 예상치 못한 일일 거예요 / 당신은 나를 보고, 믿지 못한 채 말하겠지요 / "당신은 그 사람이 아니에요" / 나는 당신에게 징표를 보여 주고 / 당신은 나를 믿을 거예요 / 나는 당신 정원

77 Fainaru, "The Human Experience in One Gaze," p. 98.
78 Fainaru, "The Human Experience in One Gaze," p. 98; Horton, ""What Do our Souls Seek?": an Interview with Theo Angelopoulos," p. 105.

의 레몬나무에 대해 말할 거예요 / 달빛을 들여보내는 구석의 창문에 대해서도요 / 그리고 몸의 징표 / 사랑의 징표를 / 우리는 전율하며 우리의 옛 방으로 올라가겠지요 / 안고 또 안는 사이에 / 사랑한다고 말하는 사이에 / 나는 당신에게 여정을 이야기할 거예요 / 밤이 새도록 / 그리고 미래의 모든 밤에도 / 안고 또 안는 사이에 / 사랑한다고 말하는 사이에 / 전 인류의 모험을 / 끝나지 않은 이야기를 (UG 2:46:24)

첫눈에 이 인용문은 호메로스의 《오디세이아》에서 온 오디세우스와 페넬로페의 임박한 재결합을 예감하는 운문으로 보인다. 실제로 한 인터뷰에서 앙겔로풀로스도 이러한 추측을 긍정한다. 그는 "하비 카이텔이 마지막에 낭독하는 시는 오디세이아에서 온 것입니다. 호메로스의 문장이 미래를 향한다는 것이 중요합니다. '내가 돌아올 때….' 그러니까 그의 여정은 돌아올 것이지요. 끝나지 않은 거죠."[79] 이 문장에서 우리는 'A'의 말이 텍스트의 서사 너머로 계속되는 오디세우스의 여정을 관객에게 상기시킬 의도로 삽입된, 호메로스의 《오디세이아》에서 온 직접적 상호텍스트적 참조라고 가정할 수 있다. 그러나 이 시는 호메로스의 텍스트에서는 찾을 수 없다.[80] 이러한 겉보기 불일치에 대한

---

79 Horton, ""What Do our Souls Seek?": an Interview with Theo Angelopoulos," p. 105.
80 나는 오타고대학 고전학과의 호메로스 전문가 로빈 행키에게 'A'의 시 해석에 대해, 그리고 이것이 호메로스의 《오디세이아》와 어떤 관계에 있는지 문의하였다. Robin Hankey, "Question about Odyssey-like Quotation", *Message to Anita Perkins*, Email. 행키의 응답은 구체적인 텍스트 내적 참조에 근거한 것으로, 다음과 같다. "이 시는 사실 호메로스의 《오디세이아》의 일부가 아니고, 어떤 의미로도 인용이 아니에요. 그렇지만 《오디세이아》의 어떤 구절들을 암시하고 있거나, 거기에서 온 것이라고 생각돼

질문을 받자, 호턴은 이 시가 호메로스 전통에 대한 앙겔로풀로스의 판본이며, 또한《오디세이아》와 이타케의 반복을 주제적 관심사로 삼는 다른 그리스 시인, 가령 요르기오스 세페리스와 콘스탄티노스 P. 카바피의 영향도 받은 것이라고 말한다.[81] 이러한 주장은 앙겔로풀로스의 말로 뒷받침된다. "제가 말했듯이, 제 출발점은《오디세이아》입니다. 제가 가리키는 것은 호메로스의 텍스트가 아니라 신화예요. … 신화에 따르면, 율리시스는 이타케로 돌아오지만 거기 머무르지 않아요. 잠시 후에 그는 또 다른 여정을 떠나지요."[82]

이러한 겉보기에 모순적으로 보이는 문장을 통해 정확히 이해할 수 있는 것은 무엇인가? 한 가지 가능한 설명은, 여행 텍스트로서《오디세

요. 일부 세부는 변경했지만요. 첫째 줄의 '옷'은 아마도 변장한 오디세우스가《오디세이아》2부 거의 내내 입고 있는 거지 옷일 겁니다. 이건 13권의 말미에 묘사되어 있지요.(434-8째 줄) 정원의 '레몬나무'(8째 줄)은 아마도 24권의 한 구절(336-344째 줄)에서 유래할 거예요. 여기에서 오디세우스는 나이 든 아버지 라에르테스에게, 자신이 라에르테스가 오랫동안 잃어버린 아들 오디세우스임을 설득하려 합니다. 그래서 오디세우스는 어릴 적에 라에르테스가 그에게 준 나무의 종류와 수를 열거합니다. (라에르테스는 그가 참으로 오디세우스라는 '징표'를 요구하지요.) '몸의 징표'(10째 줄)는 보모 에우뤼클레이아가 19권에서 오디세우스의 흉터를 알아보는 것에 대한 암시일 수 있어요.(392-3, 468-475째 줄) 이로 인해 오디세우스는 놀라고, 그녀가 그의 정체를 밝힌다면 그녀를 죽일 거라고 협박하게 되지요. 이 흉터는 사실 '사랑의 징표'는 아니에요. 19권 394-466줄에 묘사되어 있듯이, 오디세우스가 어렸을 때에 사냥을 하다가 사고가 나서 위험한 멧돼지에게 입은 흉터지요.《오디세이아》에 있는 참된 '사랑의 징표'는 오디세우스 자신이 아내 페넬로페와 자신을 위해 만든 결혼 침대입니다. 오디세우스는 23권(187-204째 줄)에서 이를 페넬로페에게 말하지요. 이때 페넬로페는 여전히 오디세우스의 정체를 의심하고 있었고, 막 그를 시험해 본 참이에요. 그녀는 저 보모에게 침대의 세부 사항에 대해 부정확한 정보를 주고, 이를 그에게 내어주라고 부탁한 거지요. 그래서 오디세우스는, 침대가 옮겨지거나 바뀐 줄 알고 화가 납니다. 그는 이것을 '징표'라고 불러요.(188째줄)"

81 Andrew Horton, "Question on Ulysses' Gaze Interview", *Message to Anita Perkins*, Email.
82 Fainaru, "The Human Experience in One Gaze," p. 94.

이아》는 문화적 혼종이 낳은, 궁극적으로 이동적이며 각색 가능한 대상이라는 생각이다. 이 서사는 긴 시간에 걸쳐 지속된 문화적 밈meme이며, 다중적 맥락에서의 개작을 허용한다. 《오디세이아》의 본래 형태(그런 것이 있다고 말할 수 있다면)에 대한 논쟁은 오늘날에도 격렬하다. 호메로스가 한 사람인지 여러 사람인지, 《오디세이아》에서 그려진 사건들이 사실적으로 일어난 일이라면, 오디세우스 여정의 위치로 가능한 곳이 어디인지에 대한 논쟁이다. 호메로스의 《오디세이아》는 또한 수많은 언어로 번역되었고, 각 언어 내에도 수많은 판본이 있다. 이러한 점들은 위에서 인용한 앙겔로풀로스의 시가 본래의 《오디세이아》를 정확히 복제하는지 물으려는 시도를 약화시킨다. 위의 사항들은 식별가능한 원본이라는 관념 자체에 도전하기 때문이다. 그보다, 이 분석의 맥락에서 더 생산적인 것은, 앙겔로풀로스가(그리고 그의 공동 각본가가) 'A'의 시를 통해 전하려는 핵심 요소가 무엇인지, 호메로스의 《오디세이아》를 이처럼 지속적이고 그렇기에 이동적인 서사적 혼합 형태로, 그리고 논쟁의 대상으로 만드는 것이 무엇인지를 묻는 것이다.

나는 이러한 요소들에는 네 가지 논쟁적 사고의 반복이 있다고 주장한다. 1) 우리는 여행의 체험을 거친 후 변화하지 않고 머무르리라고 기대할 수 없다. 또는 마찬가지로, 우리가 돌아올 때 뒤에 남은 자들이 똑같이 있을 것이라고 기대할 수 없다. 모빌리티는 고정된 정체성 관념에 도전한다("내가 돌아올 때는 다른 사람의 옷을 입고 / 다른 사람의 이름을 하고 있을 거예요"). 2) 모빌리티는 예외 없이 불확실성을 수반하나, 인류는 종종 확실성을 추구한다("내가 오는 것은 예상치 못한 일일 거예요

/ 당신은 나를 보고, 믿지 못한 채 말하겠지요 / '당신은 그 사람이 아니에요'").
3) 고향, 거주하는 삶, 더 일반적으로, 알아보아진다는 느낌은 모빌리티의 현대에도 여전히 일반적으로 욕망된다("나는 당신에게 징표를 보여주고 / 당신은 나를 믿을 거예요 / 나는 당신 정원의 레몬나무에 대해 말할 거예요 / 달빛을 들여보내는 구석의 창문에 대해서도요"). 4) 모빌리티의 현대에 항구적으로 남아 있는 것은 두 가지밖에 없을 것이다. 그것은 사랑의 추구("그리고 몸의 징표 / 사랑의 징표를 / 우리는 전율하며 우리의 옛 방으로 올라가겠지요 / 안고 또 안는 사이에"), 그리고 여정의 지속적 본성이다("사랑한다고 말하는 사이에 / 나는 당신에게 여정을 이야기할 거예요 / 밤이 새도록 / 그리고 미래의 모든 밤에도 / 안고 또 안는 사이에 / 사랑한다고 말하는 사이에 / 전 인류의 모험을 / 끝나지 않은 이야기를").

5.6 최종성의 공포

현재 상태와 대처하지 못하는 현대의 무능력은 최종성 또는 종말, 궁극적 죽음에 대한 우리의 일반적 공포와 연결될 수 있다. 〈율리시즈의 시선〉의 마지막 장면을 촬영해야 할 시간이 다가왔을 때, 주인공 하비 카이텔의 말수가 점점 줄어 갔다고 앙겔로풀로스는 밝힌다. 그는 회상한다. "그는 파괴된 폐허 영화관에서 일어나는 〈율리시즈의 시선〉의 마지막 장면을 촬영하는 것을 계속해서 늦추려고 했어요. 그는 이게 끝이라는 생각에 공포스러워했지요."[83] 그러나 위의 시에서 표현되었듯이, 미래를 향한 희망은 이러한 공포를 놓아주는 것, 불확실성과 무한성을 어느 정도 받아들이는 것, 그리고 거주하기·모빌리티·귀향의 다양한 문화적 가능성을 새로운 방식으로 고찰하는 데에 있다. 앤드류 호턴과의 인터뷰에서 발췌한 다음 부분에서 앙겔로풀로스의 말은 이러한 생각을 가장 잘 전달한다.

호턴: 미국은 어떤 형태의 "행복한 결말"을 담은 영화를 생산하는 것으로 알려져 있습니다. 그 결말이 아무리 비현실적이든 간에요. 그래서 많은 미국인들은 당신의 것과 같은 영화는 "우울한 결말"을 가지고 있다고 말하지요. 〈율리시즈의 시선〉의 결말에 단순한 "우울" 이상의 것이 있다고 변호할 수 있을까요?

앙겔로풀로스: 나는 그저 아리스토텔레스가 비극에 대해 했던 말을 다시 하고 싶네요. 희곡, 또는 이 경우 영화는 독자에게 연민과 공포를 불러일으킨 후, 이러한 정서가 해방되는 카타르시스를 창조해야 한다고요. 내 영화에 행복한 결말은 없지만, 카타르시스와 위안이 있고, 공포와 연민을 놓아주어요. 이것은 우울하지 않지요! 이를 성공시키려면 울음이 필요하고, 울음이 카타르시스의 일부라는 것은 이해가 될 것입니다. 최종적으로 제 영화에 있는 카타르시스는 무엇일까요? 그것은 하비 카이텔이 마지막에 낭독하는《오디세이아》에서 온 시입

---

83   Fainaru, "The Human Experience in One Gaze," p. 99.

니다. 호메로스에서 가져온 이 문장이 미래를 향한다는 것은 중요합니다. "내가 돌아올 때…" 그러니까 여정은 돌아올 것입니다. 끝나지 않았어요. "고향"을 찾는 여정은 계속됩니다. 일종의 희망이지요. 이 모든 것에도 불구하고, 이 끝나는 순간에 그는 자신과 그리고 세계와의 평화를 찾기 시작하기 때문입니다.[84]

앙겔로풀로스의 생각을 어떻게 현재 순간의 여행 체험과 연관시킬 수 있을까? 카타르시스라는 정서적 지점에 도달하고, 여정의 종말에서 희망을 가지는 것이 가능한가? 지난 2년에 걸친 모빌리티 관련 사건을 보도하는 미디어 기사들을 간단히 조사해 보면 드러나듯이, 이는 복잡한 문제다. 한편으로, 인간은 더 멀리 더 빠르게 여행하는 새로운, 그리고 점점 더 극단적인 방법을 계속해서 탐색하고 있는 것으로 보이며, 이는 불안한 귀결을 가진다. 2012년 10월 15일 오스트리아인 펠릭스 바움가르트너는 소리의 속도보다 빠르게 떨어진 첫 번째 스카이다이버가 되었다. 그는 성층권에서부터 38.6킬로미터의 낙하를 무사히 마쳤는데, 이는 사람이 뛰어내린 최고 높이다. 전 세계에서, 인터넷에 접근할 수 있는 사람에게는 이 사건에 대한 특권적이지만 보호받는 시선이 허락되었다. "이 사건에 대한 라이브 인터넷 스트리밍이 홍보되고 있다. … 바움가르트너의 몸에 있는 카메라를 제외한 모든 카메라에서 스트리밍이 될 것이다. 단, 비극적인 사고가 일어날 때를 대비하여, 주

---

[84] Horton, ""What Do our Souls Seek?": an Interview with Theo Angelopoulos," p. 105

최 측은 이 영상을 20초 지연한 후 방송할 것이다."[85] 사건 후 보도된 바움가르트너의 말에는 속도의 즐거움 및 겸허함의 탐색을 위해 감각과 방향감을 희생시키려는 불편한 욕망이 반영되어 있다.

바움가르트너는 소리보다 더 빠르게 이동하는 것이 "설명하기 힘들어요. 그것은 느껴지지 않기 때문이에요."라고 말한다. 기준점이 없기 때문에 "내가 얼마나 빨리 이동하는지 알지 못해요"라고 그는 기자에게 이야기했다. 그는 "우리가 얼마나 작은지 알기 위해, 때로 우리는 정말로 높이 올라가 봐야 해요."라고 말했다.[86]

다른 한편, 인간이 모빌리티에 관한 야심을 비자발적으로, 단순히 재정적 소모 때문에 억제했음을 보여 주는 증거도 있다. 예를 들어 2012년 10월 4일에 유럽연합에서 ERASMUS[87]를 계속 지원할 자금이 바닥났음이 보도되었다.[88] 에라스무스는 1987년부터 유지되어 왔고, 매년 23만 명 이상의 학생들의 연구를 지원했다.[89] 2005년에 미디어 보

85　Jeri Clausing, "Countdown on for Supersonic Jump," *Stuff.co.nz*, 9 Oct. 2012, 〈http://www.stuff.co.nz/world/americas/7786884/Countdown-on-for-supersonic-jump〉.

86　"Space Jumper Makes Record Leap," *Stuff.co.nz*, 15 Oct. 2012, 〈http://www.stuff.co.nz/world/americas/7815988/Space-jumper-makes-record-leap〉.

87　[옮긴이주] European Community Action Scheme for the Mobility of University Students. 대학생의 모빌리티를 위한 유럽 지역 행동 계획. 유럽연합 회원국 간의 교환 학생 프로그램으로, 장학제도도 포함된다.

88　Dziennik Gazeta Prawna, "Erasmus is Going Bankrupt," *Presseurop*, 4 Oct. 2012, 〈http://www.presseurop.eu/en/content/news-brief/2809601-erasmus-going-bankrupt〉.

89　The ERASMUS Programme - Studying in Europe and More, 2012, European Comission, 〈http://ec.europa.eu/education/lifelong-learning-programme/erasmus_

도 정치학자 슈테판 볼프는 소위 "에라스무스 세대"에 대한 인터뷰를
했다. 볼프는 이 프로그램의 성공을 유럽의 초국가적 정체성의 창조와
연결시켰다. "역사상 처음으로, 우리는 진정한 유럽 정체성의 씨앗을
보고 있다."[90] 이러한 사고 노선에 따른다면, 에라스무스 프로그램의
중지, 그리고 이어질 대학생들의 부동성은 국가 정체성 감각의 부활로
이끌지 않을까?

이 두 예는 모두, 미래를 숙고해야 함을 보여 준다. 그러나 현대에 최
종성 또는 종말에 대한 공포는 어떻게 미디어 담론에서 표출되는가,
그리고 짧은 기간 동안 발생한 종말론적 보도의 본성에서는 어떤 변
화가 관찰될 수 있는가? 최근, 고대 마야 달력에 따르면 세계가 2012
년 12월 21일에 종말을 맞는다고 폭넓은 미디어들이 보도했다. 대략 1
년여에 걸쳐, 이러한 종말론적 예언은 일부 사람들에게 강렬한 공포심
을 불러일으키는 예언이 되기도 하고, 갑자기 불안이 해소되거나 인도
주의적 이상에 근거한 관광 마케팅의 기회가 되기도 했다. 우선, 2011
년 12월 21일 (미국의) ABC 뉴스의 표제는 다음과 같았다. "마야 달력
에 근거한 2012년 세계종말의 카운트다운이 오늘 시작된다."[91] 다음으

---

en.htm〉.

90 Katrin Bennhold, "Quietly Sprouting: A European identity," *The New York Times*, 26
    Apr. 2005, 〈http://www.nytimes.com/2005/04/26/world/europe/26iht-enlarge2.
    html?pagewanted=all&_r=0〉.

91 Suzan Clarke, "2012 End-of-the-World Countdown Based on Mayan Calendar
    Starts Today," *ABC News*, 21 Dec. 2011, 〈http://abcnews.go.com/blogs/
    headlines/2011/12/2012-end-of-the-world-countdown-based-onmayan-calendar-
    starts-today/〉 동시에, 다른 곳에서는 이것이 전혀 새로운 발상이 아니라고 보도되었
    다. "2012년 세계의 종말을 스페인 정복 이전의 문명이 예언했다는 생각은 1970년대

로, 2012년 3월 9일에는 "나사NASA가 2012년 마야 종말론 주장을 분쇄하다"라는 제목으로《사이언티픽 아메리칸》지誌가 보도를 했다. 여기에서 행성과학자 던 여먼스가 "고대 마야문명이 사용하던 달력이 2012년 12월에 갑자기 끝난다는 믿음, 그리고 이것이 세계를 끝장낼 대재앙과 일치할 것"이라는 믿음을 불식시키면서 이 종말론 신화를 탐사한다. 그는 "그들〔마야인들〕의 달력은 2012년 12월 21일에 끝나지 않습니다. 그것은 한 순환이 끝나고 새로운 순환이 시작되는 것일 따름입니다. 우리 달력이 12월 31일에 끝나지만, 새로운 달력이 1월 1일에 시작되는 것과 마찬가지입니다."라고 조언한다. 다음으로 2012년 9월 3일에《뉴질랜드 헤럴드》는 〈과테말라: 마야 달력이 관광을 촉진하다〉라는 기사를 냈다. 이 기사는 과테말라 국가 관광청이 주최한 "인류의 첫 새벽" 세계 정상회담이라는 이름의 행사를 보도했다.[92]

인류의 새로운 시대의 시작을 알리는 올해의 파티를 예약하지 않았다면, 서두르는 것이 좋을 것이다. 마야 우주론에 따르면 인류의 새로운 시대가 시작될 12월 21일에 행사가 예정되어 있다. 마야인의 도시 티칼 근처의 호텔들은 이 시기의 "완전 매진"을 준비하고 있다.[93]

부터 일부 뉴에이지 집단에서 유명했다.", "Guatemala: Mayan Calendar Spurs Tourism," *The New Zealand Herald*, 3 Sep. 2012, ⟨http://www.nzherald.co.nz/travel/news/article.cfm?c_id=7&objectid=10831395⟩.

92 "Guatemala."
93 "Guatemala."

이러한 증거들은, 수신되는 모든 미디어 신호에 탐닉하는 사람이 인류의 상당한 부분을 차지함을 시사한다. 그럼에도 불구하고, 여기에서 이루어진 여행 텍스트 분석은 이러한 추세에 반하는 노력을 보여 준다. 일부 작가와 영화감독은 의문 없이 받아들여지고 있는 미디어, 그리고 정치적·사회적 이데올로기적 담론에 대한 비판적 관점을 부각시키려고 의식적이고 결연히 노력하였다. 호메로스의《오디세이아》가 지속적이고 융통성 있는 문화적 밈으로서 갖는 유명세로 인해, 이 서사를 반복하는 것은 작가와 영화감독에게 성공적인 소통적·양식적 방법이 되어 왔다. 그들은 세계화되는 세계에서 모빌리티의 현 상태에 관한 우려를 표하고 물음을 던지기 위해 이러한 방법을 사용했다.

6장

결론:
우리는 너무 멀리 갔는가?

6.1 서론

결론에서는 앞에서 제시했던 주요 주제와 사고들을 숙고할 것이다. 이를 위해 분석 및 방법론적 접근법과 관련해서 서론에서 제기했던 두 가지 폭넓은 물음에 답하려고 한다.

첫 번째 물음은, 여행 체험이 시간에 걸쳐 문화를 어떻게 변용시키느냐는 것이다. 첫 번째 물음에 답하기 위해 현대 여행 텍스트, 베른하르트 슐링크의 2006년 소설《귀향》의 사례를 탐구할 것이다. 이 소설은 아버지를 찾으려는 한 독일 젊은이의 오디세이를 이야기한다. 여기에 이전 장에 나온 유관한 예도 더할 것이다. 본격적인 논의에 앞서 이 소설을 짧게 소개하고, 세 주제로 나누어 이야기할 것이다. 첫째, "긴 시간에 걸친《오디세이아》의 중요성", 둘째, "강렬한 모빌리티에 대한 응답", 세 번째, "귀향의 가능성"이다.

이 결론 장에서 논하려는 두 번째 폭넓은 물음은 다음과 같다. 독일에 초점을 맞춘, 여행 텍스트에 대한 모빌리티 관점에서의 비교문화적 분석이 모빌리티 연구의 장에 어느 정도나 공헌할 수 있는가? 이 물음에 대한 답으로 나의 분석이 기존의 모빌리티 연구에 어떻게 생산적으로 기여하는지 숙고한 후, 미래의 연구에 필요한 제언으로 끝맺으려 한다.

6.2 《귀향》과 관계된 주요 주제들

6.2.1 베른하르트 슐링크, 《귀향》(2006)

소설 《귀향》에서 베른하르트 슐링크는 고향과 귀향이라는 주제를 독자 스스로 진지하게 반성하도록 초대한다. 소설은 아들 페터 데바우어와 부재하는 아버지 존 드 바워 사이의 복합적 관계로 이루어진다. 슐링크는 제2차 세계대전 후 국가사회주의적 과거의 그림자 아래에서 독일의 상이한 세대의 사람들이 어떻게 자기형성 및 껄끄러운 가족관계라는 문제에 대처하려고 했는지를 검토한다. 여기에서 우리는 전통적(또는 안장시대의) 의미에서의 자기형성 관념과의 단절을 식별할 수 있다.

고국이 악한 독재와 대량살상 행위로 인해 영원히 망가진 역사의 시기에, 우리는 어떻게 자기형성 과정을 겪을 수 있을까? 새로운 모빌리티의 현대에도 역사는 여전히 문화적 정체성 감각과 큰 관련이 있는 특정 장소에 묶여 있는가? 이러한 진퇴양난에 직면해 아버지와 아들은 상이한 접근법을 보여 준다. 페터는 고향을 찾고, 개인적 과거와 담판을 지을 나름의 방식을 탐색한다. 그의 개인적 과거에는, 할아버지와 스위스에서 살았던 목가적인 삶과, 그다지 애정을 보이지 않았던 어머니와 독일에서 살았던 그다지 좋지 않은 삶, 그리고 그가 거의 알지 못하는 아버지의 항상적 부재 사이에서 갈라진 어린 시절이 있다. 이와 대조적으로, 예전에 나치 당원이었던 아버지는 과거와의 모든 연관 또는 과거에 대한 모든 책임으로부터 면제받을 방법을 찾는다. 그는 실질적인 조치를 취한다. 그는 미국으로 이동하여 새로운 이름을 받고 (요한 데바우어에서 존 드 바워로 바꾼다), 학자로서 새로운 이력을 얻고, 새로운 가족을 시작하는 것이다.(HK 267) 페터는 아버지의 책임 방기가 세대적 추세를 보여 주는 것이라고 요약한다. "그를 전후한 수천 명과 마찬가지로, 그는 아내와 아이를, 그의 어두운 과거와 옛 이름을 유럽에 버려 두었다."(HK 365)

이러한 《귀향》의 짧은 요약을, 본 텍스트에서 발견한 것들과 연결시켜 볼 수 있다. 예를 들어, 아버지와 아들의 응답이 드러내는 세대적 차이는 요한 라인홀트 포르스터와 아들 게오르크 포르스터의 상이한 응답을 상기시킨다. 그들은 1770년대에 쿡 선장과 함께 뉴질랜드 및 남태평양으로 여행했지만, 새로운 문화적 상호작용에 대한 응답은 달랐다. 동시에, 다양한 정도의 모빌리티를 가진 상이한 시간대에서 성장한다는 것이 맥락-특유의 다양한 응답을 낳는다는 점을 고려할 때, 상이한 응답이 발생하리라는 것은 예측 가능하다. 이 점은 안장시대와 현대의 여행 텍스트에 대한 비교분석으로 드러났다. 그리하여, 소설 《귀향》에서 슐링크는 전후 독일의 상대적으로 숨겨져 있고 논쟁적인 도덕적 문제 일부에 빛을 비추는 동시에, 모빌리티·고향·정체성 개념에 관한 열린 물음들을 던진다.

6.2.2 긴 시간에 걸친 《오디세이아》의 중요성

odyssey … 일련의 방랑; 길고 모험적인 여정. □ Odyssean … 오디세우스(율리시즈)가 트로이로부터 고향으로 돌아오는 모험을 묘사하는, 호메로스가 쓴 것으로 간주되는 서사시의 제목[1]

　나는 문화적 정초 역할을 한 그리스의 서사시, 호메로스의《오디세이아》에 대한 검토로 분석을 시작했다. 그리고 괴테의〈행운의 돌〉의 구상,《젊은 베르테르의 슬픔》(1774) 같은 문학작품 생산과 관련하여 이 텍스트의 중요성을 지적했다. 호메로스의《오디세이아》에서는 오디세우스의 단수적-모빌리티 여정의 핵심 면모들을 식별했다. 여기에는 예컨대, 문화적 기억의 중요성, 그를 고향으로 되돌리는 데에 신들이 한 역할, 또한 이타케로 귀환하는 것을 이상적 귀향으로 보는 해석을 고찰했다.《오디세이아》의 지속적 문화적 파급력을 인지함으로써, 란스마이어나 앙겔로풀로스와 비슷한 방식으로 슐링크도 소설《귀향》에서 호메로스의 서사시를 인터텍스트intertext로 끌어들인다. 예를 들어, 페터 데바우어와 존 드 바워라는 유전적으로는 관계되어 있지만 사회적으로는 소원한 두 인물은 현대에 귀향의 가능성에 관한 대조적 관점을 보여 주고, 또한 이것이 호메로스의《오디세이아》의 귀향 신화와 어떻게 관계하는지를 보여 준다. 페터는 드 바워의《법률 오디세이》라는 책을 발견하고 처음으로 아버지가 뉴욕시 컬럼비아대학 정치학과 교수라는 것을 알게 된다. (HK 259) 이 책의 서론에서 드 바워는《오

---

1 Della Thompson, ed., *The Concise Oxford Dictionary of Current English*, vol. 9 (Oxford: Oxford.

디세이아》의 결말에 대한 관습적 (또는 비반성적) 이해라고 부를 수 있을 것을 제시한다.

서론은 법에 대해 다루지 않고,《오디세이아》를 다루었다. 그는 이를 모든 귀향 이야기의 근원 형태로 기술한다. 그 모든 모험에서, 실수와 잘못에서, 실패와 성공에서, 오디세우스는 집으로 돌아갈 때까지 자기에게 충실하다는 것이다. 집에서 그를 기다리고 있는 것은 파렴치한 저항이지만, 또한 참된 사랑도 있고, 또한 이 저항을 부수고 사랑이 행복하게 충족되게 할 수 있는 무기도 있다. (HK 259-60)

그러나 후에 페터가 뉴욕에서 드 바워의 대학 강의에 출석했을 때, 드 바워는《오디세이아》는 해체해 보면 실은 본질적으로 무의미하다고 주장한다.[2]《오디세이아》의 결말에 대한 그의 이후 재평가는 다음과 같다.

《오디세이아》의 결말이 갖는 의미를 독자는 결코 확신할 수 없다. … 더 자세히 볼수록, 점점 더 혼란스러워진다. 자유민 살해가 신성모독에 대한 벌이라고? 그 자유민들의 행위는 그렇게 신성모독적인 것이 아니

---

[2] 수업에 출석하기 전에 드 바워의 학생들은 이 책을 읽었을 것이다. 다음 인용으로부터 우리는, 그가 그의 이전 주장을 해체할 때 학생들이 느끼는 충격을 그가 즐겼으리라고 추측할 수 있다. "드 바워는 벌써부터, 당황을 경감시킬 수단이 약화될 것을 기대하며 흡족해 하고 있었다.", HK 305.

다. 그들은 과부로 추정되는 사람에게 구애한 것이다〔.〕 … 자유민 살해가 폭력적인 군사력 우위를 상대한 오디세우스와 텔레마코스의 위대한 승리라고? … 신들이란 늘—때로는 정의롭고 때로는 부정의하며, 때로는 상을 주고 때로는 벌을 주며, 때로는 사랑하고 때로는 미워하며, 때로는 주사위를 던진다. 《오디세이아》의 목표와 의미, 진리, 충성과 배신—모든 것은 유동적이다.(HK 291-2)

드 바워의 해석은 란스마이어의 《오디세우스, 범죄자》의 장면들을 상기시킨다. 여기에서 한때 목가적이었던 이타케는 환경적 재앙이 닥친 지역이 되었고, 오디세우스는 영웅으로 받아들여지지 않고 피에 굶주린 전쟁광으로 거절당한다. 더 나아가, 드 바워는 귀향의 가능성을 의문시한다. 그는 (호메로스의) 오디세우스의 이타케 너머로 여행할 숙명에 대해 다음과 같이 말한다. "오디세우스는 한 번도 참으로 귀향하지 않는다. 그는 곧 다시 여행을 떠나야 하고, 이 새로운 출발에는 좋은 귀향이 예고되어 있기는 하지만, 그렇기에 아직 확실하지 않다."(HK 290). 드 바워는 이상적이고 최종적인 귀향을 거부하고 지속되는 여정의 관념을 택한다. 이는 란스마이어의 《오디세우스》나 앙겔로풀로스의 'A'의 서사와 비슷하다.

그리하여 드 바워는 오디세우스 여정의 결말에 집어넣어 읽을 수 있는 확실성이나 최종성 감각을 담론적으로 모조리 불안정하게 만들려한다. 그가 추천하는 세계관 또는 삶에 대한 접근법에는 회의주의가속해 있다. "불신하세요! 다음 10년도, 다음 100년도 믿지 마세요!"(HK

306) 불신과 무의미라는 생각을 드 바워가 고집하는 것은, 안장시대 클라이스트의 우연성 개념을 상기시킨다. 클라이스트의 관점처럼 드 바워의 관점은 상상된 이상을 믿지 않고 불확실성을 직면하도록 고무시키는 장점이 있는 반면, 삶이 궁극적으로 무의미하다면 삶은 의의를 읽거나 살 가치를 잃는다는 위험도 낳는다. 대조적으로, 인류의 현 상태에 대한 란스마이어와 앙겔로풀로스의 종종 음울한 반성 배후에는 희망이 있다. 그들의 텍스트는 모빌리티의 현 상태에 있는 귀환불능점에 독자가 대면할 수 있는, 그렇기에 그와 담판을 시도할 수 있는 공간을 열어 준다.

6.2.3 강렬한 모빌리티에 대한 반응

현대의 모빌리티와, 그리고 현재와 미래 양쪽 모두가 가지고 있는 불확실성과 담판을 짓는다는 문제에 대해 슐링크는 페터의 눈을 통해 대안적 관점을 제공한다. 어쩌면 세계에는 그의 아버지가 강변하는 것보다 더 적은 불확실성이 있을 수 있고, 새로운 모빌리티의 시대에 존재하는 불확실성에 대처하는 법을 배우는 것이 반드시 나쁜 것은 아닐 수 있다. 페터는 드 바워와의 상상적 논쟁에서 이 점을 요약한다.

생각 속에서 나는 드 바워와 다툰다. … 그래, 우리가 이기심, 무분별함, 배신, 사기, 그 외 훨씬 더 불쾌한 일을 할 능력이 있다고 하자. 하지만 이는 우리가 그러지 않아도 알던 것이다. 그래, 악이 20세기의 범죄와 전쟁으로 끝나지 않았고, 세계에 더 있을 것이라고 하자. 그것도 새로운 것은 아니다. ⋯ 흥미로운 것은, 우리가 우리의 정상성을 어떻게 수립했는가 하는 것뿐이다. (HK 363)

첫눈에 보기에, 혹자는 여기에서 페터 자신이 세계에 현존하는 폭력의 실재를 직면하지 않고 회피하고 있다고 비난할 수도 있다. 또한 혹자는 페터의 접근법이 새로운 모빌리티를 이해하는 첫 발짝이라고 볼 수도 있다. 그는 호메로스의 결말을 무의미하다고 일축하지 않고,《오디세이아》의 결말에서 그리고 더 일반적으로는 현대에 귀향 개념을 개인들이 이해하고 정상화하는 다양한 방식을 보는 것이 더 가치가 있다고 함축한다. 메타–수준에서 보자면, 이것이 바로 두 중심인물의 관점을 통해 슐링크가 독자에게 열어 주는 기회다.

한 발 물러나서, 모빌리티에서 생겨나는 이러한 불확실성 감각이 언제 등장했는지, 그리고 다양한 여행자들이 거기에 어떻게 응답했는지를 묻는 것은 유용하다. 코젤렉을 따라서 나는 안장시대가 사회적 변화의 근본적 시대라고 주장했다. 이 시기에 여행을 통해 삶에서 무엇이 가능해지는지를 보려는 욕구를 표현했던 많은 여행자들이 있었지만, (클라이스트의 유연성 개념을 포함해서) 뜻밖의 여건에 대처하는 개별적 체험에는 큰 다양성이 있다. 예컨대, 우리는 모리츠/안톤 라이저의 "방랑벽" 또는 새로운 사람, 장소, 사물을 추구하여 계속해서 움직이려는 끊임없는 욕구를 니콜라이 여정의 통제된 방법과 대비시킬 수 있을 것이다. 니콜라이의 방법은 "모든 여행자는 여행에 나서기 전에 여행의 목적을 잘 숙고하고 확정해야 한다"는 그의 믿음에 근거한 것이었다.(BeR 13) 가장 중요한 것은 변화의 맥락 속에서 정상성을 어떻게 수립하느냐 하는 것이라는 드 바워의 사고 노선을 따른다면, 우리는 모리츠/라이저에게는 계속해서 자신들을 새로운 체험에 처하게 하는 것이 정상이 되었던 반면, 니콜라이에게는 잘 숙고되고 계획된 여정을 실행하는 것이 정상이라고 결론내릴 수 있다. 또다시, 망명 중에《페터 슐레밀의 놀라운 이야기》를 쓴 샤미소 같은 작가의 경우, 그가 부동적이 되었던 시기에 정상성의 느낌을 수립한다는 과제는 상상적 여정의 가능성에 대한 탐사를 함축했다. 이 프랑스 태생 작가의 사적인 현실을 괴롭힌 것은, 그가 선택한 독일이라는 문화적 고향에 감금당했다는 느낌이었다. "나는 더 이상 조국이 없었다. 아니면, 아직도 조국이 없었다." 그의 주인공 슐레밀의 현현은 이러한 느낌에 대응한다. 그의 증진된 모빌리티의 힘은 호메로스의 인물, 세계를 둘러싸는 자 포세이돈의 능력에 비견될 만하다. 그래서 안장시대에 등장하던 모빌리티(이는 여행으로부터의 일시적 배제나, 정상성의 느낌의 수립도 포함한다)에 대한 개인적 응답은 새로운 사람과 장소를 지속적으로 추구하는 데에서부터 잘 고안된 계획, 상상적 탈출까지 이른다.

초기 현대에서 나는 심각한 여행 제약에 맞닥뜨린 동독인의 여행 욕구를 검토했다. 풀브룩은 다큐멘터리〈장벽 뒤에서: 동독에서의 "완벽하게 정상적인 삶"?〉에서 동독에서 살면서 정상성의 느낌을 수립할 수 있는지를 탐사한다. 작가 불카우는, 안장시대 문학적 영웅들보다 더 제약된 모빌리티를 가지게 된 많은 사람들이 이러한 모빌리티와 담판을 지을 수 없었다는 사실을 고려하여, 이러한 견해에 도전했다. 뢰스트의 반쯤 자전적인 주인공 하스가 여행의 불가능성과 투쟁하는 방식은 주로 심리적이다. 그는 연구를 위한 여행이라고 가장하여 법적인 탈출구를 찾으려 하지만, 거듭되는 거절 후 신경쇠약에 빠지고 만다. 뮐러를 모델로 한 델리우스의 주인공 곰피츠는 좀 더 실천적이고 실용적인 접근법을 취한다. 그는 여행을 인권이라고 보고, 요트를 타는 법을 배워 덴마크로 탈출한다. 그는 알고서도 공화국 탈출 범죄를 저지른 것이다. 결과적으로, 1989년에 베를린장벽이 붕괴하고 동독인들에게 여행할 권리가 생긴 것이 그에게는 그리 중요한 것이 아니었다.

이와 대조적으로, 소련의 해체라는 형태로 사회주의가 몰락한 것은 우주비행사 크리칼료프에게 중대한 영향을 미쳤다. 그는 우주정거장 MIR에 10개월을 머무르게 되었다. 모스크바에서 벌어지고 있는 위기에 대해 어떻게 느끼는지를 리포터가 물었을 때, 그는 이 사건들과 자신을 연결할 수가 없었다. 그는 지상에서 일어나는 일과 자기를 연관시키지 않고, 우주에 있다는 체험과 자신을 동일시한다. 즉, 놀라운 행성 밖에서의 시선을 누리기, 그리고 무중력 환경에서 다른 우주비행사와 장난스럽게 상호작용하기와 동일시한다. 지상에 착륙했을 때에야, 이 지친 듯이 보이는 소련 최후의 시민이 지상에 묶여 있으며 위기에 시달리는 인간 집단에 재참여함에 따라, 이러한 무국가적 체험의 숭고한 본성이 급작스럽게 망각된다. 그럼에도 불구하고, 크리칼료프의 겸허 감각을 고려한다면, 우리는 우주에 가 보지 못한 다른 사람들로부터 그가 자신을 꼭 분리하지는 않았다고, 또는 자신을 유명한 역사적 탐험가들과 동급으로 보지는 않았다고 생각할 수 있을 것이다. 그의 놀랍고 유례없는 체험에도 불구하고, 그는 자신의 역할을 합리화함으로써 정상성의 느낌을 수립하는 것 같다. "우주여행자—우리의 너무나 변변찮은 테크놀로지의 희생자—가 진정 새로운 해안에 닿을 기회는 조금도 없다. 발견자로서가 아니라 그저 관찰자로서 여행을 하고 있다는 것을 그들은 잘 알고 있다."

여기에서 크리칼료프의 요점을 잠시 검토해 볼 가치가 있겠다. 그 것은, 새로운 모빌리티가 정상이 되었을 때에는 정상성의 느낌의 수립이란 아마도 크게 중요하지 않을 것이라는 점이다. 안장시대에 지배적이 되었던, 여행하려는 담론적 욕구 그리고 여행이 인권이라는 일반적 믿음—이는 베를린장벽의 붕괴로 이어지던 시기 동독인들의 저항 메시지 중 하나였다—이 지금 와서 뜻하는 것은, 180도 전환이 일어났고 오히려 여행하지-않음이 노고로 보인다는 것이라고 주장할 수 있을까? 92분마다 세계를 한 바퀴 돌면서도, 크리칼료프는 "현실을 보면 우리는 언제나 같은 장소에 있는 거지요"라고 말한다. 모빌리티의 편재는, 여정이 어디에서 시작되고 끝나는지에 대한 명료한 감각이 없음을 뜻한다. 호메로스의 《오디세이아》에서, 단수적-모빌리티의 여정에서, 여정의 끝에 오디세우스가 아버지와 재결합할 때 질서는 회복된다. 슐링크의 《귀향》, 복수적-모빌리티 시대의 여정에서 주인공 페터는 여행 한가운데에서 아버지를 만나거나 재결합하지는 않는다. 이 점들을 합쳐서 보면 의문이 생긴다. 현대에는 거주하는 삶의 체험이 아니라 모빌리티의 체험이 정상성의 느낌을 수립하는 역할을 점점 더 많이 맡는다면, 이것이 고향 개념과 귀향 관념에는 어떤 의미를 가지는가?

6.2.4 귀향의 가능성

《귀향》의 맨 마지막에서, 잃어버린 아버지를 찾는 페터의 여정은 귀향과 함께, 평화의 감각과 함께 끝난다. 그는 아버지로서의 드 바워에 대해 품고 있던 이상적 이미지를 놓아주는 긴 과정을 통해 이 지점에 도달할 수 있다. 그들의 관계는 복잡성투성이의 관계이며, 아버지에 대한 꿈을 포기하는 것은 페터가 드 바워를 좋아하지 않는 것만큼 쉬운 일이 아니다. 이 점은 다음 말에서 드러난다. "탐탁치 않게도, 나는 그가 교사로서 찬란하다는 것을 깨달았다. 나는 오히려 그가 나쁜 사람이기를 바랐다."(HK 293) 페터의 고통의 심부에 있는 것은, 그의 아버지가 그를 버렸다는 사실이다. "아버지는 나를 보살피지 않았고, 또한 자기만을 생각했다. 이것이 나를 특히 공격적으로 만들었다."(HK 273) 그렇지만 그는 여전히 왜 아버지가 떠났는지, 그가 그러한 책임 방기를 어떻게 정당화했는지를 알고 싶어 한다. "그가 삶 내내 떠밀려 다녔다는 것, 상황에 발을 들이고는, 언제나 다시 발을 뺐다는 것, 그리고 끝에 가서는 이러한 삶의 방식을 정당화하는 이론을 계발했다는 것은 나를 동시에 매혹시키기도 했다."(HK 273)[3]

---

3 이 소설의 마지막에 페터가 아버지를 뉴욕에서 발견할 때, 독자는 드 바워가 또한 포스트모더니즘적 전망을 취하고 있음을 알게 된다. 이러한 전망은, 악행이나 잘못으로부터 그를 분리시키는 데에 효과적으로 기여한다. 이는 부분적으로 그 용도를 정당화함으로

뉴욕에서 보내는 시간의 끝이 다가오자, 페터는 아버지를 대면하고 자신이 아들임을 밝힐 것인가 하는 결정의 순간을 맞는다. 처음에 그는 이상적인 아버지-아들 결합의 환상을 가졌다.

생각 속이 아니라 현실 속에서 그를 만나야 할까? … 내가 이 문제를 가볍게, 스포츠처럼, 놀이처럼 대한다면, 아버지와 아들의 대면은 부자 상봉이 될 수 있을 것이다. … 그러면 우리는 함께 앉아 적포도주를 마시며 귀향에 대해 이야기할 것이다. (HK 364)

그러나, 이러한 딜레마를 그리고 직접 겪어 본 드 바워를 고려해 보고서, 페터는 이러한 이상을 놓아주는 것이 행복한 미래를 보장할 가능성이 가장 크다고 결정한다.

내가 오랫동안 아버지 안에서 보았던 대로 그가 실제로 모험가, 놀이하는 사람이었더라면 나는 그를 대면했을지도 모르겠다. 그러나 놀이 같은, 모험적인 경쾌함은 언제나 외관에 불과했고, 드 바워의 뒤에는 악령들이 매복하고 있었다. (HK 364)

궁극적으로 페터는 자기 나름의 귀향을 체험한다고 우리는 말할 수

써 이루어진다. 드 바워는 소위 강철률iron rule을 따르는데, 이는 다음과 같이 정식화된다. "악을 실행하기 위한 정당화로서, 자신을 기꺼이 악에 맡김." (HK 261)

있을 것이다. 그는 독일로 돌아가고, 그러자마자 여자친구 바바라가 그를 받아들인다. 그녀는 그를 참을성 있게 기다렸다. 이들의 혼란스러운 역사에도 불구하고(한때 바바라는 페터를 버리고 다른 남자에게 간 것으로 보인다), 끝에 가서 바바라의 행위는 호메로스의 페넬로페의 행위와 비슷하다. 그녀는 페터에게 충실하게 있었고, 그가 뉴욕에 있는 동안 그를 기다렸다. 그러나 《오디세이아》와 달리, 페터의 귀향이 성공한 것은 그가 아버지와의, 즉 호메로스의 라에르테스와 등치되는 인물과의 화해를 포기한 데에 있다고 우리는 주장할 수 있다.

　　놀이 하듯 경쾌함으로 이론을 고안했던 … 오디세우스에 대한 동경을 나도 가진 적이 여러 번 있다. 그러나 나는, 그것이 요한 데바우어나 존 드 바워를 향한 동경이 아니라는 것을 안다. 그것은 어떤 이미지를 향한 동경일 따름이었다. 이 이미지는 내가 아버지에 관해 스스로 만들어내서 내 마음에 걸어 놓았던 것이다.(HK 375)

　그렇다면, 이러한 결말이 뜻하는 바가, 페터가 바바라와 독일에서 일종의 현대적 거주하는–삶을 계속한다는 것인지, 아니면 그의 미래는 불확실하고 그는 계속해서 여행할 운명이라는 것인지를 상상하는 것을 슐링크는 독자에게 맡겨 둔 것이다.

　《오디세이아》에 대한 언급을 제외하고, 슐링크의 결말이 본 책에서 제시한 귀향 논의, 특히 현대의 귀향에 대한 더 폭넓은 논의와 연관될 수 있는 지점은 어디인가? 내가 여기에서 제안하는 바는, 귀향에 대한 관심은 여행 텍스트가 고향 이념의 재고에 열어 주는 공간에 위치해 있다는 것이다. 이러한 구절 또는 영화 장면에서 고향과 귀향이 넌지시 암시되기는 한다. 그러나 전 지구적 맥락이 변화한 탓에, 이는 전통적인 형태의 거주하는-삶(으로의 귀환)과 동일해질 수 없다. 괴테의 〈행운의 돌〉은 이러한 사고를 구체화한다. 아이헨도르프의 주인공 무용지물은 일종의 거주하는-삶을 발견하지만, 이는 그의 고향 마을과 멀고, 그는 미래에 여행할 운명이다. 슐링크의 주인공 또한, 이상을 포기하고서 고향의 감각을 발견한다는 측면에서 이에 대한 예가 될 수 있다. 힘과 역동, 항구성과 변화 사이의 균형 상태를 나타내는 존재 방식을 찾는 것이 가능하냐는 물음이 제기된다. 이러한 테제를 검토한 작가와 영화감독들은 이것이 가능하다는 데에 의견이 일치하는 것으로 보인다. 이는 우리가 고향을 고정된 지리적 위치가 아니라 정서와 관련하여 재고할 때, 우리가 타자, 가령 뒤에 남아 있는 자를 더 고려할 때, 우리가 전 지구적 교역을 촉진하고 속도와 빈도의 면에서 우리의 여행을 증가시키는 것의 중요성을 재고할 때 가능하다.

예를 들어 앙겔로풀로스는 이동 중에 고향의 느낌을 발견할 수 있다고 제안한다. "저에게 '고향'이란 내 집이 아니라, 조화 속에 있다고 느낄 수 있는 장소입니다—제 경우에는 풍경을 지나가는 자동차 안이죠." 국가 정체성과 관련하여 그는 이렇게 덧붙인다. "저는 그리스가 지리적 위치에 지나지 않는다고 생각하지 않습니다. … 그리스는 실제 경계를 훨씬 넘어서까지 확장되죠. 고향과 마찬가지로, 그리스도 우리가 탐색하는 곳이기 때문이에요. … 내 마음속에 있는 이 그리스가 내가 고향이라고 부르는 그리스〔입니다.〕" 이에 따라, 미래의 모빌리티 학자는 어쩌면 코젤렉과 비슷한 접근법을 취할 수도 있을 것이다. 그는 의미론적 변동에 반영되는 사회적 변화의 시기, 정주주의에 토대를 두고 자기 정체성을 확보하는 데에서 모빌리티에 근거하여 자기 정체성을 확보하는 데로 강조점이 옮겨 가는 시기를 식별할 것이다. 예를 들어, 다음과 같은 말을 하는 것이 일상 회화에서 훨씬 일반적이 되고 수용될 것이다. "나는 지금 일본과 오스트레일리아 사이에 있어", "지금은 독일이 내 고향이야." 위에서 슐링크의 소설로부터 든 예 또한 고향의 발견에 중요한 것은 타인의 받아들임, 타인에 의한 받아들여짐, 뒤에 남은 자에게 잘못된 기대를 가지지 않음이라는 점을 시사한다. 란스마이어의《오디세우스, 범죄자》에서 작가가 함축하는 것은, 현대의 오디세우스 인물이 이타케로 돌아가 질서를 회복시킬 기회를 가지기 위해서는, "트로이를 향한〔…〕〔그의〕피 묻은 순례"의 결과로 타인이 그를 "도시 파괴자!"라고 간주한다는 사실에 대한 책임을 받아들여야 한다는 것이다.

2008년 유로존 위기를 포함하여 현대의 위기에 연이어 생겨나는 논쟁으로 인해 혹자는, 우리의 급속히 세계화되는 세계가 어떻게 현 상태에 도달했는지, 그리고 우리가 어떻게 더 주의 깊게 전진할 수 있을지에 대한 반성이 시급하다고 결론 내렸다. 이 점은 작가 잉고 슐체의 "누구에게 유용한가?"와 "누가 이득을 보는가?"라는 물음으로 요약된다. 새로운 테크놀로지의 설계와 관련하여 이 물음은 특히 적절하다고 주장할 수 있을 것이다. 비릴리오의 아이러니한 관찰을 빌리자면, 얼마나 많은 사고事故박물관이 건설되어야 하는가? 어쩌면 미래를 향한 희망은 현재의 가치의 재고에 있을 것이다. 경제적 진보, 그리고 더 빠른 물리적 · 가상적 여행 테크놀로지의 발전보다 인간의 상호작용과 정서적 안녕이 우선시될 때 긍정적 변화가 일어날 수 있다. 이로 인해 고향의 느낌 속에서 더욱 균형 잡힌 존재 상태, 그리고 신뢰의 재발견이 일어날 수 있을까? 새로운 모빌리티의 효과에 대한 고찰에 비판적으로 임한 여행작가와 영화감독이 도움이 될 수 있는 곳은 이 지점이다.

6.3 향후 연구를 위한 제안

본 텍스트는 여러 가지 면에서, 현재 등장 중인 모빌리티 연구의 장에 기여한다고 볼 수 있다. 내가 아는 한, 본 텍스트는 모빌리티를 역사화하고—주로 1770~1830년 안장시대와 1985~2010년 현대의 여행 체험에 대해—비교 관점을 제공하는 최초의 시도에 속한다. 이는 아직 식별되거나 이론적으로 맥락화되지 않았던 분석적 연관, 가령 안장시대의 여행과 동독인의 여행 욕망 사이의 연결—《로스토크에서 시라쿠사로의 산책》이 예가 되었다—을 위한 공간을 열어 주었다. 이에 더하여 나는 독일학에서 온 문헌학적 접근법, 가령 하이데거의 거주 개념의 등장 · 발전 · 반복에 대한 상세한 검토를 포괄함으로써 어떤 통찰을 얻을 수 있음을 보여 주려 했다. 물론, 독일에 초점을 둔 분석적 여정의 지도를 그리는 것은, 시간과 지리적 공간에 걸쳐 여행이 끼치는 문화적 영향을 추적하는 한 가지 방식에 불과하다. 향후의 연구는 여타 문화적 · 지리적 경로를 탐사하고, 모빌리티 연구를 위해 문화적으로 중요한 다른 시대에 초점을 맞출 수 있을 것이다. 나는 이 연구가 다른 연구와 비교했을 때 모빌리티에 대한 접근성이 높았던 사람들의 여행을 따라간다는 사실을 인지하고 있다. 구동독 시민만이 명확한 예외이다. 처음부터 의식적으로 의도했던 것은 아니지만, 내가 초점을 맞춘 여행자들 대부분이 남성이었다는 점도 인정한다. 이동적 맥락의 변화에서 페넬로페, 빌헬미네, 샤먼 등 여성의 역할을 어느 정도 논하기는 했지만, 향후의 연구는 여성 여행자의 체험에 더 명시적으로 초점을 맞출 수 있을 것이다.[4]

아마도 본 텍스트의 가장 중요하고도 어떤 의미에서 예기치 못한 결과는, 세계에서 일어나고 있는 일을 대하는 상이한 관점을 독자에게 제공하여 반성과 잠재적 변화를 가능케 하는 텍스트적 공간을 여는 데에 여행작가와 영화감독이 핵심적으로 중요하다는 점을 인식한 것이다. 현대의 작가는 (그리고 영화감독은) 민감한 문화적 의식, 일상적 시민과의 밀접한 접촉, 방대한 독서를 하는 경향이 있기에, 비판적 사고

---

4 예를 들어, 호메로스의 인물 아테네와 페넬로페에 대해서는 2장 38-40쪽, 클라이스트와 빌헬미네의 관계에 대해서는 3장 98-100쪽, 우주여행자 헬렌 샤먼에 대해서는 4장 각주 502번, 란스마이어의 인물 아테네와 페넬로페에 대하서는 5장 238-40쪽을 참조하라(2.4 〈아테네, 페넬로페…〉 전체) (3.4.6 〈하인리히 폰 클라이스트…〉 "사랑, 여행, 편지" 절 전체) (4.5.3 〈안드레이 우지카…〉 "우주비행사의 관점을…" 절에서 "흥미롭게도, 샤먼은 꽤 우연히 우주비행사가 되었다."로 시작하는 주석) (5.5.1 〈여정은 계속된다…〉 "오디세우스, 범죄자" 절 "이러한 대결Auseinandersetzung"로 시작하는 문단부터 해당 절 끝까지).

를 재활성화하고 평범한 시민들의 관심사에 목소리를 주는 것을 돕기에—"이 점을 너무나 축소시키기 때문에, 결정적인 것이 이때 결여되고〔마는〕" "전문가"와 반대로—적절한 위치에 있다고 슐체는 주장한다. 이러한 소위 전문가 중 하나가 후쿠야마다. 그는 서구 자유민주주의에 명시되어 있는 가치가 보편화되리라는 추정에 근거하여 1989년에 역사의 종말을 상정했다. 이 이론에 반대하여 제임슨이 앙겔로풀로스의 독특한 영화적 시선에서 발견하는 것은, 그것이 "현재의 '역사의 종말' 너머, 세계 시장에 대한 항복을 통한 행위의 마비 너머의 새로운 정치를 발명하는 데에 기여"할 기회를 제공한다는 점이다. 앙겔로풀로스의 작품은 "미래의 서사적 형태를 엿볼 예상치 못한 기회를 준다. 그것은 세계화와 초국가적 소통, 그리고 전 세계 대중문화의 시대에 와야 할, 생각조차 불가능한 순수예술이다"라고 주장한다. 비슷한 맥락에서, 비릴리오는 우주비행사 크리칼료프를 다루면서 우지카의 다큐멘터리영화가 어떻게 후쿠야마의 테제를 무의미하게 만드는지를 논한다. 영화적인 외계에 대한 시선을 통해, 역사에 대한 이해 자체가 변화하기 때문이다. "우주여행을 통해, 우리는 지리학적 공간여행…에서 시간여행으로 넘어간다." 비릴리오는 계속 말한다. "이는, 말 그대로 역사적 혁명이다. 이것은 정치적인 혁명은 아니지만, 비할 데 없는 역사적 혁명이다. 후쿠야마의 '역사의 종말'이 아니라, 역사의 혁명이다. 혁명이라는 말의 본래 의미에서. 하루가 1년에 상응하는 것이다!" 더 나은 미래를 위한 반성과 변화를 촉발하는 것이 여행 텍스트 작가와 영화감독의 중요한 목표 중 하나라는 것에 동의한다면, 이러한 앎이 문학 연구나 영화 연구의 전통적 영역을 넘어 정치학·국제관계학·환경 연구의 폭넓은 스펙트럼으로 전파되고 정부의 정책 결정에 기여할 수 있는 방향으로 가치 있는 연구가 진행될 수 있다.

전체적으로, 본 텍스트는 개념적으로 열려 있고 발견적인 접근법을 취하기 때문에 예기치 못한 통찰을 주는 방식으로 개념이 형성되고 연결이 만들어질 수 있다. 허구와 비허구를 명확히 나누지 않고, 나는 두 형식이 서로 섞여드는 방식을 식별했으며, 자전적 요소가 여행 텍스트 서사로 각색되는 사례를 검토했다. 이러한 방식이 가져온 핵심 결과 중 하나는, 이로 인해 무엇보다도 개념적인 수준에서, 즉 관념, 이미지, 이상, 욕망으로서 여행이 지닌 중요성을 인지할 수 있었다는 것이다. 예컨대, 먼 곳을 향한 갈망, 다른 곳에 존재하거나 다른 곳으로 여행하려는 강한 욕망은 많은 이동과 변화를 촉발했다. 이 정서가 없었다면, 좋든 나쁘든 간에 세계가 지금의 모습과 달랐을 것이다. 오디세우스에게는 향수가 고향으로 돌아가려는 동기였고, 그의 마음속에 이타케의 이상적 이미지를 형성했고 이것이 그가 전진하는 추진력이 되었다. 안장시대의 여행자에게, 이는 그들의 삶에서 여행이 무엇을 가능하게 해주는지를 보려는 욕망이었다. 그것은 중산층의 불만족스러운 거주하는—삶을 탈출하는 것일 수 있고, 민족지 연구를 수행하기 위해 세계의 반대쪽 끝으로 항해하는 것일 수도 있었다. 동독인에게, 먼 곳을 향한 갈망은 서구로 여행하려는 욕망, 인권을 실현하라는 요구였고, 이는 베를린장벽의 붕괴에 기여했다. 세르게이 크리칼료프의 경우, 외계에서 느껴진 먼 곳을 향한 갈망이라는 감각은 "여기에서 볼 수 없는 것 대부분—사람"이라는 형태를 띠었다. 앙겔로풀로스의 'A'의 경우, 그의 여행 동기는 영화 릴을 발견하여 거의 100년 전의 본래적 시선을 보는 것이었다. 이러한 맥락에서, 위에서 인용한 하이데거의 말의 타당성을 재평가함이 적절할 것이다. 처음 말해지고 수천 년이 흐르는 동안 호메로스의 《오디세이아》와 귀향 여정의 이념은 지속적인 강력한 문화적 상용구로 남아 있었다. 하이데거가 "그리스를 보지 않고 그리스에 대해 사유하는 것"이 "허락"되었다는 것은 완벽하게 합리적이다.

셀러와 어리의 새로운 모빌리티 패러다임은 본 연구에 영향을 미친 일차적 방법론적 발판을 제공했다. 전체적으로 이 패러다임은, 우리가 오늘날 살고 있는 세계화된 세계의 중요성을 강조한다는 측면에서, 그리고 인간의 체험을 이해하는 데에 이동이 가지는 중심성의 측면에서 중요한 것이었다. 그러나 문화적·문학적 분석은 이러한 기술記述적 기능을 넘어서서, 현재 형태의 패러다임에 결여된 것을 논한다고 말해도 무방할 것이다. 증대되는 이동에 인간이 적응하는 방식의 윤곽을 그리는 데에는 모빌리티 패러다임이 성공했지만, 이 패러다임은 점점 증대되는 모빌리티의 윤리학에 철저히 관여하지 않았다.

본 텍스트 내내, 나는 다음과 같은 질문을 던짐으로써 이 부재한 정서적 평가를 논하려 하였다. 새로운 모빌리티는 우리에게 좋은가? 이 질문은, 비록 다른 형태이긴 하지만 기후변화 연구나 환경 연구에서도 제기된다. 그렇지만 여기에서 분석된 작가와 영화감독은 주관적 체험의 가치를 전면으로 가져오고, 그럼으로써 이 물음에 대한 귀중한 대답을 다양한 관점에서 제공했다. 더욱이, 그들은 우리의 문화적 가치에 대한 비판적 토론을 촉발하고 중요한 추가적 물음을 제기했다. 이 작가와 영화감독들은, 긍정적이든 부정적이든 간에 증대되는 모빌리티가 끼치는 영향에 대한 인간의 응답을 부각시킨다.

셀러와 어리의 모빌리티 연구는 "'가상적'이고 '상상'적인 새로운 형태의 여행이 등장하고 있으며, 예상치 못한 방식으로 물리적 여행과 혼합"되고 있음을 우리에게 알려 준다.[5] 문화적이고 문헌–분석적인 접근법은 이러한 변화가 가져온 인간적 영향을 탐사할 수 있게 한다. 현대 SF 텍스트, 가령 소설가 윌리엄 깁슨의 작품이나 크리스토퍼 놀란이 각본·감독한 2010년의 영화〈인셉션〉[6]이 그리는 세계는 테크놀로지가 장악하여 모든 것이 이동적이 되고 안정성 감각이 상실된 세계다. 모빌리티 관점에서 여행 텍스트를 분석함으로써 현재 순간의 삶을 비판적·평가적으로 반성하는 것은 깁슨이나 놀란의 디스토피아적 추정이 실현되는 바를 예측하고 방지할 잠재력이 있다. 너무 늦기 전에, 우리가 너무 멀리 가기 전에.

---

5 Sheller and Urry, "The New Mobilities Paradigm," p. 207.
6 *Inception*, dir. Christopher Nolan, Warner Brothers Pictures, 2010.

"Audioguidetext zum Goethe Gartenhaus." 2011. Klassik Stiftung Weimar. 〈http://www. klassikstiftung.de/uploads/tx_lombkswmargcontent/goethe_gartenhaus_ mit_Bildern. pdf〉. Web. 3 Mar. 2012.

"The ERASMUS Programme–Studying in Europe and More." 2012. European Comission. 〈http://ec.europa.eu/education/lifelong-learning-programme/erasmus_en.htm〉. Web. 1 Nov. 2012.

"Ford Focus is NZ's Car of the Year." *Taranaki Daily News Online*. 18 Jan. 2012. 〈http:// www.stuff.co.nz/taranaki-daily-news/motor/6273622/Ford-Focus-is-NZs-Carof-the-Year〉. Web. 4 Feb. 2011.

"Gedenktage: Friedrich Nicolai." *Fachdienst Germanistik* 2, 2011: 4-5. Print.

"Gespräh mit Friedrich Christian Delius üer Der Spaziergang von Rostock nach Syrakus." 2006. Zum-Wiki. 〈http://wiki.zum.de/Friedrich_Christian_Delius/Bericht_üer_seine_ Arbeit〉. Web. 3 Apr. 2011.

"Growing Consumption a Bane for India: Chandran Nair." *The Economic Times*. 16 May. 2011. 〈http://articles.economictimes.indiatimes.com/2011-0516/news/29548529_1_ natural-resources-new-model-capitalism〉. Web. 11 Nov. 2012.

"Guatemala: Mayan Calendar Spurs Tourism." *The New Zealand Herald*. 3 Sep. 2012. 〈http://www.nzherald.co.nz/travel/news/article.cfm?c_id=7&objectid=10831395〉. Web. 29 Oct. 2012.

"Heraclitus (fl. c.500 BCE)." 1995. Internet Encyclopedia of Philosophy. 〈http://www.iep. utm.edu/heraclit/〉. Web. 26 Dec. 2012.

"Hilux Celebrates 30 Years as Kiwi Favourite." *Toyota New Zealand*. 28 Dec. 2011. 〈http://www.toyota.co.nz/AboutUs/Press+Releases/2011/84A6D1F4FA1943BEA8B CC7ABB03EDD8A.htm?category=0〉. Web. 2 Feb. 2012.

"History and Purpose of RIAS Berlin and the RIAS Berlin Comission." 2012. Rias Berlin Comission. 〈http://www.riasberlin.de/rias-hist/rius-hist-history.html〉. Web. 2 Mar. 2011.

"Kutcher Becomes 500th Virgin Galactic Customer." *New Zealand Herald*. 20 Mar. 2012. 〈http://www.nzherald.co.nz/entertainment/news/article.cfm?c_id=1501119&objectid =10793342〉. Web. 3 Mar. 2012.

"Nicht zurükkehren? Niemals!" *Stadtblatt Heidelberg*. 15 Mar. 2006. 〈http://ww2. heidelberg.de/stadtblatt-online/index.php?artikel_id=515&bf=〉. Web. 1. Mar. 2012.

"Space Jumper Makes Record Leap." *Stuff.co.nz*. 15 Oct. 2012. 〈http://www.stuff.co.nz/

world/americas/7815988/Space-jumper-makes-record-leap〉. Web. 17 Oct. 2012.

"Spaziergang nach Syrakus." *Der Spiegel*. 24 July. 1995. 〈http://www.spiegel.de/spiegel/print/d-9204258.html〉. Web. 4.6.2011.

"Special Issue on Ernst Jüger." *New German Critique* 59 Spring/Summer. Print.

Abrams, Meyer Howard, and Geoffrey Galt Harpham. *A Glossary of Literary Terms*. Boston: Wadsworth Publishing Co, 2009. Print.

Adolf, Birgit. "Wolf Biermann: Germany's Controversial Coeval." *Deutsche Welle*. 16 Nov. 2006. 〈http://www.dw.de/wolf-biermann-germanys-controversial-coeval/a-2240251〉. Web. 3 Feb. 2012.

Anderson, Benedict. *Imagined Communities: Reflections on the Origin and Spread of Nationalism*. London: Verso, 1991. Print.

Anderson, John Richard Lane. *The Ulysses Factor: the Exploring Instinct in Man*. London: Hodder & Stoughton, 1970. Print.

Andrew, Geoff. "Homer's Where the Heart Is: Ulysses' Gaze." *Theo Angelopoulos: Interviews*. Ed. Dan Fainaru. U.S.A.: University Press of Mississippi, 2001. Print.

Angelopoulos, Theodoros, *The Travelling Players*. Papalios Productions, 1975. Film.

———. *Ulysses'Gaze*. Madman, 2006. Film.

Anghie, Tony, and Wayne McCormack. "The Rights of Aliens: Legal Regimes and Historical Perspectives." *Migration in the 21st Century: Rights, Outcomes, and Policy*. Eds. Thomas N. Maloney and Kim Korinek. New York: Routledge, 2011. 23-53. Print.

Anholt, Simon. *Places: Identity, Image and Reputation*. Great Britain: Palgrave Macmillan, 2010. Print.

Auer, Stefan. "Europe's Self-destructive Article of Faith." *Eurozine* (2011). 3 Oct. 2012 〈http://www.eurozine.com/articles/2011-12-01-auer-en.html〉.Web.

Batchen, Geoffrey. "Desiring Production." *Each Wild Idea: Writing, Photography, History*. Massachusettes: The MIT Press, 2001. 2-24. Print.

Batts, Michael S. *The Bibliography of German Literature: An Historical and Critical Survey*. Canadian Studies in German Language and Literature. Vol. 19. Berne: Peter Lang, 1978. Print.

Becker, Wolfgang. *Good bye*, Lenin! Twentieth Century Fox, 2003. Film.

Bell, Claudia, and John Lyall. *The Accelerated Sublime: Landscape, Tourism, and Identity*. United States of America: Praeger Publishers, 2002. Print.

Bell, Duncan and Anna Wishart. "Introduction: Globalising Ideology?: Between Rhetoric and Reality." *Cambridge Review of International Affairs* 14 1(2000): 15. Print.

Bennhold, Katrin. "Quietly Sprouting: A European identity." *The New York Times*. 26 Apr. 2005. 〈http://www.nytimes.com/2005/04/26/world/europe/26ihtenlarge2.

html?pagewanted=all&_r=0⟩. Web. 31 Oct. 2012.

Bille, Thomas. "Das FIGARO-Cafémit Peter Schneider und Ingo Schulze." 19 Feb. 2012. Mitteldeutscher Rundfunk. ⟨http://www.mdr.de/mdrfigaro/podcast/radiocafe/audio182072.html⟩. Web. 20 Apr. 2012.

Bissell, David, and Gillian Fuller. *Stillness in a Mobile World*. London: Routledge, 2011. Print.

Bohls, Elizabeth. A., and Duncan, Ian. *Travel Writing, 1700-1830: an Anthology*. Oxford Oxford University Press, 2005. Print.

Bohrer, Karl Heinz. *Der romantische Brief: Die Entstehung äthetischer Subjektivitä*. Müchen, Wien: Suhrkamp, 1987. Print.

Boulding, Kenneth. "The Economics of the Coming Spaceship Earth." *Environmental Quality in a Growing Economy*. Ed. H Jarrett. Baltimore: John Hopkins University Press, 1966. 3-14. Print.

Brandt, Willy. "Berlin City Hall Speech, 10 November, 1989." *When the Wall Came Down: Reactions to German Unification*. Ed. Harold James and Marla Stone. New York: Routledge, 1992. 42-45. Print.

Cardinal, Roger. *German Romantics in Context*. London: Cassell & Collier Macmillan Publishers, 1975. Print.

Casetti, Francessco. *Inside the Gaze: The Fiction Film and Its Spectator*. Bloomington: Indiana University Press, 1998. Print.

Chambers, Iain. *Migrancy, Culture, Identity*. London: Routledge, 1994. Print.

Chambers, John Whiteclay, ed. *The Oxford Companion to American Military History*. Oxford: Oxford University Press, 2000. Print.

Chamisso, Adelbert von. *Peter Schlemihls wundersame Geschichte*. Ulm: Ebner, 1976. Print.

———. "Reise um die Welt mit der Romanzoffischen Entdeckungs-Expedition in den Jahren 1815-18 auf der Brigg Rubrik." *Adelbert von Chamisso: Sätliche Werke in zwei Bäden*. Ed. Werner Feudel and Christel Laufer. Vol. II. Leipzig: Insel-Verlag, 1980. 81-646. Print.

Clarke, Suzan. "2012 End-of-the-World Countdown Based on Mayan Calendar Starts Today." *ABC News*. 21 Dec. 2011. ⟨http://abcnews.go.com/blogs/headlines/2011/12/2012-end-of-the-world-countdown- based-on-mayan-calendar-starts-today/⟩. Web. 3 Nov. 2012.

Clarsen, Georgine. "Gender and Mobility: Historicizing the Terms." *Mobility in History: the State of the Art in the History of Transport, Traffic and Mobility*. Eds. Gijs Mom, Gordon Pirie and Laurent Tissot. Neuchatel: Presses Universitaires Suisses, 2009. 235-41. Print.

Clausing, Jeri. "Countdown on for Supersonic Jump." *Stuff.co.nz*. 9 Oct. 2012. ⟨http://www.stuff.co.nz/world/americas/7786884/Countdown-on-for-supersonicjump⟩. Web. 11

Oct. 2012.

Clifford, James. "Traveling Cultures." *Cultural studies.* Ed. Lawrence Grossberg, Cary Nelson and Paula Treichler. New York: Routledge, 1992. 96-116. Print.

Coote, Stephen. *John Keats: a Life.* London: Hodder and Stoughton, 1995. Print.

Cragun, Ryan, and Deborah Cragun. *Introduction to Sociology.* U.S.A: Blacksleet River, 2006. Print.

Davidson, Thomas, ed. *Chambers's English Dictionary: Pronouncing, Explanatory, Etymological.* London: W & R Chambers, 1898. Print.

Delius, Friedrich Christian. *Der Spaziergang von Rostock nach Syrakus: Erzälung.* Germany: Rowohlt Verlag, 1995. Print.

————. *Die Verlockungen der Worter, oder, Warum ich immer noch kein Zyniker bin.* Berlin: Transit, 1996. Print.

————. *Transit Westberlin: Erlebnisse im Zwischenraum.* Berlin: Christoph Links Verlag, 1999. Print.

Derrida, Jacques. *De la Grammatologie.* Paris: Editions de Minuit, 1967. Print.

————. *Of Grammatology.* Trans. Gayatri Chakravorty Spivak. Baltimore: Johns Hopkins University Press, 1976. Print.

Dienemann, Julianne. *Kleists'Achill': Held oder Hilfskonstruktion?* Norderstedt: Grinverlag, 2009. Print.

Dippel, Horst. "Revolutionäe Anthropologie. Oder der Versuch, Georg Forster neu zu lesen." *Historische Zeitschrift* 291 1(2010): 23-40. Print.

Dockhorn, Katharina. ""Freiheit muß man erst lernen": Theo Angelopoulos üer enttäschte Hoffnungen." *Berliner Zeitung.* 30 Nov. 1995. ⟨http://www.berlinerzeitung.de/archiv/theo-angelopoulos-ueber-enttaeuschte-hoffnungen--freiheit-mussman-erst-lernen-,10810590,9045564.html⟩. Web. 4 June. 2011.

Eagleton, Terry. *The Illusions of Postmodernism.* Oxford: Blackwell Publishers, 1996. Print.

Edmond, Jacob. "Translation from 'Out of the Present'." Message to Anita Perkins. 29 Nov. 2012. Email.

Eichendorff, Joseph von, and Carel Ter Haar. *Joseph von Eichendorff: aus dem Leben eines Taugenichts: Text, Materialien, Kommentar.* Munich: Carl Hanser Verlag, 1977. Print.

Enderson, Tim. "Automobility and National Identity: Representation, Geography and Driving Practice." *Theory, Culture, Society* 21 4/5(2004): 101-20. Print.

Ermert, Jügen. "Uhren Lexicon: Satteluhr." 2009. ⟨www.uhrenlexikon.de/begriff.php?begr=Satteluhr&nr=2⟩. Web. 1 Feb. 2011.

Evans, Jeff. *The Discovery of Aotearoa.* New Zealand: Reed Publishing, 1998. Print.

Fainaru, Dan. "The Human Experience in One Gaze." *Theo Angelopoulos: Interviews.* Ed. Dan Fainaru. U.S.A: University of Mississippi, 2001(b). 93-100. Print.

———. "Introduction." *Theo Angelopoulos: Interviews.* Ed. Dan Fainaru. U.S.A.: University Press of Mississippi, 2001(a). VII-XVII. Print.

Farocki, Harun, and Andrei Ujica. *Videograms of a Revolution.* Bremer Institut Film & Fernsehen, 1990. Film.

Fischer, Bernd. "Introduction: Heinrich von Kleist's Life and Work." *A Companion to the Works of Heinrich von Kleist.* Ed. Bernd Fischer. U.S.A.: Camden House, 2003. 1-20. Print.

Flores, Ralph. "The Lost Shadow of Peter Schlemihl." *The German Quarterly* 47 4(1974): 567-84. Print.

Forster, Georg. *A Voyage Round the World.* Eds. Nicholas Thomas and Oliver Berghof. Vol. 1. Honolulu: University of Hawai'i Press, 2000. Print.

Forster, Johann Reinhold. *Observations Made during a Voyage round the World.* Eds. Nicholas Thomas, Harriet Guest and Michael Dettelbach. Honolulu: University of Hawaii Press, 1996. Print.

Friedenthal, Richard. *Goethe: His Life and Times.* Great Britain: Weidenfeld and Nicolson, 1963. Print.

Fukuyama, Francis. *The End of History and the Last Man.* London: Penguin, 1992. Print.

———. "The End of History?" *The Geopolitics Reader.* Ed. Simon Dalby and Paul Routledge Gearód ÓTuathail. London: Routledge, 2006. 107-14. Print.

Fulbrook, Mary. *Behind the Wall: 'Perfectly Normal Lives' in the GDR?* University College London, 2007. Film.

Gabriel, Jane. "Theo Angelopoulos: "I am standing by you"" *Open Democracy.* 7 Jan. 2009. 〈http://www.opendemocracy.net/article/a-closed-horizon〉. Web. 4 Apr. 2012.

Gijs Mom, Gordon Pirie and Laurent Tissot. "Encapsulating Culture: European Car Travel, 1900-1940." *Journal of Tourism History* 3 3(2011): 289-307. Print.

Gillies, Alexander. "Introduction." *Johann Gottfried Herder: Journal meiner Reise im Jahre 1769.* Ed. A. Gillies. Oxford: Basil Blackwell, 1947. IX-XL. Print.

Gmüder, Stefan. "Odysseus trät Züe von uns allen." *derStandart.at.* 26 Feb. 2010. 〈http://derstandard.at/1267131905992/Odysseus-traegt-Zuege-von-uns-allen〉. Web. 15 Feb. 2012.

Goethe-Institut. "Erich Loest: Biography." 2012. Goethe-Institut. 〈http://www.goethe.de/kue/lit/prj/dle/lei/loe/bio/enindex.htm〉. Web. 3 Feb. 2012.

Goethe, Johann Wolfgang. *Tagebüher: Band I,1 1775-1787.* Ed. Wolfgang Albrecht und Andreas Döler. Stuttgart: J.B. Metzler, 1998. Print.

———. *Wilhelm Meisters Lehrjahre* Ed. Erich Schmidt. Frankfurt am Main: Insel Verlag, 1980. Print.

Goethe, Johann Wolfgang von, and Charles Adolphus Buchheim. *Goethe's Italienische*

Reise: the German Text, with English Notes, Literary and Biographical Introductions, and a Complete Vocabulary. London: David Nutt, 1897. Print.

Goethe, Johann Wolfgang von, and Ronald Gray. Poems of Goethe. Cambridge: Cambridge University Press, 1966. Print.

Greenblatt, Stephen. "A Mobility Studies Manifesto." Cultural Mobility: a Manifesto. Ed. Stephen Greenblatt. Cambridge: Cambridge University Press, 2010. 250-53. Print.

Grigorut, Constantin. "French Translation." Message to Anita Perkins. 21 Dec 2012. Email.

Guérot, Ulrike. "How European is the new Germany?: Reflections on Germany's Role in Today's Europe." Social Europe Journal (2010): 1-4. Print.

Hankey, Robin. "Question about Odyssey-like Quotation." Message to Anita Perkins. 2 July. 2012. Email.

Hannam, Kevin, Mimi Sheller, and John Urry. "Editorial: Mobilities, Immobilities and Moorings." Mobilities 1 1(2006): 1-22. Print.

Harvard Film Archive. "Andrei Ujica and the Montage of History." 2011. ⟨http://hcl. harvard.edu/hfa/films/2011octdec/ujica.html⟩. Web. 3 Mar. 2012.

Harvey, David. The Condition of Postmodernity. Oxford: Basil Blackwell, 1989. Print.

Heidegger, Martin. "Bauen, Wohnen, Denken." Vorträe und Aufsäze. Stuttgart: Güther Neske Pfullingen, 1990. 139-56. Print.

———. "Building, Dwelling, Thinking." Basic Writings from Being and Time (1927) to the Task of Thinking (1964). Ed. David Farrell Krell. London: Routledge & Kegan Paul, 1978. 319-39. Print.

Herder, Johann Gottfried. Journal meiner Reise im Jahre 1769. Ed. A. Gillies. Oxford: Basil Blackwell, 1947. Print.

Herminghouse, Patricia A. "Literature As "Ersatzöfentlichkeit"?: Censorship and the Displacement of Public Discourse in the GDR." German Studies Review 17 Fall(1994): 85-99. Print.

Hill, Kim. "Interview with Chandran Nair: Consumption and Asia." 28 Apr. 2012. Radio New Zealand. ⟨http://www.radionz.co.nz/national/programmes/saturday/ audio/2517123/chandrannair-consumption-and-asia⟩. Web. 20 May. 2012.

Hohoff, Curt. Heinrich von Kleist, 1777/1977. Trans. Patricia Crampton. Germany: Inter Nationes, 1977. Print.

———. Johann Wolfgang von Goethe: Dichtung und Leben. Müchen: Langen Müler, 1989. Print.

Holton, Robert. "Globalization's Cultural Consequences." The Annals of the American Academy of Political and Social Science 570 140(2000): 140-52. Print.

Homer. The Odyssey of Homer. Trans. T.E. Shaw. The World's Classics. London: Oxford University Press, 1955. Print.

--------. *The Odyssey of Homer*. Trans. Richmond Lattimore. New York: Harper Collins, 2007. Print.

Honoré Carl. *In Praise of Slowness: How a Worldwide Movement is Challenging the Cult of Speed*. San Francisco: Harper, 2004. Print.

Horton, Andrew. "Question on Ulysses' Gaze Interview." Message to Anita Perkins. 2 July. 2012. Email.

--------. ""What Do our Souls Seek?": an Interview with Theo Angelopoulos." *The Last Modernist: the Films of Theo Angelopoulos*. Great Britain: Bookcraft, 1997. 96-110. Print.

Hough, Richard. *Captain James Cook: A Biography*. Great Britain: Hodder and Stoughton, 1994. Print.

Huggan, Graham. *Extreme Pursuits: Travel/writing in an Age of Globalization*. Ann Arbor: University of Michigan Press, 2009. Print.

Hulme, Peter, and Tim Youngs. *The Cambridge Companion to Travel Writing*. Cambridge: Cambridge University Press, 2002. Print.

Huntington, Samuel P. "The Clash of Civilizations?" *Foreign Affairs* 72 3(Summer 1993): 22-49. Print.

--------. *Who Are We?: the Challenges to America's National Identity*. New York: Simon & Schuster, 2004. Print.

Iyer, Pico. *The Global Soul: Jet Lag, Shopping Malls, and the Search for Home*. London: Bloomsbury, 2000. Print.

Jameson, Fredric. "Theo Angelopoulos: The Past as History, the Future as Form." *The Last Modernist: the Films of Theo Angelopoulos*. Ed. Andrew Horton. Great Britain: Bookcraft, 1997. 78-95. Print.

Jüger, Ernst. "Die totale Mobilmachung." *Sätliche Werke: Zweite Abteilung: Essays I: Band 7: Betrachtungen zur Zeit*. Stuttgart: Klett-Cotta, 1980(b). 119-42. Print.

--------. "Feuer und Bewegung." *Sätliche Werke: Zweite Abteilung: Essays I: Band 7: Betrachtungen zur Zeit*. Stuttgart: Klett-Cotta, 1980(a). 105-18. Print.

Käh, Rudolf. *Eichendorffs Taugenichts und Taugenichtsfiguren bei Gottfried Keller und Hermann Hesse*. Bern: P Haupt, 1988. Print.

Kaes, Anton. "The Cold Gaze: Notes on Mobilization and Modernity." *New German Critique* 59 Spring/Summer(1993): 105-17. Print.

Kaplan, Caren. "Mobility and War: the Cosmic View of US Air Power." *Environment and Planning A* 38 2(2006): 395-407. Print.

Kawohl, Birgit. *"Besser hier ist es üerall": Reisen im Spiegel der DDR-Literatur*. Marburg: Tectum Verlag, 2000. Print.

Keats, John. *Letters of John Keats: a New Selection*. Ed. Robert Gittings. London: Oxford

University Press, 1970. Print.

King, Bolton. *The Life of Mazzini*. London: JM Dent & Sons, 1912. Print.

Klein, Naomi. *The Shock Doctrine: the Rise of Disaster Capitalism*. New York: Metropolitan Books, 2007. Print.

Kleist, Heinrich von. *Briefe 1 Ma rz 1793-April 1801* Ed. Peter Staengle Roland Reuß. Vol. Bd. 4/1. Basel: Stroemfeld Verlag, 1996. Print.

——. *The Broken Jug*. Trans. Roger Jones. Manchester: Manchester University Press, 1977. Print.

Kluge, Friedrich. *Etymological Dictionary of the German Language*. Trans. J.F. Davis. London: Bell, 1891. Print.

Köf, Gerhard. *Bluff oder das Kreuz des Süens*. Weinheim und Basel: Beltz Verlag, 1991. Print.

Koselleck, Reinhard. *Futures Past: On the Semantics of Historical Time*. Trans. Keith Tribe. New York: Columbia University Press, 2004. Print.

Koselleck, Reinhart. "Einleitung." *Geschichtliche Grundbegriffe: Historisches Lexikon zur politisch-sozialen Sprache in Deutschland*. Eds. Otto Brunner, Werner Conze and Reinhart Koselleck. Vol. 1. Stuttgart: Klett Cotta, 1979. XIII-XXVII. Print.

Krikalev, Sergei, and Andrei Ujica. "Toward the End of Gravity I." *Grey Room* 10 Winter 2003(2003): 46-57. Print.

Krüer, Daniel. "Georg Forster." 2012. WeimarLese. 〈http://www.weimarlese.de/index. php?article_id=164〉. Web. 5 Oct. 2012.

Krupp, Anthony. "Karl Philipp Moritz's Life and Walks." *Karl Philipp Moritz: Signaturen des Denkens*. Ed. Anthony Krupp. Amsterdam: Rodopi, 2010. 11-18. Print.

Kunert, Güter. "Einfürung." *Erich Loest, Saison in Key West: Reisebilder*. Albert Knaus Verlag, 1986. 7-12. Print.

Leahy, Catrína. "The Question of the Contemporary in the Work of Christoph Ransmayr, 2000-2010." *Austrian Studies: Modern Humanities Research Association* 19 (2011): 200-16. Print.

Lehmann, Rudolf. "Anton Reiser und die Entstehung des Wilhelm Meister." *Jahrbuch der Goethe-Gesellschaft* 3 (1916): 116-34. Print.

Lem, Stanisław. *Solaris. 1961*. Trans. Steve Cox and Joanna Kilmartin. New York: Hartcourt Brace, 1970. Print.

Loest, Erich. *Durch die Erde ein Riss: Ein Lebenslauf*. Hamburg: Hoffman und Campe Verlag, 1981. Print.

——. *Zwiebelmuster: Roman*. Hamburg: Hoffman und Campe, 1985. Print.

Ludz, Peter Christian. *DDR Handbuch: Bundesministerium fü innerdeutsche Beziehungen*. Kön: Verlag Wissenschaft und Politik, 1979. Print.

MacKinnon, Rebecca. "Flatter World and Thicker Walls?: Blogs, Censorship and Civic Discourse in China." *Public Choice* 134 1-2(2008): 31-46. Print.

Maier, Charles S. *Dissolution: the Crisis of Communism and the End of East Germany.* Princeton: Princeton University Press, 1997. Print.

Major, Robert. *Crossing the Line: Republikflucht between Defection and Migration.* Oxford: Oxford University Press, 2009. Print.

Mann, Thomas. *Gesammelte Werke.* Vol. IX. Frankfurt: Fischer, 1960. Print.

Martens, Wolfgang. "Bemerkungen zu Friedrich Nicolais Umgang mit der Kunst." *Friedrich Nicolai, 1733-1811 : Essays zum 250. Geburtstag.* Ed. Bernhard Fabian. Berlin: Nicolaische Verlagsbuchhandlung, 1983. 99-123. Print.

Matheson, Susan B. "The Goddess Tyche: An Obsession with Fortune: Tyche in Greek and Roman Art." *Yale University Art Gallery Bulletin* (1994): 18-33. Print.

Mazzini, Giuseppe. *The Duties of Man.* Trans. E.A. Venturi. London: Chapman and Hall, 1862. Print.

McFalls, Laurence. "Shock Therapy and Mental Walls: East Germany as a Model for PostCommunist Political Culture?" *After the Wall: Eastern Germany Since 1989.* Ed. Patricia J. Smith. Boulder: Westview Pess, 1999. 143-60. Print.

McLuhan, Marshall. *Understanding Media: the Extensions of Man.* London: Routledge, 1967. Print.

Mehigan, Tim. "Eichendorff's Taugenichts; Or, the Social Education of a Private Man." *German Quarterly* 66 1(1993): 60-70. Print.

Meissen. "Meissen Manufaktur." 2012. ⟨http://www.meissen.com/en⟩. Web. 3 Feb. 2012.

Meller, Marius. "Wohnen im Raum: Interview mit Peter Sloterdijk." *Der Tagesspiegel.* 17 June. 2003. ⟨http://www.tagesspiegel.de/kultur/wohnen-im-raum/423534.html⟩. Web. 3 Apr. 2011.

Meyer-Kalkus, Reinhard. "World Literature Beyond Goethe." *Cultural Mobility: a Manifesto.* Eds. Stephen Greenblatt, et al. Cambridge: Cambridge University Press, 2009. 96-121. Print.

Michels, Karen. "Geschichte: Goethes Stein des guten Glüks." 2000. ⟨http://www.artstone. de/geschichte_stein_deutsch.htm⟩. Web. 2 Nov. 2012.

Mitchell, Ian. "Erich Loest and the 'Fourth Censor." *East Central Europe* 14-15 (1987): 381424. Print.

Moritz, Karl Phillip. *Anton Reiser:ein autobiographischer Roman.* Ed. Heinrich Schnabel. Munich: Martin Morike, 1912. Print.

Müller-Wolff, Susanne. *Ein Landschaftsgarten im Ilmtal: Die Geschichte des herzoglichen Parks in Weimar.* Kön: Bölau Verlag, 2007. Print.

Nair, Chandran. *Consumptionomics : Asia's role in reshaping capitalism and saving the planet*. Singapore: John Wiley & Sons, 2011. Print.

Nederveen Pieterse, Jan *Globalisation and Culture: Global Méange*. U.S.A: Rowman & Littlefield Publishers, 2004. Print.

Nicolai, Friedrich. *Beschreibung einer Reise durch Deutschland und die Schweiz im Jahr 1781*. 1788. ⟨http://books.google.de/booksid=jfkOAAAAQAAJ&printsec=frontcover& dq=Beschr eibung+einer+Reise+durch+Deutschland&hl=de&ei=rMI0TfvLGYWevgPM 0cj0Cw &sa=X&oi=book_result&ct=result&resnum=4&ved=0CEAQ6AEwAw#v=onepa ge& q&f=false⟩. 1 Oct. 10. Web.

Nolan, Christopher. *Inception*. Warner Brothers Pictures, 2010. Film.

North, Gottfried. *Die Post: ihre Geschichte in Wort und Bild*. Heidelberg: R.v.Decker, 1988. Print.

Noyes, John. K. "Goethe on Cosmopolitanism and Colonialism: Bildung and the Dialectic of Critical Mobility." *Eighteenth-century studies* 39 4(2006): 443-62. Print.

Nye, Joseph. "Who Caused the End of the Cold War." *The Huffington Post*. 9 Nov. 2009. ⟨http://www.huffingtonpost.com/joseph-nye/who-caused-the-end-of-the_b_350595. html⟩. Web. 20 Dec. 2012.

O'Neill, Tom. "Escape From North Korea." *National Geographic* 2009: 74-99. Print. Papadogiannis, Nikolaos. "Between Angelopoulos and the Battleship Potemkin: Cinema and the Making of Young Communists in Greece in the Initial Post-dictatorship Period (1974 - 81)." European History Quarterly 42 2(2012): 286-398. Print.

Pavlyshyn, Marko. "Gold, Guilt and Scholarship Adelbert von Chamisso's Peter Schlemihl." *The German Quarterly* 55 1(1982): 49-63. Print.

Petersson, Bo, and Katherine Tyler, eds. *Majority Cultures and the Everyday Politics of Ethnic Difference: Whose House is This?* Great Britain: Palgrave Macmillan, 2008. Print.

Pratt, Mary Louise. "On Staying." Travel Ideals: Engaging with Spaces of Mobility. University of Melbourne. 18 July. 2012. Presentation.

Prawna, Dziennik Gazeta. "Erasmus is Going Bankrupt." *Presseurop*. 4 Oct. 2012. ⟨http:// www.presseurop.eu/en/content/news-brief/2809601-erasmus-going-bankrupt⟩. Web. 15 Oct. 2012.

R.Trahman, Carl. "Odysseus' Lies ("Odyssey", Books 13-19)." *Phoenix* 6 2(1952): 31-43. Print.

Ransmayr, Christoph. *Odysseus, Verbrecher*. Frankfurt am Main: S, Fischer Verlag, 2010. Print.

Reichel, Sylvie. "Differenzen zwischen Ost und West auch nach 15 Jahren noch Thema: Interview mit dem Schriftsteller Friedrich Christian Delius." *Deutschlandradio*. 3 Oct. 2004. ⟨http://www.dradio.de/dlf/sendungen/interview_dlf/308796/⟩. Web. 2 May.

2011.

Reynolds, Jack. *Merleau-Ponty and Derrida: Intertwining Embodiment and Alterity.* Ohio: Ohio University Press, 2004. Print.

Riehl-Heyse, Herbert. "Erich Loest - ein gesamtdeutscher Schrifsteller." *Trämereien eines Grenzgägers*, by Erich Loest. Stuttgart: Hohenheim Verlag, 2001. 11-15. Print.

Roberson, Susan L., ed. *Defining Travel: Diverse Visions.* Jackson: University of Mississippi, 2001. Print.

Rousseau, Jean-Jacques. *The Discourses and Other Early Political Writings.* Trans. Victor Gourevitch. Ed. Victor Gourevitch. Cambridge: Cambridge University Press, 1997. Print.

Royle, Nicholas. *Jacques Derrida.* Routledge Critical Thinkers. London: Routledge, 2003. Print.

Ruff, Wolfgang. "Varia Ruffii." 2012. 〈http://www.pwruff.de/sprachen/latein/dctb.htm〉. Web. 2 Mar. 2012.

Rutherford, Anne. "Precarious Boundaries: Affect, Mise-en-scèe, and the Senses in Theodorus Angelopoulos' Balkan Epic." *Text & Image: Art and the Performance of Memory.* Ed. Richard Cádida Smith. U.S.A: Routledge, 2002. Print.

Safranski, Rüiger. *Heidegger: Between Good and Evil.* Cambridge: Havard University Press, 1998. Print.

Said, Edward W. "Clash of Ignorance." *The Nation* October 22(2001): 11-13. Print.

––––. *From Oslo to Iraq and the Road Map: Essays.* U.S.A: Patheon Books, 2004. Print.

––––. *Orientalism.* New York: Pantheon, 1978. Print.

Samuel, Richard H., and Hilda Meldrum Brown. *Kleist's Lost Year and the Quest for Robert Guiskard.* Great Britain: James Hall Publishing, 1981. Print.

Sarotte, Mary Elise. *1989: The Struggle to Create post-Cold War Europe.* Princeton: Princeton University Press, 2009. Print.

Schama, Simon. *Landscape and Memory.* New York: Random House, 1995. Print.

Schleucher, Kurt. *Adelbert von Chamisso.* Berlin: Stapp, 1988. Print.

Schlink, Berhnard. *Heimkehr.* Zurich: Diogenes, 2006. Print.

Schneider, Helmut J. "Kleist's Challenge to Enlightenment Humanism." *A Companion to the Works of Heinrich von Kleist.* Ed. Bernd Fischer. U.S.A.: Camden House, 2003. 14163. Print.

Schweizer, Niklaus Rudolf. *A Poet Among Explorers: Chamisso in the South Seas.* Bern: Herbert Lang, 1973. Print.

Scott, Joseph Nicol. *New Universal Etymological English Dictionary.* London: T. Osborne; J. Buckland, and R. Baldwin; and W. Johnston, 1772. Print.

Sebastiá, Javié Fernádez and Fuentes, Juan Francisco. "Conceptual History, Memory, and Identity: An Interview with Reinhart Koselleck." *Contributions to the History of Concepts* 2 March(2006): 99-128. Print.

Seume, Johann Gottfried. "Spaziergang nach Syrakus im Jahre 1802." *Mein Leben.* Ed. Jög Drews. Frankfurt am Main: Deutscher Klassiker Verlag, 1993. Print.

Sheller, Mimi, and John Urry. "The New Mobilities Paradigm." *Environment and Planning A* 38 2(2006): 207-26. Print.

Siemen, Wilhelm. "Porzellanmanufaktur Heute: Versuch einer Charakterisierung." *Zeitschrift fü öfentliche und gemeinwirtschaftliche Unternehmen* 15 3(1992): 278-97. Print.

Simmel, Georg. *Simmel on Culture: Selected Writings.* London: Sage Publications, 1997. Print.

Skeat, Walter W. *An Etymological Dictionary of the English Language.* Oxford: At the Clarendon Press, 1882. Print.

Skeggs, Beverley. *Class, Self, Culture.* London: Routledge, 2004. Print.

Sloterdijk, Peter. *Sphäen III: Schäme.* Frankfurt am Main: Suhrkamp Verlag, 2004. Print.

Soldat, Hans-Georg. "Die Wende in Deutschland im Spiegel der zeitgenösischen deutschen Literatur." *German Life and Letters* 50 2(1997): 133-54. Print.

Spacelink Learning Foundation. "Interview with Helen Sharman." 2012. Spacelink Learning Foundation. 〈http://www.spacelink.org/helen-sharman-programme/peoplezone/interview-with-helen-sharman〉. Web. 15 Mar. 2012.

Spender, Stephen, and Johann Wolfgang von Goethe. *Great Writings of Goethe.* New York: Mentor Books, 1958. Print.

Steinecke, Hartmut. "Spaziergang mit Seume: Delius' Erzälung Der Spaziergang von Rostock nach Syrakus." *F.C. Delius: Studien üer sein literartisches Werk.* Ed. Manfred Durzak and Hartmut Steinecke. Tüingen: Stauffenburg Verlad, 1997. 2017218. Print.

Steiner, George. "Homer in English Translation." *The Cambridge Companion to Homer.* Ed. Robert Fowler. Cambridge: Cambridge University Press, 2004. 363-75. Print.

Stiletto, Stefan. *Novemberkind: Medienpäagogische Begleitmaterialien.* Berlin: Blond PR 2008. Print.

Swales, Martin. "Mundane Magic: Some Observations on Chamisso's Peter Schlemihl." *Forum for Modern Language Studies* 12 (1976): 250 -62. Print.

Swift, Jonathan. *Gulliver's Travels.* Ed. Albert J. Rivero. New York: W.W. Norton, 2002. Print.

Tarkovsky, Andrei. *Solaris.* Connoisseur Video, 1972. Film.

Thalmann, William G. *The Odyssey: an Epic of Return.* New York: Twayne Publishers, 1992. Print.

Theisen, Bianca. "Strange News: Kleist's Novellas." *A Companion to the Works of Heinrich von Kleist.* Ed. Bernd Fischer. New York: Camden House, 2003. 81-102. Print.

Thomas, Nicholas, and Oliver Berghof. "Introduction." *A Voyage Round the World.* Honolulu: University of Hawai'i Press, 2000. XIX-XLIII. Print.

Thompson, Della, ed. *The Concise Oxford Dictionary of Current English.* Vol. 9. Oxford: Oxford University Press, 1995. Print.

Thomson, Robert. "14 Degrees Off the Beaten Track: Settling into an Unsettled Life." 2005. ⟨http://www.14degrees.org/en/?page_id=395⟩. Web. 6 Nov. 2011.

Thrift, John May and Nigel, ed. *TimeSpace: Geographies of Temporality.* London: Routledge, 2001. Print.

Tijmes, Pieter. "Home and Homelessness: Heidegger and Levinas on Dwelling." *Worldviews: Global Religions, Culture and Ecology* 2 3(1998): 201-13. Print.

Trevelyan, Humphry. *Goethe and the Greeks.* Cambridge: Cambridge University Press, 1942. Print.

Ujica, Andrei. *The Autobiography of Nicolae Ceaucescu* ICON Production; Centrul National al Cinematografiei, 2010. Film.

———. *Out of the Present.* K Films, 1996. Film.

Ujica, Andrei, and Paul Virlio. "Toward the End of Gravity II." *Grey Room* 10 Winter 2003(2003): 58-75. Print.

Urbinati, Nadia. "The Legacy of Kant: Giuseppe Mazzini's Cosmopolitanism of Nations." *Giuseppe Mazzini and the Globalisation of Democratic Nationalism 1830-1920.* Ed. C.A. and Eugenio F. Biagini Bayly. Oxford: Oxford University Press, 2008. 11-36. Print.

Urry, John. "Globalization and Citizenship." *Journal of World-Systems Research* 2 (Summer 1999): 311-24. Print.

———. "Social Networks, Travel and Talk." *British Journal of Sociology* 54 2(2003): 155-75. Print.

Vail, Amy Elva Kaiulani. "The last of the Homeridai : Goethe's Road to Hermann und Dorothea." Ohio State University, 2001. Print.

Virilio, Paul. *A Landscape of Events.* Trans. Julie Rose. Cambridge, MA: MIT Press, 2000. Print.

Virlio, Paul. *Negative Horizon.* Trans. Michael Degener. London: Continuum, 2005. Print.

Vogt, Heribert. "Es gibt nichts Spannenderes als die Gegenwart." *Rhein-Neckar-Zeitung.* 25 Feb. 2006. ⟨http://www.fcdelius.de/gespraeche/rhein_neckar_zeitung.html⟩. Web.

Wallman, Jügen P. "Rostock - Syrakus und zurük: Erzälung von Christian Friedrich Delius üer eine unwahrscheinliche Reise." 29 Oct. 1995. Friedrich Christian Delius. ⟨http://www.fcdelius.de/buecher/spaziergang.html⟩. Web. 1 Feb. 2012.

Waskul, Dennis D., and Michele E. Waskul. "Paddle and Portage: The Travail of BCWA Canoe Travel." *The Cultures of Alternative Mobilities: Routes Less Travelled* Ed. Phillip

Vannini. Surrey: Ashgate Publishing, 2009. 21-37. Print.

Watanabe-O'Kelly, Helen, ed. *The Cambridge History of German Literature*. Cambridge: Cambridge University Press, 1997. Print.

Weber, Philipp. "Ein Resisender in der 'Geschichte-ten Welt': Schlaglichter auf das neuere Schaffenswerk des öterreichischen Autors Christoph Ransmayr." *Kritische Ausgabe* 19 (2010): 59-62. Print.

Weimar, Klassik Stiftung. "Goethes Gartenhaus." 2011. Klassik Stiftung Weimar. 〈http://www.klassik-stiftung.de/ueber-uns/〉. Web. 5 Oct. 2012.

Weimar, Museumsladen. "Repliken." 2012. 〈http://www.museumsshopweimar.de/index.php?cat=c60_Repliken.html〉. Web. 5 Oct. 2012.

Weissberg, Liliane. "Introduction." *Cultural Memory and the Construction of Identity*. Ed. Dan Ben-Amos and Liliane Weissberg. Detroit: Wayne State University Press, 1999. 7-26. Print.

Williams, John R. *The Life of Goethe*. Oxford: Blackwell Publishers, 1998. Print.

Wolter, Heike. *"Ich harre aus im Land und geh, ihm fremd": Die Geschichte des Tourismus in der DDR*. Frankfurt am Main: Campus Verlag, 2009. Print.

Yankova, Genka. *Theater in Karl Phillip Moritz'Anton Reiser*. Germany: GRIN Verlag, 2006. Print.

Young, Julian. *Heidegger's Later Philosophy*. Cambridge: Cambridge University Press, 2002. Print.

여행 텍스트와 이동하는 문화

2020년   2월 28일 초판 1쇄 발행

지은이 ｜ 애니타 퍼킨스
옮긴이 ｜ 최일만
펴낸이 ｜ 노경인 · 김주영

펴낸곳 ｜ 도서출판 앨피
출판등록 ｜ 2004년 11월 23일 제2011-000087호
주소 ｜ 우)07275 서울시 영등포구 영등포로 5길 19(양평동 2가, 동아프라임밸리) 1202-1호
전화 ｜ 02-336-2776   팩스 ｜ 0505-115-0525
블로그 ｜ bolg.naver.com/lpbook12
전자우편 ｜ lpbook12@naver.com

ISBN 979-11-87430-93-3 94300